从汉人到唐人

郭精锐 著

暨南大學出版社
JINAN UNIVERSITY PRESS

中国·广州

图书在版编目（CIP）数据

从汉人到唐人／郭精锐著．—广州：暨南大学出版社，2013.10
ISBN 978－7－5668－0701－4

Ⅰ.①从… Ⅱ.①郭… Ⅲ.①汉族—民族历史—研究—中国
Ⅳ.①K281.1

中国版本图书馆 CIP 数据核字(2013)第 178436 号

出版发行：暨南大学出版社

地　址：中国广州暨南大学
电　话：总编室（8620）85221601
营销部（8620）85225284　85228291　85228292（邮购）
传　真：（8620）85221583（办公室）　85223774（营销部）
邮　编：510630
网　址：http：//www.jnupress.com　http：//press.jnu.edu.cn

排　版：弓设计
印　刷：佛山市浩文彩色印刷有限公司

开　本：787mm×960mm　1/16
印　张：23.25
字　数：419 千
版　次：2013 年 10 月第 1 版
印　次：2013 年 10 月第 1 次

定　价：48.00 元

序

清末启蒙思想家龚自珍说："欲知大道，必先为史。"他又说"欲灭一国，必先去其史"。由此可见，了解本民族历史的意义是十分重大的。对民族国家而言，没有民族认同感的国家是没有希望的，而获得民族认同感最为重要的方式就是了解本民族的历史。对个人而言，没有归属感的人生是漂浮无依的，而作为民族记忆的历史涉及个人记忆中最本质和深刻的部分。

可惜的是，面对源远流长的中华历史和浩如烟海的史学典籍，能静下心来读史的现代人并不多。此中有资讯发达时代人心躁动的因素，也有原典古奥难读、体制繁杂的因素。

郭精锐先生的《从汉人到唐人》以通俗易懂的语言和饱满的情感叙述了我们民族最为纷乱的三个历史阶段——①汉匈之战；②"五胡十六国"；③隋唐王朝与突厥帝国之战。全书条理清晰，亦史亦文，可供行家品赏，也可作为普及民族历史常识的读物。

郭先生在该书中提出，历史上，草原民族曾经产生过重大影响的有匈奴族、鲜卑族、柔然族、突厥族、契丹族、女真族、蒙古族和满族，这些草原民族构成了草原历史的主线，由于农耕的汉民族与游牧的草原民族历史上一波又一波的战争，导致了胡汉之间有着不共戴天的仇恨。其实，两个势不两立的民族有过共同的祖宗，草原人与炎黄族群都是从古羌人中分流出来的子支，后来又融合了部分南太平洋群岛人的血脉。他们本来居住在山陕与古华北一带，他们中的部分人在远古的种族战争与民族统一过程中失败流亡来到草原，结成了匈奴联盟。秦汉时期，又与东来的阿尔泰游牧族群通婚，才成为不同的民族。汉代，汉人与匈奴之间的战争，既有着东北亚农耕民族与草原民族争霸的问题，也包含着更为远古的历史恩怨。

东汉以降，发生了世界性的气候变冷，时间持续约四百年，这次气候变化足以令整个草原民族迅速衰亡，由此而惊动了草原不同角落的族群。短时期内，有鲜卑、柔然、突厥三股飓风向着中原而来，与此同时又发生"五胡十六国"的重大事件。由于那个时代未有世界性的组织来协调与救助草原灾民，那时的汉人政权也不懂得如何去履行一个强国对宗主国的职责，这就导致了战乱频繁，烽烟四起。

郭先生认为，所谓五胡中的羌、氐是中国古老的原住民，匈奴与羯胡是一批经过东汉政府审批，在中国合法居住了近两百年的族群，属于华籍匈奴裔。在那个年代，他们与汉人一样，具有建立政权的合法权利。没有资料显示这些民族是要建立奴役汉人的政权，书中那些历史人物的奋斗，仅仅是在那个充满自然灾难、大悲大恸的年代，为了改善本民族的窘况，取得一个与汉人相对平等的地位的努力而已。他们所创造的历史同样有可圈可点之处，在共建中华文明上也有着不可否认的作用。

在东汉至南北朝这个特定的年代，由于胡汉两大民族都没有将种族主义高扬到无以复加的地步，这就留下了余地，使两大民族在战争中以自然调节的方式，形成了“恶缘善了”的良好趋势。无论是汉人的和亲和“以财货买和平”的举措，还是史称“以战死为荣，以终老为耻”的草原人在战争中一次次请求内附与认祖归宗，所有这些都是经得起历史考验的理性之光，不应视为屈辱之举。

人类的理性有时候是经历战争的苦难才萌发出来的。在那个历史阶段，汉民族与草原族群没有因为史无前例的自然灾害与长期的战乱而同归于尽，相反，随着全球气温的回升，中世纪暖期的到来，粮食丰收，经济繁荣，历史上出现了隋、唐两个盛世。两大族群的代表人物共同立于同一朝廷，两大族群的血液交融在一起，这样，在历史的长河中就出现了一个胡汉共治的局面。

血液交融即民族混血，民族混血是有客观标准的。皇室通常就是一个民族的象征。以李世民为例，李世民的母亲和祖母都是胡人，理论上，李世民身上有四分之三的胡人血统，只有四分之一的汉人血统，李世民的胡姓叫大野氏，从血液优势的角度，说李世民是胡人言之有理。但李世民汉姓是李，学的是汉文化，从文化归宿说他是汉人也可成一家之言。唐代的中国北部长安街头，就生活着大量这样胡化了的汉人与汉化了的胡人，由于他们的族性已经很难分辨，外国人依据朝代把他们叫做唐人。

唐人一词覆盖着不同的民族。唐代，胡汉礼俗并用，这就出现了以往所认为的隋唐皇室有许多乱伦的荒淫事件，事实上，那恰好是胡汉礼俗并用的见证。李世民作为一个亦汉亦胡的人物，他娶表婶萧妃、弟妹杨妃，依据的就是胡人的礼俗。这类婚姻更主要是为了平息权力争夺之后可能留下的后患，可以多角度去看待，不必一口咬定就是乱伦。

书中多次提到冉闵的“诛胡”事件。在那个胡人政权林立的年代，冉闵也想为汉人争一口气，“你胡人做得了皇帝，汉人为何做不得皇帝?”他发出了“诛胡令”，也确实做了皇帝，然而，他的政权只维持了三年就覆灭了，古代史官无法给予他很高评价，今天史家依然不能，原因在于冉闵诛胡范围过广，不分青红皂白，也不分男女老少，见胡就杀，用今天的话说，他犯的是“种族灭绝罪”或“人类灭绝罪”。无论他的言辞多么慷慨激昂，他所建的政权仅仅是那个时代的一股反文化的思潮而已。这就是《从汉人到唐人》所展现给读者的，也是我读《从汉人到唐人》感受到的。

《从汉人到唐人》全书以时间为经，以人物与王朝为纬，叙述明了清晰，很多篇章寓意深长。作者所坚持的独到的见解和理念发人深省，其对民族命运的关注以及悲悯的人文情怀跃然纸上，令人有所感触。

吴国钦　陈雪林

2013 年 9 月

目　录

导言（一） 南北汉人都是完整意义的汉人

我们要谈论从汉人到唐人，首先必须对于汉族的形成有一个基本的认识。这篇文章结合历史学以及当代DNA科学对汉人的界定提出了不同的看法。

司马迁的《史记》问世以后，中国人——汉人——将自己称作炎黄子孙。炎黄子孙在发展过程中首先形成了华夏人，后来又形成了汉族。这就是以往我们接受的教育所传达的信息。近年来随着旅游业的发展，各地方都将本地的圣灵与名人翻出来，人们渐渐发觉，我们并不都是炎黄子孙。寻祖的思潮渐渐兴起。现代科学DNA适应了寻祖的需要，给予我们许多新的知识。

人类的基因来自非洲，随后来到东亚大地，即今日中国这片土地的棕种人与黄种人，其中棕种人较先到达。棕色人种的主体基因是C型和D型，通常称为“早亚洲人”。继棕色人种之后进入今日中国的是一支O型的黄色人种。黄色人种通常称为“晚亚洲人”。

晚亚洲人来到东南亚时，首先分出了第一个子支O1。O1从海路登陆今日的两广，这一支在南方繁衍出了百越集团，在不断向北迁徙中到达山东的胶东半岛，又繁衍出一个庞大的东夷集团。该支继续北行到达辽东，又对“东胡人”的血缘基因产生影响。此外，O1中有部分向西北迁徙来到四川。2005年，复旦大学的一位本科生阎鹏荣曾经对著名的四川悬棺中的古尸进行了DNA的测试，得出的结论是悬棺中的古尸是古百越人的后代。[1] 总体上说，O1也是东夷、百越集团的血缘基因（父系染色体），标志为O1－M119。

继O1之后，晚亚洲人中又分是第二个子支O2，这一支通常称为百濮，在中国，其产生的影响主要在西南一带，血缘基因标志为O2－M95。O1与O2属于蒙古利亚南亚人种，也称“马来人”，因其从南太平洋群岛登陆，故而著名史学家翦伯赞称其为“南太平洋群岛人”。

---

① 《中国人，中国文化源于何处?》http：//blog. udn. com/blueindeed/5522383#ixzz26BQauiNN。

O2 之后，又分出第三个子支 O3，这一支翻越帕米尔高原，向北挺进，通常称为蒙古利亚人种的北亚型，或叫古羌人。O3 在基因突变中首先产生了苗瑶集团，血缘标志是 O3d。O3 到达渭河时，又在基因突变中产生了著名的炎黄集团，血缘标志是 O3e，其中的黄帝系为 O3e1，炎黄集团的父系染色体为 O3 - M122。

炎黄时期，中国大地已经是民族繁多，旁支逸出，古称“天下万国（族）”。尽管种族数不胜数，但是概言之，我们是南太平洋群岛人与蒙古利亚人的后代，即 O1、O2 与 O3 的后人。中国人这段迁徙繁衍的过程，用老子的话就叫“一生二，二生三，三生万物”。在这个生生不息的过程中，O1、O2 较早进入今日中国这片土地，属于古老的原住民。O3 炎黄集团是后起之秀，其中的黄帝族是最为骁勇的一支。

依据 DNA 原理，在男子的 23 对染色体中，Y 染色体具有不可重组的稳固性以及传子不传女的特征。通过 Y 染色体，我们可以知道自己来自哪个种姓。母系基因称作线粒体，线粒体传女不传子。透过线粒体，我们可以观测到族群混血与流变更具体的情形。

随着 DNA 的兴起，传统的以炎黄来阐释汉人渐渐被蒙古利亚人种和南太平洋群岛人种两大族群所取代。按理，循着这个方向就可以对汉人的形成作出更合理的解释，但遗憾的是，在 DNA 研究中，有以种族替代民族之嫌。基于此，笔者也来谈谈汉族的形成。

本文分为如下几部分：①民族是在历史的进程中自然形成的；②汉民族的起源是单一还是多元的；③南太平洋群岛族群所创造的文明以及政体，是否可以使其成为完整意义的汉人；④汉族形成的必然性。

一

民族是在历史的进程中自然形成的，没有先天的华夏血统与汉血统。无论是蒙古利亚人种还是南太平洋族群，都是华夏与汉人的先民。

为了说明这个“自然形成”的过程，让我们来打个比喻。两百多年前，在北京的剧坛上，由于残酷的生存竞争，来自安徽、湖北的二黄、西皮以及陕西的秦腔曾同台演出，以求剧目的多姿多彩。三个来自不同地方的剧种在配合中，由不和谐渐渐走向和谐，在水乳交融中形成一个新的剧种，这个剧种应该叫做什么？先是称为“皮黄”。皮黄虽好却忽略了秦腔。那时候到宫廷演出，需要报明剧种，于是就填了个“琴腔”来搪塞。为什么不直截了当地写秦腔而写成琴腔？因为明写秦腔，在三合班中会引起西皮、二黄演员的不服气。当这个新的剧种已经成为中国最优秀的剧种之一时，仍然没有一个合适的名称。倒是南方人到北京来看戏，觉得既然是北京的戏，就将其称为京剧。久而久之，习惯成自然，京剧便成了这个剧种的名称。一切来得那样自然，自然到很长时间里演员并不知道自己演出的就是京剧。

汉族的形成与此同理。汉代，随着南北部中国联为一体，人口的对流，南北文化的交流与南北人种的通婚有可能在较大范围内进行。一个新的问题出现了，南北通婚的新生代应该如何称呼？

周代的中原地区种姓族国繁多，除了黄帝姬姓国与炎帝的姜姓国之外，还有五帝以来的族国与遗民，其中包括东夷太昊的风姓国：宿国、须句国、颛臾国、任国；尧舜时期的妫姓国：陈国；夏朝姒姓国：杞国、越国；商族的子姓国：邶国、宋国、朝鲜国；此外还有嬴姓国：莒国、江国、黄国；东梁国：徐国、秦国、赵国等。这些族国虽然因为朝代的更替，有着宿怨世仇，但在漫长的历史进程中他们已经形成了一份可以互相接受的文化，他们共同构成了早期的中国人，也称华夏人、中原人。

华夏人以国为族，在中原地区他们可以自报家门：“吾乃秦人。”对南方可自称：“吾乃华夏秦人。”当这个秦人与南方的吴人通婚，新生代的全称应该是“华夏秦南蛮吴”。不难看出，这个称呼的缺陷是太长，让人费解而且不雅，尤其是对于缺乏中国地域观念的西域人，更是一头雾水。于是他们以朝代将我们称作“汉人”，久而久之，习惯成自然，汉人竟成了族称。一切同样来得极自然，自然到我们什么时候被定性成汉族都不知道，古史同样未有这方面明确的记载。

随之而来的问题是，在构成汉族的蒙古利亚人种和南太平洋群岛人种两大族群中，谁为主，谁为次？就如氢和氧合成水一样，没有人会觉得氧重要而氢次要，没有氢，氧永远只能是氧而不是水。让我们再回到京剧这个话题。在构成京剧的二黄、西皮与秦腔中，何者是主体何者是附庸？答案是三者缺一不可。依据这个道理，在今日我们所能知道的构成汉人的三条染色体——O1 – M119、O2 – M95 与 O3 – M122 中，三者平等。如果一味强调 O3 – M122 才是正宗的汉人染色体，这不是无知就是歧视！

依据基因平等的观念，DNA 领域中应该有平等的对应概念。当我们将南方的 O1 – M119 称为百越血统，将 O2 – M95 称为百濮血统，对应蒙古利亚人种北亚型 O3 – M122 就是古羌血统或周人血统。如果将 O3 – M122 称为汉血统，对应南方的 O1 – M119 和 O2 – M95，就是南方汉血统。

一个种族有一条相同的父系染色体，一个民族可以有不同的父系染色体。父系染色体主要用于鉴别一个人来自于哪个种姓。在确定民族性上，父系染色体不是主要标准，更不是唯一的标准。人类社会有过几万年的母系氏族社会，父系社会至今只有几千年，在决定民族性上，母系血统具有同等重要乃至于比父系染色体更重要的作用。衡量一个民族虽然离不开血统，但血统与文化相比较则降居于一个从属的地位。

举个例子，有一次笔者请朋友陈元凯吃饭，他告知我他不吃猪肉，一问才知道他是回族。他的父系世代都是汉人，到了他的父亲这一代，娶了回族人，陈元凯因此成了回族人。依据 DNA 原理，陈元凯与他的父亲一样，都带有一个汉人父系 O3 - M122 的染色体，然而，这个汉人的父系染色体无法保证陈元凯成为汉人，反倒成了回民。他之所以成为回民，是因为他的体内有着一半属于他母亲的回民血统。在这个意义上，母系血统比起父系染色体在决定民族性上起着更重要的作用。进一步的问题是，陈元凯父亲的血管中流淌的是百分之百的汉人血液，但自他结婚之日，就成了亦汉亦回的人。因为他必须认同妻子的信仰与习俗，不吃猪肉，陪同妻子去清真寺做礼拜，人们由此可以鉴知他是回民的一员。这就证明：在决定民族性上，文化认同比血统更具有决定意义。

二

近年来，在 DNA 领域中，金力、李辉的成果最丰，影响最大。金力、李辉的《Y 染色体单倍体类型论证人类非洲起源和汉族的单一起源》[①] 是一篇影响颇大，反响强烈的文章。文章强调的是族性起源的“单一性”，各网站在转述这篇文章时觉得太绝对，换了一个较委婉的题目：从基因角度看中国汉人为一较单纯血统的民族。

不难看出，题目中的“较单纯”是个模糊概念。95% 可以叫作较单纯，90% 也可以称作较单纯；65% 同样可以称作较单纯。学术论文需要更精确的概念，读者也需要知道到底单纯到什么程度。金力、李辉的文章最后得出，“11 亿南北汉族人在父系上全部同源而母系上差异明显”[②]。

虽然我们不知道金力、李辉所说的“父系上全部同源”所包含的全部

---

① 金力、李辉：《Y 染色体单倍体类型论证人类非洲起源和汉族的单一起源》，http：//blog. sina. com. cn/sinoid，［2006 - 10 - 10］。

② 原文句子为“怎么解释 11 亿南北汉族人在父系上全部同源而母系上差异明显呢?”

含义，但是从其行文来看，所谓同源，也就是说，南方汉人的父系染色体是北方汉人对南方汉人的贡献。北方汉人的父系染色体是随着北方汉人的南迁，遗传给南方汉人的。“迁往南方的汉族主要是由于服兵役、逃避战乱、因罪流放等因素，这些人基本都是男性，带家属的情况不多，所以他们肯定是娶了当地的女性，就造成了南方汉族有着和北方汉族相同的父系祖先”①。可以说，金力、李辉所说的同源就是同在北方汉人的 O3 - M122 上。

金力、李辉宣称，他们的文章发表在世界顶尖级的海外杂志上，又有 150 多个网站转发，请持不同意见者拿出证据，这实在是个为难读者的问题。DNA 是当代的前沿科学，这种实验既需要大量采样，也需要精密的仪器。不具备这种条件的人，根本无法求证其真实性。

不过话说回来，一般读者虽然无法证实，但在科学的领域中，有一种方法叫做证伪。比方说，“11 亿南北汉族人在父系上全部同源。”只要找到一个不同源的，便可证明这个结论是不准确的。有意思的是，做着这份实验的金力教授身上携带的就不是一个北方汉人的 O3 - M122，而是一个南方百越族群 O1 - M119 的染色体。李辉携带的则是一个在汉人中几乎见不到的来自东南亚的基因。金力、李辉都是汉人，仅凭这两个个例已经可以说明，“11 亿南北汉族人在父系上全部同源”并不准确。

金力、李辉是以 781 例取样来说明 11 亿汉人是同源的，这样的概率比例并不科学。不妨让我们也来计算一下，兹假定金力、李辉所携带的 DNA 科研团队共 11 人，在 11 人中已经有 2 个与汉人 O3 - M122 不同的父系染色体，以此比例计算，11 亿汉人中就有 2 亿不同源，能得出“十一亿南北汉族人在父系上全部同源”的结论吗？

作为一门新兴的科学，DNA 只有在增加采样的基础上，才有可能得出较精确的结论，相信随着金力、李辉研究的深入，会不断有新发现。在金力、李辉与文波合写的另一篇论文《汉族的遗传结构：文化传播伴随人口扩张》中，由于扩大了采样的范围②，文章得出了这样的结论：“北方汉族和南方汉族中，带有 O3 - M122 基因突变的，北方人平均是 53.8%，南方人平均是 54.2%。”这 2 个数字的平均值是 54%，以 11 亿汉人计，其中有

---

① 金力、李辉：《从基因角度看中国汉人为一较单纯血统的民族》，http://bbs.hupu.com/bxj，[2012 - 01 - 20]。

② 包括 Y 染色体 23 个群体 1 289 人，以及线粒体 23 个群体 1 119 人，这些群体涉及了中国的大部分省份。

5.94 亿人带有 O3 - M122 基因突变。尚有 5.06 亿人并不同源。这同样说明，11 亿南北汉族人在父系上“并非”全部同源。

除了上述 54% 同源之外，其他 46% 是怎样合成汉族的？依据金力、李辉的同一篇文章，“在南方少数民族中普遍出现的 O1 - M119 和 O2 - M95，在南方汉族人中出现的频率（平均 19%）要比北方汉族人的（平均 5%）要高。”这 19% 与 5% 加起来是 24%，以 11 亿汉人计算，24% 就是 2.6 亿人，约合 13 个澳大利亚人口的总和。显然，这不是一个可以略而不计的小数目，也就是说，在合成汉族上，南方原住民的基因——O1 - M119 和 O2 - M95 也有着不容忽略的贡献。

去掉上述 54% 与 24%，剩下是 22%，这 22% 我们可以暂时假定是北方汉人与草原民族的混血融合。北方历来是民族融合的熔炉，范文澜认为：“隋唐居住在黄河流域的汉族，实际是十六国以来北方和西北方许多落后民族与汉族融合而成的汉族。”① 南北朝时，鲜卑 100 万人改汉姓，讲汉语，着汉装，融合到汉人中来。宋末元初，300 万女真人为防止蒙古人报复，改汉姓，着汉装，杂居到汉人中来。基于此，北方汉人的血统中有着比例不等的阿尔泰血统。

汉民族从大的方面来说是由北方蒙古利亚人种、南太平洋群岛人种与部分草原阿尔泰人种的基因合成的，三大族群都有自身不同的父系染色体，能说“11 亿南北汉族人在父系上全部同源”吗？不！结论只能是汉族的起源是多元的而不是单一的。

三

我们为何不得不对“同源说”提出不同的看法，是因为它引发了思想上的混乱。“汉族是全世界最纯种的民族！”就在北方的一些汉族子弟为汉人的父系基因“全部同源”而扬眉吐气之时，南方汉族子弟则引发了“亡族亡国”之思和作为汉人的尴尬。

在金力、李辉笔下，南方汉人主要是北方军队、战争难民与罪犯的后代，他们倚仗北方人的优势，占有了南方的女性。人们在痛定思痛之后，不得不发出感慨。来自福建长汀的网友说：“如果你发现先祖的历史或许并不那么光彩，或者更具体地说，如果你的父系先祖可能通过霸占的手段

---

① 范文澜：《中国通史简编》第二编，北京：人民出版社 1949 年版。

获得了你的母系先祖，你会因此而良心不安吗?”①

这确实是一个值得思考的问题。依据金力、李辉的系列文章，今天的江苏人、上海人、安徽人、浙江人在人种基因上算是北方人了。表面看来，这是一个令当地人高兴的讯息，然而，越是高兴的讯息就越包含着不堪回首的往事。这意味着，作为百越地区的桥头堡，该地区的原住民——越族——男性与女性，在历史的进程中被赶尽杀绝，换成了北方人种。福建、广西、广东因为地处边陲，侥幸保留了多一点的母系遗传，而他们的男性原住民则“很少传下后代”，其中福建最惨，原住民男性“几乎没有留下后代”。这实际已经是“种族灭绝”了。奇怪的是，金力、李辉在论述时竟无沉痛感，而是将此作为人口迁徙与汉文化的传播路线。

有理由相信，金力、李辉在取样 781 例来说明 11 亿汉人同源时，找不到南方代表性的父系基因标志 O1 - M119 和 O2 - M95，然而，如上所述，在他们的系列论文中，他们已经发现南方的 O1 - M119 和 O2 - M95 在南北汉人中出现的频率分别是 19% 与 5%，遗憾的是，金力、李辉并没有将南方原住民的父系染色体与北方的 O3 - M122 放在平等的地位来看待与论述。在他们的观念中，南方不是血缘意义上的汉人，他们是文化认同意义上的汉人。

基于这样的调子，今天的 DNA 报告显示，南方汉人的汉血统只占 20% 到 30%②，相反，非汉民族，包括我们以往所认为的“异族”却拥有 40% 到 50% 的汉族血统。③ 两相比较，汉人的汉血统大大少于非汉民族。这就不能不令南方汉人有着作为汉人的尴尬了。

从血液优势定族性来看，当一个人的汉血统达不到自身的一半时，他或她已经很难说是血液上的汉族了。如同我们无法要求蒙古利亚人的血管流淌着南太平洋群岛人的血液一样，我们也不能要求南太平洋群岛人的血

---

① 《认识你的父系先祖与母系先祖：你的良心不安了吗？——一项改写了中原迁徙史的研究》（转载）[2006 - 12 - 29]，http：//hi. baidu. com/vehrapmhncbdeqq/item。

② 参见余传琮的《中华文明探源工程初步结果——DNA 数据》。

③ 同上。东蒙古父系：阿尔泰 P 血统 45%，雅利安血统 5%，汉族血统 40%，棕色人种 C 血统 10%；满族（扣除祖先是汉军旗的人）父系：阿尔泰 P 血统 40%，雅利安血统 0%，汉族血统 40%，棕色人种 C 血统 10%，越人 O1 血统 10%；满族（扣除祖先是汉军旗的人）母系：阿尔泰 ab3st 血统 40%，雅利安 fb1b3 血统 0%，汉族血统 40%，棕色人种 ag/axg 血统 10%，越人血统 10%；朝鲜父系：阿尔泰 P 血统 30%，雅利安血统 0%，汉族血统 50%，棕色人种 C 血统 10%，越人 O1 血统 10%；韩国父系：阿尔泰 P 血统 30%，雅利安血统 0%，汉族血统 40%，棕色人种 C 血统 10%，越人 O1 血统 20%；日本大和民族九州岛父系：阿尔泰 P 血统 30%，汉族血统 40%，棕色人种 D 血统 10%，越人 O1 血统 20%。

管充满蒙古利亚人的血液。DNA 学者哪怕有一点人种平等、血缘基因平等的观念，在平等对应概念之下将古越人血统与濮人血统视为南方汉人血统，我们就会发现，南方人身上同样有着占据绝对优势的汉血统。

如果一定要认为只有蒙古利亚人的血统才是正宗的汉血统的话，笔者不妨提醒一句，汉朝的建立者刘邦是被司马迁排除在黄帝族谱之外的平民皇帝，他出生在江苏丰县，那地方是古夷区，也是百越的前哨。我们知道，皇室通常是一个族群乃至于一个民族的代表。以此为标准，南太平洋群岛人才是正宗的汉人。

种族强调单纯，民族趋向多元。金力、李辉在不恰当地强调 O3－M122 这条染色体之时，实际上就在同一民族内部的不同种族中分出了高贵低贱的等级：①北方汉人是赤金汉人，一等；②父北母南，带有 O3－M122 染色体的南方汉人属于合金汉人，二等；③带着南方越、濮染色体的汉化汉人属于凑数拼盘汉人，三等。

作为科研工作者，尽管金力、李辉没有明言上述不同的等级，但一切就那样自然地引发出来，南北汉人中关心自己民族属性的读者展开了激烈的网上论战，与此同时，北方汉族子弟也由传统的对游牧民族的控诉与仇视转为与他们认亲，又将种族鄙视转移到南方来：

> 日、韩、满、蒙、回、藏才是汉人（以下专指华北人种）的近亲，中国南方人是亡族奴，血统是南蛮与百越。南方人是语言与文化被消灭的南蛮（湘、鄂、川）与百越（浙、赣、闽、粤、桂）民族的后代，与台湾人同种的只是中国东南沿海的越（粤）人，台湾、福建、广东人都是百越民族的后代。他们先被汉人武力征服，然后汉化，再认敌人为祖，自认汉人。也就是百越人亡国又亡族，被异族殖民统治两千年而不自知。①

这样的结论所引发的对抗情绪与激烈的网上论战可想而知。这就是以种族学说来解说民族形成所必然引发的后果。

应该指出的是，金力、李辉的报告确实存在疑点。依据 DNA 原理，父系染色体具有不受重组干扰，传男不传女的稳定特点，这对于每个民族应该是一样的，包括北方游牧民族——匈奴族、鲜卑族、契丹族、沙陀族、女真族、蒙古族、满族等。上文已提到，北方历来是民族战争的战场，又

---

① 《百越当然算是汉族的一支，和鲜卑一样》中的读者回应。http：//bbs. city. tianya. cn/tianyacity/，［2012－02－29］。

是民族融合的熔炉，在这个融合的过程中，近千万草原游牧民族的父系染色体不知哪里去了。

在金力、李辉笔下，北方汉人（炎黄集团）被严重妖魔化了。胡人打进中原之时，他们哭诉着游牧民族的入侵，快被灭族了。当南方的土地包容了他们的到来之时，他们却凭其优势，反客为主，使南方原住民很少传下后代；战后在与胡人通婚中，又以其父系染色体打败了胡人，使“11 亿南北汉族人在父系上全部同源”。如果是，汉人的形象已经是“非人而近妖”了。

四

与蒙古利亚人相比，南太平洋群岛人所创造的文明，是否可以使他们成为名副其实的汉人？

中国古史传说拉开帷幕时，演出的是一场惊心动魄的战争——黄帝战蚩尤。翦伯赞在其《中国史纲》中说，黄帝与蚩尤之战，暗示着蒙古高原系人种与南太平洋群岛人种在中国的接触。那时候的南太平洋群岛人已经进入了农业文明，蒙古利亚人才刚刚脱胎于西羌牧羊人，这就是我们所能知道的以后进的游牧文明打败先进的农耕文明的第一例。正是这次失败，南太平洋群岛人长期失去了话语权。

人们长期以来只知黄河流域是中华文明的发祥地，却忽略了长江流域是中华文明的聚宝盆。随着 20 世纪考古发现，良渚文化、三星堆文化、河姆渡文化、屈家岭文化、彭山头文化、大溪文化、石家河文化、马家浜文化、磁山文化、红山文化、青莲岗文化、大坌坑文化、石峡文化、宝墩文化、大汶口文化，这些文化绝大部分都是由来自南太平洋群岛的原住民（包括苗蛮）创造与参与的。

磁山文化是华北地区的早期新石器文化，最新鉴定为距今约 10 300 年至 8 700 年。磁山文化是邯郸十大文化脉系之首，是中华文化和东方文明发祥地之一，在中国有着非常重要的地位，与农业起源、伏羲文化、周易发展演变、历法的形成、制陶业的发展、数学、美学、建筑学等有着直接关系。磁山文化的古尸 DNA 鉴定为 O1，它表明南太平洋群岛人在一万多年前就来到今天的河北地区并留下了灿烂的文明。

与之对比，作为蒙古利亚人即“汉人先民”的主要考古文化代表是裴李岗文化、仰韶文化和陶寺龙山文化。裴李岗文化年代较早，仅仅是个遗址而未出土夺目的文物，仰韶文化距今约7 000 年至5 000 年，陶寺龙山文化距今约4 500 年至4 000 年，比起磁山文化要晚3 000 年至6 000 年。它的创造者属于O3a5，与“汉人”的O3e1 有区别，也就是说，那时，今天我们所说的汉藏胡还未完全分家，[①] 因此，仰韶文化和陶寺龙山文化并不是“汉人先民”独立创造的，而是“汉藏胡先民”共同创造的成果。

金力、李辉在《重建东亚人群的族谱》中画了一幅图，把五六千年前的中国，分为“梁、雍、荆、扬、青（兖、徐）、豫、冀、幽、并”九个州，分别对应各州境内出土的新石器时期的文化遗址。在当时的中国大地上，“汉族”的祖先，带O3 的华族，只在河南的裴李岗文化中占有一席之地，是一支人口不多的族群。当时的北边是通古斯人群，百越族和苗瑶族群，占据着中国南部的大片土地，苏北和山东被东夷人占居着。[②]

作为较早踏上今日中国这片土地的南太平洋群岛居民，他们较早地创造了文明是可以理解的。从前未有DNA 技术，因此也未被人们所认识。今天，当我们面对磁山、良渚、河姆渡等一系列考古文化，不难看出，当南岛族群的文明花团簇锦之时，蒙古利亚人的文化才蓓蕾初绽。

从前我们相信自从有了炎帝神农，我们的日子才变得有保障，自从有了DNA 科技，我们才明白，早在炎帝黄帝来到今日中国这片土地之前的五六千年，中国大地文明的篝火已经熊熊燃烧，河姆渡文明、古骆越（壮族）大型稻作文化……作为一个传统的农业国，10 000 多年前，南岛族群已经创造了辉煌的农业文明。脍炙人口的“神农播百谷”的神话故事不过是蒙古利亚游牧人向南太平洋群岛人孜孜学习农艺而已。

从前我们一直认为，南方刀耕火种，是中原人将中原文明带到了南方，使蛮荒瘴疠的南国变成了鱼米之乡，事实却是，北方的小米文明并没有在南方推广开来，倒是汉代时，随着南北中国的联结，稻作文化迅猛地向中国北方扩展，遍布了除黑龙江、辽宁、吉林、青海、甘肃、西藏与新疆之外的所有地区。这就是南太平洋群岛族群O1、O2 对中华文化的贡献。

从前我们相信，青铜、铁器等都是中原人为边民带来的福音，如今我们见到，越王剑、吴王戈出土之时依然寒光四射，锋利无比，至今“仍可断发”。春秋时期，铁的使用首先是在百越、百濮与古东夷区的吴、越、

---

① 据深圳华大基因研究院的《50 个全外显子测序揭示人类的高原适应机制》研究表明，汉藏本是一家，2 750 年前，汉藏分家之时的人口瓶颈是汉人288 人，藏人22 642 人。人口比例是藏人98.7%，汉人是1.3%。

② 孙展：《中国人从哪里来》，http：//www.tianyabook.com/qita/zhongguorencongnalilai。

楚、齐四国开始的，[①] 莫邪、干将的铸剑术表明，南太平洋岛族群有过领先于中原与蒙古利亚人的冶炼技术。

从前我们欢呼张骞打通了西域丝绸之路，如今我们才明白，在张骞之前，西南川中已经打通了通往身毒国（今印度）的国际古道。它远远早于西域丝绸之路，西南夷民间的贸易、走私与商业活动早已经如火如荼地展开，邛竹、蜀布、蜀锦远销身毒国（今印度），换回了海外的珠宝香料，千里之外的南越人也能吃到蜀中出产的酱料。当北方还在使用独木舟之时，秦末的南粤已经能够制造长 20 米，载重量达 20 吨到 30 吨的大型木船，有了通往南太平洋的海上之路。这是他们对于中华文化的又一卓越贡献。

我们谈论族群及其文明时，不能不涉及文明较为高级的形态：语言与文字。汉人讲汉语，写汉字。从前我们认为"汉藏语系"与南国无关，南方人讲的是北方人听不懂的越、濮方言，他们是被汉化了的族群。随着语言学研究的深入，语言学家正在揭示"汉藏—南岛"语言的同源关系。[②] 如上所述，O3 的蒙古利亚人与 O1、O2 的南太平洋群岛人有过共同的祖先与共同的母语，他们在迁徙过程中来到东南亚才分成不同的子支。这两大族群在五帝时期（距今约 5 000 年）又在中原地区相遇，语言再度融合。语言学家对汉语中的稻作语言进行研究，发现它们与南岛族群有密切的关系，汉语中的稻作语言与文字也远比小米文明多。因此，越、濮方言实际上就是汉藏语系的古老母体，汉语是南岛族群与炎黄集团的共同创造。

与语言相比较，文字的创造则要艰难得多。一个族群，当其文明达不到相当的高度，当他们还无法贯通万物而去作哲学之思时，是无法创造出文字的。南太平洋群岛人，作为一个产生了太昊伏羲与老子的族群，《易经》与《道德经》代表了这个族群抽象思维的最高成就，他们在文字创造方面具备了更多的优势。今天我们所能知道的最早的文字是殷商甲骨文，包括早于殷朝的前甲骨文，是来自南太平洋群岛东夷人的创造。与中原甲骨文遥相呼应的是春秋时期南方兴起的鸟虫书，体现了南国的特色，它的使用范围包括了大部分中国南部地区。

一个民族只有有了文字，才算真正走进"有史"的时代。南岛人将蒙古利亚人带进了文明的门槛，这就是南太平洋群岛对中华文明的最伟大的贡献。

---

① 《越绝书》。
② 孙展：《中国人从哪里来》，http：//www. tianyabook. com/qita/zhongguorencongnalilai。

鸟虫书体

概言之，南太平洋群岛族群并非无文明可言，他们在远古所创造的稻作文明、冶炼文明、江海文明与文字文明，构筑了中华文明最为稳固的框架。见诸于南方良渚与东夷龙山等一系列考古文化中的玉石文明、筑城文明、制陶文明，还有春秋战国时期丝绸、漆器以及唐宋以来的陶瓷等，所有这些都体现了南太平洋群岛人的辉煌创造。两相比较，蒙古利亚人作为后起之秀主要是文明的集大成者。所谓亲兄弟明算账，扪心自问，上述一系列主要文明，有哪几项是发端或首创于蒙古利亚人的？今天我们谈论的华夏文明与中华文明，离不开南太平洋群岛人的创造。只要我们仍然讲着汉语，写着汉字，吃着大米，用着铁器、瓷器，我们就不认为南太平洋群岛人被灭族，他们有足够的资格成为完整意义的汉人。

五

遗憾的是，南太平洋群岛族群所创造的文明在历史的迷雾中被遮盖了，同时被忽略的还有该族群所创立的政体。

上文已提到，在遥远的史前时期，中原大地曾经发生过惊心动魄的种族大战，黄帝、蚩尤逐鹿中原，回声久远，暗示着蒙古高原系人种与南太平洋系人种在中国的接触。虽然南太平洋人种失败了，但依然与蒙古高原人种平分秋色，正如翦伯赞在其《中国史纲》中言，“所以在史前时代南太平洋系人种与蒙古高原人种几乎是平分中国，完全处于匹敌的地位”①。

失败了的南岛族群此后虽然不再成为中原的主流，但是五帝时期仍然

① 翦伯赞：《中国史纲·秦汉史》，上海：上海大学出版社 1947 年版。

以少昊、帝俊与帝舜这三个联盟政体与黄帝族各领风骚，夏商周三代，商朝同样是南岛族群O1东夷支建立的政权。[①]

漫漫年代，南岛族群一直以其优秀的文化与政体出现在历史舞台上。春秋战国时期，南国不是政治文化的中心，当时南方与中原接壤的仅有楚、吴与越三国，这三国都曾先后称霸中原而成为盟主。在春秋五霸中，南方得了三霸，处于领先地位。

更值得注意的是，中国历史上具有划时代意义的秦、汉两朝，就是由以南太平洋群岛为主体的族群建立的。秦的先祖伯益，父系是东夷鸟崇拜，属于南太平洋群岛族系，其母系则来自黄帝之孙颛顼支。[②] 秦朝从一个边鄙小国到统一中原，一直祭祀白帝。秦人将自己定位为东夷少昊的后人，并将少昊视为祖神。期间，只有秦灵公时祭祀过黄帝，但不是将黄帝作为祖神来祭拜，而是出于问鼎中原、笼络华夏的政治需要。

今天，你要是问一问，文化相对落后的秦国，为什么能够建立起一个版图更大的秦王朝，华夏中心论者一定会告诉你，在与中原长期的往来中，秦人已经华夏化了。这话固然没有大错，却忽略了根本的问题：作为华夏的核心国，文化更先进的齐鲁三晋为什么没有建立起一个统一的王朝，倒是落后的边鄙秦国创造出这种成就？

一种文化总有其功能，传统的华夏文化萌生于五帝时期，时至春秋战国，已有两千多年。华夏文化是植根在传统氏族公社的土壤上的，氏族公社每隔一段时间就会在一个母氏族或父氏族中分离出若干子女氏族。可以说这是一种分离或者分封机制，这样的机制无法熔铸出一个统一的新民族。夏商周三代，除了将部落联盟变成家天下之外，国家仍然由一个个以血缘为基础的族国、诸侯国组成。围绕着这样的机制而形成的一套套礼仪正是服务与保护这个机制的。

夏朝入主中原，商朝入主中原，周朝入主中原，秦朝入主中原以及刘邦入主中原，上古的每一次改朝换代都是边鄙入主中原，没有边鄙文化就没有一份丰厚的中原文化。文化总是互相影响与互相改造的，不能一味只谈边鄙的华夏化，而不谈边鄙是如何改造了中原的。以秦为例，秦变封建为郡县，变庄园为佃耕，变劳役地租为实物地租，其结果是“民以殷盛，

---

① 郭精锐：《中国神话与英雄传说》，广州：暨南大学出版社2011年版。

② 《史记·秦本纪》记载：“秦之先，帝颛顼之苗裔孙曰女修。女修织，玄鸟陨卵，女修吞之，生子大业。大业取少典之子，曰女华。女华生大费，与禹平水土……乃妻之姚姓之玉女。大费拜受，佐舜调驯鸟兽，鸟兽多驯服，是为柏翳。舜赐姓嬴氏”。

国以富强，百姓乐用，诸侯亲服”[1]。秦与中原诸夏代表着不同的生产关系与不同的文化，在特定的背景下，不是秦被华夏化了，而是秦征服了华夏，推动了华夏文化的发展。

汉承秦制，汉代的政制继承秦朝以来的郡县制，而不是华夏的分封制，汉代文学的代表形式是汉赋，汉赋在形式上大不同于中原的《诗经》，而近于南国的《楚辞》；汉代的治国方略是源于南方老子《道德经》的无为而治。这是一份富有南方特色，有别于中原的文化。

值得注意的是，《史记》中，刘邦是中国历史上第一个被司马迁排除在黄帝族谱之外的帝王。司马迁将秦以前的一切历史都与黄帝系搭上了关系，认同了共祖黄帝。作为汉朝的史官，司马迁为何不将刘邦也列入黄帝的族谱？答案只能是：刘氏不属于蒙古利亚人种。

在司马迁笔下，刘邦没有显赫的家世，不属中原高门望族，秦末，他只是一个小小的亭长，像他这样的人，在美服华章，繁文缛节的中原能否站得住脚，实在令人担忧。刘邦文化水平不高，对礼仪近于无知，直到叔孙通为他训练出一支仪仗队时，他才意识到原来做皇帝如此尊贵威风。像他这样一个平民皇帝，按理在他定鼎中原之时，应该迅速到天子脚下的桥山去拜祭黄帝陵，以向中原望族表达他已认同了华夏文化。奇怪的是，汉初几代皇帝都不祭黄帝，倒祭起了黄帝的敌人蚩尤来[2]，又拿出一个源于楚国，以“太一”（太阳神）为至上神的神系来与中原华夏的“五帝神系”相抗衡。在这个神系中，传统至上的五帝成了“太一”的辅佐。更有甚者，又以伏羲、女娲神话与黄帝崇拜分庭抗礼。诚如《淮南子·览冥训》所述，修“伏羲氏之迹而反五帝之道”。显然，汉文化是一份与传统华夏有冲突抵牾的文化。

出人意料的是，这份与华夏大异其趣的文化很快就被中原接受了。蚩尤角抵戏风行一时，伏羲、女娲也很快成为中原人的神，先秦典籍中罕见的盘古、盘瓠这些南方人的神灵渐次出现在文化舞台上，不久也被中原人认可。唐代，司马贞在《史记·五帝本纪》的前面增补了《三皇本纪》，使东夷人之祖、南方人之神太昊伏羲在古史中获得了一个最早也是最高的位置。

汉代为何大力突出伏羲的地位，而隆重推出伏羲、女娲神话的则是刘

---

① 司马迁：《史记·李斯列传》。

② 《淮南子·览冥训》：“天下已定，诏御史，令丰谨治枌榆社，常以四时春以羊彘祠之。令祝官立蚩尤之祠于长安。”

安的《淮南子》。个中原因是刘氏家族出生在淮南（江苏丰县）。刘安通过《淮南子》在总结古今之时，为汉初八十年作了一次文化的总结。汉虽然没有中原的美服华章，照样创造出伟大的成绩，诚如《淮南子·览冥训》："伏羲、女娲不设法度，而以至德遗于后世。"这就为汉初的无为而治作出了理论上的肯定。其又在《淮南子·泰族训》中通过桀纣、汤武的事件，说明方国可服大国，边鄙也可以征服华夏，这又为汉朝的建立作出了理论上的阐释。从一个大的方面来说，伏羲信仰的出现，表明了传统的黄帝信仰已经很难涵盖南北中国这个新的版图。

秦汉以来的战争，由于以郡县制取代了传统的分封制，史家大多将视角落在政治上而不再着重于种族战争。由于秦汉两个王朝都建都西安，因此也理所当然地认为秦汉王朝的建立，是中原蒙古利亚人战胜南太平洋群岛人取得的成果。事实上，刘邦平定中原时，汉军中充满了南方椎髻（南方之俗）之民，包括江淮之兵、蜀中之兵、百越之兵、蛮濮之兵。[①] 汉军主体上是南方之兵。从汉代的主仆关系来看，当时抗击匈奴的名将卫青、霍去病，以及汉武帝的皇后卫子夫，这些赫赫有名的历史人物都是正宗的中原人，但他们在脱颖而出之前皆是汉室平阳公主府中的马奴与洗衣妇，这样的主仆关系以及上述的种种迹象都表明并佐证了：汉朝的建立，是南太平洋族群（江淮文化）战胜了北方蒙古利亚人。在这个意义上，南太平洋族群理所当然属于血缘上的汉族，没有什么理由认为他们是被亡了族、灭了国的。

中原平定之后，虽然汉王朝也发兵南方，但战争的性质仅仅是南岛族群的统一而已。读《史记·东越列传》、《史记·南越列传》、《史记·西南夷列传》，我们就会知道汉王朝对南方总体上采取的是和辑的态度。百越之兵、百濮之兵为建汉立下丰功伟绩，无诸被封为闽越王，摇被封为东瓯王，司马迁惊叹，越虽蛮夷，但世世代代都当公侯、君王，还能称霸，一定是其祖先对民众有过很大的功德。[②] 在百濮中楚国最大，司马迁同样惊叹，楚国的祖先难道是上天赐予的？楚的先祖鬻熊当了周文王的老师，秦灭六国之后，楚的后裔竟还拥有滇，滇王最得汉天子的宠爱。[③] 对于百越强国南越（今两广），司马迁由衷的赞赏，国家纷乱时能立国自保；国家政策不好时，朝臣敢于分庭抗礼；汉朝平定中原，则能纳贡尽职。不读

---

① 翦伯赞：《中国史纲·秦汉史》，上海：上海大学出版社 1947 年版。
② 司马迁：《史记·东越列传》。
③ 司马迁：《史记·西南夷列传》。

司马迁的蛮夷传记，不知蛮夷地大物博以及文化的多元。司马迁通过上述三个传记，体现了南北一统的必然性。

六

所谓南北一统的必然性，即蒙古利亚人与南太平洋群岛人合为一体、融为一个民族的倾向性。这种倾向性自五帝时期就在一步步形成，遗憾的是，这种倾向性同样长期被历史的烟雾所遮盖。

我们知道，东夷之君少昊是太昊伏羲氏的后人，在《世本》与《史记》中，少昊是黄帝的儿子。[①] 但在早于《世本》与《史记》几百年的《孔子家语·五帝德》[②] 中则相反，少昊是黄帝的父亲，“黄帝者，少昊之子，曰轩辕”。黄帝与少昊，到底谁是父亲谁是儿子，这是个很有意思的问题。对于现代人来说，儿子与父亲是两个不能混淆更不能颠倒的概念，但在远古，父亲与儿子却可混在互为婚姻的两个部族中，个中缘由是：在氏族的集体婚姻中，黄帝部的男子与少昊部的女子结婚，生下的孩子带有黄帝系的父系染色体，在这个意义上，少昊部是黄帝部的儿子；反之，少昊部的男子与黄帝部的女子结婚，孩子带有少昊部的染色体，黄帝部又是少昊部之子。这种互为父子的关系表明，中原逐鹿之后，蒙古利亚人与南太平洋群岛人正是由此才开始了具有划时代意义的通婚。世上有什么关系比“父子”更亲密，何况是“互为父子”，这就为两大族群的合为一体、融为一族奠定了基础。

古代，通婚的双方，一方叫本家，一方叫外戚，因此，互为父子的关系也就是互为本家与外戚的关系。在古代的宫廷中，这就是皇家与后妃的关系。通常，外戚是不能干政的，但在遥远的史前时代，互相依存的双方却轮番执政而成为盟主。请看三王五帝以来的世系：

黄帝（蒙古利亚）—少昊（南太平洋）—颛顼（蒙）—帝喾（南）—帝尧（蒙）—帝舜（南）—禹（蒙）—夏（蒙）—商（南）—周（蒙）—秦（南）

以上就是五帝以来中原所建立的部落联盟与朝代，尽管自夏以后已经

---

① 《世本》：“金天氏少昊，青阳即少昊，黄帝之子，代黄帝而有天下。”

② 经学者考证，《孔子家语》是一部可信的书。

进入有史与家天下的时代，两个势力相当的族群依然互为消长，凭着实力轮番执掌中原政权，这又为两大族群合为一体奠定了基础。

互为父子与轮番执政的关系造就了一份一统的神系与文化。《左传》记载："神不歆非类，民不祀非族。"[①] 这话不可不信，也不可尽信。所谓"民不祀非族"仅仅发生在远古的族与族之间"老死不相往来"的阶段。五帝以来，由于盟体的需要，民不仅祭祀不同族类的神灵，甚至祭祀自己的死对头。例如，中原逐鹿，蚩尤被杀，黄帝为了安定天下人之心，封蚩尤为战神，这是我们所能知道的最早的"民祀非族"的例子。禹在位的时代，部落联盟已经走到尽头，禹的儿子启借助父亲的威望，谋杀了本应成为盟主的南太平洋族群的代表伯益，建立了夏朝。启虽然顺应了历史的潮流，但靠谋杀夺得帝位毕竟违背常规，为了告慰伯益的灵魂以及安定伯益的族众，启不仅厚葬了伯益，而且以最好的"牺牲"来祭奠伯益。"启祭伯益"与"黄帝祭蚩尤"一样，都是祭祀自己的死对头。

此后，祭祀死对头成为夏商周三代以来的传统。夏人的祖先神与社神（土地神）是夏禹，禹是夏朝的最高神灵。随着商族入主中原，商族人有着不同于夏人的属于自己的神系，但他们不敢贸然毁掉夏人的最高神与土地神，就他们明白，一旦迁走或毁了夏族的最高神与土地神，就会导致夏神震怒，引起夏族遗民的反抗，[②] 因此在祭祀本民族的神系之时，商族人也保留了祭夏族的祖神与社神的传统，[③] 这就叫"殷（商）因于夏礼"。周的最高神是上帝，即天，祖神是稷。周族入主中原之后，"周因于殷礼"，他们同样不敢贸然毁了夏商的神系。夏商周三个不同的朝代与不同的次生民族，因为神系的互相继承而有了"三代一统"的观念。神统的互相继承最容易唤起一种"同祖共宗"的感觉。《史记》中，三王五帝一统在黄帝的麾下，共祖黄帝，正是上述观念的体现。[④]

《史记·高祖本纪》标志着传统氏族时代或者种族时代的过去。司马迁认为，历史是五百年一小变，三千年一大变，黄帝至秦汉正处在"三千年一大变"的阶段。随着南北中国的联结，新的气象使司马迁的《高祖本纪》显示了一种不同于其他本纪的特色。在夏商周三族本纪的开头部分，都有一份详细的族谱，表明这一种姓的由来及其先公先祖的名字与事迹。

---

① 《左传·僖公十年》。

② 《史记·殷本纪》："汤既胜夏，欲迁其址，不可，作'夏社'。"

③ 《诗经·商颂·长发》及《殷武》。

④ 周代，周人是征服者与胜利者，又是黄帝的嫡系，历史开始向着黄帝系倾斜，南太平洋群岛人的历史在迷雾中被遮盖了。

到了汉高祖刘邦，描述则极其的简单，“高祖，沛丰邑中阳里人，姓刘氏，字季。父曰太公，母曰刘媪。”太公与刘媪连名字都没有，开国皇帝的家世如此简短，为什么？那是因为刘邦没有显赫的家世。与夏商周三代相比，无论是夏禹、商汤还是周武王，都是以种族酋长或一方诸侯的身份出现的，也就是说，秦以前发生在中原的角逐，主要是种族之间的战争。刘邦是第一个以平民的身份入主中原的，虽然刘邦所带领的军队多为南方之兵，但秦汉之战，已经是在“反暴秦”的旗帜之下的不分种族的战争。传统的种族战争至此已经降居于一个从属的地位了。

汉代，随着南北一统，种族之间已经很难分辨。在经历了史前时期互为父子的氏族时代之后，到了夏朝，夏禹是黄帝的子孙，禹的母族蜀山氏与妻族涂山氏，均属南太平洋群岛族群；秦代，秦的先祖即父系是东夷鸟崇拜，母系则是黄帝系颛顼族。虽然那时候没有 DNA，但是时间已如一部搅拌机，将蒙古利亚人与南太平洋群岛人的基因搅拌得难分难解。经历了周代八百年，周人这支带着印欧脸型的西来殖民者已完全中国化了。儒家传史“祖述尧舜，宪章文（汤）武”。尧是蒙古利亚人种，舜是南太平洋群岛人种；商汤是南太平洋群岛人种；周武是蒙古利亚人种。两个不同族群的列祖列宗处于同等的地位，密不可分，既然密不可分，那就没有分的必要，它表明一个新的民族已经自然形成。

结　论

世界上没有一个民族是在自身一个种族上发展起来的，在一个种族内部发展起来的族群永远只是一个种族而不是民族。汉族作为一个民族是在蒙古利亚（炎黄集团）人种北亚型与南亚（南太平洋群岛）人种两大种族的基础上形成的。

民族是多元的而不是纯种的。“汉族最纯种”这类表面看来充满民族情怀的呼声中包含的恰好是一个最排他的内核。中国古代只有种族概念①而无民族概念，正是这一点妨碍了我们对于民族形成的认识，使我们直至今天仍然有可能面南排斥南太平洋族群人种，对北排斥与我们有亲缘关系的草原民族，并将此误认为是历史唯物主义。

DNA 科学在中国仅仅是个开端，在阐释汉族血统上，DNA 工作者受传

---

① 如族、民、种、部、种人、民群、部族等。

统种族观念的影响，在对应史学成果之时，有可能在科学的名义之下将传统的华夏中心论以及种族偏见推向新高，这是我们必须注意的。

中国古代虽然没有民族概念，但毕竟形成了民族，比如汉族。在民族自然形成的过程中，古人为我们留下了许多可借鉴之处。商继承夏，周继承商，汉继承秦，所体现的都是继承融合而不是排他。与蒙古利亚炎黄集团相比，南太平洋群岛人至少早 5 000 年来到今日中国这片土地，属于中国古老的原住民。蒙古利亚炎黄集团是在继承南太平洋群岛人文化的基础发展起来的。

事物总有主次之分以及先来后到的程序，不能以次代主，以后顶先，这是人之常理。不过，在社会走向理性的今天，笔者不想在同一民族内部划分主次先后。我们生活在一个血缘平等、基因平等与种族平等的时代，我们至少应该明白，构成汉人的三条父系染色体——O1 – M119（百越集团）、O2 – M95（百濮集团）与 O3 – M122（炎黄集团）地位是平等的。如果将 O3 – M122 高扬到一个不合适的地步，视百越、百濮集团为亡族汉化的族群，不是无知就是歧视！

因此，今天我们来论汉人，不能只强调蒙古利亚人而排斥南太平洋岛族群。笔者在《中国神话与英雄传说》中已经谈道："地不分南北，人不分族群，在汉代认同了汉朝及汉文化的就构成了早期的汉人，他们在整合中形成了今天所说的汉族。对于这样一个并不复杂的问题，完全没有必要在南北中国与不同族群中分出谁是汉族的主源，谁是汉族的支源。没有谁是理所当然的'汉族的前身'，谁是被同化的。所谓同化，是你化了我，我也化了你，你认同我，我也认同了你，在互动中共构中华文明。"

当我们即将结束这篇文章的时候，读者或许还有一个疑问。在今天的 DNA 报告中，蒙古利亚人的父系染色体 O3 – M122 占了 11 亿汉人的 54%，为何南岛族群 O1 – M119 与 O2 – M95 只占 24%？是不是炎黄集团人种优秀，生命力旺盛，而南岛族群是一个衰竭了的族群？有关这一问题当然尚待研究，可以提到的是，历史上，由于草原民族多次入主中原，北方人南下，在土地山林的争夺中，南方人作为原住民与老大哥，并没有想到与北方人同归于尽，他们最终总是以包容之心步步南撤。撤到哪里？抬望眼，从越南到印度尼西亚，南太平洋群岛上形成了一条"百越、百濮文化带"，这条熠熠生辉的文化带，体现了这个族群的进取精神，这绝不是一个衰竭了的族群，他们不愧为完整意义的汉人。

导言（二） 从汉人到唐人[①]

提起唐朝与唐人，人们往往会想到，那个朝代中国的版图很大，疆域很辽阔；那个时代有一位伟大的君主李世民；那个时代的中国是世界上最富庶的国家，白米流脂，斗米三钱；那是一个古典而又开放的社会，“胡姬貌如花，当垆笑春风”，丝路花雨，荡漾着优美的驼铃；边关大漠，响彻着羌笛杨柳的边塞诗；条条道路通长安，通衢上走着万国公使与各国的留学生。

说起唐朝与唐人，每个人都能讲上几个故事，但往往忽略了一点，从汉人到唐人，传统的中国人在人种与血缘上发生了很大的变化，从一个大的方面可以说，唐人就是汉人加胡人，亦汉亦胡而又非汉非胡，外国人依据王朝的称号，将他们叫做唐人。《明史·外国真腊传》：“唐人者，诸番呼华人之称也。凡海外诸国尽然。”唐人一词在海外一直沿用至今，华人聚居的地方就叫做唐人街。

汉人是怎样变成唐人的？在《中国神话与英雄传说》中，笔者讲述的是炎黄逐鹿中原，拉开了五帝时代的帷幕，太昊伏羲氏、炎帝神农氏、黄帝轩辕氏、蚩尤九黎氏四大族系融合成了华夏族，共同创造了花团簇锦的华夏文化。

历史有时候是惊人的相似，《从汉人到唐人》一书，笔者将要讲述的是汉匈（奴）血战漠北与中原，开启五胡（十六国）的时代，胡、汉、羌、氐融合成了唐人，共同创造“万国衣冠拜冕旒”的唐文化的过程。

炎黄大战，经历了“血流漂杵”的残酷，汉匈之战同样经历了大悲大恸。从某种意义上来说，民族战争是推动民族与国家发展的动力之一。在哲学上这就叫做对立的两个方面，在一定条件下，可以结成一个统一体，就是说，两个对立的民族因为共同的利益可以结成一个新国家。为了弄清

---

① 《明史·外国真腊传》：“唐人者，诸番呼华人之称也。凡海外诸国尽然。”清人王士祯《池北偶谈·汉人唐人秦人》：“昔予在礼部，见四泽进贡之使，或谓中国为汉人，或曰唐人。谓唐人者，如荷兰、暹罗诸国，盖自唐始通中国，故相沿云尔。”

其中的关系，本文要探讨的是内陆农耕民族与草原游牧民族——匈奴——之间的关系。

一

在中国历史上，曾经对历史产生过重大影响的草原民族有匈奴族、鲜卑族、柔然族、突厥族、契丹族、女真族、蒙古族和满族，所有这些构成了草原历史的主线，并成为中华民族的组成部分。今天，当我们回顾草原民族与农耕民族的关系时，首先涉及的便是匈奴人。

匈奴人的历史，即他们的族谱世系始于冒顿（？—公元前 174 年）。冒顿时期（即秦汉时期）是匈奴人的全盛期，他们曾建立起一个东起小兴安岭、西至西亚、北连欧洲、南接秦汉长城的庞大的匈奴帝国，领土包括今天的内蒙古、新疆北部、蒙古国全境、哈萨克斯坦东部、俄罗斯的阿尔泰、图瓦、布里亚特共和国，面积超过 500 万平方公里。

这个庞大的匈奴帝国当时还未形成自己的文字，讲的也是不同的语言。换一个角度说，那时候，在广袤无边的草原与莽莽大漠中，星罗棋布地分布着不同的族群，所谓匈奴正是由这些不同的族群联合起来的，[①] 是包括了亚洲蒙古人种和欧洲白色人种的多血缘的部落联盟之国。

从一个大的方面来说，匈奴可分为北匈奴与南匈奴，北匈奴的主体是阿尔泰系通古斯人，南匈奴则是大量来自远古的华人，主体是炎黄子孙，也包括部分南蛮与东夷人。司马迁的《史记·匈奴列传》是古代一部系统叙述匈奴历史的传记。在这一传记中，构成匈奴民族的有三个部分：夏人、戎狄人、猃狁人。

夏人是匈奴的一个重要的组成部分，为了论述的方便，我们将古越人也放在这个部分来论述。《史记·匈奴列传》开门见山第一句话："匈奴，其先祖夏后氏之苗裔也，曰淳维。"意思是说，夏朝时，夏人中有一个叫淳维的部落来到草原，子孙繁衍成了匈奴人。司马迁生活在汉匈矛盾激烈的那个年代，他的记载不是笼统的，而是具体到淳维这样一个部落。作为一个史学家，他记载的是匈奴人的自述，有一定的可信度。

唐代司马贞《史记索隐》记载："夏桀无道，汤放逐之鸣条，三年而死。其子薰粥妻桀之众妾，避居北野，随畜迁徙，秦时族人渐众，中原谓

---

① 《史记·匈奴列传》："往往而聚者百有余，然莫能相一。"

之匈奴。”意思是夏朝灭亡时，夏桀被放逐到鸣条，三年后死去，他的儿子獯粥娶了父王的后妃，带着她们来到草原。到了秦朝，子孙越来越多，中原人将他们叫做匈奴。司马迁与司马贞都认为匈奴人是夏人的后代。司马贞还启示我们，草原人娶后母的习俗是夏族人带到草原的。

匈奴在欧洲文献中写作 Hun。在汉文献中写作“胡”。Hun 这个词匈奴人读作“宏”的去声，汉语拼音读作“荤”，上古写作“荤粥”。秦以前，荤粥是匈奴人的代名词，也就是说，夏桀的后人荤粥是匈奴中一个举足轻重的强大部落。

今天，简单地将匈奴人与草原民族都看做是夏人的后代，还未有足够的依据。但我们是否可以这样说，夏人中曾有一个或一些人来到草原，成了早期的草原人，又消融在后来的匈奴民族中。

中华第一龙

20 世纪草原红山考古的玉器文化佐证了这一点。红山文化最著名的就是“中华第一龙”（见上图），这条玉龙仅仅是龙的雏形，没有鳞，也没有爪，与其说是龙，还不如说是蛇。夏人就是以蛇为图腾，并由蛇图腾逐渐发展成为龙图腾的。《山海经·大北荒经》中记载，远古的北狄，生活着大量蛇族人。①

红山文化的一个疑点就是在数量庞大、种类繁多的玉器中，没有狼玉

① 《山海经·大北荒经》：“大荒之中，有山，名曰不咸。有肃慎氏之国。有蜚蛭，四翼。有虫，兽首蛇身，名曰琴虫。有人名曰大人。有大人之国，厘姓，黍食。有大青蛇，黄头，食麈。有儋耳之国，任姓，禺号子，食谷。北海之渚中，有神，人面鸟身，珥两青蛇，践两赤蛇，名曰禺强。大荒之中，有山名曰成都载天。有人珥两黄蛇，把两黄蛇，名曰夸父。”

器。以往我们所熟知的是，龙的信仰主要是属于内陆农耕的汉民族的，狼的信仰则属于草原民族。草原民族虽然有不同的图腾，但无论是匈奴、突厥，还是乌孙，都是以狼图腾闻名于世的，狼又是草原上重要的野生动物，为什么早期的草原人在创造出龙、鸟、蚕、马、猪等各种栩栩如生的动物玉器时，却偏偏没有创造出最具草原特色的狼玉器？

更为可疑的是，未能创造出草原狼玉器的早期草原人，却为何偏偏创造出草原上没有而他们又不熟悉的大量有关蚕的玉器？草原既不产蚕桑，也不缫丝绸。中国的蚕神是嫘祖，嫘祖出生于蜀地，蜀地是夏人的祖先大禹的发祥地。蚕桑的又一个著名之乡是浙江，浙江则是大禹的归葬地。正是蜀地与浙江这两处与禹有千丝万缕关系的地方，使人们有可能进一步去想象夏人与草原民族的关系。

红山文化的另一个疑点是，为何在内蒙古赤峰市这样一个地方，会突兀地出现如此众多质量上乘、工艺先进的玉器？它既不像江南的良渚文化，有“中华第一城”来表明它那先进的玉器绝非凭空而来，也不像东夷龙山文化，有“亚洲第一城”来佐证其高质量的黑陶并非从天上掉下来。红山玉器的“单刀突进”使人有理由认为，这批玉器是夏朝灭亡时，夏人的败军将它们带到草原的。

红山玉器“中华第一龙”形似英文字母“C”，体弯如钩，即“钩形龙”，“勾龙”古书又写作“句龙”。句龙或勾龙，都是古史传说中共工的儿子后土的别称，《左传·昭公廿九年》：“共工氏有子曰句龙，为后土，后土为社。”前代神话学者已经考证，“共工”的合音快读即为“鲧”，共工之子后土就是鲧之子禹。他们都是“能平九土”的治水专家，他们也同为社神即土地神。因此，勾龙也就是夏人的祖神禹以及夏人的图腾神。

红山文化考古表明，红山文化的先民是以农业经济为主的定居部落，兼有畜牧和渔猎的经济生活。草原民族本来是游牧民族，为何会冒出一个红山农业文化的先民？目前关于红山文化有五种不同的观点，其中一种便是红山文化联系着江南的河姆渡文化。

河姆渡文化是中国最早的农业文化之一，考古学家认为，红山出土的玉器所表达的内涵与河姆渡出土的陶器、玉器文化的内涵是一致的。经过权威鉴定河姆渡出土的头颅和现在的内蒙古人的头颅是一样的。[①] 基于此，是否可以这样说，在远古的洪荒时代，便有一些吴越河姆渡农业部落的人迁徙到草原，并定居在那里，河姆渡的后人是吴越闽人，他们的图腾便是

---

① 百度百科“红山文化”。

蛇，吴越先民“披发左衽”的服饰习俗也与匈奴人的“披发左衽”是一致的。[①]

在浩瀚的草原上，夏人的淳维部落与河姆渡农业先民成了早期的草原人，犹如人身上的两滴血，先后稀释在后来匈奴这个庞大的帝国中。夏人起于西羌，与炎黄集团同属古羌人的后代，河姆渡人属于古越人，他们更多地影响了草原民族中的东胡人，这可与今日的DNA报告互相印证。

二

匈奴人的又一个组成部分是古代的戎狄人。所谓戎狄，戎是炎帝的后人，狄是黄帝的子孙。在古人的印象中，狄是一些强悍有力，行动疾快的族群。“绝异壮大有力者，狄。”[②]“狄、涤，往来疾貌也。”[③]也就是说他们属于强悍的骑马民族。

炎黄发祥于山陕地区，戎狄人也多聚居在山陕一带。上古的山陕是一块半农耕、半游牧地区，那里孕育了远古中华的农耕与游牧两大文明。在历史的进程中，以山西、陕西、甘肃（古称关陇）为界，关陇以东的炎黄子孙后来成了华夏农耕族，关陇以西的成了戎狄游牧族。共同的祖先为什么会分化出两种不同的文化？原因是中原适合农耕，西北利于畜牧。决定着这种分化的根本原因是地理环境的不同。

戎狄逐水草而居，随畜牧转移。商周以来，在中原的北面，即草原以及草原的接壤地带，形成了一个个戎狄之国，如中山国、代国、楼烦国、林胡国、义渠国。中山国最早在今陕北绥德一带，后逐渐转移到太行山地区；代国在今河北省西北部、山西省东北部；楼烦国在今山西西北部；林胡国在今山西北部；义渠国在今陕甘一带。当时的河套地区以及山西南部的晋国，周边也都是一个个戎狄的部落小国。在众多的戎狄中，出类拔萃的后稷一族脱颖而出，入主中原，统治周朝八百年。

周族后稷姬姓，是黄帝的嫡系子孙，其母是炎帝系姜嫄。值得提起的是，在神话传说“黄帝战蚩尤”中，虽然黄帝胜出，但自“五帝时期”以

---

① 《论语·宪问》：“微管仲，吾其被发左衽矣。”春秋时期，孔子带领弟子们周游列国，在陈国闲居等待封官，不久吴王夫差灭了越国后，势力强大，带领披发左衽的吴兵乘机攻打陈国，陈君连夜潜逃，孔子还是按计划去主持祭祀仪式，被弟子们强拉上车，逃出陈国前往蔡国。

② 《尔雅·释兽》邢昺《疏》。

③ 《礼记·乐记》郑玄注。

来，历经夏、商两代，黄帝系一直默默无闻，原因是此时的黄帝系一直停留在半农半牧、牧重于农的阶段。到了后稷时代，由于炎黄联姻、姬姜合璧，周族在外祖炎帝系中学到了先进的农艺，这才有机会脱颖而出。

茫茫岁月，先周人厕身山林，受着自身戎狄礼俗的困扰，长期痛苦地徘徊在农、牧之间。这在史籍以及《诗经·生民》中都有记载。后稷之后，族中圣者古公亶（音胆）父率众由豳地迁居来到周原（今陕西省岐山、扶风一带），坚持走农耕之路，终于成就了大业，建立周朝，成为黄帝系中的翘楚。

周人善于学习，继承了五帝以及夏、商两代所积累的丰厚文化，制定出一套足以令后人自豪的华夏礼仪。周朝历 800 年，有足够的时间来精心打造黄帝的形象，使黄帝成为华夏文化的总代表。然而，透过周人笔下的风烟旧物，我们依然能够辨析到，作为黄帝系中最辉煌的周族，是在商代以后才露脸的，周代之前的黄帝文化，实际上如同太昊之于东夷，炎帝之于西戎（羌），蚩尤之于南蛮，那时黄帝文化的主体就是北狄的游牧文化。

周族入主中原之后，为了更好地管理中原及其周边地区，不得不“弃戎狄旧习”。在适应新的文化之后，周族与其同根的“狄人”已经形同陌路，由于生产方式与生活习惯的不同，他们俨然已经变成不同的族类。周朝时狄人发展很快，周朝在民族关系上，主要敌人是狄人，他们之间互相攻伐。其中既有狄人对周朝宗室与诸夏的侵犯，也有诸侯国对戎狄的吞并。

在春秋争霸与战国的竞逐中，上百个戎狄之国先后被秦国、赵国、晋国与燕国蚕食、吞并。亡国后的戎狄人，部分留在中原，在融合中成了华夏人以及后来的汉人，部分向北流亡来到草原，成了早期的草原人，在辗转中结成了匈奴联盟。匈奴中最富有的楼烦人属于北狄黄帝系；最著名的休屠、混邪二部，族源来自山陕的义渠国。概言之，楼烦、休屠与混邪是匈奴中实力最强大的三大部族。

三

据《史记》记载，夏人与戎狄不是草原最早的居民。尧舜时期，草原已经有先民生活在那里，那就是猃狁族。猃狁即类似于狼的长嘴狗，猃狁人到底是北匈奴还是华人，由于《史记》的记载过简，只有只言片语，故无法定论。若证之于《山海经·大荒北经》这一类有神话性质的远古地理与族谱之书，在夏人与戎狄来到草原之前，茫茫塞北已升起一簇簇篝火，热闹非凡。那里生活着东夷少昊的威姓族人和炎帝的烈姓与姜姓族人，还有夸父族人、旱魃族人、南方驩头厘（黎）姓的肉食苗民，以及颛顼的子族叔歜族人。

此外，黄帝也将他的孙子始均分封在草原。《山海经·大荒西经》记载："有北狄之国，黄帝之孙曰始均，始均生北狄。"始均这一支后来成为草原上的鲜卑族。《晋书》和《魏书》对此均有记载。鲜卑拓跋氏曾在南北朝时期的中国北部建立过北魏王朝，拓跋人是这样追述其族源的："（黄帝之子）昌意少子（始均）受封北土，国有大鲜卑山（大兴安岭），因以为号。其后世为君长，统幽都之北、广莫之野。……黄帝以土德，北俗谓土为托，谓后为跋，故以为氏。"也就是说，鲜卑人的族源起自黄帝系始均这一支，他们的姓氏来自"后土"，鲜卑人将"后土"读作"拓跋"，故以拓跋作为姓氏。

这样看来，早在传说时代的五帝时期，中华四大族系——炎帝神农氏、黄帝轩辕氏、东夷太昊氏、蚩尤九黎氏均有族人来到草原。草原的先民正是由这四大族系，以及上述夏人与先秦时期的戎狄人构成的。

在不同的族系中，以炎黄系统中的戎狄子孙为多，而在炎黄子孙中，又以黄帝族最多。个中原因是，在神话时代的"炎黄之战"之后，南国的土地敞开怀抱迎接了神农这位超人以及他的子孙，故炎帝系多向南方发展。黄帝系则向北发展，从山陕一带的河套地区走向今日的内蒙古高原。

由于黄帝系来到草原的人数最多，古人以黄帝系中的狄族来泛称草原族群，将早期的草原族群统称为"北狄"。古籍中，北狄既是一个族群概念，又是一个地理概念，它是华夏人用以泛指中原以北，即草原地区（大荒北）以及居住在这一地区的不同族群。

草原有着中华四大族系的血脉，如何在哲学上作出解释，在宗教上选取合适的形象使四系共尊，这是一个值得注意的问题。在周代史官的笔下，黄帝已经成了华夏不同族系不同文化的总代表，以黄帝尊贵的地位来作为一方"化外边民"的代表，显然有失身份，也不太合适。于是周人在近东选取了另一形象——颛顼（音专需）。

北狄与"北帝"音同。在战国时期的"五帝说"中，管理北狄的就是北帝颛顼。《史记·五帝本纪》中，颛顼既是黄帝的孙子，又是禹与夏人的祖先，匈奴既然是夏人与戎狄人的后代，那么让颛顼来统管北狄是合适的。

值得注意的是，颛顼虽然是黄帝的孙子，但是以今天的观点看，他实际上是蜀山氏人的子孙。《山海经》中，黄帝的妻子嫘祖是蜀山氏女，生下儿子昌意，昌意有一半黄帝系血统，一半蜀山氏血统；昌意的妻子昌僕又是蜀山氏女，生下了颛顼，颛顼身上只有四分之一黄帝系血统，四分之三蜀山氏血统，血液的绝对优势决定了颛顼是蜀山氏人，蜀山氏属于南蛮人。

颛顼虽是南蛮人，但作为五帝之一，他的活动范围主要在中原地区。晚年在与共工争神中，颛顼虽然胜利了，但实力大减，不得不迁到冀州潴龙河去重建帝都。潴龙河在今日的河北保定附近，离草原不远，属于中原以北的北狄区。在古人的哲学观念中，以他这样一位一身涉及多族系的人物，来统管大荒北的不同族群是合理的。颛顼作为北帝统管北狄，也从一个方面佐证了草原的先民有着中华四夷的血统。

值得注意的是，上述早期的草原人，有的是在神话时代、五帝时期，在族际战争中失败被挤兑或流亡来到草原的。有的是民族统一、国家发展过程中的牺牲品，尤其是春秋战国以来，上百个戎狄小国消亡，失败者逃亡来到草原。如同传说时代败走南方的族群结成了三苗国一样，秦代不同时期北亡草原的族群也结成了“匈奴联盟”。

那时候的匈奴国，即冒顿的父亲头曼单于时期，仅仅是个弱小的国家，国土面积不大，主要在河套地区、阴山一带。它的南面是强大的秦王朝，东面是东胡，西面是月氏（在今甘肃一带），“东胡猛兮月氏强”，四国中，匈奴最弱。为了在夹缝中求得生存，头曼将儿子冒顿送到月氏国去做人质，匈奴成了月氏的藩属国。

随着草原强人冒顿的崛起，他们西向统一了西喇木伦河和老哈河流域的“东胡联盟”；东向统一了贝加尔湖以西和以南色楞格河流域的“丁零联盟”；北向又统一了分散在草原各地的不同部落和国家，逐渐形成了一个强大的匈奴帝国。随着匈奴大联盟的形成，南北匈奴的通婚，人种的基因发生了变化。

然而，不管如何变化，南匈奴人依然保留着华人的基本特征。今天的分子人类学对匈奴墓葬的分析表明，南匈奴基本处于古华北人种和古北亚人种的过渡区间，北匈奴则包括欧亚混血的南西伯利亚类型以及少量古籍中的塞种遗存[①]。

司马迁笔下的匈奴国，以及古籍中呈现的早期的草原人，不是一个深目高鼻，讲着阿尔泰——蒙语，充满通古斯异国情调的国家，更不是那个

① 百度百科“匈奴”。

叱咤世界风云，导致欧洲发生大移民且改变了欧洲历史走向的匈奴国。那是匈奴败走之后经过三百年不断积聚力量与混血之后的事。草原上首次有了文字是突厥时期。草原人继承了突厥人的语言体系，这同样只能是三百年后的事。《史记·匈奴列传》中的匈奴国，还是一个“往往而聚者百有余，然莫能相一”的未有统一语言的百蛮之国。一个未有统一语言的国度，与其说形成民族，毋宁说是一个“部落大联盟”或“民族共同体”，本文所说的匈奴民族，其意就是这个大联盟或共同体。

四

上述族源血脉关系，随着汉匈之战与和亲，又向纵深发展。

随着冒顿统一了草原的不同族群以及汉王朝的建立，匈奴与内陆农耕的汉民族之间的矛盾由地域性纷争上升为国家之间的战争。面对战争，匈奴人是打得赢就打，打不赢就逃；汉人是打得赢就打，打不赢就以和亲方式求得暂时的安定。双方都是明智的且无意于同归于尽。

汉初，刘邦刚刚立国，便被匈奴冒顿单于的四十万铁骑围困在白登山七天七夜。在走投无路的情况下，只好采纳了谋士陈平、刘敬的建议，以财货买和平，并将宗室女嫁予冒顿单于，以和亲的形式来求得安定。

由于双方的退让与和亲政策的实施，汉匈之间开始了双边贸易。汉初，汉匈两族之间有过一段友好邦交的黄金时期。双边贸易给两族带来了巨大的经济效益。那时候的汉人最缺乏的是牛马，每次交易常达“牛马万余头”[①]。到汉武帝时期，出现了“长城以南，滨塞之郡，马牛放纵，蓄积布野”[②] 的繁荣景象。这些大牲口对中原的经济，尤其是农业与运输的发展起了重大的作用。匈奴人也以牲畜换回了布帛、粮食、铁器、书籍等物品，所得钱币“动辄亿万”，“匈奴自单于以下皆亲汉，往来长城下”[③]，其乐融融。

昭君出塞之前，汉朝已有 11 位“公主”被送往匈奴，王昭君是第 12 位。截至清朝，汉人与少数民族之间有三百六十多次和亲。其中至少有 300 次是和草原民族和亲。历史上，没有任何一个民族与汉人的和亲次数可以与草原民族相比。汉人与草原民族的关系，除了汉初刘邦与冒顿“约

---

① 《后汉书·南匈奴传》。

② 《盐铁论·西域》。

③ 《史记·匈奴列传》。

为兄弟”之外，又有了翁婿、舅甥、表亲、从表等各种亲上加亲的关系。正如突厥的沙钵略可汗致书隋朝皇帝时所说：皇帝是我妻子的父亲，那就是岳父，我是你女儿的丈夫，这就是子婿。我们两国的情况不同，情义却是一样的。如今旧亲叠新亲，子子孙孙，万世不断。上苍可以为证，永远不相负。①

在国家与民族观念走向理性的今天，昔日的和亲不失为维系民族关系的通途。王昭君以自己的和亲，换来了两个民族半个世纪边境的安宁，《汉书》中记载：“边城晏闭，牛马布野，三世无犬吠之警，黎庶无干戈之役。”后人将王昭君比作卫青、霍去病，“一身归朔漠，数代靖兵戎。若以功名论，几与卫霍同。”至今在内蒙古仍然保留着的昭君墓——青冢拥黛——留下了两族之间的一段千古佳话。作为一个女子，还有什么比这更值得骄傲与自豪！

然而，历史上和亲的，除了王昭君、文成公主之外，绝大多数公主都默默无闻。其中原因是，和亲在汉人看来是很失面子的事，在经济上也是很不合算的屈辱之举。史籍对于这类失面子的事是不会详细记载的，以致不少皇帝的亲生女儿嫁出去，连名字也没有留下来。

没有正史的资料可以证明汉人的公主远嫁塞外时的心情，她们到底是无限哀怨，还是背负着某种使命感？和亲作为一种基本国策是基于汉初的国力，求得民族自保的无可奈何而又明智的策略。那个时代的公主，不管她们是欢乐还是痛苦，婚姻对于她们来说是不可知的命运，始终是她们自己的命运服从于国家与民族的命运。正是有了她们的奉献，自刘邦到汉武帝八十多年间，汉朝的国力方得以恢复，才有了“文景之治”，才能在国力强盛的基础上开始向匈奴宣战。

汉匈之战，匈奴帝国溃败了，草原上留下的只是南匈奴的残部以及居留在中国境内的匈奴移民。这些移民有西汉时期呼韩邪单于所率部众五千户，霍去病收编的五万匈奴兵，以及呼韩邪的孙子日逐王比所率的五万南匈奴族众（其宗室改汉姓刘）。

战争所造成的俘虏的处理与移民的安置，也使农耕民族与草原民族在血缘基因上发生了渗透，余传琮《中华文明探源工程初步结果——DNA 数据》可供我们参考：

① 《随书·突厥传》：“皇帝是妇父，即是翁；此为女夫，乃是儿例。两境虽殊，情义是一。今重叠亲旧，子子孙孙，乃至万世不断，上天为证，终不违负。”

东蒙古父系：阿尔泰 P 血统 45%，雅利安血统 5%，汉族血统 40%，棕色人种 C 血统 10%；

满族（扣除祖先是汉军旗的人）父系：阿尔泰 P 血统 40%，汉族血统 40%，棕色人种 C 血统 10%，越人 O1 血统 10%。

余传琮《中华文明探源工程初步结果——DNA 数据》还向我们呈现了另一组数据，中原官话区、兰银官话区、秦晋方言区、东北官话区、胶辽官话区的汉人都包含着部分阿尔泰血统，也就是说，无论是草原民族还是北方汉人，他们的血管中都流动着对方民族的血液。

五

笔者在阅读有关草原民族的资料时有一种震撼。匈奴，尤其是南匈奴，以往我们所认为的“异族”竟与我们有着血浓于水的关系，继承着中华四裔的血统。更让人感到震撼的是，南匈奴人大部分是五帝以降，尤其是春秋战国时期，在一次次在族际战争中被挤兑到草原去的。他们本来就生活在山陕与华北一带。以往我们只知草原人剽掠成性，如今终于逐渐明白，草原人为何一次次翻越长城，因为长城里面曾经有他们的土地与家园。

以往我们不知道草原人在历史上有过那么多的苦难。历史上当那持续几百年的世界性灾变——苦寒——如梦魇一样笼罩着那片土地时，人畜皆亡，草原人为了保族保种，只能像候鸟南迁一样，寻找温暖的地方。当他们越过长城，民族矛盾随之而起。农耕人不仅有能力把草原人打回老家去，还能将他们打过漠北，打出草原。以今天的观点来看，历史上有些战役是防卫过当的，这就是汉武帝的丰功伟业与他的“穷兵黩武”并存的原因。

草原人那高超的军事才能是经历了一次次失去国土和家园，在困兽犹斗的困境中练就出来的。草原的狂飙曾横扫欧洲，他们的军事才能得到一些欧洲人的赞扬，他们的罪过也受到了欧洲人的谴责。

每个种族都有肤色与血缘的认同，南匈奴人因为与汉人都属于蒙古利亚黄色人种，流淌着古羌人的血液，在那艰难的战争岁月，战后通常是归附于中原王朝。虽然他们已经成为中国的合法居民，但他们曾长期忍受着鲜为人知的不公平的待遇。

古代没有国与国之间的平等关系，那时候东北亚大地的国家关系就是宗主国与藩属国之间的关系。汉人在宗主国这个位置上坐久了，只有天朝观念而无平等观念。周边的民族或国家要是不来称臣纳贡，通常会被视为大逆不道。

宗主国与藩属国有着自身运行的规律，坐在宗主（霸主）这个位置上，就要经得起挑战。春秋无恒霸，那时候的社会处在正常的争霸中。然而，在中国悠久的历史上，国力总有强盛与衰弱的不同阶段。宗主国国力强盛时能够起到保护藩属国的作用；国力衰弱时藩属国就会脱离宗主国而去，甚至公开向宗主国挑战。历史教育固然需要培育起民族情怀与国家观念，如果培育起来的依然是宗主与天朝观念，并以这种观念再去审视历史，代代相传，则有必要自省，本书的写作目的就是一次自省的尝试，包括如下几个方面：

在很多时候，汉政权并未能尽到一个宗主国的职责。古代不可能有现代社会的救灾机制，这是可以理解的。当草原发生一次次灾难之时，作为礼仪之邦的汉朝，有几次是真心地向草原伸出过救援的双手的？唐初，当草原发生了毁灭性的雪灾之时，满朝文武均主张乘草原内乱灾变之机，灭了草原民族。只有李世民力排众议，向他们伸出了帮助之手。李世民的民族政策直至今天仍值得重视，五胡时期的匈奴、羯胡、鲜卑、羌、氐等民族在北方曾建立过区域性政权，当时也有过较好的民族政策，本书以通俗故事的形式将其呈献给读者，这是本书的写作目的之一。

五胡的历史是作为载记附录在《晋书》中的，古代史学家将他们记载下来是用来表明他们有过僭越叛乱的行为。事实上，那时候的五胡已经是中国的合法居民，他们与汉人拥有同等的权利。本书不再将五胡作为僭越叛乱者，而是还原其曾经有过的历史，这是本书的写作目的之二。

中原历来有较丰厚的文化，这份文化与四方边民有着相辅相承的关系，对于草原民族，由于历史原因，以往更多地强调其破坏力与毁灭性。事实上，在共构中华文明上，草原民族也有其不可磨灭的贡献。这是本书的又一写作目的。

《从汉人到唐人》涉及魏晋南北朝以来胡汉民族的融合。民族融合最根本的两个方面就是民族混血和文化认同。本书在研究方法上主要采用传统的历史唯物主义方法，结合澳大利亚这个多民族国家，对来自不同国家不同民族混血进行考察，这种考察对于形成本书的研究方法与研究标准有着重要的作用。此外本书也借鉴当前 DNA 前沿科学有关基因遗传的理论，但对于 DNA 领域中过分强调 O3 – M122 这一父系染色体决定民族性这一点，笔者不敢苟同。

本书以血液优势来确定民族性。所谓血液优势确定民族性，即假如一个人身上有75%的汉血统，25%的藏血统，汉血统占据绝对优势，这个人无疑是汉族。那么如果一个人身上的汉血统与藏血统各占50%，如何确定他们的民族性？金力、李辉在其《Y染色体单倍体类型论证人类非洲起源和汉族的单一起源》举了一个例子，“看看20世纪50年代时内地人迁往拉萨的情况，当时规定，只有部队团级以上干部、地方处级以上干部进藏才可以携带家属，那些年青战士和青年工人由于无法携带家属，因此他们娶的都是当地的藏族女青年，今天在拉萨、日喀则等地有大量汉藏混血儿，他们清一色都是父汉母藏，就是由于这个原因。”这些父汉母藏的混血儿身上有着一条汉人的父系染色体O3－M122，如果因此认为他们就是汉族，就太想当然。

国家有民族保护政策，不同民族也有自我保护的方法。历史上，汉人与其他民族通婚，通常认同对方的文化，从了对方的族性，称为入赘，诚如民国《道孚县图志·风俗》记载：“土夷有招婚之风，凡汉人于此安家者竞为入赘之宾，数十年以还，生子育女，半为同化。”在今天，汉人与其他民族结婚，子女的民族属性，可以由婚姻双方文明协商。上述这些汉藏混血儿，如果他们讲的是藏语，信奉的是藏族的宗教，生活习俗基本藏化，那么他们无疑是藏族；反之则可以认为他们是汉人。

我们生活在亚洲，都是黄种人，即使是不同民族之间的混血，也不会有明显的变化，但在其他洲则不同。一个汉人与一个英格兰人结婚，生下的孩子头发眼睛已经大变，这个孩子的身上汉人血统与英格兰人血统各占一半。孩子长大以后，又和英格兰人结婚，生下来的孩子头发是金的，眼睛也成蓝色的。当他与汉人相比，已经是面目全非，如果仅凭他身上有着一条O3－M122的父系染色体，就认为他们一定是汉族，这不仅对孩子不尊重，也是对其母系英格兰人的不尊重。魏晋南北朝时期正是这样一个民族混血的时期，那时候的鲜卑人叫作“碧眼白奴”，突厥人也与汉人有明显的不同，这是我们必须注意的。

本书的材料除《山海经》之外，全部来自古史，其历史事件是可信的，在历史事件的真实框架下，对于细节作了深度的想象与虚构，作为一本亦史亦文的书，这应该是允许的。

本书共分为十章：第一章叙述的是草原民族——匈奴的形成；第二章讲的是发生在特定年代的汉匈之间的战争与和亲；第三至第九章叙述的是五胡十六国期间，匈奴、羯人的后裔，以及羌、氐、鲜卑人在中原地区所建立的主要政权；第十章讲的是作为一个多民族的国家，五胡在与汉人的融合中，成了唐人以及唐人与五胡由于观念上的差异所产生的礼俗冲突。

第一章　从胡人到匈奴国

匈奴是个多血缘的部落联盟之国，他们没有统一的文字，由不同肤色的族群组成。古匈奴人主要生活在河套与阴山南北的地方，国土面积不大，他们的族谱世系始自秦汉时期的冒顿，也只有到冒顿统一了草原的不同部落之后，匈奴人才形成了一个幅员辽阔的帝国。冒顿之前则是匈奴人的神话传说时代。

古匈奴与匈牙利人有没有某种族源关系？笔者曾与一位匈牙利的文学青年聊天，他非常明确地告诉我，他们的祖先是被一道长城挡在外面的，后来又被汉人的“美人计”（和亲）瓦解。他能侃侃而谈且中肯地说到问题的关键，这说明他是古匈奴人的后裔。但有的匈牙利人对这段历史茫然无所知，说自己是马札尔人。也就是说，在匈牙利这个多种族的国家中，虽然有人有着古匈奴的血统，但并不是所有的匈牙利人都是古匈奴人的后裔，他们的主体民族是马札尔。

本章所讲述的是早期的草原人。草原与东三省，古籍中称作“北冥”、“北狄”，也称作“大荒北”。在《山海经·大荒北经》中可以看到，远古太昊伏羲氏、炎帝神农氏、黄帝轩辕氏与蚩尤九黎氏，均有族人生活在大荒北，他们成为早期的草原人。由于资料过简，本章总体上属于神话传说，但也有部分资料来自信史，如战国时期华夏人与戎狄之间的战争。

还要提到的是，汉人都有“黄帝崇拜”的情结，在汉人的观念中，黄帝不仅是汉人的祖先，还是道德的化身。随着考古资料的发现，尤其是《马王堆汉墓帛书》中“黄帝遇蚩尤”的故事，使黄帝的形象大打折扣。老一辈学者在翻译这类资料时不得不感慨地说：“所谓‘黄帝垂衣裳而天下治’的礼制起源真相，原来不过如此。”① 青年神话学者田兆元在普查《山海经》后也认为，黄帝杀人最多，“黄帝不是一开始就以德服人而被群族所尊崇的，武力是他取得地位的保障”②。

---

① 王力主编：《中国古代文化常识》，上海：世界图书出版公司2009年版，第141页。

② 田兆元：《神话与中国社会》，上海：上海人民出版社1998年版，第184页。

第一节　草原的先民

一

那是很久很久以前的事了。那时候，中原一带发生了大规模的战争。战争的一方是黄帝轩辕族，另一方是蚩尤九黎族。九黎族失败了，黄帝抓住了九黎族的首领蚩尤。胜利了的轩辕族也大伤元气，黄帝的熊、罴六大军团死伤惨重，黄帝本人也身负重伤。虽说黄帝已取代了炎帝，成为中原英豪、天下共主，但他觉得战后的中原怨气太多，鬼影幢幢。他不忍心看这悲惨的情景，觉得还是避一避为好。于是，黄帝毅然决定撤回陕北老家，休养生息，等伤好之后卷土再来。他将一小部分族人留在中原，自己准备带着主力回归桥山。

各族首领听说黄帝即将班师回桥山，纷纷前来挽留，他们哭喊着："将军一走，中原必定风雨飘摇。""中原刚定，新兴初举，将军走后，最可惜一片江山啊！"

黄帝深知，他走后，蚩尤的败军残部是不会服气的，他必须杀鸡儆猴，震慑天下，否则中原将永无宁日。他决定杀了蚩尤，于是命人将蚩尤的族人全部集中起来，前来观斩，又让东夷少昊的威姓族人和炎帝的烈姓、姜姓族人一同前来观看。

只见一方土台，四周插满了旗帜，旗上分别画着熊、罴、虎、豹、貔（音皮）、貅（音休）。土台四周都是侍卫和黑压压的人群，外围是黄帝的军队。木笳声悲，陶埙声沉，和着号角，将刑场渲染得分外悲壮。"将蚩尤押上来！"随着黄帝的一声断喝，一队威风凛凛的武士将蚩尤的囚车推了上来。

黄帝的族人都在赞扬黄帝的仁慈与大量，他们说，黄帝的恩德就像天一样宽，像地一样广，像蚩尤这样的魔头，竟然能让他活到今天。自蚩尤受伤被俘几个月来，光他一人就吃掉不少粮食，为了防止蚩尤逃跑以及九黎族人劫狱，黄帝派出一支庞大的队伍来看管他。但黄帝族人都觉得这样做很不划算，像蚩尤这样的败军之将，只有杀了才能杜绝后患。

黄帝一生经历几十战，与蚩尤之战是最惊心动魄的。黄帝、炎帝与蚩尤是古老的羌族中涌现出来的三位英豪。黄帝族与炎帝族是近亲兄弟，蚩尤族早于炎黄两千多年就从羌族中分离出来，是黄帝族的远亲。那时候炎帝是天下共主，黄帝毫不费力就打败了炎帝，在与蚩尤逐鹿中原时，想不到名声远远不如炎帝的蚩尤，竟让他轩辕族耗尽了元气。

惨烈的战争使黄帝真正认识了蚩尤，也见证了他的勇猛与气概。蚩尤很早就来到中原，在那里有很深的根基，他不仅有九黎族人，还与东方九夷，以及炎帝族的部分部落结盟。而蚩尤的根更深的是扎在南方，那时候天下万国都知道蚩尤的名字，黄帝作为后起之秀倒是鲜为人知。当人们得知蚩尤被俘时，天下立即变得纷纷攘攘，很不安宁。刚刚成为共主的黄帝，他的政令还无法在中原通行。黄帝只好让人画了蚩尤的像，张挂四方，威慑天下，又告知天下人，“蚩尤没有死。”八方万邦才又安定下来。

黄帝最初不敢贸然杀死蚩尤，就是留着他来安定天下人的心，如今，天下稍安，也就是蚩尤该死的时候了。只要他稍微心慈手软，蚩尤就有可能虎入深山，龙归大海。只要蚩尤活着，轩辕律令就很难在天下通行。黄帝本来也想继续让蚩尤活着，他认为只要蚩尤愿意归顺，哪怕是结盟，让蚩尤来安定那些不服从自己的族国也行，想不到蚩尤竟至死不悟。

“砍下蚩尤的头！”黄帝威严地大喝一声。没有人敢上前打开囚车，两个卫士来到囚车跟前，一人握斧，一人提起蚩尤的头发。蚩尤大吼一声：“不用提，我自己会挺起脖子的，来吧！”

卫士犹豫了一下，咬紧牙关，挥动石斧砍下了蚩尤的头颅。人们见到一股轻烟从蚩尤那断了头的脖颈间袅袅升起，不久就消失了。随后，鲜血从蚩尤的脖颈中飙出，染红了白色的貅旗和黄色的熊旗。蚩尤的头颅在地上弹了三下，向着他族人的方向“咕噜咕噜”地滚过去。黎姓族人中爆发出一阵阵惊喊，他们冲上前来，用身体将蚩尤的头颅护住，拦在身后，有人抱起蚩尤的头，用身上的兽皮小心翼翼地包起来。

“剥下蚩尤的皮！”随着黄帝的命令，卫士打开囚车，将蚩尤的尸体拉出来，摆在地上，用锋利的小石刀片从蚩尤的腋下划过，很快就将蚩尤的皮撕开来。按照黄帝的吩咐，他们将蚩尤的皮晾在一块板上，做成一个靶子，放到百步开外的草地上，又将弓箭发放到蚩尤族人的手中。

“射！射中有赏！中得越多赏得越多。”一个时辰过去了，所有的黎姓精壮轮流射了一遍，黄帝前来查验，竟没有人射中。黄帝大怒，大吼一声：“割下蚩尤的胃，做成鞠球！”卫士依照吩咐，割下蚩尤的胃，并在胃中填满干草，做成一个球。黄帝用脚板掂着球，做了个榜样，顺脚一踢，球落在炎帝系烈姓与姜姓族人中。众人看着血淋淋的胃，没有人愿意踢。

黄帝又让人将蚩尤的尸体捣成肉酱，混上苦菜，叫做“人肉苦菜酱”，分给每人一份。黄帝站在高台上，大声向天下宣布“轩辕律令”：“禁止触犯我的律令，禁止不吃我分给你们的‘人肉苦菜酱’，禁止扰乱民心，禁止不按我的命令去做。如果有人触犯禁令，如果有人偷偷倒掉‘人肉苦菜酱’，如果有人扰乱民心，如果有人不听我的话，如果有人不守规矩，如果有人知错还犯，如果有人越过界限，如果有人私自改动制度图自己的快乐，如果有人胡做非为，如果我还没颁布命令你们就擅自用兵，蚩尤就是你们的下场。他得俯首做奴隶、吃自己的粪便，求生不得，求死不能，在地底下给我做垫脚石。”黄帝顿了顿，最后提高嗓门，大吼：“你们都必须遵从我的律令，不得触犯我的律令，此律以示天下人！”①

黄帝还没说完，台下已经议论纷纷：“都说黄帝仁德，垂衣裳而天下治，没想到是这么回事。”

“一片梧叶，已知秋声。”一位威姓长老叹息着说。

从刑场归来，黄帝觉得杀了蚩尤，并未起到真正的震慑作用。当天夜里黄帝喝了很多酒，第二天起来，醉醒之间的他见周围静悄悄的，忙问：“人都去哪儿了？”

族中一位长老说：“他们都走了。”

“去哪儿？”黄帝又问。

长老的手向北一指。原来黎姓、威姓、烈姓与姜姓的族人，一夜之间，全都悄悄地向着大荒北北面草原的方向遁去。黄帝觉得事态不妙，抬头一望，只见不远处隆起一座新坟，坟头几株小草在风中摇曳。那是九黎族人为蚩尤修的坟，两个老头在培土。黄帝的内心无限感慨，多年来他的对手就这样去了，一抔黄土掩风流，千秋功罪颤秋风。黄帝走过去，问那两个老头：“你们的族人都走了，你俩留下来干什么？”

“为首领守坟！”

“人都走了，用什么祭奠？”

“风奠雨祭！”

黄帝从他俩的言语中感知到一种情绪，心想，太昊、炎帝与蚩尤都有

---

① 《马王堆汉墓帛书 · 十六经》：“黄帝身遇蚩尤，因而擒之。剥其（缺字）革以为干侯，使人射之，多中者赏；翦其发而建之天，名曰蚩尤之旌；充其胃以为鞠，使人执之，多中者赏；腐其骨肉，投之苦醢，使天下人唼之。上帝以禁。帝曰：毋犯吾禁，毋流吾醢，毋乱吾民，毋绝吾道。犯禁、流醢、乱民、绝道、反义逆时，非而行之，过极失当，擅制更爽，心欲是行，其上帝未先而擅兴兵，视蚩尤共工，屈其脊，使甘其窬，不死不生，慤为地程。帝曰：谨受吾正名，毋失吾恒刑，以示后人。”

族人到草原去，自己也得派一些人去，他将孙子始均召来，将他分封到草原上，派他去管理那些迁去草原的四姓族人。

始均不敢违背命令，于是就带着族人出发了。刚踏上草原，始均就见到了那四姓族人，他知道，他们与自己的爷爷黄帝有不共戴天之仇，因此他知趣地领着族人避开了，向着草原深处走去。

那是一片美丽得令人窒息的处女地，东面是重重叠叠的山脉，向着大兴安岭的余脉延伸而去。绿山青山、蓝山赭山、褐山丹山，与红色的云海相汇。始均带领族人向大兴安岭走去，他们将大兴安岭称为鲜卑山。后来，始均这一族发展成为草原上的鲜卑族，到了汉末，他们走出山林，来到草原的河套地区，又在中原建立起北魏王朝，此为后话。

黎姓、威姓、烈姓与姜姓的族人也在草原落了脚，[①] 他们成为早期的草原人，[②] 他们也许就是史书所载的山戎与“猃狁”（音险允，意为长嘴狗）。

二

黄帝有生之年再也没有回到中原，他太忙了，有很多事情要做。他的子孙在陕北桥山如雨后春笋一样繁衍起来。一时人口稠密，部众簇簇，好一派欣欣向荣的景象。那时候是开天辟地以来气候最好的时期，黄河流域就和今日的江南一样，雨量充沛，气候温暖，桥山一片葱绿，春风一过，百花齐放，万紫千红。

由于雨水充足，中原一带都是水田，种植的也多是水稻。为了在桥山发展水稻，黄帝命令管理农耕的首领黍将迁到西部的蚩尤的族人召集起来，让他们示范如何播种、插秧。很快，黄帝的族人也学会了种稻，变成了农耕民族。

已是梧桐落叶之时，槛外蛩声唧唧。黄帝躺在榻上，朦胧间只见一个身影幽幽走进来。“谁?”黄帝大声喝问。

“干爹，我是旱魃。”旱魃是黄帝的义女，黄帝逐鹿中原的时候，她曾

---

① 《山海经·大荒北经》：“有胡不与之国，烈姓，黍食。有人名曰大人。有大人之国，釐姓，黍食。有大青蛇，黄头，食麈。有叔歜国，颛顼之子，黍食，使四鸟、虎、豹、熊、罴。有北齐之国，姜姓，使虎、豹、熊、罴。大荒之中，有山名曰成都载天。有人珥两黄蛇，把两黄蛇，名曰夸父。有系昆之山者，有共工之台，射者不敢北乡。有人衣青衣，名曰黄帝女魃。有人一目，当面中生。一曰是威姓，少昊之子，食黍。”

② 在《山海经·大荒北经》中，黎姓、威姓、烈姓与姜姓是一批早期生活在大荒北的人。《史记·匈奴列传》：“唐虞以上有山戎、猃狁、荤粥，居于北蛮。”

为黄帝立下汗马功劳，打垮了黄帝的劲敌蚩尤。不幸的是，旱魃为此耗尽了功力，被夸父击溃在桥山附近。旱魃的幽灵没有归宿，她希望义父能赐她一块领地，使她有栖息之地，并能获得祭享。

旱魃的到来让黄帝很是为难。若论旱魃之功，黄帝是瞎子吃饺子——心中有数。那时候，他与蚩尤连战七十二仗，一败涂地，若不是旱魃出手帮忙，哪有他的今天，怀着感激的心情，他认旱魃作了义女。如今旱魃前来讨封，他就是分疆裂土封赐旱魃，也是天公地道的事。可这旱魃毕竟是魔妖，不是正神，如果封了旱魃，岂不是说轩辕黄帝的功业是靠妖孽相助而来的，说出去很不好听。

左右为难的黄帝思虑再三，对她说："我的好女儿，按说，你的功勋天高地厚。可中原地狭人多，才会发生战争。在中原确实找不到一块地方可以匹配你的功劳。"

"干爹，我不想栖身在中原，中原人恨死我了，他们与我有血海深仇，怎么会祭祀我？我就想栖身在这桥山，你的子孙认识我，才会祭祀我，给我祭享。"旱魃说。

黄帝一听，不由地动了悲悯之心，说："这桥山比起中原，简直就是一个屁股眼。你不如往北走，看哪里合适，你就待在哪里，那地方就算是干爹赐给你的封地。"黄帝慷慨地说。

"往北走？"旱魃有点不解，也有点吃惊，她直率地对黄帝说："北方苍苍茫茫，天寒地冻，不适合我居住。那里的人也不认得我，谁来祭祀我，我该庇佑谁，干爹？"

"这就得看你自己了，你得发威，让那里的人知道你的厉害。再说，我的子孙很快就要到那里去，他们一去，自然就会祭祀你的。"

"干爹，你这是让我到北方成为孤魂野鬼，还是让我去给你开辟新天地？"旱魃说。

"当然是开辟新天地，我的好女儿，干爹知道你是这天地间一面高亢的战鼓才让你挑起这副担子，玉不琢不成器嘛！"黄帝历来做事干脆利落，从不拖泥带水。他声若洪钟，大声宣布："旱魃听封！你将到冥北为神。一个光荣的时刻已经到来，旱魃，走！走！朝北走！"

"走就走。"旱魃知道，自己小小一个旱魔扭不过天。她从黄帝的宫中幽幽荡出，愤愤然朝北而去。一路上，越过河东，穿过山西，又从燕山一直向东北方飘去。她一路飘荡，一路发威。她的威力是从左腋下发出来的，在她走过的地方，她的右手边即东南方依然是农耕地，可她的左手边即西北方全成了草原。此后，生活在那里的炎黄子孙，有的成了农耕人，有的成了草原游牧人。

那时候，农耕人和游牧人友好相处，隔垅相望，临河对歌。后来，农耕人成了华夏人，炎帝系的游牧人成了戎人，黄帝系的游牧人成了狄人，戎狄二系通婚，华夏人将他们称为戎狄。

也不知过了多久，旱魃发现夸父族人[①]也生活在大荒北，她那平静下来的心再次掀起了狂澜。她想起当年她不想为魔，立志为人间做点事。她钟情于孔武的夸父，希望他能拉自己一把，想不到仇恨中的夸父竟一拳砸扁了她。一想到这些，她的心就无法平静。每当这时候，她就痛苦得在草原上打滚，在她滚过的地方，草原成了沙漠，就像油锅；当她的心冷静下来时，沙漠又成了冰窟窿。

一年又一年，一纪又一纪，黄帝升天以后，有一天，黄帝的族人发现，黄河对岸热闹起来，那里牛羊成群，人声喧哗，黄帝族的探马来报，对岸来的是獯粥人，众人一听，觉得不妙。黄帝的族人一商量，觉得应该将他们赶走。

第二节　黄帝征獯粥

一

夏朝最后的一代国君是夏桀。夏末，商汤、伊尹在鸣条击溃了夏桀的军队，夏桀带着后宫妃子一班人乘船漂流而下，惶惶然来到巢湖（今安徽巢湖县南），在山野中栖身下来。商汤立国之后，将巢湖封给了夏桀，作为他的领地，[②] 想让他老死在那里。

山河依旧，江山变色。不久，夏桀郁郁而终。夏人属西羌人，他们的传统是父亲死了儿子可以娶后母，哥哥亡故弟弟可以纳嫂子。桀有个儿子叫作獯粥，他依照西羌人的习俗，娶了父王的妃子琰妃。[③] 不久，他又将

---

① 据《山海经·大荒北经》记载，旱魃、夸父族也生活在大荒北中。

② 司马贞《史记索隐》记载：“夏桀无道，汤放逐之鸣条，三年而死。其子薰粥妻桀之众妾，避居北野，随畜迁徙，秦时族人渐众，中原谓之匈奴。”

③ 司马贞《史记索隐》记载：“夏桀无道，汤放之鸣条，三年而死。其子獯粥妻桀之众妾，避居北野，随畜移徙，中国谓之匈奴。”

父王的其他妃子和宫女都赏赐给了侍卫和兵丁。

琰妃虽说是亡国之妃，但正当妙龄，她见獯粥在艰难岁月中仍能为部卒着想，对他已有几分敬意。成婚后，两人很合得来。不久，琰妃就在巢湖诞下了夏人的新一代。寂寂山野，寞寞的巢湖有了哭声、笑声，似乎也有了希望。

消息传到商汤那里，他觉得夏人非等闲之辈，当年一个遗腹子少康，带领族人就复了国。这等事要是再次发生，巴山蜀水间有夏朝大将夏耕的部下，江南有禹的守灵人越人，他们要是互相呼应，尾大不掉，商朝麻烦就大啦。于是，他派了一员大将领兵前去，以“獯粥娶母，亵渎伦理”为由，准备将他们一众人消灭在巢湖，以绝后患。

獯粥得知消息后，义愤填膺，全族人火速动员起来。琰妃与她的姐姐琬妃，文武双全，都是有主见的人，是夏朝的“二玉”。大家觉得商汤本来“恩及禽兽，网开一面”，但原来不过如此。全族人一致决定避居北冥，他们觉得，草原上有他们夏人淳维的部族，因而决定去找他。

獯粥一听，来了劲，立刻拍了板。大家变得兴奋起来，琬妃举起手来激动地说：“对，到草原去，那里吃的是牛肉、羊肉，喝的是马奶。总比在这里被人盯死、困死强。”

草原成了一个梦，大梦无边，牵动着所有的遗老遗少的心，他们不再沮丧，互相奔走相告，每个人的脸上都笑开了花，浑身充满了力量。第二天，他们开启了先王夏桀的陵墓，挑出骨殖，重新用棺椁装好，又将宫中带出的玉器全都放在棺木中，收拾好，几千人马浩浩荡荡地出发了。

“几千人迁移，这粮草怎么办?”獯粥是当家人，自觉压力不小。

琰妃挪开棺木的盖板，对他说：“不要紧，我们有这么多玉器珠宝，没了粮食，就用这些玉器珠宝换。只要这口气在，终归能走到草原的!”

大约走了三天，只见前方尘土飞扬，一队人马气势汹汹而来。狭路相逢，来者正是商朝前来征剿的军队。为首的一员大将叫子辛，他大喝一声：“来者何人?”

“送葬的。”琰妃恬然答道。

“为何没人哭丧?”

“这是迁坟。”琰妃柳眉一竖：“你要识相就让开，要是不听，姑奶奶我今天就叫你有来无回。”

子辛一听那女子口气不小，便挥动手中兵器冲着琰妃而来，琰妃娇躯一闪，手中的棍子朝子辛的马腿一扫，那马一声嘶鸣，将背上的子辛掀了下来。琬妃已一跃而上，将棍子抵在子辛的胸口。沮丧的子辛突然间闻到一丝幽香，抬起头来一看，不觉目瞪口呆。眼前这位女子脸庞如一颗樱桃含着碎玉，两只杏眼转着秋波，身子秀溜，腰身精瘦。子辛觉得姑娘面熟，一时又想不起来，不知不觉地开了口，道：“姑娘，能死在你的棍下，末将死也甘心。”随即又对鼓噪而来的士兵高声喊道：“别动，让开路，让前朝妃子、王子走，不许无礼！”

众将士一听，全都让出路来。琬妃指着子辛说：“谢谢将军！回去转告商汤，南荒北野，我们仍可找到地方生息，上苍终归有好生之德。你呀，好人做到底，我们有个不情之请。”

“有何相请，何故客气？”

“你的粮草，我们借了。”

二

征剿的军队转瞬间变成了护送的队伍。獯粥领着夏人护卫着夏桀的灵柩从商军中穿过。子辛押着粮草一直跟随着，向北而去。一路遇山开路，逢水搭桥，也不知走了多久，来到了燕山，离草原不远了。可这时粮草已经耗尽，一连两天，大家只能在山间采些野果充饥。野果消食，愈吃愈饥。所有的人都饿得有气无力。这天午后，子辛突然下令杀马。獯粥一听，不觉动容：“将军，杀了马，你们怎么回去？回去又怎么交代？”

“人都快要没了，还要这马干吗？”子辛淡淡地说。

夏人都在传说着这位将领的仁德，都说有一天日子好了，要牛拉车载，百倍来报答他。

他们终于踏上了草原，子辛安排将士们先回去，将所有辎重——军毯、皮衣、营帐全都留下。獯粥很过意不去，冷风萧萧，他打了个寒噤，搓着手说：“他们这样回去，岂不是要冻坏！”

“尊贵的王子，如今是商朝的天下，他们要是在商境内冻死、饿死，那就是商德的问题。你们来到草原，草原天阔寒露多，这些东西是你们当下最需要的，这也是我和我的士兵能为你们做的，他们会高兴的。”夏人与商军依依惜别。

又过了两天，他们来到一座山的山脚，山不高，但山峰俊秀。他们在这里驻扎了下来。子辛前来与獯粥和二妃告别。子辛与二妃都是岷山氏人，当年夏桀娶二妃的情景他仍然历历在目，为了保住岷山氏这两个女儿，他豁出去了。如今他觉得他们已经安全了，于是前来话别。

“尊贵的王子、王妃，末将就护送你们到这里。愿你们在草原生活得快乐，子孙后代生生不息！末将该走了。”

“将军仁德，夏人没齿难忘。”

“千万别客气，末将的仁德，说到底也就是商王的仁德。希望你们放下仇恨，这样你们就会活得轻松，活得快乐。”獯粥与二妃默默地点了点头，这时候，子辛突然转过身拔出剑来，自刎身亡。

鸿雁哀鸣声声，獯粥与二妃扑上前去，抱起子辛的尸体，鲜血淋漓，染红了绿草，染红了山坡。后来，人们就将这山叫作红山，那山峰也因此叫作赤峰。

夏人全族为子辛举哀三日。三日后，他们用担架抬着子辛的尸体，并在尸体上铺满了鲜花。他们将子辛埋葬在赤峰边，连同夏桀的骨殖，一陵一墓，一南一北，一座将夏朝带进陵墓，一座将夏人引向新生。将军的墓上有一块碑，碑上刻着一行字：“义薄云天，浩气长存!”每年鲜花盛开的时节，夏人举族都会各带一束鲜花，提一壶马奶前来祭奠将军。他们将马奶浇在墓地上，马奶育出的鲜花带上了一层花粉，引来很多蝴蝶。春夏两季，姑娘们都喜欢到那里扑蝶。

獯粥和他的族人就在赤峰附近安顿下来，他们开始了新的游牧生涯。一年又一年，獯粥渐渐老了。有一天，族人来报，他们发现了一个好地方，那里有一条河，叫黄河，那里水草丰茂，环境比赤峰好得多。于是夏人举族迁徙到了那里。

黄河在这里呈一个“几”字形，犹如一个套子，人们将这地方称为河套。河岸绿柳锁轻烟，桃含宿雨翻红浪。族人都觉得来到了一个好地方。不幸的是，不久他们就被河对岸的黄帝族人发现了。一个月黑风高的夜晚，黄帝族人动用了所有的皮筏、独木舟，悄然渡过黄河，很快就将夏人赶走，并扣留了他们的牛羊。黄帝族人发现，来的不是军队，不过是一群游牧人。不过，他们所俘获的牲畜，也足够他们这次出征的费用。这就是《山海经》中记载的“黄帝征獯粥”。

被赶走的夏人在逃亡中遇到了淳维的族人，这时候的淳维已经在草原建立起了族国。两族人马合在一起，形成了草原上的强族，后来又发展成为草原上的南匈奴人。

第三节　夏人淳维

一

夏朝末年，夏桀兵败，败军逃窜犹如鸟兽四散。败军人人垂头丧气，惶惶不可终日。他们来到一地，只见身边一山连着一山，绵延不断一直连向天边，山的左边是黄河，人们把这地方称为河套。河水充沛，波涛不惊，缓缓向东流去。

一天、两天，好几天过去了，这支败军人数愈聚愈多，黑压压一片，如同飞蝗一样。从山脚到河滩，一簇簇帐篷，一堆堆篝火，旌旗猎猎，旗帜上画的都是蛇。

这就是夏商之战中，从夏都安邑败下阵来的夏人的军队，首领叫做淳维。夏军兵败之后，逃得性命者，纷纷向北而来，除了部分将士之外，随同败军而来的还有一些老弱妇孺，约有两万人。

两天下来，山林中的飞禽走兽全被打尽射绝，吃光了。又过去两天，林中的山果全被采光，林木也被当作柴火烧了，秀丽的山林变得破败不堪。他们每天至少要喝掉一池塘水，周围的池塘渐渐都见底了，塘中留下的鸟羽兽皮也开始发臭。

首领淳维急得团团转："这么多人在一起，每天要吃掉多少食物？途经之处食物荡然无存。"淳维环顾四周，焦急万分。

"得找个地方就食，停下来就是等死。"马上的淳维一边巡视，一边思考着。

"大王，别急，该往哪儿走，神会指引我们的。"淳维身边的大巫师说。这时候，只听见草丛中沙沙作响，似有异动。淳维眼睛一亮："狼！狼！"饥饿的人一听，欣喜若狂。这时候有狼肉吃，那简直就是山珍了。众人大喊一声，和淳维一起上马合围过去。

狼在草丛中窜动着，向前逃去，它的身体有点笨重，显然是怀孕了。众人策马紧紧地追赶。淳维的马快速奔跑，终于追上了那只狼。他挥动手中的弓，用力一抡，打在狼头上，只听狼一声惨嚎，倒在地上翻滚着，它的两个门牙被打掉了，龇牙咧嘴地哆嗦着。淳维赶上前去，接连又是几弓，狼在地上抽搐着，过了好一会儿，不动了。淳维在马上俯下身来，将狼抓了起来。众人一见立刻来了劲，都奋力向前追去，想再有所获。

不知跑了多久，眼看日到中天，哪还有狼的影子。淳维只觉饥肠辘辘，于是众人下马。淳维掏出腰刀，剖开狼皮，将狼肉切成小块，众人捡来柴火，烤起肉来。狼肉有点腥，味道并不怎么好，不过，连日的饥饿，大家哪顾得了腥，众侍卫两三口就将分到的一块狼肉吞了下去。众人吃完了，擦了擦嘴，正想站起来，只见眼前一个影子一闪，不知什么时候来了一只大狼，将那剥下的狼皮一叼，就拼命地跑了。

众人一见，立即跃上马追了上去。转过一个山谷，只见对面山坡上一片褐黄。时值仲春，草正绿，花正红，怎么山坡上的草就枯黄了？不久，就有一股骚味随风飘来，众人定睛一看，顿感毛骨悚然，那不是草，山坡上黑压压一片，至少有近万只狼挡在前面，众人不觉打了个寒噤。

凭着打仗的经验，淳维机警地向左边望去，想找突围的方向。只见一只狼将头慢慢地伸了出来，很快，左边就有成百上千只狼挡在那里。淳维又看看右边，还好，没狼。淳维的马一步步向右边慢慢地挪动着，众人跟着移动。这时随着一声狼嚎，说时迟，那时快，“蹭”的一声，成千只狼在右边露出脸来。

淳维明白，他们落进了狼的陷阱，三面被围，只有后面是退路了。马变得局促不安，马腿在发抖，马身直冒汗。这时候，只听大巫师大喊一声：“站住，别动！”大巫师走到淳维跟前说：“狼将我们引到这里，这就是天意。老天爷正在考验我们，看我们能不能在这里立足安身。”大巫师一边说，一边双手急剧地挥动着：“这时候一退，狼就知道我们胆怯了，就会马上合围上来，将我们撕碎。”众人一听有理，全都立定不敢动了。

前头不远处立着六只头狼，长长的舌头晃动着。左边、右边也各立着六只，伸着血红的舌头。十八只头狼不急不躁，一步步向他们缓缓地走过来，后边的狼群慢慢地跟着，也向他们压了过来，包围圈愈缩愈小。淳维明白，这个狼阵共有十八群狼，它们是来为伙伴报仇的，但他们万没想到，被他们打死的那只怀孕的母狼，是狼群中的王后，狼王的爱妻。

既是来报仇，可狼群却迟迟不冲上来，因为它们还弄不清淳维他们的底细，只好小心地试探着。淳维打了一辈子的仗，从没有碰过这样的阵势，正不知如何是好。只听“哐当”一声，那是他的腰刀碰到了马镫，声音虽然不大，狼耳尖，微弱的声音传到它们耳朵里也是震耳欲聋。它们就怕这钢铁相撞的撞击声，那不是天然的声音，是来自一个它们不熟悉的世界的声音。所有的狼全被震住了，停止了前进。

众人一见，全拔出了腰刀，拍打着马镫，发出了杂乱的钢铁声，想把狼群吓跑。狼虽然有点怯，但它们仗着数量多，就是不撤退。那来势分明表明："此仇不报，绝不罢休！"它们仔细地观察着，不久，头狼发出了"呜呜"的叫声，所有的狼跟着呼叫起来，两万只狼的声音很快就淹没了金属的撞击声，它们不再害怕了，可也不敢往前冲，双方就这样对峙着。

一个下午就在对峙中度过，狼与人，谁都不敢前进，更不敢后退。淳维在马背上坐累了，翻身下马踱起步来。一边踱步，一边思考着如何脱险。只听"嘭"的一声，身边几匹马全跌坐下来，它们早已吓破了胆，苦撑了一下午，如今撑不住倒了下来，口中流着青水，死了。

"这地方没了马，人就更危险了。"淳维的头皮发麻，一抬头，只见对面山坡狼群正忙碌着，它们在草地上不断地扒着，扒了个坑，将那狼皮埋了起来，垒起了一个小坟丘。随着头狼的嚎叫，所有的狼都叫了起来，那声音在天地间回旋着，凄厉而又悲壮，它们以这哀鸣曲来为同伴送行。

大巫师和一个侍卫搬来了一堆树枝，那是晚上过夜用的。"宰马吧，吃饱了胆量就大。"淳维说。大家一听，雀跃地动起手来。狼群闻到血腥味，立时骚动起来，一步步又逼了过来。

"点火！"大巫师大声吩咐道。火焰窜了上来，狼又被镇住不敢动了。大家剖开马皮，用腰刀割着马肉，在火上烤，边烤边吃。一匹马很快就被吃光了，只剩下一堆马的骨骼。

人一吃饱就容易发困。淳维吩咐两个人放哨，他坐在火堆边，想打个盹。迷糊间，只见有个人影飘到身边，对他说："孩子，镇定就能保住咱们夏族人。神很快就会降临将你们引出去的。"淳维抬起头来，来人个头不高，步履艰难，灰白的胡须随风飘着。

"敢问老人家尊姓大名，为何前来指点我们？"淳维问。

"我是你们的先祖大禹。"来人说。

淳维一惊，想站起来，眼睛一睁，原来是一个梦。

天已经黑了，对面山坡星星点点，就像镶着千万颗宝石，发出美丽的光芒，那些幽光就是狼的眼睛。狼群依然苦苦地守着，伺机以动。突然，空中降下了三条火龙，落在山坡上，卷进了狼群，狼阵乱了，开始四处逃窜。然而，它们很快就镇定下来。火龙过后，随着头狼的嗥叫，狼群又聚拢过来。

火龙向淳维他们腾飞而来，很快就卷到他们的面前，众人定神一看，原来是个年轻美貌的姑娘，手里挥动着两把火把，马尾巴上又绑着一把火把。姑娘用大家听不懂的语言"哇啦哇啦"地喊起来，示意他们赶快上马，举着火把冲出去。因为死了几匹马，众人只好两人骑一匹马。姑娘挥手让淳维跃上了她的马背，高声大喊向着狼群的方向冲去。

火把迎风，火星四溅，狼群见这阵势，立即崩溃了，众狼见头狼仓皇地向它们跑来，立即四处逃窜。它们在前面跑，火龙在后面追。不久，狼群就被无边的黑暗吞没了，无影无踪。

没了威胁，马步慢了下来，悠悠地走着。天渐渐发亮，草地上到处都是血，姑娘心里一紧，挥动马鞭向前奔去，突然，她跃下马，抱起一只流血的羊羔，大声地恸哭起来。原来，昨晚狼群逃窜的时候，顺道洗劫了她的羊群。

一只牧羊犬跑到姑娘跟前，似乎有好多话要对她说，它引着众人来到一个坡谷，众人抬眼望去，满满一谷的羔羊。几只牧羊犬就在谷口守卫着。姑娘的脸上又有了笑容。淳维悬着的心也放了下来，他站在坡谷上，放眼望去，但见坡草茂盛，川原明媚，滴翠流霞，百花的芳香几乎可以用勺子来舀，他的心醉了。几天以后，大巫师领着族人跋涉而来，草原顿时热闹起来。

二

淳维和他的族人在草原安了家，他们跟着姑娘，开始了牧羊的生活。不久，他们在那里建立起一个王国，姑娘告诉淳维，草原的国王叫做单于。

姑娘的名字叫独孤，后来，淳维能与她对话了，于是淳维就向独孤求婚。独孤的族人和她的阿爸、阿妈远道赶来参加婚礼，前来参加婚礼的还有狄人、戎人、猃狁人。当天晚上，淳维见姑娘无边春色眉头满，他激情满怀地抱着她说："独孤姑娘，现在你做了我的王后，从此就不孤独了。"

"那不叫王后，叫阏氏（音胭脂，意思是王后）。"独孤姑娘扬着眉头说。

"好好好！我的独孤阏氏，你能否告诉我，你的阿爸为什么给你取名字叫独孤？"淳维问。

"那是我自己取的。"姑娘告诉淳维，她出世那天，腾格里（老天爷）托梦告诉她阿爸，说："你这个女儿以后是要做阏氏的，她的丈夫将从遥远的南方到来草原。"从 13 岁开始，阿爸阿妈就有意让她从家中独立出来，到离他们不远的地方去牧羊，每当月儿圆了的时候，阿爸就会骑马赶来告诉她，第二天向南边挪一箭之地，他要让她一步步学会真正的独立。

茫茫草原到处都有豺狼，母亲很替她担心，可阿爸狠下心来锻炼她。她未来要做阏氏，她的丈夫又是从遥远的南方来的，从那些地方来的人可不是牧羊的。她自己得单独学会牧羊、牧马，还得学会如何对付豺狼，这样以后才能帮助自己的丈夫在草原上立国。

莽莽草原，姑娘成年累月见不到人影，看不到双亲，她觉得很孤独，于是就给自己起了个名字叫“独孤”。每当她在帐篷中听到狼的嗥叫，她就觉得她的梦碎了，她要死了。一次次月圆的时候，她望着浩瀚的天空，新月如旧，她总是担心明天晚上还有没有机会再看到月亮。月亮圆了一次又一次，羔羊育了一胎又一胎，她梦中的情人终于来了。

碎梦圆了，独孤姑娘帮淳维建立起了一个国家，并做了他的阏氏。姑娘觉得自己不再孤独了，此后，“独孤”成了她的姓，后来也成了淳维这一族的姓。淳维久久地盯着怀中的阏氏，她肌肤如雪，体态似云。他很感激她，有了她，他才在草原上有了一个新的国家；有了她，他的族人才能在这里开始新的生活。

第四节　狼的传人

一

不久，独孤阏氏生了两个漂亮的女儿，姐姐翩翩如惊鸿展翼，妹妹皎皎如明月行空，她们的光彩照亮了整个草原。

两个女儿长大了，方圆千里各个部族的王子都前来求婚，潇洒英俊的王子一到公主面前，都显得卑微起来，单于心想，这样超凡脱俗的女儿，可不能随意嫁人，只有上天才能配得上她们。单于让人赶着一批又一批的牛羊到中原去，又从中原请来一批又一批的能工巧匠，他要在草原上为两个女儿建一座高台宫室。

宫室完工之日，单于领着八百铁骑，带着两个女儿亲自前来查验。远远望去，宫室金碧辉煌，高耸入云，四周列着三十六座沉檀喷香炉，屋檐上走龙飞凤，室内珠帘高卷，玉钩斜挂。入夜，但见半轮新月悬空，银河星斗直泻床边，真乃神灵之境。单于将两个女儿安顿在高台上。

台下，巫师领着一大帮人高歌狂舞，祈求腾格里早日前来迎娶公主。

日子一天天过去，上天竟没有一点动静，每天晚上倒是有一只很好看的狼按时前来享受公主餐后的残骨剩肉。这只狼见公主没有赶走它的意思，就在台下筑了一个窝，居住在那里，久久都不肯离去。

有时候，小公主闲得发慌，就从高台上下来找狼。狼眼吊睛，向着两鬓上翘，眼白呈玛瑙黄，瞳孔瞳仁细小就如蜂蛰，发着凛凛的寒光，具有锐不可当的穿透力。人们说，狼在心情极佳的时候，吊睛会变成水平线，瞳仁也会变得极其妩媚温柔。

狼每次见到小公主，性情就格外温顺，它那瞳仁具有勾魂摄魄的魅力。小公主心情不佳时，狼会逗着小公主玩，高声歌唱为小公主解闷。每当狼引吭高歌时，小公主的灵魂常常随着狼的歌声飞到蓝天白云、牛羊遍野的草原，这时候小公主的心情就会变得开朗起来。高兴的时候，小公主会搂着狼在草地上打滚，直到精疲力竭。渐渐地，小公主也像狼一样学会了唱歌，歌声随风飘去，一直飘到遥远的地方。

有一次，单于打猎归来，听到这奇怪的歌声，觉得耳熟，那是女儿的歌声，可又不像。他准备将两个女儿接回去小住几天。大女儿一听要回去，高兴得跳了起来，围着父亲问这问那。小女儿却不像姐姐那样兴奋，因为她担心狼会孤单落寞。

小公主精心地为狼准备了七天的食物，告诉狼说："我很快就会回来。"狼的眼里充满了无奈，依依不舍。狼前来送行，一程又一程，最后在路旁的一棵树下坐下来。公主挥手与狼告别，随着父王怏怏而去。

独孤阏氏很久没有见到女儿，高兴极了，一连几天，为女儿摆宴设舞。第六天晚上，天突然变了，漫天风雪刮得天昏地暗，宫廷中，酒酣歌浓。小公主突然立起身来说："父王，母后，女儿得走了。"单于、阏氏一听觉得奇怪，说："这天气怎么能回去，何不等到天放晴?"

原来小公主听到狼的叫声，声声悲切。小公主执意要走，单于、阏氏拗不过她，只好派几百卫士护送。一路紧赶慢赶，只见远远树影下有两颗绿色的宝石。"一定是它!"小公主赶到跟前一看，果真是它。

自从小公主离开之后，狼每天傍晚就坐在树下等着，它怕夜黑风高，小公主归来，会在茫茫草原上迷失方向。它就这样等着等着，竟冻成了冰。小公主一见，不觉失声痛哭。她的热泪与体温融化了狼身上的冰雪，狼终于醒过来。姐姐见种这情形，又惊又奇，妹妹怎么会与一只狼有这么深的感情?

一天夜里，姐姐发现妹妹心事重重，一会儿蹙着眉头，一会儿傻笑；一会儿捻着袍带，一会儿咬着罗巾；一会儿蒙着被子，一会儿伸出头；一会儿嫌炉火太旺，一会儿又说冷死啦。“妹妹，你怎么啦？”姐姐关切地问。

“姐姐，父王将我们安顿在这里，说是要配与腾格里，如今这狼天天来这里，从来也不伤害我们，也许它就是腾格里派来的神物，要来做我们的夫婿。我这就去找它。”妹妹说。姐姐一听，惊得冷汗直流，说：“妹妹，狼是畜生，你这样做会辱没父母的。”

“谁说它是畜生？姐姐，我告诉你，每当我和狼在一起的时候，我的眼前是一位孔武的王子。他就是那万里长空的天狼星。”无论姐姐怎么哀求，妹妹就是不听，她最终从高台上下来与狼亲近。

万里长空，腾格里看到人和兽就要成亲，他担心公主害羞，想为她营造一种不受外界干扰的气氛。随着他的意念，天边滚来了大朵大朵的乌云，遮住了万里星空，刹那间，伸手不见五指。

望着墨黑的天空，公主以为腾格里生气了，她内心祈祷着：“腾格里啊！我要与狼成亲，你如果同意，就让这乌云散开；你如果不同意，就鸣雷闪电来警告我吧！”这时候，狼也昂起了头，狼吻朝天，卷成筒状，发出了狼嚎的歌声，虔诚地向上苍请示。那歌声时而低沉苍凉，时而委婉高昂，惊喜中夹着急不可耐的向往。良久，天心无语，狼的歌声在渴望中变得无奈，公主那明亮的眼睛也黯淡下去。

腾格里其实已经听到了狼的歌唱以及公主的祈祷，他感动了。草原上自从来了一批又一批人，腾格里就格外担心，他担心狼的兽性会将人都吞噬了，更担心人会将狼斩尽杀绝。想不到公主与狼竟能惺惺相惜。腾格里感到无比欣慰，他同意了狼与公主的这桩婚姻。

漫天乌云很快就散开来。腾格里要让天上的星星都来见证这场婚礼。

二

婚后，他们生了很多孩子，孩子的头发就像狼毫，褐黄色；眼睛碧绿犀利，犹如狼眼；他们疾走如飞，腾跳无比矫健；他们喜欢引吭高歌，歌声就像狼嚎。[①]一千年又一千年，这歌声后来成了西北的“信天游”，又衍

① 《魏书·蠕蠕匈奴徒何高车列传》：“匈奴单于生二女，姿容甚美，国人皆以为神。单于曰：‘吾有此女，安可配人，将以与天。’乃于国北无人之地筑高台，置二女其上。曰：‘请天自迎之。’……复一年，乃有一老狼昼夜守台嗥呼，因采穿台下为空穴，经时不去。其小女曰：‘吾父处我与此，欲以与天，而今狼来，或是神物，天使之然。将下就之。’其姐大惊曰，‘此是畜生，无乃辱父母也。’妹不从，下为狼妻，而产子。后逐滋繁成国。故其人好引声长歌，又似狼嚎。”

化出关中的“吼秦腔”。狼的传人因为肤色、眼睛与中原人不同，中原人将他们叫做“鬼方”。

狼的传人最大的财富就是马，马肉和马皮是他们最好的食物和衣服，他们穿皮裘，住毡帐，饮的是马奶，又用马奶酿酒。他们没有花园和固定的建筑物，蓝天、白云和草原上的牧群就是他们最好的风景。年复一年，他们追逐着甘美的泉水和茂盛的牧草，居无定所，因此叫做“行国”。

行国人不断地迁徙，东到大兴安岭，南到黄河河套，西到里海、黑海的伏尔加——顿河草原，纵横在一千多公里的草原与沙漠地带。那些地方，五谷不生，没有大山，只有丘陵，没有树木，只有牧草。

狼的传人勇猛彪悍，他们的骑马术与射箭术天下第一。箭一出手，直上蓝天一千尺，连那飞鹰都能射下来。他们的小孩从五六岁起就开始学习骑羊和射箭，先是射鼠和鸟，到了少年时期便开始学骑马、弯强弓。行国人都能骑马弯弓射大雕，他们分散的时候是牧民，聚集起来便成了能打仗的军队。

年成好，生活宽裕的时候，他们安居乐牧，日子艰难的时候，他们会出来抢掠，他们见到利就向前，没有利就退却，向前是为了填饱肚子，获取财富；退却是为了活命，他们不以退却为耻。①

一千年又一千年过去了，草原上的人愈来愈多。黄河南北两岸到处都有游牧人。为了区别族群，他们将黄河南岸那些肤色黄中带棕的人叫做西戎，这一族是西羌炎帝系的后裔；又将那些黄中带白的人种叫做北狄，这一族是黄帝系的子孙。

游牧人没有国界，南岸的人会到北岸去，北岸的人为了用畜产换一些生活用品，也常到南岸来。他们与农耕人也常常来往，友好相处。当然，因为各自语言的不同，经常产生误解，由此也常常引发纠纷。

第五节　楼烦、休屠与浑邪

一

日月经天，江河行地，转眼间到了东周，很快又是春秋时期。那时

① 《史记·匈奴列传》：“利则进，不利则退，不羞遁走。苟利所在，不知礼义。”

候，中原华夏人都在打仗，游牧人有点莫名其妙，他们年轻的时候，听说中原有七十二个国家，到了胡子花白时，就只剩七个国家了。草原人并不明白，此时天道并不厌战，相反，倒是希望他们在战争中结成一体。

战争将中原华夏人磨炼成了人精。他们为了保住自己的侯国，用钱买智慧、买武力、买思想。华夏人也因此拼命地学习钻研，他们卖智慧、卖武力、卖思想。那时候的草原人依然淳朴憨厚，他们还没有产生自己的文字，随水草而迁，成年累月能够与之交流的也就是帐篷中老婆孩子几口人。他们还不知道什么叫智慧，什么叫思想。

战国时期，中原各国之间仗越打越厉害，相互间已经没有礼法、仁义可讲了。那时候，与草原最近的是秦、赵、晋、燕四国。那些戎人、狄人所组成的一个个小族，就生活在这些国家的周边。

晋国周边遍布着几十个大小不一的戎狄之国。戎狄人还不精于运算之术。于是晋人用粮食、布匹和玉片，从戎狄的首领手中把一个戎狄国的土地买下来。当他们明白吃了大亏，来找晋人算账的时候，晋人拿出交换契书，上面可都有戎狄人的红色手印。几年之间，晋人就将几十个戎狄之国的土地都买了下来，晋国的国土面积扩大了好几倍，可戎狄人却无家可归了。晋国君欢迎他们留下来做晋国的臣民，让他们放牧，有部分人留了下来。那些咽不下这口气的戎狄人，只好赶着羊群，到处流浪，一直流浪到黄河对岸去，到了今日的内蒙古地区。

那时候在七国中，赵武灵王觉得自己国家的军队武功不行，为了与中原抗争，他拿了几片玉璧，来楼烦国拜师，学习“胡服骑射”。楼烦国是戎狄中最富有的国家，国土面积也大，就在今日的山西西北部与内蒙古地区。楼烦国君见华夏人这么谦卑地来向他们学习，就派出最好的勇士来教导赵国人。赵国人学成的时候，楼烦人也被赵国人从山西境内驱逐到了内蒙古。

楼烦国君发觉情况不妙，来找赵武灵王论理。赵武灵王无比感慨地说：“楼烦君，当今的天下就是这样，不是你吃了我，就是我吃了你。这是你我都必须面对的事情。”

“可你们中原华夏人不是很讲究礼仪，很讲道理的吗?”楼烦国君气愤地说。

“没错，没错！华夏人就是讲究礼仪。‘有礼仪之大故称夏，有服章之美故称华。’礼节周全得很。可你并不明白，当他们讲礼仪的时候，也就是他们丢掉礼仪的时候。要不，这天下怎会尔虞我诈？楼烦君啊楼烦君，话说回来，当今天下要是还讲什么礼仪，你不敢动我，我不敢动你，就会永远一盘散沙。你明白吗?”赵武灵王振振有词地说。

“我就是不明白。明明是我楼烦国教会了你们骑射，怎么转眼间就来对付我楼烦人?”楼烦国君变得激动起来，花白的胡须乱颤。

“楼烦君，这就是你不对了。道理我已经跟你讲了，楼烦人骑射虽好，要拿来用呀。要经历战争和鲜血的洗礼，否则，再好的本事也没用，国家亡了还不知道怎么亡的。楼烦君啊楼烦君，你让我怎么说你呢?”

“我——我——我怎么啦?”

“国家亡了，你还不知道怎么亡的，你去死吧!”赵武灵王的嘴角浮起一丝笑意。楼烦君“哇”的一声，一口鲜血喷涌而出，整个人瘫倒在地。他说不过赵武灵王。

楼烦国的国土成了赵国的国土，楼烦国君虽然保住一命，但身体垮了，有点神志不清，连日来他拄着拐杖，在草原上晃荡着。胡天八月即飞雪，寒风凛冽，到了十二月，黄河结冰，大地白茫茫一片。楼烦国君一脚高，一脚低，跌跌撞撞地来到了黄河岸边。

二

冰雪渺渺迷人眼，突然间，河对岸，一簇簇人马踏冰向这边而来。楼烦国君迎了上去，这些人肤色黝黑，浑身是伤，一看就知道是残兵败将。“你们是?”楼烦国君小心地问。

“我们是义渠国人。”楼烦国君知道这义渠国是戎人中的大国、强国，如今竟也败得一塌糊涂，于是问:“怎么回事?”

“我们的国家没啦。”义渠人号啕大哭，“我们被秦国人灭了。”

这一说，楼烦国君真有点莫名其妙。小时候他就知道秦国是个小小的边鄙之国，这样一个小国家要灭掉义渠国，简直就是蝼蚁啃大象，难道大象真的被啃啦?

草原上架起了一堆堆火，义渠人为死者举行了火葬。事后，他们跟楼烦国君谈起了秦国是如何灭掉义渠国的。

秦穆公的时候，秦国首先吞并了义渠的八个部落，后来又蚕食了义渠人的十二个族国。秦国迅速强大起来，成了当时的大国①。义渠国君觉得这样下去不行，于是义渠人开始筑城自卫。想不到秦人又先后拔了义渠国

---

① 《史记·秦本纪》:“益国十二，开地千里，遂霸西戎!”

二十五城[1]。义渠国一次次发兵想夺回失地，可就是敌不过秦国的虎狼之师。

又是一代义渠王子出世。一道神谕告诉义渠国君："你的孩子未来将是义渠国一代英主，但他最终会败在一个女子手下，亡了国家。"

隐忧迷惘从此笼罩在义渠国君的心头。三年后，又一个王子出世。时间就如流水，转眼间两个王子都已长大成人。大王子年轻有为，出兵吞并了彭卢戎（今镇原彭阳和庆阳彭原）、郁郅戎（今庆阳、环县、合水）、朐衍戎（今盐池）、乌氏戎（今泾川、灵台），大大扩展了国土，疆域西达西海固草原，东抵桥山，北控宁夏河套，南至泾水，义渠国犹如初升的太阳，霞光万道，国势蒸蒸日上。义渠国君内心很高兴，但一想到这孩子未来会亡了国家，他的内心又不安起来。他开始将注意力放在二王子身上，想看看他是否能带领国家避开亡国的灾难。

也许是义渠国君潜意识的安排，二王子自小就很少有机会接触女性。长大以后，他在女性面前常常会手足无措，一见女性就会腼腆地避开。义渠国君心想，只要这孩子不与女人打交道，将来就不会败在女子的手下。有一天，义渠国君将二王子叫到身边，将自己的心事告诉了他，末了，严肃地问他："为了义渠国，你能否终身不娶？"二王子一听，一口就答应下来。义渠国君临终之时，将王位传给了二王子。

二王子即位不久，恰逢秦昭王即位，那时候，秦昭王年纪还小，由宣太后摄政。义渠新君觉得应该趁这机会夺回城池，于是发兵前来攻秦。宣太后接报，令人抬了一只箱子送到义渠新君的军营。

"打开！"义渠新君下令说。

使者说："宣太后再三交代，箱里藏的是稀世珍宝，不宜当众打开。"于是义渠新君屏退左右，使者也避开了，新君亲自打开了箱子。

一个女郎悠悠地从箱中立起，轻纱薄绸，纤细的腰身，巧笑倩兮，美目盼兮。面对这个花样年华的女子，义渠新君只觉头有点晕，眼有点花。这时候，女郎已经投入义渠君的怀抱，她就是秦国宣太后，时年二十多岁。

"你想快乐一次，还是想快乐一世？"太后问。

"此话怎讲？"义渠新君问。

"想快乐一次，咱们的关系到此为止；想快乐一世的话，就跟我回秦

---

① 《史记·匈奴列传》："其后义渠之戎筑城郭以自守，而秦稍蚕食，至于惠王，遂拔义渠二十五城。"

国。”太后说。

“可我怎能离开我的义渠国？”义渠新君为难地说。

“你是真傻还是假傻？我的身体都给了你，秦国将成为我的嫁妆。以后秦国和义渠国联合起来，你是王，我是后。你还顾念你那残破不全的义渠国干什么？”义渠新君觉得简直就是在做梦，他不放心地追问：“两个国家合起来，叫秦国还是义渠国？”

“出嫁随夫，我听夫君的。”太后说。望着眼前这个楚楚动人的玉人，义渠新君仍有点不放心地说：“别一口一声夫君！你是真喜欢我还是拿我寻开心？”

她用手轻轻地抚摸着他身上的腱肌，妩媚地说：“你像狮子一样雄壮，像老虎一样凶猛，这世上有几个女人能抵得住你的诱惑？你给了我无穷无尽的快乐，我简直就像在云彩中飞翔，我真的离不开你。”

义渠新君下令退兵，他觉得从前父王对女人有一种误解。女人只会给男人带来快乐，怎么会亡了男人的国家，更何况她还想把秦国作为嫁妆。随后义渠新君乖乖地跟着宣太后来到了秦国。他们住在甘泉宫，几年之后，他们生下两个孩子。

这时候的秦昭王已经长大了，秦国的内政也安定下来。太后的脸就像六月的天，说变就变，她命人刺杀了义渠新君，将他的人头送到义渠国，警告说，如果有人胆敢反抗秦国，就是这样的下场。义渠国没了国君，人心大乱，没有多久，秦国就灭了义渠国。①

听完了义渠残兵的诉说，楼烦国君唏嘘不已，同为草原沦落人，四目相对泪潸潸。雪停了，星空特别明亮辽阔。草原上，有一个人的名字就像这日月星辰一样，他就是冒顿。后来，楼烦人和义渠人融入了冒顿建立的匈奴国，成了南匈奴中的楼烦部、休屠部，夏人淳维与獯粥则成了浑邪部②，这就是南匈奴中最富强的三大主力。

---

① 《史记·匈奴列传》：“秦昭王时，义渠戎王与宣太后乱，有二子。宣太后诈而杀义渠戎王于甘泉，遂起兵伐残义渠。于是秦有陇西、北地、上郡。”

② 獯粥与浑邪同音。

第六节　一代枭雄冒顿

一

秦朝的时候，胡人中出现了一位王子，名叫冒顿。冒顿勇猛异常，有着豺狼长相和性格。他的父亲叫做头曼。冒顿出世的时候，族中先知告诉头曼："你这孩子长大以后，会成为草原上前无古人的英雄，但他会'弑妻杀父'。"头曼的心里喜忧参半，喜的是草原的英雄出世了，忧的是自己未来不知怎样死在儿子手上。

头曼在世的时候，已经建立了匈奴国，那时草原各部落还是零星分散的，犹如天上的星星一样，分布在不同的角落，这些不同部落的人桀骜不驯，脾气火爆。很多部落族群都是怀着对中原王朝的仇恨来到草原的。他们心怀异志，头曼根本管不了他们。因此，当时的匈奴国有名无实。

匈奴国在河套、阴山以北一带，国土面积不大。它的南面是强大的秦王朝，东面是东胡国，西面是月氏国（今甘肃一带），"东胡猛兮月氏强"，在这四国中，匈奴最弱。为了在夹缝中求得生存，头曼将儿子冒顿送到月氏国做人质，匈奴国成了月氏国的藩属国。

人质的生活枯燥烦闷就如流水，去年秋，今年秋，一年一年乐复忧，黄河依旧流。冒顿在月氏国一待就是五年，他长得高大威武，力大无穷。按理，父亲也该派弟弟来顶替他回去了，但他根本就不明白父亲送他来做人质的动机，那是为了避免自己将来死在他的手里。

这时候，冒顿的弟弟一天天长大了。小王子是头曼宠爱的阏氏所生，头曼想改立他为太子。头曼思前想后，决定借月氏国人的手来杀死冒顿。于是他亲自带领一万铁骑前来攻打月氏国，随军还带了一批珠宝。在他看来，月氏国王一旦得知他领兵前来，一怒之下必然先杀了冒顿，到时候他只要将所带的珠宝送给月氏国王，再把详细情况说清楚，就算是致歉和感谢。

蓝天白云，这一天天气特别好，冒顿刚刚饮完马奶，正想出去。突然间闯进一小队月氏国的兵丁，不由分说地将他绑了，带到月氏国王面前。月氏国王一见，大喝一声："冒顿，你知罪吗？"

冒顿行了个弯身曲手礼，说：“尊敬的单于，小侄确实不知犯了什么罪，我想一定是有误会。”

“误会？你父王带着人马，已经过了河西，很快就要杀到这里啦，匈奴与月氏既有盟约，你父王背信弃义，前来侵犯，事到如今，你还有何话说？来人，带下去，给我狠狠地打！”冒顿被打得皮开肉绽、鲜血淋漓，国王下令将他关在一间破屋子中，等头曼的人马到来的时候，再拿他来祭旗。

一连几天过去了，冒顿好生奇怪，他躺在乱草堆上，眼望着窗外的星星，不断地想着。父王若是有心攻打月氏，铁骑出了河西走廊，一天就可以赶到这里，为何这么多天过去还没有动静？

窗外斗转星移，树叶悄无声息地落下来。冒顿突然从草堆上跃起身来，他恍然大悟：“父王出兵攻打月氏是假，借月氏国人之手来杀我才是真！等父王来救我，就是等死。”一片落叶，多少秋声。冒顿一夜无眠。

星河漫天影动摇，终于挨到黎明，门开了，一个兵丁前来送早餐。冒顿一脚就将他踹在墙角，两下就结束了他的性命，从他身上抽出腰刀，夺门而出，不远处就是马厩，他挥刀砍下缰绳，夺了匹汗血马，飞身跃起，逃了出来。约有半天工夫，前面人喧马嘶，冒顿一看就知道是父王头曼单于的人马，他隐身在路旁的树丛中，等父王的人马一到，飞马跃出，冲到父亲身边，右手握刀抵着父亲腰部，左手扳住父亲的肩膀，阴着声说：“父王这是到哪儿去？”

头曼单于不觉一怔，心里想道：“该来的终于来了。”他不自觉地说：“父王要到月氏国去。”

“我们既与月氏有盟约，互不侵犯，月氏是宗主，我们是藩臣。你这样岂不是要置孩儿于死地？既然如此，这就怪不得孩儿啦。”冒顿的双眼发出阴森森的绿光，犹如一只饥饿的狼，令头曼不寒而栗。

冒顿问：“父王想死还是想活？”

“此话怎讲？”头曼觉得腰部有点疼痛，鲜血已从他的腰部渗了出来。

“父王如果想活，这就带着十个人去月氏，把事情讲清楚，两年之内互不开战。”

“为何是两年？”头曼单于奇怪地问。

“两年后我会灭了月氏，将月氏王的头砍下来做酒器。”冒顿说。

头曼不觉大吃一惊：“孩儿何出此言？”

“孩儿这一次差点就死在月氏王手里。我要报仇！”冒顿说着，将衣服一拉，露出累累伤痕。头曼一看，不觉怜悯起来，说：“孩儿没事吧？”

“孩儿龙筋虎骨，这点伤不要紧。父王，你去还是不去?”头曼单于没有其他办法，只好答应前去。

“那好，你就将这一万骑兵留给我。”冒顿说。

二

冒顿开始训练这支骑兵，他要将这支队伍训练成绝对服从和忠于他的部队。

一天，冒顿面对骑兵，大声说：“我的响箭所到之处，就是你们所要射的目标，如有人不射，立斩不赦!”冒顿说着向一只肥羊射去，顿时，箭如飞蝗，将肥羊射成了刺猬。

十天以后，冒顿带着这支队伍出去打猎，一个上午，冒顿的响箭所到之处，万箭齐飞，冒顿所要射的目标没有一个落空，猎物多得无法计数。众人正高兴，突然间，冒顿翻身下马，手中鞭子狠狠抽在马屁股上，那匹马飞快地向前冲去，冒顿一箭向马射去，随着一声凄厉的嘶鸣，马一头栽倒在地。众骑兵万箭齐发，冒顿抬眼望去，只有两个十夫长手中的箭没有发出去。冒顿让他俩出列，大声喝问：“为何不射?”

“将军，那匹汗血宝马，我们知道你平时爱马胜过爱自己的生命。”冒顿二话不说，手中的弓一扬，随着一声响箭，众人跟着发射，两个十夫长倒地身亡，血流如注，身上留下的是千百支箭。

半年后，冒顿的骑兵团已是万众一心了，但冒顿决定再考验考验他们。这一天大家打猎回来，妻子与侍女高高兴兴地前来迎接归来的冒顿。突然间，冒顿咬了咬牙，一箭向妻子射去，正中妻子的腹部，妻子痛苦地捂着肚子。众人一看，脸发白，头上沁出了汗珠，他们抬起颤抖的手，不敢看这高贵而又可怜的女人，机械地发出了箭。妻子瞪着眼睛茫然地望着冒顿，不知到底发生了什么事，惨叫一声倒了下去。冒顿走过去，蹲了下来，深深地吸了一口气，为妻子合上双眼，随后翻身上马，挥起手中的刀，一刀一个，向那些不敢发箭的人砍去。众人以为冒顿得了急心疯，谁也不敢劝他。这时候，冒顿大喝一声：“不服从命令就是这个下场!”接着扬起手，响箭又向那些尸首飞去，众人哪敢怠慢，全都随着响箭的方向本能地射去。

父王头曼单于闻讯赶来，想来看看冒顿是否真的得了急心疯。随着一声马嘶，冒顿一箭射向父王头曼单于的宝马。众骑兵未及细想，全都本能地朝着马嘶的方向射去，头曼单于还未回过神来便已倒地身亡。

芳草挡道，不得不除。不久，冒顿又杀了头曼宠爱的阏氏和异母弟，自立为单于。[①] 冒顿单于以强硬的手段来规范族人，加强部族间的纪律，使他们成为擅长打仗的军队与牧民。不久，他就开始东征西讨，首当其冲的便是当时的东胡。

第七节　东胡

秦朝的时候，东胡是草原上强大的部落联盟，人口百余万，有十余万控弦之士。领土东到辽河，南到赤峰附近，西到泺河，北到乌力吉木仁河。

东胡人得知冒顿弑妻杀父，自立为单于，便派使者来见冒顿，索要头曼单于在世时的千里马。他们想借机看看冒顿出了什么事，竟变得如此凶残。

冒顿一听就知来者不善，他强压怒火，询问群臣的意见。群臣都说，他们要马是假，挑衅是真，群情激愤地说："千里马是咱们的宝马，怎能给他们!"呼延将军气呼呼地指着来使的髡头说："岂有此理！要马，拿你家大王的秃头来换!"

冒顿一听，慌忙离座，此时的他心怀草原，东胡是他宏图的一部分。所谓强者示弱，智鹰隐爪。欲取之，先予之。他站起身来，对呼延将军说："罢了，罢了！呼延将军，我们与东胡是邻国，怎能因为一匹马与邻国伤了和气?"说着，令侍卫去把马牵来，恭恭敬敬地让来使牵走。

东胡人一见宝马，欢呼起来，得来全不费功夫，他们认为冒顿那点骑兵根本就无法与东胡十万控弦之士较劲。不久东胡王，又派使者来见冒

---

① 《史记·匈奴列传》："单于有太子名冒顿。后有所爱阏氏，生少子，而单于欲废冒顿而立少子，乃使冒顿质于月氏。冒顿既质于月氏，而头曼急击月氏。月氏欲杀冒顿，冒顿盗其善马，骑之亡归。头曼以为壮，令将万骑。冒顿乃作为鸣镝，习勒其骑射，令曰：'鸣镝所射而不悉射者，斩之。'行猎鸟兽，有不射鸣镝所射者，辄斩之。已而冒顿以鸣镝自射其善马，左右或不敢射者，冒顿立斩不射善马者。居顷之，复以鸣镝自射其爱妻，左右或颇恐，不敢射，冒顿又复斩之。居顷之，冒顿出猎，以鸣镝射单于善马，左右皆射之。于是冒顿知其左右皆可用。从其父单于头曼猎，以鸣镝射头曼，其左右亦皆随鸣镝而射杀单于头曼，遂尽诛其后母与弟及大臣不听从者。冒顿自立为单于。"

顿，要冒顿把自己的阏氏兰氏送到东胡来。他想让冒顿在愤怒中失去理智，以便制服这只草原的狼。

阏氏兰氏是冒顿最宠爱的妻子，婀娜多姿，艳压群芳，是匈奴国中第一丽人。如今东胡人竟然敢来索要阏氏！这简直就是晴天一声霹雳，阵地一声战鼓，一朝属臣全都义愤填膺，纷纷请战，牙帐里就像捅了马蜂窝一样。

冒顿见此情形，又离座劝解说："算啦，算啦！怎么可以因为一个女子与邻国结仇呢？"于是令人筹备礼物，又派五百武士护卫，将阏氏护送到东胡去。众人百思不得其解，冒顿为何会变得如此软弱？

世间事，有时候没有道理到了极点就是道理。为了训练骑兵众志成城，冒顿已经献出了一位阏氏；如今他必须再献出一位阏氏，用愤怒来点燃部众的斗志。这就叫做隐忍不到最后不可轻言隐忍，牺牲不到最后岂可轻言牺牲。

东胡国王得了阏氏，更高兴了，傲慢地说："都说冒顿是草原上的星星，未来会变成太阳，在他变成太阳之前，必须把他消灭掉！就让他成为一颗流星吧！"不久，东胡国王亲自带领五万铁骑前来攻打冒顿。

队伍来到匈奴国境边。前面是一片盆地，这片盆地属于冒顿的地界，可从来也没有人住，也无人来放牧。东胡国王又派出使者，向冒顿说："我东胡人想要这片盆地。"

冒顿询问众大臣，大臣中有人说："这是一块丢弃的土地，留着也没用，可以给他们，也可以不给。单于自己决定吧。"冒顿一听，大怒说："土地是国家的根本，怎么能可给可不给？"说着拔剑一挥，来使立即身首异处。冒顿手中的剑犹如劈雷闪电，又将那些主张可给可不给领土的大臣也杀了。众人一见，大惊失色，无人敢再言。

冒顿立即下令，命呼延将军带领两万铁骑从左边包抄到东胡人的后面，又令国舅兰氏带两万部众从东胡人的右边包抄过去，两队人马务必将东胡人赶进盆地中。冒顿则亲率大军正面迎击，三路人马务必将东胡人包围起来，让盆地成为东胡人的坟茔。

胡人通常是月夜出兵，当天是农历十四日，月色正浓。冒顿手一挥，斩钉截铁地说："连夜出兵，三天之内，务必全歼敌人。"众人领命，群情激昂，高喊着挥刀飞奔而出。风云开合，铁马夜嘶。三路人马犹如神兵一样，乘着溶溶月色，向盆地飞驰而去。

帐篷中，东胡王正在饮酒，他在等候使者带来好消息。"冒顿连妻子都可以给，这不毛之地他一定会给的。只要他答应，立刻乘胜追击，一举歼灭了他。”东胡王嘟囔着，身边的人哈哈大笑，齐声应和。

拂晓时，东胡王烂醉如泥，刚刚躺下，耳边就传来阵阵马蹄声。他想睁开眼，可怎么也睁不开。不久，就有部将慌慌张张地进来报告说：“大王，不好了，冒顿的兵马到了！”“打呀，打呀！冒顿这小子，弱柳系马，自身都顶不住，还敢来与本王对抗。”众人好不容易将他扶上马，又报：“不好了，我们的后路被冒顿的兵马全堵住了。”东胡王一惊，酒醒了几分，“快，快，从正面打出去！”说着纵马向前奔去。

一阵呐喊声呼啸而来，帐篷起火了，东胡兵狼奔鼠窜，互相践踏，全乱套了，很快就被赶进了盆地。东胡人在前面跑，呼延将军与兰氏的人马在后面追。此时的东胡王犹如丧家之犬，狼狈极了。

鼓角一声胡天晓。前边越来越开阔，看来突围有望，东胡人松了一口气。突然一声鸣镝，东胡王应声倒地，血如泉涌，命悬一线。那是冒顿射来的飞箭，随之，几百支箭一齐射来，东胡王一命呜呼。

百年悲笑，飞骑引雕弓，一洗心中郁气。冒顿挥刀左冲右突，在一片惨叫声中，盆地成了东胡兵的坟墓。匈奴人乘胜追击，“嗒嗒嗒”的马蹄声对于东胡人来说简直就是雪崩一样的灾难。他们不久就灭了东胡国，掠夺了他们的民众畜产，兼并了他们的国土，又收编了他们的兵马，共有二十万控弦之士。

冒顿挟胜利之师西归之时，顺道合并了楼烦国、白羊国，[①] 又一鼓作气灭了月氏国，他命人将月氏国王的头颅做成酒器，在头颅的四边镶上金边，将这酒器挂在腰间，又夺回了秦朝时蒙恬夺走的匈奴国土。胜利凯旋之日，冒顿还收了一个乌孙义子国。

---

① 《史记·匈奴列传》：“冒顿既立，是时东胡强盛，闻冒顿杀父自立，乃使使谓冒顿，欲得头曼时有千里马。冒顿问群臣，群臣皆曰：‘千里马，匈奴宝马也，勿与。’冒顿曰：‘奈何与人邻国而爱一马乎？’遂与之千里马。居顷之，东胡以为冒顿畏之，乃使使谓冒顿，欲得单于一阏氏。冒顿复问左右，左右皆怒曰：‘东胡无道，乃求阏氏！请击之。’冒顿曰：‘奈何与人邻国爱一女子乎？’遂取所爱阏氏予东胡。东胡王愈益骄，西侵。与匈奴间中有弃地，莫居，千余里，各居其边为瓯脱。东胡使使谓冒顿曰：‘匈奴所与我界瓯脱外弃地，匈奴非能至也，吾欲有之。’冒顿问群臣，群臣或曰：‘此弃地，予之亦可，勿予亦可。’于是冒顿大怒曰：‘地者，国之本也，奈何予之！’诸言予之者，皆斩之。冒顿上马，令国中有后者斩，遂东袭击东胡。东胡初轻冒顿，不为备。及冒顿以兵至，击，大破灭东胡王，而虏其民人及畜产。既归，西击走月氏，南并楼烦、白羊河南王。悉复收秦所使蒙恬所夺匈奴地者。”

第八节　乌孙

乌孙国在月氏国的隔邻，领土在祁连山与敦煌之间。月氏国是大国，乌孙国是小国。多年来，月氏国一直想吞并身边这个掣肘的乌孙国。

八月，秋高马肥，正是产育收获的季节。这一天，乌孙王妃刚刚产下一个男孩。宫中喜气洋洋，为了这个小王子的出世，后宫忙碌极了，人员穿梭如鲫，烧火、端水、传药，一直忙到深夜。国王难兜靡疲乏极了，刚想解衣歇息。突然间，月氏人的骑兵自天而降，冲进宫来，难兜靡还未缓过神来，已经成了刀下之鬼。后宫王妃无一幸免，一时血流遍地，尸横狼藉。一夜之间，乌孙国灭亡了。

宫中一个机灵的侍女见势不妙，慌忙抱起小昆莫（乌孙人将国王称作昆莫）从侧门溜出，又从后花园逃了出去。宫女一脚高一脚低亡命般地跑着，到处都是火、血和死人，到处都是哭喊声和刀枪声。宫女觉得后背被什么东西狠狠地蜇了一下，一阵剧痛，怀中的小孩飞了出去，落到远处草丛中。宫女晃了几晃，倒了下去，再也没有爬起来，她中箭身亡了。

鸡声啼破狼烟，东方发白，断云晴雪北风寒，小昆莫在寒风中醒过来，他瞪着天真的小眼睛，望着周围，他不知道这世界到底发生了什么，更不知道他一出世就成了孤儿。

由于饿了，小昆莫拼命地哭起来，哭声惊动了过往的乌群，它们降落下来，用口中的食物来喂他，刚刚出世的小孩哪能吃得下鸟的食物，小昆莫摆了摆头又哭了起来。

乌云漫卷，空气中弥漫着一股血腥味，一只刚刚生了狼崽的母狼嗅到气味寻来，一见小王子，它的眼睛立刻亮了，张牙舞爪地扑了上来，突然间狼又停了下来，“这孩子还活着”。就像它刚生下的狼崽一样可爱，狼俯下身来给小孩喂奶，一连几天都是如此。

这一天，凯旋的冒顿单于带着士兵路过此地，见狼在给小孩喂奶，很是奇怪。“这里还有生命。奇迹!”一个士兵挥刀刚想结果这小生命，被单于喝住了。“这是神迹！”于是单于将小昆莫带回抚养。①

春去秋来，转眼间狼孩长到十多岁，单于将他送到军营中。狼孩很快就学会骑马射箭。这一日，校场中里三层外三层围满了人，大将军正带着一帮士兵在摔跤，将士们鱼贯而入，鱼贯而出，一个个很快就败了下来。

大家你望着我，我望着你，没有人敢再上前应战了。大将军得意洋洋刚想下来，这时候，小昆莫一步一步慢慢走上场来。在膘肥腰粗的大将军面前，狼孩显得那样单薄，仿佛将军只要轻轻一撞，就可以将他撞倒。

将军根本就不把狼孩放在眼里，很快就将他撂倒了三次，狼孩跌得鼻青脸肿，满身是伤，但他艰难地挣扎着，一次又一次地爬起来。众人以为没戏啦，突然间，小昆莫像狼一样扑了上去，大将军想把他摔下来，狼孩张开嘴巴在大将军的胳膊上狠狠地咬了一口，大将军痛得嚎叫起来，趁此机会，狼孩双手抱起将军的腿，往上一撩，将军四脚朝天跌倒下去，他刚奋力爬起来，还未站定，狼孩手一撩，又将他放倒。

大将军一连被放倒两次，场上的人看得目瞪口呆，不觉齐声喝彩。将军恼羞成怒：“你咬人，不合规矩。”狼孩大喝一声：“战场上从不讲规矩。”

“有道理。”众人回头一看，原来是冒顿单于。

单于过来一看，原来这机灵的小伙子就是那个狼孩，说：“这小子不仅是当兵打仗的料，而且有勇有谋，未来还能当将军。”

小昆莫长到二十多岁，单于就让他去带兵打仗，狼孩总是又勇又狠，出奇制胜，屡屡立功。于是单于将从前狼孩父王的子民族人还给他，让他去镇守西城。

后来，狼孩带领他的子民离开西城，重立乌孙国。作为匈奴的义子，乌孙王感念匈奴人的恩德，与匈奴国有很深的感情。但这倔强的狼孩和他的人民一直是个例外，在草原皆归匈奴之时，没有臣服在冒顿的脚下。汉代，乌孙王曾两次迎娶汉公主——细奴和解忧。这两位公主很好地完成了汉朝的使命，协同乌孙王，起到牵制匈奴、断匈奴右臂的作用。

隋唐时期，在乌孙的故址出现了另一头狼——突厥，乌孙与突厥估计有着血缘与文化的关系。在今日的中国，乌孙是新疆哈萨克族的祖源之一。

---

① 《汉书·张骞传》：“乌孙王号昆莫。昆莫父难兜靡，本与大月支俱在祁连敦煌间，小国也。大月支攻杀难兜靡，夺其地，人民亡走匈奴。子昆莫新生，傅父布就翎侯抱亡置草中，为求食，还，见狼乳之，又乌衔肉翔其旁，以为神，遂持归匈奴，单于爱养之。”

匈奴灭亡了月氏之后，冒顿又连续灭了呼揭等二十六个族国，北边收服了丁零、浑庾、屈射、鬲昆、薪犁等国。他们就像飓风一样，摧枯拉朽，更如那草原上的狼一样，很快就统一了草原各部落，拥有控弦之士三十多万。匈奴国大大拓展了版图，其地南起阴山，北抵贝加尔湖，东达辽河，西逾葱岭，国土面积比头曼单于时期大了好几倍。

汉初是匈奴帝国最强大的时候，因此，匈奴帝国对汉朝构成了很大的威胁。

第二章　汉匈交兵与和亲

汉初，刘邦刚刚建立西汉王朝，便与匈奴交战。白登山之围是典型的一仗，刘邦被匈奴兵围困了七天七夜。白登山一役影响久远，使汉人之后“恐匈如虎”。刘邦是个讲究实际的人，当年打不过项羽时，便与项羽以鸿沟为界，各自为政。如今打不过匈奴，便听从谋士陈平、刘敬的建议，与匈奴和亲。吕后之时，依照刘邦的既定方针，继续实行和亲政策。

由于实行和亲，汉匈两族有了往来，但双方礼俗不同，因此难免产生误会，本章中的“冒顿戏吕后”便是因为双方礼俗不同而引起的误解。

汉武帝时期，随着国力的强盛，为了汉王朝的长治久安，争夺河套地区成为当务之急，汉武帝派卫青、霍去病与匈奴开战。卫青与霍去病合称“帝国双璧”。卫青对匈奴的战争七战七捷，无一败绩，被称为常胜将军，他粉碎了匈奴不可战胜的神话。

战争胜利之后，虽然和亲政策依然实行，但胜利后的和亲已经不再是卑躬屈膝的求和，而是带有了汉王朝向匈奴赐婚的性质。昭君出塞这一故事，通常被赋予不同时代的情感。传统多写她出塞来到国境线，便在那里自尽，这是不准确的。事实上，昭君出塞在缓和农耕民族与草原民族的矛盾上，发挥了重大的作用。

第一节　白登之围

一

西汉初年，为了防御匈奴南进，汉高祖刘邦派韩王信坐镇晋阳，守卫太原以北的地方。韩信在楚汉相争时，曾响应刘邦起义，因带兵攻打韩地有功，被刘邦封为韩王。汉代有两个韩信，这里的韩王不是十面埋伏中大破项羽的韩信，而是七国中韩国的宗室。有韩信坐镇晋阳，匈奴一时无法长驱直入中原。

那时候刘邦刚刚建立政权，对身边的将领很不放心，他开始剪除异姓王。这一天，韩信坐在晋阳韩王府中，突报朝廷有使者到，送来皇上亲赐的肉饼。韩信内心纳闷："皇上什么东西不能赐，竟专程送来肉饼？"一问才知道原来刘邦刚刚杀了梁王彭越，并将他剁成肉饼，蒸熟后分赐给诸侯王。

韩信一听，一时心如飘飘悬旆。"马打江山驴坐殿！刘邦这痞子。"当着使者的面，韩信拿起箸子夹起肉饼，细细一看，那不应叫肉饼，应叫做狮子头肉丸，肉剁得不细，肥瘦相兼，红艳艳就如一个掰开的石榴。韩信两唇抿着肉丸，内心阵阵发毛，他用牙嚼了两嚼，囫囵吞下。接着，拿起笔，不动声色地写了一封信，信中提出，韩国与匈奴接壤，匈奴曾数次入侵韩境，韩国都城晋阳离边塞很远，不好指挥，请求将都城迁到马邑[①]。

使者走后，韩信擦了擦额头上的汗，脸色惨白，重重地跌坐在椅子上，他觉得肚子隐隐作痛。想到不久前上朝述职，他还和彭越一起喝酒，如今彭越竟成了同僚的盘中餐，不觉无限感慨："官场十条路，九条人不知。"正想着，肚子翻江倒海折腾起来，接着"哇哇"地吐了起来，将肉丸全部吐出，吐得涕泪横流，红的是肉末，绿的是胆汁，一塌糊涂。原来那肉丸从都城长安送到晋阳，早已变味，上面还长了一层绒绒的绿毛。这一折腾，韩信内心害怕，心想："该不会是彭越来找我麻烦吧！彭越啊彭越，刘邦灭了你，下一个就轮到我了。"韩信只觉通体发软，为今之计是远离刘邦，越远越好，大丈夫岂能坐以待毙？不久，刘邦的批示到了，他火急火燎，迅速将都城移到了马邑，他以为自此跳出三界外，不在五行中。

公元前201年秋天，冒顿带领大队兵马进入长城，一直打到马邑城下，把韩王信围困在马邑中。虽然兵临城下，韩信却不愿与匈奴交战，一想到刘邦，他内心就发怵。他几次派使臣与匈奴谈判，想给自己留一条后路。

不久，汉朝援兵赶到马邑，驻扎下来以后，一连多日，见韩王信久久不肯出兵交战，却不断与匈奴来往，怀疑韩王信要叛变，就把这一消息派人迅速报告给了刘邦。刘邦亲自给韩信写了一封信，对他进行劝告、指责和警告。信中说："让你死战，你不够勇敢；让你好好守城，你不够称职。

---

① 《史记·韩信卢绾列传》："国被边，匈奴数入，晋阳去塞远。"

匈奴人来攻打马邑，你力不足以坚守吗？这是我责怪你的两点。”① 韩信一看，脸一下子就变白了，他知道自己处境危险。一连多日，如芒在背，如鲠在喉。

户外秋声渐渐，远处谯楼更鼓，敲得人胆战心惊。凭着多年的经验，韩信知道，跟刘邦相处，就像老鼠搂着猫睡觉——难逃一死。不由长叹一声：“刘邦啊刘邦，不是我想对不起你，有些事情是你实在对不起我们这些藩王啊！”水复山重，他思前想后，终于献出了马邑城，向匈奴投降了。不久，韩信便与匈奴一起挥师南下，进入雁门关，攻下太原郡，长驱直入，很快占领了山西大部分地区，之后又继续向南进攻，围住了晋阳。

刘邦接报，亲率三十二万大军，前来攻打韩信，这次出征，除了淮阴侯以及军师张良未参加，萧何、曹参主理朝政之外，出动了汉朝全班精英。绛侯周勃为正先锋，灌婴为副先锋，季布为后卫，刘邦坐镇中军。一时间，兵将就如潮水一样向东漫卷而来。

这是一支刚刚打败楚霸王项羽的胜利之师，士气正值巅峰。全军将士豪情满怀，他们坚信，这样的军队足以使深水断流，顽石定能击碎。更有那杜衍侯王翳、中水侯吕马童、赤泉侯杨喜、吴防侯杨武和涅阳侯吕胜，这五人参加过十面埋伏之战，在乌江边乘项羽自杀之机，抢夺他的尸首，王翳割了项羽的头，其他四人各抢得一手或一腿。五人合封为万户侯，每人各得二千户。此后，五人便私下自认是汉朝的五虎上将，连项羽都被迫自杀了，冒顿算个啥？他们根本就不把来自草原的冒顿放在眼里，出征之际五人嗷嗷大叫，定要斩得冒顿的人头，抱得冒顿的阏氏归。倒是谋士刘敬忧心忡忡，告诫大家万万不可轻敌。

刘邦的汉军很快来到铜鞮（今山西沁县一带），韩信带领兵马来迎。也是天遂人愿，再次造就五侯。双方刚刚列好阵势，五侯中的吕马童、杨喜、杨武和吕胜，先后骑马出阵，四人的肩头上各跃下一只猴子。四只猴子来到阵前，放荡地舞起来，韩信的兵马乐了，全瞪着猴子，以为是来看猴戏。那猴子舞着舞着，朝着韩信靠拢过来，突然间，四只猴子从不同方位窜上韩信的坐骑，那马虽然跟随韩信多年，也算能征惯战，可哪里见过这样的阵势，一声嘶鸣，前蹄撩起，将韩信狠狠地摔下马来。五侯一见，挥枪舞刀冲了过来，周勃也挥军掩杀过去。

汉军大破韩军，一直追至晋阳，又乘胜向北追击。韩信兵败如山倒，

① 《汉书·韩信传》：“专死不勇，专生不任，寇攻马邑，君王力不足以坚守乎？安危存亡之地，此二者朕所以责于君王。”

逃到匈奴那里，藏在他们的军中不敢出来。冒顿命左右贤王及王黄率兵占据广武至晋阳一带，以阻止汉军北上。汉军向匈奴的军队发起进攻，将他们驱逐到楼烦地区。

二

连日寒流，长空中雨雪霏霏，北风呼啸，凄厉如哨笛，此起彼伏，鬼哭狼嚎。万里乾坤一片白，积雪已有好几尺深。刘邦的大军一脚高一脚低地跋涉着。“小心点!”不时有人叮嘱。众人如履薄冰，小心翼翼地走着。雪天冰路，队伍中“啪啦”、“啪啦”阵阵声响，不时有人跌倒。跌倒了挣扎着爬起，爬起来又跌倒，个个跌得鼻青脸肿、叫苦连天。

汉军连走带爬，连爬带滚，在雪地里折腾着。脸上、身上、衣服上、脖颈上落满了雪，浑身肥厚了一大圈，变得格外笨重。大家都觉得两脚麻了，好像有万千只蚂蚁在腿间爬行，渐渐地腿痛了起来，将士们不断地跺脚，想获得一点热量来温暖脚，双脚却由微痛到剧痛再到钻心痛。将士们咬紧牙关强忍着，好半天，脚不疼了。突然间，一种不祥之兆在大家心中升腾起来，“这腿冻麻了，手也不听使唤了。”全军将士中有很多人的手无法操刀，一双手有两三个手指被冻掉。刘邦心急如焚，想与匈奴速战速决，于是强令将士冒着严寒紧追不舍。

他们终于追上了匈奴人，没想到匈奴兵如此不经打，刚一交战，他们立刻就败下阵来。刘邦一连打了几场胜仗，好不得意。不久就听说冒顿单于逃到了代谷（今山西代县西北）。

刘邦进入晋阳，派出探马前去侦察，回来的人都说冒顿的部下全是老弱残兵，坐骑都是马瘦毛长，如果趁势攻打，准能大获全胜。刘邦担心刺探的军情不可靠，恰好刘敬出使匈奴归来，刘邦便问起匈奴的详细情况。

刘敬是汉初重要的谋士，瘦高个子，人称刘半仙，他本姓娄，曾说服刘邦放弃洛阳，定都长安，被赐国姓，所以又叫刘敬。他觉得情况有异，提醒刘邦千万不可贸然进兵。刘邦问其故，刘敬说：“两国交兵，通常都是炫耀所长，我此次出使，所见都是老残的兵、羸弱的马，这是故意示短。冒顿一定是把精兵埋伏起来说：陛下千万不能上当。此去必败啊!”①说到这里，刘敬又掐指一算，内心明朗起来，心想“这冒顿自谋国、立国

---

① 《史记·刘敬叔孙通列传》：“两国相击，此宜夸矜见所长，今臣往，徒见羸瘠、老弱，此必欲见短，伏奇兵以争利。愚以为匈奴不可击也。”

以来，一直是示弱不逞强，屡试不爽，如今故伎重演，皇上此去，定是飞蛾扑火。”他再次告诫刘邦不可轻举妄动。

刘邦一听大怒，此时他刚刚立国，意气风发，戎马倥偬的他在汉匈战争上，也想挟胜利之师，一鼓作气，毕其功于一役，他这次没让韩信、张良一起前来，就是要做个榜样给朝中文武看一看，离开张良的运筹帷幄和韩信的排兵布阵，我刘邦照样能打胜仗。秦王扫六合，霸王力拔山，其势皆雄哉！不全都败在我刘邦手下。刘敬的话不仅扫了他的兴，也动摇了军心，此时的刘邦怎听得进去。“你胆敢胡说八道，扰乱军心。”刘邦大喝一声，叫人把刘敬抓起来。

刘敬心想，此时的冒顿与刘邦，一个示弱一个摆架子，大事不妙啊！刘邦好不容易挣来的一份基业即将毁于一旦。于是他挣扎着高声大喊：“皇上，你要不听我的话，咱们就赌一赌。”

“赌什么？”刘邦问。

“赌臣这颗项上人头。若是你赢了，我这人头就不要了；若是我赢了，你得给臣封侯平反。”

“也罢！待我班师回来再与你算账。”刘邦将刘敬囚禁在广武城，接着带领骑兵快速前进，也不等步兵赶上，便直冲平城而去。

冒顿见汉兵前来，就在白登山（今大同市东北马铺山）设下埋伏。刘邦的兵马一进入包围圈，冒顿立刻指挥四十万匈奴大军，把刘邦的兵马里外三层围困在白登山，同时又迅速截断了汉军的步兵，使汉军的步兵与骑兵首尾无法呼应。

这时候，刘邦才发现，冒顿所率之兵将兵强马壮，西面清一色白马，东面清一色青马，北面清一色黑马，南面清一色红马。四色人马亮甲明盔，那些战马生龙活虎，踢跳咆哮，鬃尾乱乍，腾空蹦踣，“咴咴”鸣叫着。刘邦一见，不由暗暗夸道：“这冒顿用兵，果然气势磅礴，云旗雷鼓天作阵，一代枭雄啊！”

撤退已经来不及了，刘邦只好硬着头皮组织人马，在白登山下与冒顿决战。双方摆好阵势，刘邦高喊：“有取得冒顿首级者，官晋三级，封万户侯！”说着示意五侯出阵。五侯故伎重演，又将战场当儿戏。冒顿已听说韩信兵败的原因，早有准备。见那猴子朝他而来，鸣镝一响，一支箭将一前一后各两只猴子射了个穿心透，一帮侍卫跟着鸣镝发射，四只猴子顿时呜呼哀哉。

冒顿挥舞双刀，冲出阵来，他胯下的坐骑，雄壮彪悍，刚刚换了新毛，毛色就如缎锦一样光滑。缎锦下那一条条腱肌，宛若鲤鱼游动。长长的鬃毛犹如雄狮的长鬃，迎风飘扬，令人望而生畏。冒顿高声大喊：“刘邦出阵，刘邦出阵！”刘邦胆战心惊，可他明白，此时绝不能输了声威，于是他也高喊：“杀鸡焉用牛刀！杀鸡焉用牛刀！五侯，给我取下冒顿的首级！给我取下冒顿的首级！”五侯仗着人多，勉强冲出阵来。说时迟，那时快，冒顿跃马已到跟前，与吕马童打了个照面。

冒顿刀法惊天下，只见他左手一刀捅去，随着一声惨叫，刀尖直插吕马童胸间。匈奴人的刀是弯的，犹如汉人的镰刀。冒顿顺势一拉，将吕马童拉近前来，右手一劈，吕马童的人头就如芋头一样滚下地来。

这时候二杨——杨喜、杨武，两人一左一右已到冒顿跟前，二杨平时海口夸惯，栩栩然已将自己当做五虎上将，并未把冒顿放在眼里，猛然间见吕马童人头落地，不觉大吃一惊，三魂顿时失去了两魄。冒顿未及喘气，头一低，跨马躬身从二杨中间穿过，用尽平生之力，双手同时一挥，又是两颗人头落地。两匹马驮着两具无头尸首，跑了足足百步之远，只听“咕咚”、“咕咚”两声响，尸体从马上栽了下来，血流如注。

吕胜抬头一看，那冒顿豹头圆眼，威风凛凛，俨然是霸王再生，战神附体，他转过头去对着王翳嚎叫起来：“项羽，项羽索命来了。”话未说完，人已从马上倒栽下来，心胆俱裂。冒顿骑马到跟前，弯身将他擒起，一看，人已吓死了，顺手一丢，又朝前追去，王翳见状，勒转马头，拼命逃了回来。

“弓箭手！”周勃一见不妙，立令放箭。冒顿见状，拍了拍马，那马会意，侧转身体，自左向右，斜刺里向着汉军而来。那弓箭手突然间见不到冒顿，大吃一惊，只好一齐朝着马射来。只听“咚咚”一阵声响，箭纷纷落地。原来冒顿的马披着战甲，此时的冒顿右脚蹬着马镫，左手抱着马背，藏身在马的右边，那马成了他防身的盾牌，这就是草原人的马技。刘邦还没弄明白怎么回事，冒顿的侍卫已经赶来，用鸣镝压下了汉军的弓箭手，直捣汉军的心脏。刘邦左旋右摆，好不容易勒转马头，鞭打着马，顺着山坡冲上山去。周勃带着几十人拼死拦住了冒顿。

汉军奋不顾身，三千雕锦丧胡尘。刘邦好不容易逃上白登山，五千铁骑已经死伤过半。冒顿的四色人马从四方八方冲过来，犹如层层铁闸，将白登山封锁起来。刘邦抬眼望去，但见四周铁戟森森，霜矛闪闪，胡骑黑压压如蚁，刀剑亮晃晃如林。战马长嘶，呐喊如雷，戍鼓笳声阵阵，征云冉冉压顶。刘邦一时惊得颠倒迷离，丧胆游魂，神气都没了。

三

汉军的骑兵被围困多日，最惨的是山上没有粮草，将士连日挨饿，几天之后，连弓都拉不开了。有歌谣为证：“平城之下亦诚苦！七日不食，不能彀弩。”① 马更惨，“马无夜草不肥。”几天没有草料，马的毛色完全失去了光泽，一匹匹马如同那盛夏还穿着棉袄的老人，这样的马，怎能战斗？比较之下，匈奴人的马，皮毛就如缎子一样光滑鲜亮。此时的刘邦才知大祸临头，前进无路，后退无门，叫天天不应，叫地地不灵。他深悔没有听刘敬的劝告。

雄鸡高唱叫北辰，天近五更，寒风冻裂，冰花满地。将士们冻得浑身发抖。忽然间连天战鼓，四野军歌尽胡声。冒顿领着铁骑又来攻山。“拿刘邦，赏千金！拿刘邦，赏千金！”马蹄声碎，胡笳声咽，漫天杀气冲碧落。这时候的刘邦才相信，战场没常胜。想当初十面埋伏将项羽围困在垓下，到如今被冒顿千层万层围困在白登山。莫不是天道轮回，天不助汉刘？

兵微将寡，怎能够与冒顿对垒交锋？更难堪的是，全军将士都等着他拿主意，希望他早作提防，设谋定计。这时候的刘邦真正感到了力尽技穷，眼看着四面八方胡骑又添了十几层，就要攻开鹿角杀上山来，“与其被俘受辱，不如一死了事。”他一狠心拔出剑来，大声喊叫：“我刘邦在刀枪林内，南征北讨，东挡西除，没有一次败得如此狼狈，这如今，叫我如何对得起这一生功业，半世英名？罢罢罢，朕死后，有活着的将士，就将朕埋在这红叶秋林。”说着，双眼一闭，牙关一咬，欲饮剑自尽，但突然间觉得那剑使不动。

刘邦睁开眼，只见随军参谋陈平就在眼前，死死握住他的剑：“主公岂可轻生？三寸气在千般用，一旦无常万事空！”说着将他拉到树底下，对他说：“事到如今，不能硬拼。”

刘邦问：“先生有何妙计？”

“为今之计只能是求和。”陈平说。

刘邦一听不觉沉吟起来，一时也拿不定主意。陈平又说：“求和不等于投降。胜败兵家事不期，忍辱负重是男儿。”

---

① 《汉书·匈奴传》。

“怎么个求法？”陈平让刘邦附耳过来，刘邦听后则说：“先生此去任重道远，万事尚须小心。”

陈平笑笑说：“臣当尽力而为。”说着飘然下山。未走多远，就被匈奴的巡逻哨兵绑了，押到冒顿帐中。冒顿一见，来者相貌堂堂，面如古月目朝天，神凝秋水眉入鬓，先有了几分敬意，于是问：“来者有何贵干？”

“特来送礼。”陈平说。

冒顿听说，立时命令松绑，又吩咐人摆酒。酒过三巡，陈平从怀中掏出一帕丝绢，在案几上一铺，冒顿过来一看，只见丝绢上画着一个丽人，水蛇腰，削肩膀，眼珠儿黑白秋水动，浑身袅娜千般样。冒顿一见，忙问：“这是何人？”

陈平说：“这是皇上的女儿，汉朝第一佳人。一顾倾人城，再顾倾人国。”说完目光炯炯地盯着冒顿。又说：“将军若愿意退兵，皇上愿意将公主嫁给将军。”

“刘邦老儿认输了？拿个女儿来搪塞我。”冒顿说。

“当今皇上可是马上皇帝，只是近日不留意，吃了点亏。”陈平平静地说。

“死到临头还说吃了点亏，明天我就拿下白登山，将刘邦擒来。”

陈平哈哈大笑起来，“明天谁擒谁还说不定。将军不想一想，你的背后有汉军步兵三十万顶着，明天勤王的人马一到，那就是你的末日，到时你能不能回到你的牙庭还说不定呢。”

冒顿一听，心“咯噔”一跳，心想，白登山已经围了七天了，明天要是刘邦的勤王军队果真到来，自己腹背受敌，那就不好对付了。他的口气顿时软了下来。

陈平又说：“将军，我们还想送给阏氏一份礼物，听说你们匈奴人很重视女性，要是好事只给你，不给阏氏，这说不过去。”

冒顿一听又有礼物，乐了，问：“什么礼物？”

“请阏氏出来后再说吧。”陈平说。

阏氏款款而出，陈平站起身来，客气地说：“夫人千里迢迢，远道而来，皇上决定送给夫人一份礼物。”说着将礼单递上去。礼单上写着：白银十万两，布帛十万匹。“皇上说这是给夫人的梳妆费，夫人可别嫌少。”

那时，汉朝刚刚立国，一穷二白，就连皇上要一辆像样的马车都难办。两国交兵，这时候要让冒顿退兵，若由他提条件，狮子大开口，要付他四十万大军的退兵费，那可是个天文数字。汉朝根本无力应付，不如以送的名义，说出来也好听些。这礼物对于匈奴一国来说不多，但对于阏氏一个人来说可不少。只要她高兴，一表态，白登之围就解了。

“汉朝皇帝的心意，我领了。”阏氏见陈平的话说得得体，微笑地答应了。

陈平站起身来，说：“皇上要我转告，两国友好相处，要胜于打仗，只要你们不踏进我汉朝国境，夫人每年都可以收到这样的梳妆费。有朝一日，我汉朝强盛了，会给你们送一份大礼，你们就等着收礼吧！”

关山千万叠，别鹤两三声。第二天，冒顿的包围圈让开了一道口子，汉军将士持强弩，发满弓，护卫着刘邦从匈奴解开的围角冲了出去，与步兵会合。冒顿见汉军已去，也带领大军撤走。

刘邦返回到广武后，赦免了刘敬，晋封刘敬为关内侯，号为建信侯，又处死了侦察不实的人员，随即下令班师回长安。

四

汉朝立国初，百废待兴，刘邦宵衣旰食，忙得不亦乐乎。这日早朝，忽报匈奴使者求见，刘邦只好让其上殿。原来这使者是来为冒顿单于求婚的，要陈平兑现当日白登山的诺言。刘邦一听，下令退朝，只留下陈平和刘敬，与他们商量眼下冒顿求婚之事。刘邦认为找个宫女嫁出去就行。陈平和刘敬一听，觉得不妥。

陈平、刘敬二人都是有远见的人物，白登之围再一次显示了刘敬的先见之明与陈平的深谋远虑。他们所献的和亲政策虽然备受争议，却解决了一个国家在力量薄弱时生存下来的头等重要问题。刘敬见刘邦想敷衍了事，于是说：“不妥，不妥！婚姻大事，岂可儿戏？要嫁的话，那就得皇上的独生女鲁元公主，若是找只乌鸦当凤凰，万万不可！”

刘敬解释说，只有派长公主鲁元去，才能显示汉朝对匈奴和好的诚意。如果派个宫女代替，一旦被发现的话，失信于匈奴人，不但白白丧了生命，也浪费了一次好机会。出身卑微的宫女，怎能得到匈奴人的尊重，生下的后代也就没有机会当单于，这样的和亲还不如不和。

刘邦一听，恍然大悟：“嫁了女儿，我就是岳丈，生了孩子，我就是外公，外孙就是要打外公也得想一想的，还是这刘敬有见地。可这鲁元公主已经许配给了赵王张敖，难道还能悔婚？”一时不觉跺起脚来。

陈平灵机一动，提议说，可以在刘家的长房、二房，也就是刘邦的大哥、二哥中找一个女儿，好歹是宗室女，刘家的血脉，将其封为公主，再嫁出去，这说得过去。刘邦一听有理，便照陈平的主意办，于是给公主准备了一份丰厚的嫁妆，由刘敬带领一支千人的侍卫队伍，隆重地将公主护送到匈奴的牙庭去。

第二节　冒顿戏吕后

刘邦在位期间，冒顿单于几乎是每隔几年就来求一次婚，那时候，由于冒顿在统一草原部落时，连年征战，费用庞大，草原元气还未恢复，冒顿常常感到在财政上有压力。他来求婚，一来是要娶公主，更重要的是要那份丰厚的嫁妆。他对所娶的是公主还是宗室女并不介意。朝中大臣都说："冒顿简直就是一把搂钱的耙子，他就是摔个跟斗也会抓把土的。"刘邦总是劝慰说："两国约为兄弟，汉为兄，匈为弟，如今弟弟日子不好过，帮衬着点也是应该的，更何况朕是冒顿的岳父，女婿就是驸马，还是应该让驸马风光点好。命已同舟，则当共济。"

汉初的国力无法强硬起来，打，一时又打不过，退一步海阔天空，破点财当岳父充国丈，总比打败仗有面子，刘邦也就乐得将这友好的关系维持下去。刘邦在位之时，冒顿先后迎娶了汉朝五位"公主"，也得了五份厚礼。

草原天青无战事，畜牧渐渐发展起来了，陇上牛羊连朔云。冒顿觉得作为女婿，连年向岳父要东西不好，就与汉朝公主商量，用草原的畜产品来换取生活用品，汉匈双方开始了边境贸易。那时候，中原最需要的是耕牛，农时用来耕田，农闲用来运输。

当时的贸易地点就在长城脚下，长风万里送秋雁，秋高畜肥，汉人牵走了成群的牛马，匈奴人则搬走了粮食和布帛。冒顿很重视这双边贸易，常常亲自带队往来于长城脚下。他渐渐学会了贸易，每一次搬回的钱币上百万，冒顿高兴极了。几年后，汉人开始大量购进马匹，冒顿的收入又直线上升，他更高兴了。

草原之路，响起了欢乐的驼铃与悠扬的歌声。不久，刘邦薨，冒顿带着公主亲自前来吊唁。他觉得岳父生前对他情深义重，所以哭得很伤心。回去不久，冒顿想起了岳母吕后，岳母就是母，依照胡俗，他有责任来照顾岳母，他不知吕后是否过得快乐舒心。赛马节过后，冒顿写了一封信，备了些牛羊肉脯，令使者前往长安问安。

时值盛夏，风雨如磐。这一日太后临朝，看完了信，柳眉倒竖，杏眼圆瞪，指着来使，大喝一声："来人，将这使者推出去，给我斩了！"两位侍卫冲过来，将使者按倒在地。满朝文武一时大惊，不知发生了什么事情，但见殿外电闪雷鸣，惊雷声声。

太后将信往地上一掷，大吼起来："冒顿这畜生，他岳父尸骨未寒，就调戏起岳母来，这明摆着欺负我孤儿寡母。老天不容！老天不容啊！"殿外又是一个炸雷。"这胡人，你把他当人，他非要往牲口棚里钻，竟然调戏到到岳母头上来。"说着嘤嘤地哭起来。

老臣曹参捡起信念了起来："尊贵的太后陛下，我冒顿是孤独寂寞的君主，生于沼泽，长在草原，我多次到边境来，都希望能到中原游览一番。陛下独立寡居，也是孤独寂寞，我们两个寡居的君主都很不快乐，无以自娱，还不如以己所有，换己所无。"①

众大臣听罢，高声嚷起来："可恶，太可恶啦！"

"出言放肆，行同禽兽。"

使者挣脱了侍卫的手，挣扎着爬起来，龇牙咧嘴地嚷起来："尊贵的太后，我想这一定是误会，天大的误会！"使者一边说，一边耸了耸肩膀。

"误会，什么误会？冒顿已经连续娶了我汉家五位公主，还说他孤独寂寞，这能是误会？"

"尊贵的太后，信只能读，不能嗅，嗅就会嗅出不同的味道。我家单于其实很诚恳，他也知道汉人与胡人的风俗不一样，这封信写得很委婉，很含蓄，那是投书问路，他能不能来看望太后你？"

"冒顿能有这样的孝心？这明明就是亡我中原之心不死。"吕后越说越气，大喊起来："诸位卿家有何良策？"

话音刚落，只见樊哙出班，雄赳赳地说："臣愿带领十万兵马横扫匈奴！"

众人见说，纷纷叫好，都想迎合吕后的心意。吕后见状，刚要发话，这时候只见中郎将季布出班，指着樊哙的鼻子说："好你个樊哙，真该斩首！当年高祖率领四十万大军，尚且被围困在白登，如今你用十万人马就能横扫匈奴？这简直就是撒谎！秦王朝因为对匈奴用兵，引起了陈胜、吴广起义，时至今日创伤还未愈，樊哙你就当面阿谀逢迎，想使天下动荡不

---

① 《汉书·匈奴传》："孤偾之君，生于沮泽之中，长于平野牛马之域，数至边境，愿游中国。陛下独立，孤偾独居。两主不乐，无以自虞，愿以所有，易其所无。"

安。”众人见季布说得严肃，都惊恐起来，觉得用兵不妥。[①]

这时候，来使耸着肩，一副无可奈何而又绝望的样子：“想不到我家单于一片好心竟被当作驴肝肺。”陈平出列，指着来使说：“你家单于之请，必有玄机。你就说说他是如何好心？”

来使看了看陈平，说：“在我们草原，家里死了男人，那是很不幸也很危险的事，茫茫草原，白天会碰到野兽，夜里会面临狼群，周围毫无人烟，寂寞孤单，叫天天不应，叫地地不灵。哥哥死了，弟弟就要接管哥哥的家，娶嫂子；父亲死了，长子也要接管家，除了亲生母亲之外，父亲的妻子就是长子的妻子，这是责任也是保护，还要让她们不孤单落寞。草原上娶后母、娶岳母、娶嫂嫂都是正常的，为什么在你们汉人眼里就成了禽兽？”使者目光炯炯地看着陈平，陈平一听，倒也有理，点了点头。

来使见陈平点头，知道汉人中也有懂这番道理的，不是个个都蛮不讲理，又说：“如今，我家单于依照的就是胡人的习惯，他来信问了，他就尽了责任，至于你们怎么理解，那是你们的事，在你们汉人看起来很不雅的事，在我们胡人看来，也许很合情理，很感人。”来使又耸了耸肩膀说：“可惜的是，草原的可汗与汉家已经通婚了五次，为什么在你们汉人眼里只有你们汉人的礼俗，从来就不知道胡人也有胡人的礼俗？”

陈平一听，知道这礼俗复杂微妙，不能把事情闹大，闹大了也许既失礼又失脸面，就对吕后说：“太后，这事就由臣来处理，你尽可宽心，不必生气。”

陈平回去以后，替吕后写了两封信，一封给公主，一封给冒顿，信中写道：“单于没有忘记敝国，还赐来国书，令我们诚惶诚恐，我退一步想，如今年老气衰，头发牙齿都已脱落，走路也不稳，不值得单于见怜污了自己，敝国没有做错什么，还请单于见谅，不必牵挂。顺信送上马车二乘，以备日用。”[②] 陈平在信中说明了两个问题，不管你冒顿是作为高祖的弟弟面对嫂嫂，还是作为女婿面对岳母，草原的风俗在中原一时是行不通的。你如果还有其他非分之想，那就免了吧，钦此钦遵！

冒顿收到信一看，知道自己讨了个没趣，那信虽然烧手堵心，却也写得守礼又不卑不亢，于是只好作罢。不久吕后也收到公主的信，公主在信

① 《史记·季布栾布列传》。

② 《汉书·匈奴传》：“单于不忘弊邑，赐之以书，弊邑恐惧。退而自图，年老气衰，发齿堕落，行步失度，单于过听，不足以自污。弊邑无罪，宜在见赦。窃有御车二乘，马二驷，以奉常驾。”

中说："母后，你误解了，冒顿若想图谋中原，他会发兵打过去，古来兵家之事，哪有既有图谋而先通知对方的？母亲在汉地，孩儿在草原，这汉礼胡俗还真不是一封信能说明白的。儿臣在草原日久，耳濡目染，已渐渐适应，倒也不觉得胡俗如汉人所说，行同禽兽。"

吕后见信，心也安了下来。不久，她又挑了一位宗室女，备了一份丰厚的嫁妆，给冒顿送去。在汉匈关系上，她决定遵循高祖刘邦的既定方针。

终吕后之朝，汉匈无战事。到了汉武帝的时候，汉朝至少有十一位公主嫁到匈奴去，正是这些默默无闻的和亲公主，为汉朝赢得了和平的环境，方有了后来的"文景之治"。武帝时期，随着国策的改变，以及卫青、霍去病等大将的出现，天纵英才，汉王朝开始了北征匈奴的战争。

第三节　常胜将军卫青

一

卫青小时候家里很穷。母亲，人称卫媪（音袄，卫老妇人）。卫家出生低微，在平阳公主府中帮佣，生有三个如花似玉的女儿和一个男孩——长子卫长君、长女卫君孺、次女卫少儿、三女卫子夫。丈夫死后，卫媪仍在平阳公主府中帮佣，与同在府中做事的小吏郑季相好，生下了卫青，卫青跟着兄姐，都姓了卫。

卫家的生活太艰苦了，五六岁的时候，卫青便被送到了亲生父亲郑季的家里。郑季让这个年幼的孩子去牧羊，郑家同父异母的几个儿子从不把卫青当手足兄弟来看待，[①] 以为家中来了个小奴仆。卫青挨到十来岁的时候，不愿再受郑家的奴役，回到母亲的身边，做了平阳府的骑奴，负责牧马驯马。他吃苦耐劳，几年之间便熟悉马性，学会了一套高超的骑马术。

有一次，卫青带着十来匹刚驯好的匈奴汗血马，前往甘泉宫进献给汉武帝。一路走去，暮春垂柳，淡淡春花。柳荫下坐着一个骨瘦如柴的老囚徒，一见卫青，大吃一惊说："小兄弟，停一停。"他端详着卫青说："小兄弟，你是贵人的面相啊，将来必定封侯。"卫青一听哈哈地笑起来说：

---

① 《史记·卫将军骠骑列传》："少时归其父，其父使牧羊。先母之子皆奴畜之，不以为兄弟数。"

“老人家，我是人奴的孩子，这辈子能免受打骂已是万幸，哪有机会封侯？做梦吧！”①

“做梦？对，对！做梦。好梦富贵噩梦穷。小兄弟，信不信由你！封侯拜将，转眼之间。”老囚徒言之凿凿。

建元二年（公元前139年）春，这一年汉武帝18岁，正是青春年华。有一天，汉武帝扫墓归来，在姐姐平阳公主府中歇脚，见到正在浣洗衣服的卫子夫，不禁怦然心动，这女子有一种后宫佳丽所没有的空谷幽兰般的气质，他心里许久无法平静。武帝见了平阳公主，就问长问短，平阳公主明白弟弟的意思，过了几天，就给卫子夫梳妆打扮，教她礼仪，将她送进了宫。汉武帝得了卫子夫，两人情投意合，卫子夫很快就有了身孕。

卫子夫怀孕，急坏了汉武帝的姑姑馆陶长公主。馆陶公主的女儿阿娇是汉武帝的亲表姐，几年前就嫁给了汉武帝，做了金屋藏娇中的女主角。也是老天有眼，知道他们是表姐弟，怕他们生下个残疾儿来当天子，就让卫子夫先怀了孕。母以子贵，馆陶公主明白，这孩子一旦生下来，阿娇就会失宠，一时间气不打一处来，想害卫子夫又找不到机会，就把怒气撒在卫青身上。

馆陶公主派人悄悄地绑架了卫青，想给卫子夫一个打击。卫青的好友公孙敖得知馆陶公主准备活埋卫青后，一方面派人告知卫子夫，另一方面自己带了二十多个武士，杀散绑架卫青的人，将埋了半截的卫青从土坑里救了出来。

汉武帝得知后，大为震怒，他明白馆陶公主为何敢如此胆大妄为，那是因为卫家出身低微。因此他立刻任命卫青为建章宫监、侍中；封卫子夫为夫人；并任命卫青的同母异父哥哥卫长君为侍中；又将卫子夫的长姐卫君孺许配给了太仆公孙贺，二姐卫少儿许配给陈平的后人，詹事陈掌。数日间又给卫青诸多赏赐，达到千金，卫家转眼之间便显赫富贵起来。②

二

元光六年（公元前129年），匈奴兴兵南下，兵锋直指上谷（今河北

---

① 《史记·卫将军骠骑列传》：“贵人也，官至封侯。青笑曰：‘人奴之生，得毋笞骂即足矣，安得封侯事乎！’”

② 《史记·卫将军骠骑列传》：“上闻，乃召青为建章监，侍中，及同母昆弟贵，赏赐数日间累千金。”

省怀来县)，朝野震动，人心惶惶。自汉初高祖白登之围之后八十多年间，汉王朝以和亲、贸易求得了与匈奴的和平相处，不过边境时有匈奴骑兵骚扰，但无大的战事。

匈奴对于汉朝来说，实乃心头之患，如何消除这心头之患，一直以来是汉武帝的心结。是战是和，朝中争论纷纷，汉匈之间涉及几百年的恩怨，一旦开战，高祖刘邦以来两国之间的和平局面就会打破。年轻的汉武帝为此一连多天寝食不安，倒是卫子夫见他魂不守舍、坐卧不宁，无意间启发了他。

“皇上，你做的是汉朝的皇帝，不是秦朝的皇帝和先秦的宗主。前人的债要是都要你来还，你还得起吗？更何况有些债是无法还的。可眼下的局面你又不能不管。你一个汉朝皇帝，就管你汉朝的事，其他的先不管。”

听了卫子夫一席话，汉武帝豁然开朗，不由对卫子夫另眼相看。他决定与匈奴人开战。汉武帝这次开战不是贸然的，今日的汉朝已经不是立国之初的汉朝了，张骞出使西域，让汉朝对匈奴的周边有了了解。多年的双边贸易也为军队的马匹、武器做了准备。尤其是百年来的休养生息，西汉国力强盛，要兵有兵，要粮有粮，是到了与匈奴一搏的时候了。

武帝定下了进军方略，决定兵分四路，每路各带一万骑兵，迎击匈奴。他任命卫青为车骑将军，从上谷出发；公孙贺为轻车将军，从云中出发；公孙敖为铁骑将军，从代郡出发；李广为骁骑将军，从雁门出发。四人中李广年纪最大、资历最深，多年守卫边关。他出身陇西望族，世代将门。在李广看来卫青不过是个家奴、马奴，凭借姐姐的裙带关系才攀爬起来，他对此次出征与卫青为伍，很不以为然。

车辚辚，马萧萧，将士弓箭各在腰。汉武帝一直将出征大军送出长安城外。征尘不断，嘶骑渐远。几日之后，四路人马分别到达了预定地点。依照预定计划，他们埋伏下来，耐心地等待着。一天、两天，一连多日，敌人一直不见出现，首次深入草原，汉军不知如何去寻找敌人，将士们有点急了，进也不是，退也不是。

茫茫草原，匈奴神龙见首不见尾，他们得知汉军分兵前来，立即改变了进军的方向，兜到前面，在汉军的退路上布下陷阱，专等汉军撤兵。卫青的军队等了两天，觉得这样等下去不是办法，百年以来首次出击匈奴，事关重大，岂能被动地等着？平安地撤兵就意味着惨重的损失。自小受苦的卫青心中有一本账，这次出征，四路人马共四万匹战马，马价是一匹马百金，一金是一万钱，一匹战马就是一百万钱，四万匹马就是四百亿钱。再加上粮草、四万将士、十万辎重部队，合起来是十四万人的粮草，运粮所征用的牛马车辆，加上草料，这又是一笔庞大的开支。朝廷有令，杀一个匈奴，赏五金。所有这些加起来起码得一千亿钱。挥霍近千亿钱而无所获，怎样向朝廷和百姓交代？

卫青愈想愈不甘心。机不可失，时不再来，他将人马分成两批，留下七千人马依旧在原地埋伏，自己带领三千轻骑，每人带三天口粮，向着草原的纵深处继续扑去。

满地征尘愁漠漠，一天杀气冷森森。卫青带着人马，向北飞奔而去。第三天傍晚，他们在路上抓到一个匈奴人，得知再向前三十里就是匈奴的龙城，那里是匈奴祭拜天地祖先的圣地。

连日的奔驰，将士们累得倒在地上起不来了。卫青大喊一声："将士们，我们的机会来了，这是一次只赢不输的好机会。只赢不输啊！"在卫青看来，龙城是匈奴祭祀天地祖先的地方，必有士兵把守，但绝不会是匈奴人的重兵，而是老弱之兵。既有兵，就会有牛羊粮草与财产；既是圣地，就意味着直捣匈奴老巢。打下龙城，政治意义要远大于军事意义。

"将士们，这就是老天赐予我们的一次机会，老天所赐，岂能不遵？岂能不打？"将士们一听，立时来了劲。他们一鼓作气，又向前飞驰。一个时辰后就到了龙城，三千人马就像一张网一样罩了过去。

男儿本自重横行，卫青挥舞手中马刀，大喊一声向前冲去，三千人马尾随而来。怒潮卷霜雪，号角声声残。一支支火箭飞向匈奴的帐篷，一时间漫天大火，狼烟四起，刀头溢血，匈奴人还未缓过神来，战斗就已经结束。拂晓时一清点，龙城之役斩敌七百余首，俘获牛马十万头。

三

连日来，汉武帝就守在卫子夫宫中，四路人马已有三路归来。公孙敖在退兵时陷入了匈奴的包围圈，一万人马损失了七千。李广全军覆没，本人也受伤被捕，路上杀了押解的兵士，才逃了回来。公孙贺的人马也无功而返。

四路人马，两路败北，一路无功，犹如一把重锤狠狠地砸在汉武帝心上，他连日恹恹不食，彻夜无眠，眼圈发黑，脸明显地瘦了一圈。太医强迫他饮下了安神汤，已是凌晨丑时，汉武帝昏昏然睡去。

突然间，卫子夫惨嚎一声从床上坐了起来，她的脖颈挨了汉武帝一拳，疼得嗷嗷大叫。汉武帝也被惊醒，他大汗淋漓，揉了揉眼睛，口中喃喃："子夫，子夫，朕梦见卫青回来，给朕带来了匈奴人的两只左耳朵。朕高兴啊，朕亲自将那两只耳朵钉在城门上。朕要告诉国人，初次出征，我们就能砍下匈奴的两颗人头，下一次就能砍下二十颗、两百颗、两千颗。"

卫子夫第一次感到做汉武帝夫人的压力，卫青如果这次不能凯旋，她恐怕就会失宠。她拿起丝巾为汉武帝擦着汗，既是安慰他又是自慰地说："皇上，臣妾虽然挨了你一拳，但这是个好梦啊！弟弟会带来捷报的。"

"但愿吧！"汉武帝说。

卯时，内侍急急来报："皇上，皇上，卫将军回来了。"

"胜了，还是……"汉武帝迫不及待地问。

"胜了！"

"上朝！"汉武帝翻身跃起，匆匆出门而去。卫青首次告捷，虽然歼灭的不是匈奴的有生力量，此役与后来的战绩相比也微不足道，但在三败一胜的情况下，这一胜变得极其重要，起到了稳定军心、振奋人心的作用。汉武帝二话没说，封卫青为关内侯。那一刻，卫青想起了老囚徒的话："小兄弟，封侯拜将，转眼之间。"不觉怔怔然。"难道这就是命？"

隔年（公元前 128 年），汉武帝又派卫青率三万铁骑从雁门出击匈奴，将军李息率兵出代郡与之配合。这次出征共出动人马四万五千，分作两路，卫青一人独领三万，汉武帝几乎把胜利的希望全压在卫青身上。他深信，这位沉默寡言的马奴能给他带来面子，带来信心，也能给全国人民带来面子和信心。卫青出征，在民间征用车辆牛马要容易得多，因为老百姓相信这钱粮不会白花。

卫青果然不负汉武帝与百姓所望，斩敌数千而归，十倍于龙城一役。捷报传来，朝野欢腾。当夜，长安城中灯火彻夜不息，满城欢歌。这是世纪之梦，好梦噩梦都有，百年畏匈如虎的压抑在锣鼓声中被送走。"卫青是匈奴人的克星！""卫青是汉人的战神！"人们流着泪高呼着。匈奴不可战胜的神话破除了，此后对匈作战不再被视为畏途，也不再是梦魇了。

四

隔年（公元前 127 年），匈奴因连续的失败，开始了报复，他们结集了大量兵力，挟雷霆之势，向上谷与渔阳方向逼来。这是一次空前规模的大战，朝野立刻再次紧张起来。

整整斜斜杨柳陌，疏疏密密杏花村，六千万汉人都在谈论着这次战争。人们伸出两个指头，一个是皇上，一个是卫青。从长安到南疆，从城市到乡村，到处都可以听到呼唤："皇上——卫青!""卫青——皇上!"人们把希望寄托在这两个人身上。

一个马奴成为了全国人民的希望。卫青听到了呼唤，他泪流满面，无限感激汉武帝，"没有皇上的重用，哪有卫青的今天?"落魄行歌忆昔游，头颅如许尚何求?心肝吐尽无余事，唯求歼敌壮志酬。

卫青与汉武帝紧张地制定着这次战略的步骤。他们的眼睛都注视着地图，但不是上谷和渔阳，而是河套。黄河是个"几"字形，几字的上半部分就像一个套子一样，将河南地区紧紧地套住。秦汉时期的河南并不仅仅是今天的河南省，长城以北、阴山以南、贺兰山以东、吕梁山以西，这片地区就叫河套，包括宁夏平原、鄂尔多斯高原和黄土高原的部分地区（秦汉时期的河南地区大部分属于今天的内蒙古自治区）。

"黄河百害，唯富一套。"河套地区土地肥沃，物产丰富，有"塞上江南"之称，汉代时，河套地区不仅有重大的经济意义，而且有重大的军事战略意义。河套地区离关中平原与都城长安太近了，只隔着一座秦长城，它像一把尖刀悬在长安人的心头上，又像一块打地基的巨石——"夯"（音杭），夯一落下来就会将首都长安和关中地区砸得粉碎。

河套与河南地区有匈奴的两个属国——楼烦与白羊，只要他们发兵，一天一夜即可到达关中平原，直接威胁京城长安。当年刘敬就曾多次向刘邦提醒这个问题。汉文帝时期，刘敬的担忧被验证过，匈奴十四万骑兵直入关中平原，抢夺人口财物无数，还放火烧了汉朝的宫殿。如今，汉武帝就怕文帝时期的悲剧重演，他的战略是：宁失上谷和渔阳，也要解决好河套问题。

汉武帝对卫青有深刻的了解，这位马奴是一位标准的汉臣，忠心耿耿。卫青在不折不扣地执行皇上的战略部署时，又能根据战场的实际，多有斩获，只有像他这样忍得住气的人才能真正高扬起热血。因此，汉武帝将自己的战略目标告诉卫青，相信卫青完全能够制定好具体的战术。更让汉武帝感到不可思议的是，卫青出征索要的粮草费用比其他将军要少得多。卫青出马，事半功倍啊。

明天就要出征了，为了使汉武帝不必太担心，卫青前来将自己的部署禀告汉武帝。这次出征，采用的是"迂回侧击"的战术，派出少量的部队向上谷和渔阳出发，大肆张扬是王师的主力，以吸引匈奴的重兵。卫青的主力部队则从云中出塞，然后掉头向西直扑高阙，切断楼烦王、白羊王与匈奴单于牙庭的联系。若干天之内，匈奴军会因为找不到汉军的下落而惊慌失措，等他们缓过神来时，汉军已经拿下楼烦、白羊，河南问题也就迎刃而解了。

望着眼前这个皮肤黝黑、精壮结实的卫青，武帝相信，世界上真正干出惊天动地大事的人，就是像卫青这样从不张扬、不夸海口的人。他目送着卫青出了宫，心中只有一个信念：卫青就是捷报。

塞北莽莽绝人烟，出征见月两回圆。五十多天后，卫青班师归朝。整个长安城沸腾起来，老少妇孺载歌载舞，人们杀猪宰牛，到离城二十里的地方去慰劳归来的士兵。长安城中万人空巷，卫青被封为长平侯，食邑三千八百户。

汉武帝在卫青收复的河南地区修筑朔方城（今内蒙古杭锦旗西北），设置朔方郡，还修复了秦时蒙恬所筑的边塞和沿河。这样不仅解除了匈奴骑兵对长安的直接威胁，而且建立起了反击匈奴的前方基地。

公元前 124 年，卫青率兵三万出高阙，苏建、李沮、公孙贺、李蔡出朔方，又令李息、张次公从右北平出兵，全面进攻匈奴。这次出兵捕获匈奴右贤王属下小王十多人，男女民众一万五千多人，牲畜数千百万头。汉武帝让使者持大将军印，直接到军中拜卫青为大将军，统率全军。

五

在一次次胜利面前，卫青也面临着一个大将军的尴尬，卫青手下的不少将领悄然离他而去，投到了骠骑将军霍去病麾下。霍去病是卫青的外甥，作为后起之秀，他有许多战术都是从舅舅那里学来的，但他们又各有特色：霍去病重斩杀，卫青重捕获。霍去病 18 岁开始随舅舅出征，出征两次，斩杀数目是全军之冠，被封为“冠军侯”。终其一生，霍去病出征次数比舅舅少，杀敌数目却比舅舅多了一倍。

卫青记得，元朔五年他统领六将军出征，斩敌一万九千人，受赏黄金二十余万斤。平均下来，斩一个匈奴的头颅，赏十点五斤黄金。[①] 这些钱在景帝年间，够一个五口之家两百八十年食粮的费用。

卫青觉得这样的赏赐同时也在鼓励杀戮。国家与民间哪有那么多黄金可以拿来赏赐？为了筹集军费，国家不得不实行“买爵令”、“赎罪法”

---

① 《史记·平准书》：“（卫青）将六将军仍再出击胡得首虏万九千级，捕斩首虏之士受赐黄金二十余万斤。”

（用钱来赎罪）。不断的征伐使得物价不断飙升，成百倍上涨。大量中小商人破产，贫苦百姓家破人亡，文景两代的积蓄、盛世的景象已经荡然无存。更可怕的是每一次出征就得耗费国家几年的财政收入，如今几乎是一年一征，有时候一年出征两次，这样打下去，战争未结束，国家就已经垮了。

同样可怕的是战争将芳草地变成沙地。马蹄最毁草场，一群马在一块地停十天半月，这块地就成了沙地，荒废了。几万战马和十几万辎重部队，一来一回，草地就踩出一条条沙道。几十万马蹄在草场上驰骋、拼杀，战场与营盘周围全都寸草不生，再加上岁月的风化，很快就成了沙漠。草原病了，正在变成一个脱发的瘌痢头。

有一次，卫青悄悄地对姐姐说起这些事，说汉武帝心里有病。卫子夫一听，吓得脸色惨白，她捂住弟弟的嘴，叫他不能说，一千年都不能说。

卫青虽然不说，但心理压力很大，作为一个统率全军的将军，他所能做的就是通过战争多一些捕获。他通过捕获，拔除了匈奴人的畜牧基地，使他们失去战争能力。他令将士们与俘虏将捕获的千百万头牛羊赶回边境，为此他尽量少杀俘虏，让俘虏在边境放牧生产，制肉干，以战养战。这是一件辛苦事，将士们辛辛苦苦，所获得的赏赐与升迁却远不如砍下一个匈奴的头颅，不少人不得不违心地离开他去追随霍去病。

自从河套之战归来，卫青变得郁郁寡欢，他亲眼目睹了河套地区的变化，他觉得中原人的龙脉在洛阳和关中，草原的心脏在河套。战争的根本在于将对方打怕，使对方不敢再来侵犯，可如今已从根本上违背了高祖与匈奴冒顿单于当年所定的盟约——以长城为界，胡汉各居一方。这样看来，草原人是不会罢休的，纷争将会永无休止。

卫青愈来愈沉默寡言，虽然功勋卓著，却事事谨慎，推功让爵，不愿接受太多的封赐。作为一个将军，他最大的痛苦就是学会了思考，在思考中变得迷惘。他真不知这仗该如何打，打到什么程度。倒是卫子夫常常劝慰他，作为将军是不能多思的，唯一的使命就是服从。

又要打仗了，卫青与霍去病在汉武帝那里接受了命令归来。夕阳西下，几点梅花泄露了春天即将到来的讯息。卫青若有所思，他信步踏上一座亭台，勾起了登高望远之心。霍去病见舅舅心事重重，劝慰说："舅舅，出征在即，多思不吉。"

"舅舅不是怕死的人，只是近来舅舅常常会想到我们这样打仗到底是为什么？我们会不会助长了皇上的好大喜功、穷兵黩武？"

"舅舅，你想得太多了，我们能有今日，离不开皇上，就把打仗作为报答圣恩吧。”卫青觉得有理，心情似乎宽慰了一些。

公元前123年，卫青从定襄出兵，公孙敖为中将军，公孙贺为左将军，赵信为前将军，苏建为右将军，李广为后将军，李沮为强弩将军。他们都隶属大将军卫青。这次出征，斩杀了匈奴数千人。

一个多月后，他们再次从定襄出兵进攻匈奴，又斩杀了匈奴一万多人。这一次，右将军苏建和前将军赵信两部损失较大，他们合兵一处，只剩下三千多人，在退兵时又遇上了匈奴的大军，陷入了重重的包围，双方血战了一整天，苏建和赵信的人马几乎全部覆灭。

前将军赵信本是匈奴人，投降汉朝后被封为翕（音西）侯。如今见情况危急，匈奴人又引诱他，于是赵信带领残部八百余人向匈奴投降了。右将军苏建战至最后一个人，身负重伤逃了回来。

苏建没有战死疆场，只身回来，依据汉律是必须处死的。面对浑身是伤的苏建，卫青无论如何也下不了手，他征求大家的意见。议郎周霸说：“自从大将军出征以来，从未杀过将领。如今苏建丢弃自己的整个部队，只身一人归来，应该杀了他，以显示大将军的威风。”

军正闳（音红）说：“不可，千万不可！兵书上说，‘双方实力悬殊，力量弱的一方即使拼死冲杀，最终还是会被力量强的一方打败的’。苏建率几千兵马，迎战匈奴几万铁骑，力量相差太远。苏建已经尽了自己最大的努力了。尽了力没有投降匈奴，拼死归来却要被处死，这会是什么结果？”

长史安说：“这就告诉大家，今后打了败仗绝不能回来，只能投降敌人才有活路。”

卫青陷入了深思，军正闳、长史安说得有理。将士军前半生死，可军法未免太死板，这是将我军将士推向敌方啊。他语重心长地对周霸说：“我卫青侥幸以皇亲国戚的身份在军中为帅，不忧虑没有威严。只是那赵信投降匈奴能活下来，苏建死战归来却要被处死，这不是我大将军所要立的军威。[1] 我们还是将苏建押解回京，禀报圣上，再做决定吧。”回京之

---

[1] 《史记·卫将军骠骑列传》：“右将军建、前将军信并军三千余骑，独逢单于兵，与战一日余，汉兵且尽。前将军故胡人，降为翕侯，见急，匈奴诱之，遂将其余骑可八百，奔降单于。右将军苏建尽亡其军，独以身得亡去，自归大将军。大将军问其罪正闳、长史安、议郎周霸等：‘建当云何？’霸曰：‘自大将军出，未尝斩裨将。今建弃军，可斩以明将军之威。’闳、安曰：‘不然。兵法云：小敌之坚，大敌之禽也。今建以数千当单于数万，力战一日余，士尽，不敢有二心，自归。自归而斩之，是示后无反意也。不当斩。’大将军曰：‘青幸得以肺腑待罪行间，不患无威，而霸说我以明威，甚失臣意。且使臣职虽当斩将，以臣之尊宠而不敢自擅专诛于境外，而具归天子，天子自裁之，于是以见为人臣不敢专权，不亦可乎？’军吏皆曰：‘善’。遂囚建诣行在所。入塞罢兵。”

后，苏建终于没有被处死而被贬为庶人。卫青也因苏建与赵信，这次班师归来并未得到封赏。

晚年的卫青变得老气横秋，汉武帝也觉得他变了，却不知道他为何会变成这样。那时候的汉武帝年富力强，不明白战争会在一个将军的心头留下阴影，即使胜利的战争也不例外。那时的汉武帝高扬的是血气，需要有形象代言人，因此他看中了霍去病。卫青失宠了，不幸中的万幸是，卫青正因处事低调，卫家也因此能够善终。

第四节　骠骑将军霍去病

一

霍去病的父亲叫霍仲孺，是平阳县的一个衙役，被派到平阳公主府中当差，在那里认识了一个使唤丫头卫少儿。卫少儿就是卫青的二姐。不久，两人相好生下了霍去病。卫少儿不是霍仲孺明媒正娶的，霍去病作为私生子，从小就跟着舅舅卫青，也常常到宫中三姨妈卫子夫那里。

在姨妈那里，霍去病有机会见到三姨丈汉武帝。那时候卫青已经是将军，卫子夫也很得宠。华贵的宫殿与锦衣玉食使霍去病从小就不知世事的艰难，也养成了他放荡不羁、天不怕地不怕的性格。

少年的霍去病很羡慕和崇拜舅舅，经常跟着舅舅练习骑射，有空就在宫里做军事游戏。母亲知道后很欣慰，她告诉少年的霍去病，要想出人头地，就要参军，建立军功。有一次，汉武帝问霍去病长大以后要做什么。

“长大就当将军，跟着舅舅打匈奴。”

“好！有志气。”汉武帝觉得霍去病少年意气，英雄肝胆，将来一定有出息。[①] 于是爽快地说：“朕现在就教你‘孙吴兵法’，将来好为国杀敌。”

霍去病一听，两只眼睛就像天上的星星不断地眨着，“学兵法就会被兵法所误，我可不学古兵法。”他断然拒绝。

“此话怎讲?”汉武帝不解地问。

---

① 何去非《何博士备论》记载：“是以汉武欲教去病以孙、吴之书，乃曰：‘顾方略何如耳，不求学古兵法。’信哉，兵之不可以法传也。昔之人无言焉，而去病发之。此足知其为晓兵矣。”

“春秋以来的兵法，都是中原人用来打中原人的。我们现在面临的敌人来自草原，对付草原人要有草原的打法。”霍去病略一停顿，变得激动，挺身站起说：“你看看那飞将军李广，精通兵法，武艺超群，爱兵如子，他的美名天下扬，可那是浪得虚名。李广老冉冉其将至，还无法封侯，这是做将军的耻辱，也是朝廷的忧虑啊！”

“霍去病，你一个竖子，不可以这样议论朝中重臣。”汉武帝虽然心有不满，却觉得霍去病的话不无道理。

“国家之事，为什么不能议论？李广一生征战，事倍功半，就是被兵法所累嘛！他要不是出身名门，这朝中能有他立足之地？”霍去病越说越气，“我霍去病比不得他飞将军，去病出身卑微，只能像舅舅一样，一战封侯，才能真正对得起国家，改变世人对‘奴’的看法。”汉武帝一听，愈发惊奇于少年的霍去病。

霍去病16岁的时候开始做汉武帝的卫队，任侍中。18岁时他便随舅舅出征，任剽姚校尉，带一支八百人的骑兵。

冷月边关，大梦无边。霍去病初次来到草原，茫茫大漠，汉军的铁骑犹如大海中的几滴水，很快就消融在无边的草原上。“匈奴人在哪里？”寻找战机，简直就是大海捞针。

霍去病的八百铁骑犹如八百支利箭，“箭射出去，就不能空着回来！”霍去病的卫队清一色都骑的是西域宝马，渐渐把大部队甩在后面。历来不受约束、无所畏惧的霍去病就这样信马由缰地向前飙冲，他的卫队紧紧跟在身后。

断鸿声声，渐飞渐远，夜色降临草原，大地一片墨黑，是该停下歇息了。霍去病心里实在不甘，他令将士们高举火把继续前进。两个时辰后，前面隐约有亮光。众人丢下火把，继续向前冲去。他们终于找到了敌人，八百铁骑犹如一群饿狼一样扑了上去。

匈奴人根本没弄清楚这支铁骑是从哪里来的，当他们缓过神时，已被打出了魂，战斗很快就结束了。初次出征，霍去病共杀敌两千零二十八人，其中包括匈奴的相国、单于的祖父辈籍若侯产，还活捉了单于的叔父罗姑比，他的功劳在全军排第一。

连续两次出征，霍去病都名列前茅，他崭露头角，被封为冠军侯，食禄一千六百户。公元前121年，汉武帝封霍去病为骠骑将军，率领一万骑兵，从陇西向匈奴进攻。他们越过乌盭（音离）山，渡过狐奴河，经过五个匈奴小族国，一心只想找到单于的儿子。他们转战了六天，越过焉支山一千多里，与敌人短兵相接，血刃折兰王，砍下了卢胡王的头，诛杀敌人八千多人，还抓获了浑邪王的儿子和匈奴的相国、都尉，缴获了休屠王的祭天金人。霍去病此次因功加封两千户。

同年夏天，霍去病再次出征，越过居延泽，直下祁连山，俘虏酋涂王，杀敌三万零两百人，俘虏了五个匈奴小王和这五个小王的母亲，以及单于的妻子和匈奴王子五十九人，还俘虏了匈奴的相国、将军、当户、都尉六十三人，匈奴投降者两千五百人。此时的霍去病越来越得到汉武帝的赏识，增封为五千户，地位与卫青不相伯仲了。

二

骠骑将军威震海内，打得匈奴人听说霍去病来了，双脚就发软。为了嘉奖他，汉武帝执意要为他盖一座府邸，于是去征询霍去病的意见。霍去病一听，一腔豪气，磊磊壮怀，他想到河西塞北征尘未绝，一时百感交集，感慨万分地说："匈奴未灭，何以家为?"（匈奴还没有消灭，我怎能贪图享受?）霍去病毫不犹豫地谢绝了，汉武帝因此更加赏识他，他的话也成了千古名言。

为了彻底打败匈奴，汉武帝又命霍去病与公孙敖出征河西。沙漠地形复杂，稍不注意，就会迷失方向。公孙敖的部队连续几天行军，神差鬼使，竟回到原点上，没能按时和霍去病会师。失去了友军的配合，霍去病力量单薄，很难有胜算，但他不愿失去战机，带领部队顽强地横穿沙漠。

茫茫无边的沙漠，简直就是一口大炒锅。将士们觉得自己就像千万颗栗子一样在锅中被爆炒着，身上的汗早已流干了，原来黏黏糊糊的身体变得干爽起来，战袍衣甲都是太阳晒出的气味，舔一舔，都是盐的咸味。突然间，几朵亮得刺眼的白云慢悠悠地飘了过来，单调枯燥的沙漠立时变得生动起来，忽明忽暗，时黄时赤，变幻无穷。当白云遮住阳光的时候，将士们感到冷风嗖嗖，转眼间似乎从盛夏进入了深秋，浑身透着凉意。到了黑夜，沙漠竟如一个冰窟，冷得人牙齿直打战。

沙漠一日之间历经四季。将士们累得死去活来，行军速度却不快。隔天，霍去病断然下令将所有辎重丢下，将粮草全部烧掉，轻装前进。"大将军，这可是全国半年的赋税收入，来之不易，丢掉岂不可惜!"军需官跪在地上死死不肯起来，哀求道。

"我霍去病可不管这是半年一年，还是五年十年的赋税收入，该丢的时候就得丢!"说着下令点火。军需官趴在车上不肯起来，大有与粮草同归于尽的气势。将士们也鼓噪起来，这荒荒大漠要是没有粮草，岂不是死路一条。霍去病坚定地说："没有粮食，到敌人那里就有了。你们要不怕饿，就慢慢走；要是感到死亡的威胁，就得尽快走出沙漠，到敌人那里杀牛宰羊，吃个够。"大火熊熊，全军将士从火旁经过，耳听噼里啪啦的声响，眼看粮草一车车成了灰烬，个个心疼得泪流满面。他们的灵魂深处感到了一种将饿死沙漠的威胁，都恐惧起来。

"敌人来了，敌人来了！"不知谁高喊一声，全军将士不约而同擦干眼泪，准备投入战斗。霍去病抬起头来，只见天边敌人的一队人马飞奔而来，眼看着近了，突然间却消失了。

霍去病正在发怔，高空中景象变了，一个绿得发蓝的大湖，湖中悄然滑出十几只白天鹅，湖面波光粼粼、五彩缤纷，宝石蓝、珍珠白、寿山黄、玛瑙红、翡翠绿。天鹅草场就像修剪过的草毯，铺向天际，湖边牛羊成群，奇怪的是有影无声。再远处，穹庐一座连着一座。一群群美女，有的在烧烤，有的高歌曼舞。

一军将士全傻了眼，沙漠一时鸦雀无声，大家都以为闯到了天宫，一齐跪倒在地，虔诚地高喊："上苍保佑，上苍保佑！"只有霍去病不跪，高声大叫："起来，快起来！这不是天宫，这叫海市蜃楼。"将士们愈发惊奇了："大将军，什么叫海市蜃楼？""连海市蜃楼都不懂，何以到这瀚海沙漠吃军粮？"霍去病煞有介事地训斥起来。

"大将军，给我们解释解释什么叫海市蜃楼。"

"海市蜃楼嘛，就是空气中的水分，将地上的景物搬到空中。"

"大将军骗人，大将军骗人。世上哪有这样的怪事？"

其实霍去病对海市蜃楼也不甚了解，仅仅因为经常出没沙漠，他向朝中鸿儒请教过沙漠可能发生的怪事，想不到今天竟然撞上了，可真要他解释清楚，一时半会他根本说不清，只好改口说："将士们，海市蜃楼就是上苍对我们的启示，那就是我们要去的地方，那地方有牛羊，有美女，等我们打完这场仗，战争胜利了本将军一定向你们解释清楚。"

将士们终于弄明白了，那就是他们要去的地方。那确实是个好地方，有女人，有吃的，他们不再感到沮丧。隔天中午，全军就走出了沙漠，傍晚时分，他们与敌人相遇了。营帐中，单恒王与众将领正在议事。他们刚刚接到探马来报，汉军最快明天下午到达，匈奴有四万人马，汉军只有一万，他们仗着人多，准备隔天就到沙漠口堵截，将汉军消灭在大漠中。单恒王刚刚分派完毕，众将领正摩拳擦掌，想不到汉军犹如天兵天将从天而降，一时间单恒王与众将领全都惊呆了，那情形如鸡临汤火吓飞了魂，鹿绕云山惊破了胆。单恒王撩袍刚想转身逃跑，一把把马刀已架在了他的脖上，他只好乖乖地做了俘虏。

营帐外早就乱了套，全军都不听召唤。军队里犹如捅了马蜂窝，但见蝶舞蜂飞，叶落花残，未久就已云飞星散，这就是霍去病与其将士的打法——“荆山着火，玉石俱焚”。这次战斗共消灭匈奴三万多人，投降者数千人。

还未脱战袍，将士们就忙着杀牛宰羊。酒足饭饱之时，只见军需官跪在霍去病面前，高声大喊：“大将军弃了辎重，救了全军，末将服了你！”众将士也纷纷跪倒在地，激动地喊：“大将军神勇胜算！大将军神勇胜算！”此后，他们再也不敢抱怨霍去病这狡童排兵布阵全不按规矩出牌。

匈奴败绩连连，元气大损，单于得知消息后暴跳如雷，他将浑邪王大骂一通，扬言要处死他，又命令他带兵反击汉军。浑邪王心中不满又担心被杀，于是与休屠王商量，决定归顺汉朝，遂派人与汉朝联系，请汉武帝派兵接应。汉武帝立即命令霍去病带兵前去接应，双方约定在黄河边举行仪式。

霍去病带领将士日夜兼程，按时赶到约定地点，浑邪王也领着部众赶来，双方刚摆开队形，准备举行接收仪式，匈奴阵营中一部分不愿投降的士兵突然间哗变，队伍立刻乱了起来。千钧一发之际，霍去病跃马横刀直冲过去，迅速与浑邪王谈判，又下令诛杀叛逃者，这次共收编匈奴人四万多。

狼烟去，牧笛来，河西走廊一带再没战事，汉武帝在那里设立河西郡。为了安置匈奴部众，一时间粮食紧缺起来，将士们每天只能吃个半饱，唯有霍去病例外，他属于特供。每隔一段时间，朝廷就会用专车送来山珍海味，他的粮食供给远远超过了卫青。将领们肚中常怀三分饥，早已面有菜色，见霍去病天天临厨大嚼，十分眼红，都想到他那里去分一杯羹。士兵们更是抱怨霍去病不能与他们同甘共苦。霍去病听后，令手下挖了一个大坑，又将全军将士召集起来，当着将士们的面，将那吃不完的山珍海味、美味佳肴全倒进坑里埋掉。

几个饥饿的士兵一见，立时红了眼，他们不顾性命跳进坑里抢了起来。霍去病下令将他们抓起来绑在柱子上，每人罚二十鞭子。可怜那饥饿的士兵还没挨到第十鞭，便都昏死过去。于是霍去病当着众人的面明确宣布：“我霍去病最恨的就是同甘共苦，当兵的还没立功，就想得到奖赏，想来与上司同甘。你得了甘，尝了甜，哪还能再吃得起苦。军功历来阵中取，我希望你们都能吃苦，未来都当将军！”

霍去病又与将领约定，想分享我的特供，可以！比赛蹋踘。你们赢了，我一定请你们吃个够。踢蹴是霍去病战争空隙用来练习排兵布阵的运动。他精力充沛，每一次都将对手打得落花流水。每一次赢了，他内心就充满自信。他相信，匈奴打不过汉兵，汉将赢不了我霍去病。终其一生，没有将领能分享到他的特供，而他也从未打过一次败仗。

三

匈奴损兵折将，又失去很多土地，当然心有不甘，伺机报复。为了彻底解决草原的问题，公元前119年，汉武帝命卫青、霍去病各带五万骑兵，深入漠北，消灭狼居胥山匈奴的主力。这是开战以来规模最大的一次战役，也是一次长征，每个骑兵都有备用马，光是运送给养物资的辎重部队就有几十万步兵。

部队就要出发了，阅兵场上，战马嘶鸣，铁甲如洗，在日光下闪烁着，将士们一脸严肃，为了这次胜利，他们早已抱有必死的信念。汉武帝登上台来，大声高喊：“将士们，这次远征就是要直插胡人的心脏，为国家永绝后患！”接着，他手一挥：“犯我大汉，虽远必诛！”汉武帝将兵符授予卫青，军旗授予霍去病。全场高呼起来：“匈奴不灭，何以家为！”“不获全胜，决不收兵！”喊声就如闷雷滚开去，山摇地动，方圆几里的人都能听到。

长风万里，关河萧瑟，断鸿声里，斜阳照亮了天边。汉军铁骑进入了草原，连续行军，犹如大海卷起了怒潮，一波更比一波猛，向着遥远的天际漫卷而去。几十万辎重部队，前不见头，后不见尾，大地抖动了。那阵势，就连天上的太阳也目瞪口呆。

消息传到匈奴的牙庭，整个牙庭立即沸腾起来，匈奴各部纷纷向牙庭汇集而来。单于、左右贤王与各部酋长齐集，商量如何击退汉军。众首领都有点紧张，连年的败绩，匈奴人早已失去当年的威风，知道汉人、汉军不是好惹的。唯有降将赵信说：“汉军此来要越过沙漠，在这沙漠，不是本地的狼，是走不出来的！咱们就让他们在迷魂谷中转圈圈吧！纵使他们能走出沙漠，那时人落肉，马掉膘，全都筋疲力尽。我们只要将兵陈列在沙漠的出口，汉军来多少，我们就杀多少，我们以逸待劳，等着对方来送死。”众人一听，觉得有理，紧张的心定了下来。

“虽然我们连年输，只要赢了这一仗，就够了。”单于说。

“就让沙漠成为汉军的坟墓吧！”于是他派出探马，侦查汉军的情况。

前面就是大漠，茫茫一望无际。卫青的大军驻扎下来，如何走出这大漠，成为此战的头等大事。众人正一筹莫展，忽报抓到匈奴的一个探子。

“押上来！”几个士兵将探子提上来的时候，已是一具尸体，探子自杀身亡。“把探子的马带过来！”马牵来了，卫青走过去，掰开马的嘴巴，检查了马的牙口，说：“这匹马有年纪了。”又拍了拍马的脊梁，吩咐部属说：“给它喂最好的马料。”侍卫将马带了下去。卫青接着吩咐：“今晚全军加餐，吃饱、吃好、早点睡。明天就过沙漠！”

“还没找到向导呢。”众人说。

“找到了，就是刚才那匹马。”

“马也能当向导？”

“草原上，马比人更可靠，老马识途。只要对它好，它就会将我们带出沙漠。”众将领一听，愁云顿时散去。

三天后，汉军来到了沙漠的出口，匈奴人怎么也想不到汉军说到就到，“如此神速，定有神助”。他们飞马报告单于，单于一声令下，匈奴所有的部队齐集到沙漠出口，排开阵营，等候着汉军。卫青让辎重步兵摆成一个环形的阵势，卫青一马当先，带领五千骑兵冲决敌人的马阵，匈奴的一万骑兵也迎了上来。

单于弯弓搭箭，“嗖”的一声，一支夺命鸣镝向卫青飞来，卫青心一惊，头一低，追魂箭已将卫青头盔上的缨穗射了下来，说时迟，那时快，卫青的马已来到单于面前，卫青一枪刺了过去，扎在马颈上，马负痛将单于摔了下来。卫青挥动手中的枪，连连刺了过去。

这时，突然刮起一阵大风，整个大漠飞沙走石，双方都睁不开眼睛，只有刀枪相击碰撞的声音。汉军的步兵从两翼包围了过来，双方开始混战。单于乘着这场大风，躲过卫青的枪，翻身跃上一匹空马，带着几百骑兵向西北方向飞驰而去。

四

就在卫青的部队在沙漠口牵制了匈奴的主力之时，霍去病的部队自代郡向前推进了两千多里，越过离侯山，渡过弓闾水，一路势如破竹，以迅雷不及掩耳之势，突进到了狼居胥山。

匈奴人正在饮酒，他们准备第二天就到沙漠口去接应单于的大部队。那些半醉卧倒在地的兵将听到地下从远处传过来的马蹄声，以为是单于凯旋，于是全都高声叫嚷起来。这时，霍去病带领的先头部队已经冲了进来。霎时，鲜血乱溅，到处是哀号之声。

这次战斗共歼灭匈奴七万多人，俘虏上层官员八十三人。连同沙漠口之战，匈奴的主力已被击垮，此后，残余的匈奴部众撤向大沙漠的西北方，沙漠南面已没有匈奴王庭，“漠南再无王庭”，西汉抗击匈奴暂告一段落。

几天之后，霍去病来到狼居胥山下，令将士增土堆山，杀青牛白马，勒石山上，他登临祭台，祭告天地，犒劳立功的英雄，纪念捐躯的将士。又向南遥拜：

汉武大帝，赫赫武功，天纵英才，抗击匈奴。
十里连营，金戈铁马，犯我汉者，虽远必诛。
汉家疆域，至狼居胥。

霍去病虽然立下奇功，但他23岁时便英年早逝。他的死与他舅舅有着莫大的关系。那时候卫子夫是皇后，卫青是全军统帅，卫子夫所生的儿子又是太子，卫家的势力实在太大了。虽然汉武帝对卫子夫宠幸有加，却又不得不时时提防着卫家，霍去病成了汉武帝手中的一颗棋子，牵制着卫青的权力与兵力。少年的霍去病不谙此道，卫青对此却心知肚明，他不可能像从前那样对霍去病无话不谈了，有时候在这位外甥面前，他也会显得拘谨木讷。

俗话说：“外甥多似舅。”霍去病从外表到军事才能几乎就是脱胎于卫青。霍去病特殊的出身使他自小离群索居，他需要一份真诚的亲情，来滋润孤寂的心房，卫家的亲情涤荡着他的心灵，使他健康地成长起来。他将舅舅当做自己的楷模，人生道路上仿佛有了目标和方向。

虽然汉武帝可以给予霍去病一切，使他在短短的几年间封侯拜将，名垂青史，这所有的一切代替不了霍去病需要的那份亲情。汉武帝给予霍去病的愈多，就愈使霍去病的思想脱离了卫青的轨道。终于有一天，霍去病发现自己和舅舅已经谈不来了，他痛苦、彷徨，想回到从前。不幸的是，一个人一旦经历宦海官场，就很难再回去了。一个将军一旦在沙场征战惯了，待无仗可打之时，心灵通常会发生变化。卫青因为在战争中学会了思考，和平正是他所期盼的，因此很快就适应了“北方无战事”的和平环境。而霍去病的一切功勋与荣耀，都来自于疆场的厮杀与血的洗礼，当战争停止了，听不到马蹄声与刀枪的撞击声，他俨然感到生命停滞不前了。

他羡慕舅舅活得心安理得，也很想得到舅舅的开解，可舅舅已不再把他看做当年的小外甥，而是将他当做同僚。舅舅愈是尊重他，汉武帝愈是给他封赏，他的心就愈空虚无聊，他觉得自己已经失去了人生的价值。不久，一场并不严重的猩红热病夺去了这位英才的性命。

霍去病的死讯传来，卫青正在边境与那些俘虏一起打理着牧羊军粮之事，他不像个大将军，倒像个地地道道的游牧人。对于霍去病的死，卫青怔然："天何不公，夺我外甥！"他想说几句话，来安送霍去病的灵魂，可有些事，他也说不清，只有潸然泪下，长叹一声："去病早逝，在于少年得志！"

汉武帝得知霍去病的死讯，很是伤心，他为霍去病举行了隆重的葬礼，由披着铁甲的官兵列队将灵柩护送到自己的墓穴茂陵的东面，葬在外形犹如祁连山状的高大陵墓中。陵墓前有汉武帝为表彰他的战功而立的十四件大型圆雕石刻，上面写着霍去病当年曾说过的话："匈奴未灭，何以家为！"

对于霍去病的死，无论过去还是今天，都有许多人在猜测。无论如何，霍去病死在一个合适的时间。霍去病虽然与他舅舅同样位居大司马，但他毕竟是个胸怀坦荡、疾恶如仇的将军，他不是那种靠政治钻营往上爬的人，也不是那种为了自己个人的利益就可以出手陷害舅舅的人。汉匈交战之后，由于李广自杀，李广的儿子李敢误会了卫青而刺伤了他，霍去病得知之后，在一次狩猎中，一箭将李敢射杀了。霍去病这一箭表明，谁伤害了他的舅舅，他就会不顾生死与其同归于尽。

与其两位手握重兵的大司马同在朝廷，引起汉武帝的忌惮，不如一死保全了舅舅，也避免了未来可能发生的灾难。苍天惜才，对于一位人们喜爱的将军，在他该走的时候就会来将他带走。古人说："生死有命，富贵在天。"这正应在霍去病身上。

霍去病死得其时，死在厚葬中。

第五节 昭君出塞

一

王昭君，名嫱（音强），南郡秭归（今湖北兴山县）人，生于公元前

52年。她出世的时候，父母已经年迈了，老来得女，父母、兄嫂将她视为掌上明珠。王嫱天生丽质，聪慧异常，村里人都说此女将来必出人头地，全家人听着高兴，省吃俭用，为她迎请名师。几年之后，王嫱琴棋书画，无所不通，最擅长的是琵琶。五指一抡，勾魂摄魄，从村头到村尾的人都听得心潮澎湃。

又是几年过去了，王嫱出落得天仙一般，正所谓："娥眉绝世不可寻，能使花羞在上林。"王嫱成了南郡一枝花，她的才貌美名，顺着青碧的香溪水传出了秭归，传遍南郡，也传到了京城。更可贵的是，这位姑娘村中农活也样样能干。

公元前36年，汉元帝选秀女，王昭君成为南郡首选。圣命难违，王昭君只好拜别父母乡亲，登上龙凤官船，顺香溪，入长江，逆汉水，过秦岭，带着无限的憧憬来到了京城长安。

半个月后，她被带到宫中的一间画阁中，接见她的是宫中画师毛延寿。那时候，入选的秀女只有经过画师画像，皇上看过画像后，觉得合意，秀女才有机会见到皇帝。

王嫱来到画阁，毛延寿一看，不觉倒抽一口冷气，眼前这位佳人，非同寻常，若海棠醉日、梨花带雨、芍药笼烟。以毛延寿的经验，宫中女子在这三样中能占有一样，便有可能得到皇上的临幸，这王嫱可是三者皆有，占尽风流，她娇柔柳腰，弯弯凤眼转秋波，眼角送出的是娇滴滴的风情万种，慵慵懒懒就像似睡未醒的一枝海棠。半个月来，毛延寿已连续帮多名秀女画了画像，但从未见到王嫱这样的姿色。

"王姑娘芳龄几何？"毛延寿问。

"小女子虚度二八。"王嫱礼貌地回答。

"姑娘真是让人养眼，以你的相貌，这次定是独占花魁。"毛延寿笑嘻嘻地说。

"谢谢师傅谬赞。"王嫱高兴地在椅子上坐下来，等着毛师傅开笔。

毛延寿铺开布帛，吸一口气，凝一凝神，落笔惊风雨，约有半个时辰，整个轮廓已定下来。"王姑娘可过来看看。"毛延寿放下手中的笔。

王嫱过去一看，心头不由颤动起来，想不到自己竟有这么美，天姿国色，宛然如生，呼之欲出，活脱脱蕊宫仙子下凡，"师傅真是丹青国手"。

"不是我毛延寿自夸，这画一送上去，姑娘可就一步登天啦！只是姑娘须知道宫中规矩。"

"什么规矩，毛师傅？"

"秀女就是我们画工的衣食父母。规矩嘛，有二等，一等是……"毛延寿说着，伸出十个手指，“二等嘛……”说着又伸出五个手指。

“请师傅明示，这十是多少，五又是多少？”

“姑娘的一点零花小钱。我来告诉你，你要是一人成仙，那可就是鸡犬升天，你的三姑六姨八舅都有了升迁的机会，前途似锦。这长安城里哪家姑娘要是选上秀女，都是斗量车载地准备。你可以到后宫打听一下。”

一晃又是多天过去了，皇帝的影子就如黄鹤渺渺。王嫱无法，只好向宫中姐妹打听。不打听还好，一打听吓得脸都黄了。十是十万，五乃五万。王嫱一算，老家所有的亲戚加在一起，家财充其量也就五六千，这五万、十万，一个农家女子几辈子都筹不来。王嫱一赌气，“拉倒吧，别去想它”。可转念一想，来一趟京师不容易，总不能就这样成为宫中的洗衣女。

王嫱万般无奈，只好来找毛延寿，她就在画阁门口坐着，一直等到毛延寿画完出来，王嫱款款地走上前去。

“怎么样？王姑娘，规矩弄明白了吧？”

“毛师傅，你这十万、五万也未免太多了。”

“不多，姑娘你要知道，这掖庭宫中行走的官员一分，到我毛延寿手中能剩多少？”毛延寿似有无限委屈。

“师傅，能否等到有一天小女子富贵了，才来补报？”

“那你就等着，在掖庭待诏吧。我可不能坏了规矩。要是你得到皇帝的垂爱，那掖庭官还以为我独吞了你的钱。”

王嫱想不到这巍峨的汉宫竟这般黑暗，只好慢慢等。花开花落，三年过去了。寒夜永永，掖庭宫中传出的是她那无限凄怨的琵琶声，使人闻之黯然神伤。宫中乐手都来向她请教她弹的曲子，又将她那声声叹的乐章称作《昭君怨》。琵琶声中，王昭君等来的不是汉元帝的垂爱，而是匈奴呼韩邪单于的求婚。

二

西汉后期，匈奴已经不再是冒顿时期的匈奴了，内乱不断，部落联盟分崩离析，各自为国，都自称单于而又互相攻伐。呼韩邪与他的哥哥郅（音至）支同时为单于。呼韩邪单于在连续击败草原上的几个单于之后，被他的哥哥郅支打败。于是呼韩邪带着部众南下，来到汉朝的边境，将他的儿子送入汉朝做人质，对汉称臣，以求得汉朝的帮助。

甘露三年（公元前51年）正月，呼韩邪单于到甘泉宫（今陕西淳化西北）朝见汉宣帝。宣帝年间是汉代的中兴期，国力富足。在汉匈关系上，呼韩邪是第一个来归的匈奴单于，因此汉宣帝很重视，以隆重的礼节接待了这位匈奴王，并封他为“归德侯”，又从太仓中拨出了三万四千斛（音胡，十斗一斛）稻米来安顿呼韩邪的部众。

几年之后，郅支单于西迁，草原的内患逐渐消除，呼韩邪单于的元气也渐渐恢复，于是他带领族众重新回到了草原上。不久，呼韩邪就发现，他根本无法统一草原各部落，在相互争夺中，他的日子过得很艰难，草原的灾难又多。他思前想后，决定再次归汉。

竟宁元年（公元前33年）正月初五，这时已是汉宣帝的儿子汉元帝时代。元帝早朝，宫廷中珠帘高卷，白玉阶前立着文武百官。当值官高喊：“有奏章出班，无事退朝。”言方毕，侍卫匆匆入内，俯伏阶前说：“有匈奴呼韩邪单于求见。”

汉元帝说：“宣他上殿！”

呼韩邪单于进来，行了个胡人礼，说：“呼韩邪恭祝大汉皇帝万岁，万岁，万万岁！”

“单于此来有何贵干？”汉元帝客气地问。

“呼韩邪此来是来求婚的，愿大汉皇帝将公主许配给我为妻，我呼韩邪愿与大汉皇帝执翁婿之礼，带领族众归汉，求得汉匈百年和好。”

汉元帝一听，皱着眉头说：“呼韩邪，从前你归汉后又离去，离去后又复归来，至今是第几次了？”

“第二次。”呼韩邪说。

“像你这样反复无常，朕怎能将公主许配给你？”

“皇帝有所不知，我呼韩邪正是在再次的归附中加深了对汉朝的认识，也深感皇帝的恩德。”

那时候汉元帝登基已十五年了，自汉宣帝以来，边境上无大的冲突，汉元帝乐得做个太平皇帝，呼韩邪既愿意执翁婿之礼，他这个岳父也愿将婚事办得有声有色，他对呼韩邪说：“朕答应你的请求，过些日子，朕为你举行一个宴会，届时把公主们请出来，你中意哪一位，朕就将哪位许配给你。”

呼韩邪一听，顿时心花怒放，令侍从献上求婚礼单。

三

不久，汉元帝就在甘泉宫中为呼韩邪举行了一次择偶宴会，汉宫的公主都来了，个个花枝招展，盛装出席，宫中待诏的秀女也来了。为了使所有到来的女子不拘谨，汉元帝没有宣布这次宴会的目的。

一曲汉人舞蹈之后是胡旋舞，紧张的节奏使人们都屏住了呼吸。胡旋舞过后，汉元帝让五个公主一个个出场，她们或高歌，或曼舞，个个犹如含露的牡丹花，若非群玉山头见，会向瑶台月下逢。呼韩邪早已眼花缭乱，但他意犹未尽，还想再饱饱眼福，养养眼。

王昭君还是第一次见到这样隆重盛大的场面，她以为这次宴会是汉元帝来会见秀女，心情多少有点紧张。轮到她出场了，她手抱琵琶半遮面，端坐在一张椅子上，她想看一看憧憬已久的皇帝，汉元帝坐在上面，远远望去，朦朦胧胧，无法看清。这样一来，皇帝自然也看不清她了，她有点失望。作为一个南方女子，王昭君还没有学会张扬，她咬咬牙，抿抿嘴，头一低，手指头在琴弦上一拨，全场立刻变得鸦雀无声。她唯一的愿望是通过她的手指，将她心中的无限事和入宫后的不快，传达给这位令她朝思暮想的天子。

曲调错落有致，切切如私语，嘈嘈如急雨。无限哀怨之后是期望，期望之后是决绝，旋律变得越来越高亢，昭君的手指也从顶端滑到最下面一格，这一格是最难弹的一个音，弹轻了漂浮，弹重了就会成为噪音。可这个音在昭君手下，以轮音的手法，恰到好处地传达到在座的每个人的耳中，令人心潮激荡，这就是流传千古的《昭君怨》。

“好，好!”呼韩邪禁不住第一个喊起来，琵琶本是胡人乐，想不到在一个汉家女子手里竟能弹奏出这般境界。他不禁肃然起敬，站起身来，向昭君行了一个躬身曲手礼。昭君抬眼望去，眼前这个汉子四十开外，络腮胡子，算不上英俊但也不丑，看得出，他的身板格外强壮，是个习武之人。王昭君多少有点感激，这是入宫几年来第一个给她鼓励的人，落寞孤寂的她，心中有了些许安慰，不由再看了他一眼。

“姑娘，我是远道而来的胡人，你能不能再给我弹一曲?”呼韩邪一边说着一边盯着昭君看，但见她头上的盘龙髻压着额角，鬓边飞凤环衬着青黛蛾眉。脸皮儿就如杏蕊凝着清晨的露水，眼角儿像鱼尾搅动着秋波。单于看着看着不觉发了呆，突然间见昭君脸色绯红有点难为情，不由内心自嘲："这样玉骨冰肌兰心薰质的娇女子，就算我铁打的心肝石头凿的肺腑，实在也难不动情。"

王昭君本有弹不完的曲子，被呼韩邪一说，倒有点不好意思起来。她起身向在座的人行了个礼。"再弹一曲吧！"汉元帝开了金口。在座所有的人也纷纷要求再弹一曲。呼韩邪干脆离座，一手端着一杯酒，一手抓起案上的鲜花，走到昭君面前，又行了个胡人礼说："姑娘，这花是我献给你的，这酒是我敬你的。我是草原来的，草原人若是听了你的曲子定会喜欢的。"

昭君手抱琵琶，一时不知所措，不知是接鲜花，还是接酒杯。突然间，她的心"咯噔"跳了一下，"这汉子是猫眼。"她看清了，呼韩邪的眼睛是浅绿色的，手臂毛茸茸的。

她把琵琶放在椅子上，接过了呼韩邪的酒杯。这是一个男人与武人的酒杯，是有分量的。众人眼睛炯炯有神地盯着昭君，呼韩邪的眼睛充满着鼓励。这也许是昭君入宫以来最高兴的一刻，只见她玉手一扬，一饮而尽。

"好样的，好样的！姑娘，跟我们草原人一样。"呼韩邪几乎是欢呼着说。借着酒劲，昭君拿起琵琶，用力地拨动起来，发出"蓬嚓蓬嚓"的节奏音，只见她轻轻一跃，单腿踏在椅子上，做了一个观音反抱琵琶的造型，立刻掌声四起。昭君脚一旋，轻盈地转了一个圈，遂又跃下地来，舞起一曲《丝路花雨》，妙舞此曲神扬扬，天地为之久低昂。呼韩邪看着看着，情不自禁地踏歌为昭君伴舞。

一曲终了，呼韩邪向姑娘说了声"请"，左手挽着她的右臂，向着汉元帝走来，礼毕，说："呼韩邪此来，有幸认识这位姑娘，我相中的就是她。"

"可这姑娘不是公主啊。"汉元帝解释说。

"不是公主不要紧，只要是汉宫出来的，我呼韩邪都会向皇帝执翁婿之礼。"呼韩邪爽朗地说。

汉元帝抬眼望了一眼王昭君，不由大吃一惊，这姑娘若不是碧落临凡真玉女，定是个红尘遭贬的月宫嫦娥。汉元帝那五个如花似玉的公主顿时相形见绌。汉元帝想不到掖庭宫中竟有如此丽人，于是问："姑娘，你叫什么名字？"

"小女子姓王名嫱，字昭君。"

"入宫几年了？"汉元帝又问。

"三年多了。"昭君说。

“为何藏在深宫，不来见朕？”汉元帝有点愠怒。

“王嫱自入宫以来，盼见君王犹如久旱盼甘霖。只因交不起画工费无缘面圣。”

“真有此事？”

“千真万确！”昭君说。

“掖庭！”元帝怒火中烧，大喊一声。

“臣在。”掖庭官匆忙出来。

“彻查此事！”

“遵命。”

隔天，掖庭搬来三年前的画像，一查，确有王嫱的画像，只是这画像在昭君的右眼下面多画了一颗痣，这痣叫做克夫落泪痣，鼻子人中旁边也多画了一颗痣，活脱脱的一位美人就变得凶神恶煞了。汉元帝大怒，下令查抄毛延寿的家，才得知他家资巨万，确有索贿之举，于是怒斩毛延寿，撤掉了掖庭官。[1]

四

甘泉宫宴会归来，昭君失眠了。未来的归宿在何方？她的脑中不断地浮现着元帝与呼韩邪的形象。呼韩邪那猫眼与毛茸茸的手臂使她的心有点乱。这男子的举止虽说有点粗鲁，却也朴质真诚，宴会上，他给足了她颜面，让汉元帝也注意到了她，使她身价倍增。汉宫啊汉宫，虽说是魂牵梦萦之地，可后宫波诡云谲，寒夜永永。

下雨了，冷雨敲窗，孤灯寒衾，在这决定命运的前夕，昭君的思绪愈来愈乱，干脆抱着琵琶，踏出寝室，来到花亭。夜色如鸦，落叶迷径，秋虫哀鸣，她需要秋风来清醒自己的头脑。

自从她成为南郡首选之后，家乡父老的殷殷期望，州府官员的恭敬，使她名贯秭归，成为南郡女子的楷模，可入宫几年，怀中所抱的竟一直是这把琵琶。天子啊天子，那不过是一个可望而不可即的梦，带给她的只是

---

① 《西京杂记》卷二：“元帝后宫既多，不得常见，乃使画工图形，案图召幸之。诸宫人皆赂画工，多者十万，少者亦不减五万。独王嫱不肯，遂不得见。匈奴入朝，求美人为阏氏，于是上案图，以昭君行。及去，召见，貌为后宫第一，善应对，举止闲雅。帝悔之，而名籍已定，帝重信于外国，故不复更人。乃穷案其事，画工皆弃市，籍其家，资皆巨万。画工有杜陵毛延寿，为人形，丑好老少，必得其真。安陵陈敞、新丰刘白、龚宽，并工为牛马飞鸟众势，人形好丑，不逮延寿下。杜阳望，亦善画，尤善布色。樊育亦善布色。同日弃市。京师画工，于是差稀。”

夜复一夜的泪湿青裳。

昭君愁思如麻，她身边无一人可商量，帮她拿主意。她的内心无限哀怨，爹娘啊，自从孩儿到深宫，方知这桃叶儿肥梅叶儿瘦，枫叶儿冷落柳条儿春。这世道说易就易，说难就难，岂是孩儿能拿捏！她信手拿过琵琶，唱不尽的是绵绵的乡愁：

一更天，最心伤，爹娘爱我如珍宝，在家和乐世难寻；如今样样有，珍珠绮罗新，羊羔美酒享不尽，忆起家园泪满襟。

二更里，细思量，忍抛亲思三千里，爹娘年迈靠何人？宫中无音讯，日夜想昭君，朝思暮想心不定，只望进京见朝廷。

三更里，夜半天。黄昏月夜苦忧煎，帐底孤单不成眠；相思情无已，薄命断姻缘，春夏秋冬人虚度，痴心一片亦堪怜。

四更里，苦难当，凄凄惨惨泪汪汪，妾身命苦人断肠；可恨毛延寿，画笔欺君王，未蒙召幸作凤凰，冷落宫中受凄凉。

五更里，梦难成，深宫内院冷清清，良宵一夜虚抛掷。父母空想女，女亦倍思亲，命里如此可奈何，自叹人生皆有定。

这就是著名的《五更哀怨曲》，歌未毕，肠已断，她将琵琶撇在一边，她的眼前又浮现出那猫眼与毛茸茸的手臂，这男子的家乡是莽莽大漠与荒原，朔云边月，万古荒凉。她记得小时候父亲经常在夜里跟她讲起“十一公主出北番”的故事。父亲的语调中充满了敬仰，他说：“咱汉朝幸得有这些公主不恋繁华，敢于出塞，才有了百姓和平安宁的日子，咱们是不应该忘记的。”

“那就让我来做这第十二位公主吧！”昭君的心中渐渐升起一种使命感。与其在宫中做一个默默无闻的洗衣妇，塞外的环境也许更能够做出一番成就。昭君觉得自己的思绪与父亲、与家乡父老接通了。作为一个汉家女子，她也必须尽一个汉人的职责，她的情绪安定下来，毅然抱着琵琶回到寝室，挑灯提笔，写下了一行字：“王嫱昭君自请出塞和亲！”①

对于昭君的自请出塞，汉元帝虽然有点不舍，但也不能失信于人，②于是封昭君为“宁胡公主”，为她准备了一份无比丰厚的嫁妆，锦帛两万

---

① 《后汉书·南匈奴传》：“（王昭君）入宫数年，不得见御，积悲怨，乃请掖庭令求行。”

② 《后汉书·南匈奴传》：“丰容靓饰，光明汉宫，顾影徘徊，竦动左右。帝见大惊，意欲留之，而难于失信，遂与匈奴。”

八千匹，丝绵一万六千斤，金银美玉无数，又令二千铁骑护送昭君出塞。

五

十多天后，护送的队伍出了雁门关，踏上了草原。旷野天青，无边绿草，远不是昭君想象中那样的荒凉场景。连日来，呼韩邪就在车前马后吁长问短。昭君的心情变得无比欢畅，她觉得自己的幸福不是始于入宫，而是始于出塞。

“停车！”昭君抑制不住激动的心情，在婢女小青的搀扶下下了车，吸一口草原清新的空气，她与婢女欢呼着在如茵的草地上奔跑着，远处是几座墨绿的大山，一条小河弯弯曲曲注入一汪蓝湖，小河映着天上的朵朵白云，湖面昂首凫游着几十只白得耀眼的天鹅，簇拥着天鹅的是一群群大雁、野鸭和水鸟。见昭君他们到来，十几只天鹅忽地腾空而起，带起了无数的大雁和野鸭。它们在湖面低低盘旋欢叫，就像一支巨大的仪仗队，隆重地迎接着来自中原的客人。

昭君激动得脸色发红，她从车上拿下琵琶，面对这明媚的风光弹奏起来。优美激越的旋律牵动着护嫁迎娶的胡汉将士们的心，他们踏着节奏，忘情地歌舞起来。一群大雁飞来，被眼前的景象和优美的曲调所吸引，不知不觉看呆了，忘记扇动翅膀，“扑通扑通”地跌落在地。从此，“落雁”便用来形容昭君的气质与美貌。

这时候，只见呼韩邪在河边忙碌着，原来他在采摘草原的野葱和韭菜。说是野菜比中原人工培植的还要肥厚得多，野韭菜竟有手指一般粗。不远处飘来阵阵肉香，野餐吃的是黄羊肉。几个老奴已经剥完羊皮，卸下了整只羊的肉。

呼韩邪握着一只黄羊腿在火上转烤着，他用刀在肉上划了几道口子，撒上盐、辣椒面和葱花，烤完后递给了昭君。昭君学着用刀将肉片切下来，卷上野韭。味道好极了，羊肉在口，鲜美得好像还在跳动。昭君一边吃，一边望着草原，心潮澎湃，陷入了美好的憧憬。

此时昭君的胃口好极了，吃了一层又一层。这时候，只见呼韩邪手搭凉棚，面向西北，眯着眼不断地端详着。“公主，这天要变啦！好像要下雪了。”说话间，北风呼号，叶舞长空，草原的天气说翻脸就翻脸，不久就飘起雪来。

“前面不远就是小河，咱们到河边扎营过夜，顺便饮饮马。”呼韩邪大声吩咐，众人迅速行动起来。小青扶着昭君坐在河边的一块石头上。方坐定，突然间昭君凄厉地尖叫起来，眼前是几堆白骨，两个骷髅龇牙咧嘴正朝她看，昭君差一点吓昏过去。呼韩邪闻声赶来一看，朗声笑起来：“草原到处都有白骨，公主别怕！”昭君揉着胸口，好半天才定下神来。

夜幕降临的时候，草原已是白茫茫一片，芦雪漫漫野成迷。透过帐篷的缝隙，昭君看见河滩上几处青萤啾鬼语，伴着“呜呜”狼嚎，令人毛骨悚然，她的心阵阵收紧，此时才见识了草原的真面目，不由叹息起来，“塞外风霜，只怕将人老却”。这时只听一声狼嚎，不久就召来了几十只狼，它们开始享用起两千将士野餐的剩肉残骨。一个个狼脑袋乱晃，拼命撕啃，仿佛那肉与它们有不共戴天之仇。狼群一边吃，口中还发出低沉沙哑的“呜呜”声，似乎是在警告这天地的生灵，此时谁要敢来妨碍他们吃食，必定叫谁亡命。所有的狼后腿绷直，竖起了坚挺的狼毫，一副随时扑击出去的架势。那恐怖的吃相使昭君首次悟到了汉语“狼吞虎咽”的含义。

草原实行的是天葬，人死喂狼，怪不得草原上千年白骨晒河滩。想到这辈子将要埋骨草原，昭君的眼中噙着泪珠，内心不由自主地颤抖起来。突然间一阵歌声传来，苍凉中显悠长，悠长中见婉转。那歌声犹如悲哀的洞箫、呜咽的胡笳，尾音很长，拐弯处带着颤音，煞是好听，仿佛在诉说着遥远的年代，在一个苍凉的地方曾经发生过的苍凉的故事。昭君侧耳一听，这歌声似人非人，似神非神，俨然来自一个不可知的世界。

歌声变得雄浑起来，那是由独唱变成几十个嗓门在合唱。昭君惊奇地掀开帐篷的帘子一看大吃一惊，几十头狼正引吭高歌，狼吻高耸，卷成圆管状。一个老奴告诉昭君，每个狼族都有一首独特的狼歌，它们就是靠着这狼歌呼儿唤女，怀春招伴，即使散失多年，也能靠着这歌声认祖归宗的。昭君仿佛觉得置身在一个人兽的世界。她想找人诉说但四顾无人，只有侍女小青侍立身旁。罢！罢！罢！愁人莫向愁人诉，说起愁来愁更愁。她不自觉地拿起身边的琵琶，将那千般离恨、万种断肠揉进曲中。

琵琶收曲散清音，风雪还伤此夜心。婢女小青见昭君长吁短叹，精神不振，过来陪她坐着，边坐边聊，她的心情才略好了一些。一夜折腾，第二天起来，昭君已是粉减香消，萧条了月貌，疲损了花容。就要出发了，昭君只觉两腿发软发抖，战战兢兢地竟擎不住一个怯弱的身躯。“渺渺天涯路，何时是了局？”

婢女小青见状走过来，厉声说：“公主，这出塞的路，可是你自己选的，事到如今只能往宽处想，说到底这就是命。”小青将斗篷披在昭君身上，“小青听说，婚姻之事五百年前月老早把红线拴。既然胡人与汉家有这缘分，公主以身率天下，取义成仁。小青佩服公主，自愿相随。公主要是此时反悔，前怕狼后怕虎，这千里途程只怕是寸步难移。”

昭君一听，内心不觉肃然起敬，她久久地盯着小青，止住了泪痕，她握着小青的手说：“小青，以后你就是我的亲妹妹。”“小青愿意一辈子服侍公主。”一股暖流从昭君心里淌过，昭君感到不再孤单，她就是凭着这暖流向草原深处一步步走去。

六

草原人因为昭君的到来欢腾起来。迎接昭君的第一个欢庆项目是马技竞赛。呼韩邪与昭君同骑一匹马前来参加。一马平川的草场，青草葱葱，草香扑鼻，空气清新，马蹄撅起的是草汁而不是灰尘，一路过来，四蹄早已染绿。随处都有人呼喊：“单于——阏氏!”“单于——阏氏!”昭君从容地挥手致意。

远处传来一阵咯咯的笑声，那是姑娘们在采花，准备献给参赛的骑士，昭君下马向她们飞奔而去。山沟低洼处冲积地上芍药花开得正盛。花蕊大得出奇，将叶子都遮盖了。一丛花就如一个硕大的花篮，花心紧簇，花瓣烂漫蓬松，饱含露珠，娇嫩欲滴。那花比月季雍容，比牡丹洒脱。昭君第一次见识了草原如此精致神气的鲜花，怀着无比喜悦的心情，她也采了一束，编成一个花环，准备竞技之后献给呼韩邪。

角号声响，人们紧张起来，山坡上坐满了人，随着旗帜一挥，马群犹如脱兔一般向前飞奔，“嗒嗒”的马蹄擂响了大地这无边的战鼓。人们呼喊起来，不久，群马就消失在远方。好一会儿，当马群回来的时候，呼韩邪跑在最前面，后面一马之距是四个矫健的小伙子。角号声又响起来，突然间所有的骑士不见了，昭君正在纳闷。马群身体已向内倾斜，转过弯拐回头来。昭君这才看清，原来所有的骑士都右脚蹬着马镫，藏身在马身体的右边，约跑了一箭之距，所有骑士一翻身，又都藏到马身的左边。昭君正有点眼花缭乱，这时候，骑士们竟又藏到马腹之下。

正看着，呼韩邪已从马腹翻过身来，双脚踏在马背上，旋风般向前奔跑，呼韩邪岿然不动犹如一尊雕塑。昭君的心扑扑地跳起来，紧张得有点喘不过气来。猛然间，呼韩邪蹲下身来，双手按着马背，双脚一伸，倒立在马背上，昭君又是一声惊呼，叫声刚落，呼韩邪的右手已经离开马背，伸向高空，只有左手撑着，那样子犹如一只雄鹰，斜着翅膀翱翔在苍空中。昭君双手按着胸脯，不由自主地立起身来，又用手擦了擦额头上的汗珠。

不远处是三驾马车，车上斜斜地各立一根木杆，杆上挂着一件名贵的貂皮棉袄，这是胜利品，谁射中归谁。昭君刚一眨眼，不知什么时候呼韩邪已经稳稳地坐在马背上，他轻舒猿臂，挽弓搭箭，“嗖”的一声射落了杆上的绳子，貂袄飘落之时，呼韩邪已到跟前，双手欲接，突然来了一阵风，貂袄飘开了。呼韩邪从马背上斜着身跃起，抓住了貂袄，落地之时顺势就地滚了几番，安然立起身来，一时间掌声如雷，呼韩邪挥着貂袄向大家致意，接着向昭君走来。

一阵花雨，姑娘们不约而同地将手中的花抛向马场，这时候后面的马先后到来，没有获得貂袄的骑士，弓下身来伸手去拿花，有的拿到花篮，有的是花环，有的是花束。大家都兴高采烈地翻身下马。

呼韩邪过来，昭君已经款款地迎了上来。她左手提着花环，右手举着酒杯说：“这花是我献给你的，这酒是我敬你的。”犹如他们初次相遇呼韩邪对她说的一样。

呼韩邪将貂皮棉袄披在昭君身上，突然间他的手缩了回来，惊讶地说：“怎么浑身都湿啦?”昭君长长地舒了一口气，捂着心口说：“是啊，观看的人比骑马的人还紧张。”接着又关切地问了一句，“累了吧?”

“累？不累，不累！刚刚热了身，玩玩而已。”

“草原人就是喜欢打仗，连结婚大礼也练兵。”昭君看着呼韩邪说。

“昭君姑娘，你误会了，误会了!”他接过酒杯，一饮而尽，接着说：“你既然提到打仗，我问你，打仗最重的是什么?”

昭君的脑海掠过刚才呼韩邪那强壮的身材，坚忍的意志与高超的骑术，不假思索地说：“打仗最重的是勇敢!”话刚出口，便想起《孙子兵法》中的一句话，“不战而屈人之兵，上亦。”于是反问说：“我也问你，兵家最贵的是什么?”呼韩邪脱口而出：“兵家最贵的是兵无血刃不杀人。”

“哦，这你也懂?”

“嗐，阏氏，不要以为只有你懂，我就不懂。其实我们草原人年年也在想着如何不打仗，不死人。比方说，我娶你，就是为了和平不打仗!”昭君听着听着，不由得感情起伏，心潮澎湃，她这次出嫁，光嫁妆就有一百二十车。想到为了她这样一个女子，朝廷就拿出了这么重的礼，不知不觉地启口说：“我们老家有这样一句话，喂饱一只青蛙，它能带你找到一汪清泉。”

“你这是在骂我还是在夸我？”

“当然是夸你！”昭君不仅在夸单于，更是在夸汉元帝。她想到汉元帝本来不甘心让她来，可她最终还是来了。天子就是天子，天子的大度就是高瞻远瞩。她觉得眼睛有点湿润，于是举起酒杯对着呼韩邪说：“单于既有和平之心，那好！我是汉人，你是胡人，胡汉相好，一言为定！”呼韩邪携起她的手，举过头顶，大声地高喊起来，激动得就如一个小伙子：“百年如今日，莫要改肠！”

“百年如今日，莫要改肠！”所有的人跟着高喊起来，呼声在草原久久地回荡着。冬不拉、琵琶奏响，向着南方飘去，那是要向汉家人报告这美好的姻缘。

呼韩邪单于依照汉元帝之意，婚后的昭君号为宁胡阏氏，她识大体，顾大局，异邦风月，饮腥食膻，很快就适应了草原的生活。隔年，汉元帝逝世，这一年王昭君 23 岁。汉元帝驾崩的消息传来，王昭君内心怅然，想到当年如果留在汉宫，纵然能得到元帝的宠幸，但自 23 岁起就独守空房，老死宫中，昭君的内心很不是滋味。不久，昭君为呼韩邪单于生下一子，取名伊督智牙师，封为右日逐王，又过了一年，呼韩邪去世，这年王昭君 24 岁。大阏氏的长子雕陶莫皋继承了单于之位，依照匈奴的礼俗，王昭君成了雕陶莫皋的妻子。年轻的单于对王昭君更加怜爱，夫妻生活恩爱甜蜜，他们生下两个女儿，长女叫云，次女叫当。

王昭君出塞以后，昭君的兄弟被封为侯爵，多次奉命出使匈奴，探望妹妹。王昭君的两个女儿也曾奉昭君之命到长安侍候过太皇太后，这位太皇太后就是汉元帝皇后。

王昭君和呼韩邪的婚姻联结了草原与中原的关系，汉匈之间维持了半个世纪的和平。王昭君以一个女子作出这样的贡献，人们将她比作卫青与霍去病，其墓碑云：“一身归朔漠，数代靖兵戎。若以功名论，几与卫霍同。”

第三章　刘氏与汉赵

东汉以后，随着窦宪征伐匈奴，勒石燕然，此后，再没有匈奴外敌，有的只是一些内附中国的“匈奴裔”了。刘渊这一支属于上述呼韩邪的后人。

自从汉初刘邦将宗室之女许配给冒顿单于之后，双方约为兄弟，匈奴宗室成为汉家的兄弟，刘渊这一支在成为汉朝的内附居民之后，改汉姓刘。① 三国时期，曹操将内附的匈奴人分成五部，分隔开来。② 让他们各自为王，但不可称汗。刘渊属于匈奴五部中的北部，居住在新兴（今山西忻州）一带。刘渊的爷爷是南匈奴单于，叫於夫罗；父亲是南匈奴的左贤王，叫刘豹。

附汉的匈奴人在信仰上逐渐发生了变化，由昔日“狼的传人”变成了太阳神的后代。虽说他们是匈奴人的后裔，但这一时期匈奴人的后裔，因在汉文化上有极深的造诣而得到汉朝大儒的赞赏。五胡十六国时期，刘渊举兵建立政权，起初叫做“汉”，后改为赵，史称“汉赵”、“前赵”（为了与继之而起的羯人所建立的“后赵”政权区分开来，故称“前赵”。）汉赵（公元304—329年），共历时二十六年，领土主要在陕西渭水流域，山西、河南、河北和甘肃部分地区。

---

① 《晋书·刘元海载记》：“刘元海，新兴匈奴人，冒顿之后也。名犯高祖庙讳，故称其字焉。初，汉高祖以宗女为公主，以妻冒顿，约为兄弟，故其子孙遂冒姓刘氏。”

② 《晋书·刘元海载记》：“左部居太原兹氏，右部居祁，南部居蒲子，北部居新兴，中部居大陵。”

第一节　太阳神的后代

一

南匈奴的左贤王叫刘豹，娶妻呼延氏，婚后多年一直无子，时值阳春，呼延氏带着一帮巫、觋（音习）和侍女，前呼后拥来到龙门求子。在古代巫师这个集团中，女的叫做巫，男的叫做觋，他们载歌载舞来到龙门。这时候的鲤鱼已经产卵完毕，浑身轻松，身材变得窈窕，纷纷逆流来凑“转运成龙”的盛会。鲤鱼将一条河都挤满了，一江春水也因红鲤变成了绛红色。

连朝风雨催助鲤鱼上禹门，面对这一派喜庆吉祥的景象，呼延氏乐了，那帮有年纪的巫、觋，一个个脸上也都笑成了一朵朵花，他们想不到天地间会有这样的盛会。匈奴人不大会吃鱼，他们为何选取龙门作为求子的福地呢?

匈奴人自认是夏禹的后裔，龙门据说是大禹所凿，他们自然就将它作为福地了。“快，快！喂鱼呀！该办的事别忘了办！”呼延氏见众人只顾看鱼，似乎忘了此行的目的，于是吩咐说。

那些侍女听完后，急忙将准备好的一包包剁好的肉末倒进了河里。这一下河面炸开了锅，众鲤鱼争先恐后前来争食，你拱我，我拱你，挤破了头，身材娇小的鲤鱼被拱出了水面，在鱼群的上面翻腾打滚。

呼延氏见有几条小鲤鱼拼命挣扎，筋疲力尽，心有不忍，她拿了个皮袋，蹲下身来，装上水，又让侍女将那几条打滚的小鲤鱼捧上来，装进水袋，又在水袋中放了点肉末，这一下水袋里也“扑通扑通”地响起来。

这时候，众巫、觋手舞足蹈，高歌狂舞，他们祈求上天赐福，祈求族人如鲤鱼一样，生生不息，鱼头挤挤，一跃成龙。就在巫、觋忙得不可开交的时候，呼延氏吩咐侍女抬起皮袋，一同到下游放生。

约莫走了里把路，河中的鲤鱼渐渐稀少，呼延氏蹲在河岸，小心地将皮袋中的小鲤鱼倒进河中，鲤鱼入水后徐徐地消失在水中。呼延氏站起身来刚想走，河水突突地翻滚起来，呼延氏好生奇怪，仔细一看，只见一条大鲤鱼，头上长着两只角，鼓着鳍雄赳赳地游过来。

这大鲤鱼逆流而上，一路游去，挤入了鱼群，鼓鼓气将浑身的鳞甲撑开来，犹如勇士的战甲一样。鱼群见状，纷纷让道，大鲤鱼如入无鱼之境，悠然地向前游去，一直来到巫、觋献祭的地方，悠然地享受起祭品来。呼延氏一时兴起，顺手抓了一把肉末，捏成团，向着河心一扬，鲤鱼一个腾跃，一口吞下。呼延氏连抛了十几次，无一虚抛。众人见状欢呼起来，都说这是祥瑞的征兆，阏氏明年必生贵子。

呼延氏尽兴而归，她累了，当天晚上很早就入睡了，睡梦中，只见那条大鲤鱼向她游来，跃上河岸，就地一滚，变成了一个威武的勇士。勇士右手一把将她揽住，左手一张，呼延氏一看，他手心中有一物件，约有半个鸡蛋那么大。那物件金光闪闪，绝非凡物，勇士将物件授予呼延氏说："这是日精，吃了以后必生贵子。"呼延氏一听，张开口就将那日精一口吞下，那日精滑溜溜、热辣辣的，一下就从咽喉中滑了进去。呼延氏觉得似乎有一股暖流在身体中激荡着，心头一震，一觉醒来，刘豹正在她枕边，于是将梦中的景象告诉了刘豹。

刘豹一听，一下跃身坐起来，大声叫好："这是吉祥的征兆！不久前，邯郸张冏的母亲司徒氏告诉我，我将生贵子，未来有三世的大发达，这与你的梦境正好相符。"

十三个月以后，呼延氏诞下一个男孩，那男婴左手心上有一个"渊"字，意思是这孩子来自太阳出入的虞渊。于是刘豹夫妇给这小孩起名叫刘渊，字元海，[①] 刘渊就是未来匈奴汉国的建立者。

少年时期的刘元海，诸子百家无所不览，特别喜欢《易经》、《毛诗》、《尚书》、《左氏春秋》、《史记》和《汉书》，精通汉文化，他对人生充满了自信。

秋叶无声地飘落，寒虫断续地啼叫着，天边斜日晴明，余光照在书斋中，刘渊和他的朋友朱纪、范隆正在读书，今天他们读的是《史记》。老师姓崔，名懿之，屯留人，学识渊博，又是当地出名的相面大师，他教导刘渊已有五年，今天想考考他们，于是问他们读了《史记》有何体会。

刘渊见问，立起身说："我每次读史书，看不起的就是汉高祖刘邦的两个谋臣随何和陆贾，他们没有武艺，而那周勃、灌婴又没文化。天道是

---

① 《晋书·刘元海载记》："豹妻呼延氏，魏嘉平中祈子于龙门，俄而有一大鱼，顶有二角，轩鬐跃鳞而至祭所，久之乃去。巫觋皆异之，曰：'此嘉祥也。'其夜梦旦所见鱼变为人，左手把一物，大如半鸡子，光景非常，授呼延氏，曰：'此是日精，服之生贵子。'寤而告豹，豹曰：'吉征也。吾昔从邯郸张冏母司徒氏相，云吾当有贵子孙，三世必大昌，仿像相符矣。'自是十三月而生元海，左手文有其名，遂以名焉。"

要由人来弘扬的。文武二者如果有一样不懂，对君子来说，那是一种耻辱，随何和陆贾遇到高皇，无法建立封侯的基业；周勃、灌婴在太宗之时，又无法有振兴教育的创举，实在是可惜啊！”①

崔懿之一听，“体会独特，志向高远。”不觉点了点头。他出了个上联，“同袍无义枉同袍”，要他们对下联。朱纪、范隆正在思考，刘渊已经在纸上写下一行字，递了上来。崔懿之接过一看，“异姓有情非异姓”。不觉又点了点头，在他的意识中，刘渊志向远大，将来必有青史留名的功业。接着，他又出了个上联：“强龙强虎一将帅”，刘渊立时又对出下联：“乡里乡亲五万兵。”

“三略文章。”“六韬事业。”

“心猿不二。”“意马如一。”崔懿之见刘渊对答如流，高兴地宣布散学。

刘渊刚踏出书斋门，便与族祖父刘宣撞了个满怀，刘宣身边跟着一个人，此人叫公师彧，襄陵人，与崔懿之同是远近闻名的相面大师。公师彧与刘渊打了个照面，大为惊奇，但见刘渊面如红日，容光焕发。于是与崔懿之交流，二人都觉得看了大半辈子相，从没见过这样非同寻常的相貌。此事一传十，十传百，人人都相信和崇拜刘渊，② 就连太原望族王浑也与刘渊有密切的往来。

不久，刘渊就去学武艺，他天生就是学武的材料，身材魁梧，身高八尺四寸，猿臂善射，不久就出类拔萃，远胜他人，成了一个文武双全的人物。

二

几年之后，刘渊娶妻张氏。婚后不久，有一日，漫天风雪，北风凄厉，张氏皇后刚刚闭上眼睛，就觉得毡房被一阵飓风掀起，飓风犹如一个飞速打转的磨一样，将毡房裹在里面，不断地向远方旋去，也不知旋了多久，飓风将毡房轻轻地放在草地上。

---

① 《晋书·刘元海载记》：“尝谓同门生朱纪、范隆曰：‘吾每观书传，常鄙随陆无武，降灌无文。道由人弘，一物之不知者，固君子之所耻也。二生遇高皇而不能建封侯之业，两公属太宗而不能开庠序之美，惜哉！’”

② 《晋书·刘元海载记》：“于是遂学武事，妙绝于众，猿臂善射，臂力过人。姿仪魁伟，身长八尺四寸，须长三尺余，当心有赤毫毛三根，长三尺六寸。有屯留崔懿之、襄陵公师彧等，皆善相人，及见元海，惊而相谓曰：‘此人形貌非常，吾所未见也。’于是深相崇敬。”

风停了，天气变得奇冷无比，雪花从毡帐的缝隙中钻进来，如刀割肉，噬骨蚀髓，张氏觉得她的两条腿完全失去了知觉，她内心不断地祈祷："太阳神啊太阳神，请赐给我阳光和温暖吧！"

不久就见一轮红日冉冉升起，向着毡房而来，太阳慢慢地降落在毡房前，顷刻间变成了一个神采奕奕的青年王子。王子掀起毡帐，向着张氏一步步走来，张氏只觉毡房温暖极了，她刚想抬起头来端详这位年轻的王子，王子已在她眼前消失了。

张氏一觉醒来，身边炉火正旺，侍女不知什么时候在毡房中又添了炉火。梦境依稀在脑际回旋，张氏纳闷，就将红日入怀之梦告诉了身边的刘渊。刘渊一听，神色变得庄重起来，他悄声地对张氏说："这事千万不要说出去，切切！"

张氏见他说得如此严肃，不解地问："这是好事，为何不能说出去？"

"你怀的是太阳神的儿子，神的儿子未来定是有作为的，一旦说出去，这孩子就危险了，连你的性命也不保了。"张氏一听，觉得有理。

十月怀胎，一朝分娩，夫妻焦急地等待着。时光如流水，十个月很快就过了，张氏的肚皮鼓鼓的，可就是没有一点分娩的迹象。张氏急坏了，问医请巫，祈告天地，该做的事都做了，可无论怎样催生，肚子里的婴儿就是不愿出世。

刘元海倒是悠然自得，心想，我是日精所孕，太阳神之子，神之子岂能等同凡人，我当年也是十三个月才出世的，黄帝是二十四个月才坠地的，这就叫不同寻常。常仪当年怀八元、八恺，有哪一个是顺顺利利按时出世的？急也枉然。

连月来，产婆、侍女夜以继日地侍候在张氏身边。终于挨到第十五个月，一个不同寻常的夜晚终于到来了。夜阑人静，毡房中白光如炽，照得人睁不开眼睛，张氏心里明白，太阳神即将降临。毡房中一个奇特的身影在晃动，影子的左耳有一道白色的毫光，长二尺多，闪闪发亮，[①] 随着一声啼哭，一个男婴呱呱坠地。他就是未来匈奴汉国的第二代皇帝，他的名字叫做刘聪。

---

① 《晋书·刘元海载记》。

第二节　刘渊建汉

一

三国魏咸熙年间（公元 264—265 年），刘渊以人质的身份留居在洛阳。西晋泰始初年，鲜卑族树儿能在凉州起兵反晋。一时间，关陇一带乱如麻。山西上党李熹向晋武帝司马炎建议，封刘渊为大将军，统领五部匈奴，西征凉州。大臣孔恂说："刘元海若能平凉州、斩树儿能，在我看来，凉州才真正有难啊，刘元海是蛟龙，蛟龙得云雨就不再是池中之物了。"晋武帝一听，就没有让刘渊去平凉州。

齐王司马攸见刘渊才智出众，也对晋武帝司马炎说："陛下如果不除掉刘元海，臣恐怕并州不久就不得安宁啦。"司马炎见问题严重，于是征求王浑的意见。王浑极力反对，他说："王浑为君王担保刘元海。大晋取信来自不同族俗的人，以德行来感染他们，怎么可以以没有根据的怀疑诛杀人质，让他人觉得大晋没有德行呢?"晋武帝觉得有道理，在王浑的帮助下，刘渊才幸免于难。①

那时候，司马氏刚刚夺取了曹魏政权，晋武帝司马炎恢复了古代的分封制，封了二十七个同姓王，每一个郡就是一个小国家。后来又大封异姓王，让他们出任地方都督，掌握地方行政权。这样，国家政权逐渐分散，诸侯王国可以自行收取赋税，委派官员，又拥有自己的军队，诸王之间开始了争权夺利的战争，终于爆发了长达十六年（公元 291—306 年）的"八王之乱"。

晋惠帝司马衷继位，司马衷是个残疾儿，缺乏理政能力，这又导致了后宫贾皇后的干政，外戚间又发生了激烈的争夺，国家一时间混乱到了极点。

---

① 《晋书·刘元海载记》："魏咸熙年间（公元 264—265 年），刘渊以侍子（即人质）身份留居洛阳。西晋泰始初，鲜卑树儿能在凉州起兵反晋。上党李熹建议署刘渊为大将军，发五部匈奴，西征凉州。大臣孔恂说：'元海若能平凉州、斩树儿能，恐凉州方有难耳，蛟龙得云雨，非复池中物也。'遂未成行。齐王司马攸见刘渊才智出众，劝晋武帝司马炎说：'陛下不除刘元海，臣恐并州不得久宁。'刘渊赖王浑等帮助，才幸免于难。"

晋惠帝继位时，由太后外戚杨峻辅政，杨峻拜刘渊为建威将军、五部大都督、封汉光乡侯。刘渊当了匈奴五部统帅之后，招徕各方人士，乐善好施，幽州、冀州的名流都不远千里，前来拜会归附他。八王之乱爆发后，成都王司马颖镇守邺城，又封刘渊为宁朔将军，监五部军事。

那时候胡人的处境很不好，他们自归顺东汉以来，都被安置在边塞地区。魏晋期间发生了世界性的气候变化，天气奇冷，牧草不生，胡人失去了游牧的条件，有部分胡人渐渐向中原迁徙，到中原一带谋生。胡人来到中原城市后，常常受到那些小吏和奸猾之人的侵夺，到郡县乡间也饱受吏人、土豪的徭役剥削[①]。胡汉贸易中，胡人常被渔利侵吞，管理胡人的官吏素质低下，动不动就妄加杀戮。[②] 有时候他们给汉人办事，不知不觉竟被汉人编入奴仆的户口，[③] 稍不留意还会被抓去当佃农或奴隶。[④] 因此，胡人对汉人积怨已久，恨入骨髓，[⑤] 这些都酝酿着胡人移民的动乱。

匈奴五部开始谋划起兵反晋。刘渊的从祖父刘宣对族人说："从前我们的祖先与汉相约为兄弟，有福同享，有难同当。自从汉朝过后，魏晋相继兴起，我们虽然有一个虚号，却无尺土的基业，自他们分封诸侯王，我们的地位就愈来愈低，形同奴仆。如今司马氏骨肉相残，天下纷争，四海鼎沸，这正是我们兴邦复业的大好机会。左贤王元海外貌气质超越常人，能力才干无与伦比，老天如果不是有意要他挑起单于的担子，就不会生下他这个人。"[⑥]

不久，晋朝并州刺史司马腾与安北将军王浚联合起来攻打司马颖。司马颖想让匈奴人来帮助他，于是封刘渊为北单于、参丞相事。刘渊托称要回并州招募五部匈奴，于是返回左国城（今山西离石县）。刘渊回去以后，被诸部匈奴拥立为大单于，二十多天便拥有兵众五万。

应该建立一个什么样的国家，对此匈奴人的内部有很多争议。刘宣认为，应该建立的就是先祖呼韩邪的基业。刘宣的主张没有得到刘渊的支持。说起先祖呼韩邪的基业，刘渊已经模糊不清了，他生在汉地，读的是

---

① 《后汉书·西羌传》："数为小吏、黠人所侵夺；布在郡县，皆为吏人、豪右所徭役。"

② 《晋书·阮种传》："受方任者又非其材，或以狙诈侵侮边夷，或干赏陷利，妄加杀戮。"

③ 江统《徙戎论》："服事供职，同于编户。"

④ 江统《徙戎论》："以匈奴胡人为佃客，多者数千。"

⑤ 江统《徙戎论》："其怨恨之气，毒于骨髓。与关中之人，尸皆为雠。"

⑥ 《晋书·刘元海载记》："昔我先人与汉约为兄弟，忧泰同之，自汉以来，魏晋代兴，我单于虽有虚号，无尺土之业，自诸王侯，降同编户。今司马氏骨肉相残，四海鼎沸，兴邦复业此其时也，左贤王元海姿器绝人，榦宇超世，天若不恢崇单于，终不虚生此人也。"

汉人的书，汉史典籍他如数家珍，因此，他不主张建立先祖汗式的国家，他提出，汉朝统治天下已经很久了，恩德结于人心，所以刘备昭烈皇帝能够以西川一州之地抗衡天下。我们既是汉朝刘氏的外甥，又与他们约为兄弟，如今兄长亡了，我们做弟弟的可以绍祚中兴。我们应该建立的是一个汉国，追尊亡故的刘后主，才能赢得人民的拥护①。

西晋永兴元年（公元304年），刘渊自称汉王，迁左国城，年号元熙，追尊刘禅为孝怀皇帝，立汉高祖以下三祖五宗为神主以祭之，又立妻子呼延氏为王后。随之又署置百官，以从祖父刘宣为丞相，经师崔游为御史大夫，宗室刘宏为太尉，刘渊自认是汉室继承者，建立了一个脱离西晋朝廷的独立政权。

并州刺史司马腾得知刘渊自称汉王，慌忙率兵前往镇压，部将聂玄与刘渊在大陵（今山西文水县）展开激战。聂玄大败而归，司马腾大为恐惧，率领并州三万余户向山东逃去。刘渊乘胜追击，接连攻下法氏（今山西高平县）、屯留（今山西长子县）、中都（今山西太原市）等地。

四年以后，即永嘉二年（公元308年），刘渊徙蒲子，正式称帝，随后再次迁都平阳，定国号为汉。当时，各地反晋的义军纷纷前来投奔，一时声威大震，刘渊成为中国北部反晋的旗帜。刘渊做了两年多的汉帝，永嘉四年（公元310年）病卒，他自称汉王以来，传三主，历时六年，庙号高祖，谥号光文皇帝，葬永光陵。太子刘和继位。

第三节　永嘉之乱与西晋的灭亡

一

在建立汉国的过程中，刘聪的功勋要远比太子刘和大，不久，刘聪便杀了刘和自立，改元光兴。

刘聪小时候很聪颖有悟性，他的老师朱纪说，他一辈子还没有教过这样聪明的学生。刘聪14岁时就通晓经史、诸子百家，擅长草书、隶书，诗

① 《晋书·刘元海载记》：“汉有天下世长，恩德结于人心，是以昭烈崎岖于一州之地，而能抗衡于天下。吾又汉氏之甥，约为兄弟，兄亡弟绍，不亦可乎？且可称汉，追尊后主，以怀人望。”

赋文章无所不通，[①] 15 岁时开始学击剑、骑射，臂力过人，可弯弓三百斤，他文武双全，是个难得的人才。太原王浑有一次见了刘聪，印象很深，对刘渊说："这孩子的前途深不可测。"刘聪年轻时常游历于洛阳京城，广结名士、豪杰，最初曾在新兴太守郭颐辟手下当主簿，这是刘聪政治生涯的开端。刘渊临终之时，刘聪已经是父王身边的大司马与大单于了。

刘聪自立为帝之后，尊刘渊妻单氏为皇太后，立自己的母亲张氏为帝太后，刘义为皇太弟，领大单于、大司徒，又立妻子呼延氏为皇后，以儿子刘粲为抚军大将军，都督中外诸军事。刘聪在位期间，是匈奴汉国最强盛的时期，他在政治、军事等方面都颇有建树。

刘聪即位隔年（公元 311 年），命前军大将军呼延晏领兵两万七千人进攻西晋都城洛阳，前后十二战，晋兵皆败，斩三万余人。接着山东王弥率领五万人，从南路轩辕关而来，山西石勒也奉命率领两万骑兵渡过黄河，一路东进，长驱直达洛河南岸，刘聪的侄儿刘曜也率军浩浩荡荡从河北前来。四路人马从不同的方向向洛阳进发，敌情危急，洛阳城中发出危急的信号，传檄四方，敕令封疆大吏与各亲王，发兵勤王，以解洛阳之急。

公元 309 年和公元 310 年，匈奴汉军曾两度进攻洛阳，均无功而返，但河东郡的蒲阪（今山西永济县蒲州）和平阳郡的平阳城（今山西临汾）两郡属下各县已经全部归降刘渊。石勒也切断了洛阳周边的通道，洛阳被围，食物短缺，粮荒一旦出现，洛阳将不攻自破。

若要守洛阳，当务之急是屯粮。晋怀帝司马炽上早朝时，问如何解决粮食问题，众大臣犹如一群乌鸡，大眼瞪小眼，面面相觑，都拿不出主意。半晌，只有何羡出班，何羡是中原豪门望族，当年他的祖父何曾每天光是吃饭就要花掉一万钱，还说没有值得下著子的物件。到了何曾的儿子何劭，每天吃饭要花两万钱。到孙子何羡这一辈，每天吃饭要花的钱更多了。此事朝中大臣人人皆知，怀帝司马炽也早有耳闻。这时候君臣皆想，你何家平时很会讲究吃喝，关键时刻就看你如何来解决当下洛阳城的吃喝问题了。

"启奏皇上，天下已无粮可调。今年以来大旱，汉水、洛水、黄河皆枯竭，长江可涉水而过。"何羡这一启奏，无异于晴天一声霹雳，六月一阵风雪！大家心里都明白，天灾加重了人祸，人祸又加重了天灾，二者互相催发，天怒人怨，这是晋朝当亡的征兆啊！

---

① 赵翼《廿四史札记》。

天不佑晋！众大臣的心都紧张起来，一时间各人心里开始打起了小算盘。太傅司马越出班奏曰："启奏皇上，臣愿带兖州、豫州兵马，出镇许昌，讨敌勤王。"怀帝司马炽一听，眉头一皱，从龙椅上立起身来。怀帝司马炽是司马炎第二十五子，晋惠帝司马衷在位期间，被立为皇太弟。自他登基以来，朝中大权尽操在东海王、太傅司马越手中，司马越"不务防外，专务防内"，为所欲为，司马炽对他毫无办法，朝中大臣都知道司马炽这个皇帝是个空摆设，故"常怀无帝之心"。

司马炽平时奈何不了司马越，在此危急之际，内心却是清醒的，他一听司马越的启奏，就知道他要开溜，大喝一声："太傅此言差矣！当下洛阳犹如累卵，危在旦夕，你身为太傅，不思守城，却要将城中兖州、豫州的兵马带走，这岂不是有意将洛阳拱手让与胡汉！"

司马越从未见过司马炽如此震怒，此时的他只一心盘算着，刘聪四路人马只到了一路，趁此机会还可以逃脱，要是四路人马到齐，那时想走都走不了啦。想到这里，他强词夺理地掩饰说："臣此次出征，目的在于灭贼。贼若得灭，国威可振，四方贡职自然流通。若株守京畿，坐待困穷，后果不堪设想。"说完，也不等怀帝准允，抽身就走。

众大臣见司马越说得冠冕堂皇，深知他的话全是谎言，于是纷纷出班阻拦说："太傅不能走！""太傅一走，洛阳风雨飘摇啊！"司马越顾不了那么多，大摇大摆径自离去。

隔天下午，司马越带领洛阳城中二十万精壮雄赳赳的"出征"，随行有身居宰辅的太尉王衍，朝中稍有名望的大臣悉数随他而去，只留下位卑言微的右卫将军何伦及一些无名朝臣与老残军士留守京城。

司马越领着大队人马向东门而去，一路上百姓围观，议论纷纷，人心惶惶，"这么多兵走了，洛阳不守啦?"司马越好不容易来到东门城边，城楼上站着谏议大夫陈林，只见陈林手握着一把三尺长剑，双眼圆瞪，指着司马越大骂："司马越，你身为宰辅，实为国贼！你要溜可以，把兵马留下！我晋朝二十万大军，足以与胡汉拼个你死我活。"众百姓跟着喊起来："把兵马留下！把兵马留下！"司马越见脱不开身，只好令士兵将百姓驱走。

这时候，陈林从城楼上跃身而下，他手中的剑顺势一抹，自刎啦。身体就落在司马越的马脖子上，陈林借着最后一口气，死死地抱住司马越。那马一惊，将两人摔了下来。落红点点，将司马越那紫色蟒袍染得万紫千红。

众侍卫好不容易掰开陈林的尸首，将司马越扶上马。司马越跨马刚走出城楼门洞，只听“嘭”的一声，又有人以死阻拦，那是太学生李光，李光从城楼这一边跃身而下时，恰好骑在司马越的马屁股上，又将司马越拉下了马。司马越挣扎着爬了起来，只见李光仆倒在地，血流满地。太傅经这番折腾，觉得好不晦气，心惊胆战地带着人马怏怏而去。

二

司马越一走，洛阳城几乎成了一座空荡荡的废都，府库无财，仓廪无粮，守城无兵，护宫无军，等待着洛阳的只有沦陷的命运。

司马越并没有到许昌，而是驻屯在项城，他以豫州牧的身份传檄天下，令握有重兵的封疆大臣奋起响应，救援京师，可怜檄文慷慨激昂，天下竟无一州一县响应。

自司马越走后，怀帝司马炽内心虽有点空虚，但心灵也有点宽松，自此可以脱离司马越的控制，有了些许自主权。这时候，刘聪的西路、南路与北路三路大军一路过关斩将，势如破竹，南路的王弥与洛阳已经近在咫尺。探马一日三报，晋怀帝寝食难安，失魂落魄，不得不又发出手谕，令河北各镇将领连夜增援京师。

青州都督苟晞接到诏书，与众将商量：“司马越为相不法，导致天下大乱。为国家计，只有讨伐国贼，与各位共建大业。”他向怀帝上表，历数司马越的擅权行为，提出先伐项城，使司马越归政，再讨胡虏。司马炽立即委之以重任，日夕盼望苟晞能铲除司马越，早日前来救驾。

就在苟晞讨伐司马越的叫骂声中，百姓议论，众口铄金，擅权多年的东海王司马越忧愤成疾，几日之间便一命呜呼。司马越一死，军中群龙无首，于是众人推举太尉王衍为元帅，襄阳王司马范为大将军。王衍、司马范带领十几万大军扶着司马越的灵柩，浩浩荡荡前往东海司马越的封国下葬，这是史上最庞大的送葬队伍。

一路上，王衍飞檄各地供应粮草，又声称王师抗胡需要征集精壮。地方官谁敢得罪，一日三餐殷勤供给，各大员终朝禀报不敢怠慢。王衍、司马范吃得好，睡得香，犹如燕雀居于华堂，早忘却了送葬之事与抗胡大业。他们每日里饮酒作乐偎红依翠，将虎帐当做花下，将灵堂当做兰房。地方官见他们将小驻当永居，怕闹得鸡犬不宁，误了军国大事，又暗知这里面有机关，只好搜刮金银珠宝奉上。王衍、司马范得了珠宝方肯移师。这一路他们二人依样画葫芦，不久已经是斗量车载，一网网得金银如山。

消息传到洛阳，洛阳人知道王衍、司马范借扶柩之机又溜了，他们非常愤怒。

留守洛阳的右卫将军何伦是司马越的心腹，见主子已死，洛阳又淹没在一片叫骂声中，知道自己的末日不远了，他不敢在洛阳再待下去，于是带着人马也走了。跟随何伦仓皇出逃的还有司马氏四十八宗室的小王侯。留守在城头上的只有一帮百姓和太学生，他们见司马宗室出逃，在城楼上垂下一大条幅相送："司马氏自弃中华"。战鼓声中，何伦等人灰溜溜地出逃了。

此时，汉西路军石勒已拿下许昌，得知司马越已死，王衍为元帅。石勒亲率五千轻骑连夜追赶。石勒生平最恨司马越与王衍，他15岁到洛阳行贩时，只因生得仪表堂堂，声音洪亮，被王衍认定今后必然祸国而被投入大牢。出狱之后他又被晋朝的军队抓住，卖到山东去做奴隶，他此行就是为了报昔日之仇。

两天后，石勒追上了王衍的兵马，石勒的五千胡兵竟然击溃了王衍的十几万晋军，拦下了司马越的灵柩，缴获辎重兵器无数。胡兵顾不过来，只好让晋军帮忙看管押送。石勒对漫山遍野的晋军俘虏说："我石勒不是有意与你们汉人作对，我平生最恨的就是司马越，此人祸乱天下，我为天下人除害，当烧其身焚其骨，怎么样?"俘虏兵中爆发出阵阵怒吼："烧其身焚其骨!""烧其身焚其骨!"有俘虏高举火把，将那灵柩烧了。

石勒遂又升帐审理王衍与司马范，几个胡兵将五花大绑的王衍、司马范押了上来。石勒对王衍高声喝问："你身为晋朝太尉，主管一国军事，十几万晋军面对我五千汉军，为何如此不堪一击?"

王衍战战兢兢地说："我王衍无心仕途，不过做个备员而已。"

望着须发斑白，浑身哆嗦的王衍，石勒内心有几分鄙夷，也有几分憎恶："你十几岁就是朝廷命官，如今须发斑白，吃了朝廷几十年的俸禄，眼下还做着元帅，怎能说无心仕途?"

"王某虽为元帅，实不知兵，只是身不由己啊!"

"死到临头还胡说八道！不知兵怎可为元帅?"石勒走过去，挥手给了王衍五鞭子，打得王衍满地乱滚，爬不起来。石勒顺手一鞭又抽在司马范身上："你作为大将军也不知兵?"

司马范匍匐在地，不敢正视，战战兢兢地回答："末将从没打过仗。"

石勒一听，不觉跌坐下来。"不知兵，为元帅；大将军，没打过仗。这晋朝到底是怎么回事？大厦将倾栋梁折，这晋朝怎么就连一根栋梁都没有？见不到豪气英风的国难苦忠？不对，不对，他俩全是撒谎!"石勒说着立起身来，挥鞭又给了王衍、司马范各五鞭。将军的鞭，将军的力，王衍早已鲜血淋漓，司马范也嗷嗷求饶。

“不知兵，又没打过仗，怎好意思窃居元帅、大将军之位，误国误民误天下？”石勒说着，顺手又各赏一鞭。

“将军有所不知，我俩为元帅、将军，乃是众人的推举。”王衍伏在地上哭着回答。

“又撒谎不是！没打过仗，将士们怎会推举你们为元帅、大将军？这样的推举，不是在自找灭亡吗！”石勒打得兴起，鞭子噼里啪啦如雨点般又落了下来。他们二人齐声哀号：“将军饶命，将军饶命！”

“饶命不难，说实话，他们凭什么推举你俩？”

“就凭我俩出身望族，这是中原三百多年的规矩，做官不凭本事，只凭门第。”

“出身望族，不会打仗，总该懂点算筹之术吧！我问你们，我五千人马，你们十五万大军，一个胡兵要抵几个晋兵？”

“三十个。”

“你三十个人就是用牙咬，用手撕，也可以把我一个胡兵咬烂撕碎。为什么你俩只会下令投降？”

王衍一脸谄媚，讨好地说：“将军英名传遍中原，想当年，将军到洛阳做买卖，王某我就断言将军将来必大展宏图，今日已经应验。晋室危乱乃是天意；将军顺天应人建国称尊就在今日。王某怎敢与将军对抗？”

石勒生平最恨的就是没骨气的人，高官厚禄，钟鸣鼎食，晋室未亡，他们的心已经死去。晋室本不当亡，亡就亡在他们这些握着国家权柄，却毫无经时济世的能力；掌着国家军事，却无半点军事知识的臣子手中。当年不把我当人，如今见风使舵，又来拍马屁。晋室啊晋室，亡在高门望族！

隔天，石勒令人将司马范、王衍这些高门望族的人关进几间民房，准备处死他们。这时又有人来报：“何羡也是望族，就是那个每天要吃掉三万钱的人。”石勒一听就火了：“三万钱够我五千将士两天的伙食。”说着挥了挥手：“为天下人每天省下三万钱吧！”于是将何羡及其族人也关了起来。石勒又让俘虏推倒墙壁，将他们压死在里面。五千铁骑一过，把那倒塌的墙壁踏为齑粉，汩汩而出的鲜血将那齑粉染成了红壤。

石勒当天就遣散俘虏，挥师向洛阳而去。寒风中，旄头旌旗猎猎作响，其中一面旗帜特别醒目，上书——铁骑踏尽公卿骨！

隔天早晨，天刚蒙蒙亮，启明星还未降落，石勒的军队就遇上了从洛阳狼狈出逃的何伦军及司马氏四十八宗室王。五千骑兵将他们团团围在核心，石勒高声大喊起来：“将士们，当年我高祖皇帝说，吾所欲除者，司马氏也！如今撞到我们手中，一个也不能让他们漏网！”

石勒军与他们玩起猫抓老鼠的游戏，围着他们不断地转，将他们吓得个个血管喷张，一刀下去就是一道血练。天亮了，红霞满天，尸横遍野，血水汩汩向黄河流去，河水红了，不知是被红霞映红的还是被司马宗室的鲜血染红的。

三

洛阳河边停留着几十艘官船，从事中郎刘会奉大将军苟晞之命，带着五百宿卫，押送千斛稻米前来接应，请求皇上迁都仓垣（今开封市西北）。为迁都的事，朝中大臣闹得不可开交。朝廷已没有大员，所剩的都是一些名不见经传的中小官员，他们在这寸土寸金的洛阳城都有些许地产，倘若迁都，胡兵一来，这就意味着他们的府邸没啦。日子对这些官员来说既不宽裕，也不容易，他们心疼自己的那些房产舍不得走，一连议了三天都没有结果。这一蹉跎，胡汉已有三路人马先后来到，想走也来不及了。石勒军刚到就发现河中的龙舟，他知道这是皇上要逃跑的迹象，他们跃上船去，杀散宿卫、水手，一把火烧了龙舟。

三路大军一围，洛阳的温度一下飙高了。洛阳城十二座城门全部紧闭，几万商人经营的集市全部关门停业，市场上乱作一团，所有吃的东西早被抢购光了。几千人被关在城外，有家归不得，绝望地号啕大哭，哭声震天动地，牵动着城内的亲人的心，城内的哭声也响起来了，城内外的哭喊声互相呼应，平添了这场战争的悲壮。

西城的广场上停满了西域来的骆驼商队，他们已经好多天找不到客栈休整，疲惫不堪。骆驼连日来没有草料，有气无力地躺在地上反刍。领驼的西域大汉，个个都低着头默不作声地蹲在骆驼的旁边，双手合十放在脚前，口中“阿匍阿匍”不断地念着。

洛阳城南太学区的两千太学生经过两天一夜的血战，绝大多数阵亡了，棺材铺所有的棺木都用来装殓尸首，但仍然不够，很多尸首开始发臭，城中找不到地方安葬，全堆放在各寺院中。高僧、法师、和尚、比丘尼和信众，正在忙着超度太学生与死难者的亡灵。来自罽（音计）宾国（今克什米尔附近）与大月氏国的佛图澄尊者、智山法师、法始法师三位大师在大市场筑坛，联合设坛祈福，求佛陀保佑加持。所有信徒与市民，口中念念有词，他们想合成一股力量以制城外的进攻，也想借此来安慰自己，安定城内的民心。然而，所有这些似乎都无法挽救洛阳沦陷命运。

水流花谢两无情，送尽东风过洛阳。洛阳城中的牡丹花，全都凋谢了，纵有留存的几株，人们也无心观赏了。太监、御林军都登上城头防守，连日的疲劳让许多人都瘫倒在地。城头上，能砸的石头、砖头、木头都用光了。人们开始拆民居、市场，市民忙着搬木头、砖块，用来守城。一时里瓦裂砖崩，折梁断柱，赤焰飞天，黑烟满地，征尘滚滚阵云黄。

六月四日，暮雨初收。刘曜的北路军一到，首先攻破了西明门，军队进城不久，就见到身着龙袍皇帽的晋怀帝慌慌张张地带着太子司马诠、吴孝王晏、竟陵王楙等人奔出后宫华林园，想从西明门逃往长安。刘曜一声令下，抓住了晋怀帝，余下一百多人都倒在了血泊中。

洛阳城破，一时间惊天动地，珠沉玉碎，百尺城楼成瓦砾，一方乐土惨凄凉。乱纷纷土崩瓦解民众鼠窜，悲切切男奔女散鬼哭狼嚎。王公士族两万多人被杀，大街小巷到处都是死尸鲜血。百姓远走他乡避难，到处躲藏；高门大族纷纷南逃，计有林、陈、黄、郑、詹、邱、何、胡八大姓。“永嘉之乱，衣冠南渡”，这是中原汉人第一次大规模南迁。

南路军首领王弥向刘曜建议说：“洛阳地处天下的中心，既有山河险要可以固守，城池宫殿也无需重新建造，可以将都城从平阳迁到这里。”许多人认为有理，但刘曜认为天下未定，洛阳四面受敌，不可固守。为了不让司马氏卷土重来，刘曜纵兵将宫殿中的财宝掳掠一空，又挖掘了西晋皇陵，将宫阙付之一炬。洛阳旬月间长满了蒿草，现在整座城已成为一片废墟。连日里天昏地暗，日淡风悲，荒草离离掩白骨，寒烟寂寂鬼夜啼。

晋怀帝司马炽做了俘虏以后，被押送到汉国都城平阳（今山西临汾），刘聪封晋怀帝为会稽郡公，册封毕，又以“八王之乱”奚落晋怀帝说：“你家骨肉之间为何没有一点手足之情，互相残杀，导致国破家亡？”晋怀帝跪倒在地，说：“大汉将应天受命，我司马家族才会为陛下自相残杀。这是天意，不是人事。若我九族敦睦，陛下又怎能踏平洛阳？”说着俯首称臣。一年多后，刘聪找了个借口，将司马炽鸩杀，司马炽死时30岁。

四

洛阳沦陷之后，西晋部分臣属尊秦王司马业为太子，建行台于长安，长安成了临时国都。司马炽的死讯传来，司马业即位称帝，是为西晋愍帝，改元建兴。

那时候，北方只有并州刺史刘琨和幽州刺史王浚继续留在中原与刘汉政权对峙。黄河以北大部分地区已落入刘聪之手，刘聪命石勒主持冀、幽、并、营四州军事，封石勒为上党（今山西长治市）公。不久，刘聪就首先对晋阳（山西太原市南）的刘琨发起了进攻。刘琨初到晋阳本来很有抱负，也有些治绩，但他出身士族，本性奢豪放纵，声色犬马，积习很深，在汉国军事攻势下，晋阳很快陷落，刘聪取得了晋阳重镇。

早春，松树上的残雪还没融化，桃树枝头已经绽出了新蕊。西晋愍帝踏雪赏春，抬望眼，忽见枝头几朵新，他的心头一震，“一年之计在于春”，危难中登基的他很想有番作为，希望西晋也能像那枝头的新蕊一样灿烂绽放。他算了一算，这时候晋朝仍有六十万人马，几倍于胡汉的兵力。

“浩浩愁，茫茫劫，郁郁中原尽碧血，万里江山移不动，且把春来借!”他的身体中涌动着阵阵热流，“洛阳虽失，还有长安。岂可一败，就自限于盲。只要公卿大臣齐心协力，晋朝仍有无限风光。”想到这里，他觉得五体通泰，浑身都是力量，他决定对刘聪发动总攻，收复中原。

几天之后，愍帝发布命令，命琅邪王司马睿主持陕东诸军事，诏发三路大军进攻汉国，东路由司马睿亲率二十万大军进攻洛阳，西路由司马保率秦、梁、雍三州大军三十万人进攻长安外围，北路发幽、并两州十万大军进攻平阳。

一时间长安沸腾起来，愍帝带着一班大臣前来校场观看将士们操练，只见校场中将士们掖箭擎弓，箭穿百步，左右开弓，战马嘶嘶，旌旗飘飘。连日来愍帝为着这生死一搏，透骨相思，他深知这一战深系国脉，为此早已熬得日渐消瘦。如今见此情形，不觉喜上眉梢。众大臣更是热泪盈眶，都盼望着复国的圣战打响。

元月，北路刘琨与鲜卑人猗卢会兵晋阳，决定依诏进攻平阳。北路讨伐大军兵分两部，一部分由刘琨亲自率军循西河（黄河南北流向）南上进攻西平（今山西临汾市西），一部分由猗卢率领直捣平阳。

刘聪闻讯后，急忙调遣主力戍守平阳，又命汉国大将军刘粲阻击刘琨，骠骑将军刘易阻击猗卢，荡晋将军兰阳助守西平。刘琨、猗卢两支北路军在汉国军队的严密防备下，推进受阻，被迫退兵。晋愍帝的东、西两路大军的进攻也因司马睿拒绝出兵而被迫中止。西晋对汉国组织的最后一次大规模的反攻流产了。

这次反攻的流产表明，司马氏的分封制是行不通的，按理西晋六十万大军完全可以与刘聪一搏，但身为宗亲的司马睿拒绝出兵，国家正处多事之秋，诸侯王的军队却用以自保。孤悬北方的刘琨、王浚都是中原地区的大族，可他们就是斗不过刘渊手下一个没文化的石勒，王浚被杀，刘琨兵败后投奔鲜卑段匹磾。公元 316 年，刘聪派刘曜最后攻陷长安，西晋愍帝投降，被迁往平阳，西晋灭亡。

第四节　刘曜与前赵

一

匈奴汉国的第三代皇帝是刘曜，刘曜是汉国创建者刘渊的族孙子，刘曜小时候父母双亡，他从小就是刘渊养大的。从辈分上来说，刘曜是刘渊的孙儿，刘聪的侄儿。

刘曜从小聪明伶俐，胆略过人，8 岁那年，刘曜与爷爷刘渊打猎来到西山。天刚过午，一阵阴风刮来，一时飞沙走石，天昏地暗，眼看暴雨在即。老皇帝刘渊放眼望去，周围没有避雨的处所，只有不远处一棵硕大无朋的树，刘渊一声吩咐，众人急忙赶到树下暂避风雨。

众人刚刚站定，随着一道闪电，一声惊雷从树顶直劈下去，雷劈电撼，落叶纷飞，刹那间，一股浓烟冲天而起，尘土飞扬，大树一半已经烧焦，树下众人大多摔倒在地，惊慌失色，酥麻过后，好不容易挣扎着爬起来，唯有 8 岁小儿刘曜神色自若。刘渊一时也呆了，捋着胡子笑了起来："这是我家的千里马呀，他父亲的灵魂在保佑着他啊！"①

刘曜小时候就很喜欢读书，精通汉文，但他不寻章摘句，学问很广博，擅长草书和隶书。刘曜长大以后，身长九尺三寸，垂手过膝，眉毛呈白色，眼睛有赤光，须髯只有百余根，每根长五尺。刘曜不仅仪态不凡，性格也拓落不俗，武艺超群，射技尤佳，能洞穿一寸厚的盾牌，人称"神

① 《晋书载记第三·刘曜》："刘曜，字永明，元海之族子也。少孤，见养于元海。幼而聪慧，有奇度。年八岁，从元海猎于西山，遇雨，止树下，迅雷震树，旁人莫不颠仆，曜神色自若。元海异之，曰：'此吾家千里驹也，从兄为不亡矣！'"

射手”。①

刘曜年轻时曾游历京城洛阳，在那里因事犯了死罪，辗转逃亡到朝鲜，不久朝廷大赦，他又回到了并州。他因为自己相貌气质与一般人不同，就跑到汾阳的管涔山隐居起来。②

一天晚上，刘曜正躺下睡觉，忽然隐隐约约传来一阵脚步声，山深夜静，哪来行人？人声鬼影，那脚步声分明是人。“莫道深山黑，更有夜行人。”刘曜正猜测着，只见两个童子，托着一柄剑，跪在刘曜面前说道：“管涔山大王派小臣前来拜见赵皇帝，特献宝剑一柄。”说着将剑放在案上，也没多说就走了。刘曜赶快爬起来，掌灯一看，只见一把剑赫然在目，剑长两尺，光辉夺目，剑背上刻有铭文：“神剑御，除众毒。”刘曜想起童子所说的“赵皇帝”，好生奇怪。他将剑佩在身上，那柄剑竟能随着四季而呈现出不同的颜色。③

二

公元318年，刘聪去世，太子刘粲继位，汉国形势发生了急剧的变化。大臣靳准有两个女儿，大的叫月光、小的叫月华，两人天姿国色，是刘聪的左、右贵嫔，后来成了刘聪四皇后中的左、右皇后，深受刘聪的宠爱。靳准仗着女儿受宠，逐渐窃取了汉国的权力。刘粲继位不久，靳准就发动了政变，将居住在都城平阳的匈奴刘氏宗室，无论少长皆斩于东市，自称大将军、汉天王，又派遣使者到江南向东晋称臣，想借东晋来钳制刘曜。那时候刘曜是相国，都督中外诸军事，镇守长安。他听闻靳准叛乱，就亲自率领几十万军队火速从长安赶赴平阳平叛。

神京渺渺，关河萧索，一路上都有逃难的人。刘曜行军到赤壁（今山西河津市西北赤石川）地段，只见前头有两人拦住去路，来者是从平阳逃出来的太保呼延晏与太傅朱纪。他们劝刘曜说：“汉国命悬一线，国不可

---

① 《晋书载记第三·刘曜》：“身长九尺三寸，垂手过膝，生而眉白，目有赤光，须髯不过百余根，而皆长五尺。性拓落高亮，与众不群。读书志于广览，不精思章句，善属文，工草隶。雄武过人，铁厚一寸，射而洞之，于时号为神射。”

② 《晋书载记第三·刘曜》：“弱冠游于洛阳，坐事当诛，亡匿朝鲜，遇赦而归。自以形质异众，恐不容于世，隐迹管涔山。”

③ 《晋书载记第三·刘曜》：“尝夜闲居，有二童子入跪曰：‘管涔王使小臣奉谒赵皇帝，献剑一口。’置前再拜而去。以烛视之，剑长二尺，光泽非常，赤玉为室，背上有铭曰：‘神剑御，除众毒。’曜遂服之。剑随四时而变为五色。”

一日无君，相国功勋卓著，众望所归，又是刘氏宗亲、刘渊之孙。愿相国先即帝位，名正言顺，再行平叛。”

刘曜正在犹豫，突然间想起在管涔山隐居的时候，有两个童子称他为“赵皇帝”，心想自己有当皇帝的命，于是回到长安，继了帝位，改元光初，改国号为赵，大赦天下，只有靳氏一门不在特赦之列，这一年是公元318年。人们为了将后来石勒的赵国与刘曜的赵国区分开来，通常将石勒所建的赵国叫做后赵，将刘曜的赵国叫做前赵，又称汉赵。

刘曜即位之后，封朱纪为司徒，呼延晏为司空，其他人都官复原职。[①]那时候平晋王石勒驻守在河北，势力渐渐强大起来，野心也逐渐显露出来。于是刘曜令征北将军刘雅、镇北将军刘策驻扎在汾阴，形成犄角之势，钳制石勒，接着又封石勒为大将军，让他带兵去攻打平阳，平定靳准。石勒接到命令，带领二十万大军，赶赴平阳，驻扎在城外，也不急着进攻，他想等形势明朗化之后再作定夺。

断云暮秋，天边斜阳，傍晚时分，靳准踏上平阳城头，见城外黑压压二十万大军，营垒井然，在晚霞中分外壮丽。靳准一见便已慌了手脚，乱了方寸。论打仗，靳准哪是石勒的对手，他思前想后，派遣侍中卜泰到石勒军中请降。此时的靳准是宁降石勒也不降刘曜，他知道自己杀了平阳城中刘氏宗室，连同刘曜的母亲和哥哥都杀了，即便请降，刘曜也不会放过他的。

石勒见卜泰前来请降，心想，此时若接受请降，这就意味着靳准之叛平息了，刘曜也就理所当然坐稳帝位了。石勒一心只想在刘曜与靳准两股力量中捞得好处，立稳脚跟。他知道老皇帝刘渊、刘聪在世时，尚能容得下他，到了刘曜这一代，他必遭猜忌，两虎之间，终有一搏。在开搏之前，他必须先壮大自己。石勒寻思靳准之事，就让刘曜自己去解决，这件事足以将刘曜拖个精疲力竭。想到这些，他客气地对卜泰说：“请降之事，卜大人还需到长安晋见新皇，才能有个妥帖的安排。”于是令人将卜泰囚禁起来，又将他押解长安，想看看刘曜如何处置。

刘曜得知消息后，心想，石勒表面说得恭顺，实则心怀异志。此时的他刚刚登基，民心未稳，最担心的就是石勒与靳准联合起来。在他看来，

---

① 《晋书载记第三·刘曜》：“元海世频历显职，后拜相国，都督中外诸军事，镇长安。靳准之难，自长安赴之。至于赤壁，太保呼延晏等自平阳奔之，与太傅朱纪、太尉范隆等上尊号。曜以太兴元年僭即皇帝位，大赦境内，惟准一门不在赦例，改元光初。以朱纪领司徒，呼延晏领司空，范隆以下悉复本位。使征北刘雅、镇北刘策次于汾阴，与石勒为犄角之势。”

靳准鼠辈，不难对付，石勒功勋卓著，天罡地煞，才是自己的心头大患，为今之计，须先稳定靳准，才能集中力量对付石勒，他当即下令设宴招待卜泰。

席间，刘曜和颜悦色地对卜泰说："先帝晚年，国家大乱，内监扰政，诛灭忠良，这正是义士匡救讨伐的时候。司空大人靳准以其忠烈之心，行伊尹、霍光的权力，拯救国家生民于涂炭中，才使我有了今日，他的功勋超越古人，道德可与天地相比。如今国家正从艰难困境中走向安宁，正处在用人之际我是不会让君子贤人死于非命的。司空大人如果秉于忠诚的话，就应早日到长安来迎驾，政由靳氏出，祭天的事则由我刘曜负责，可将我的意思告知司空大人，让他在朝廷百官中宣布。"① 刘曜这一招是想借靳准之口，为他的登基正名。

卜泰日夜兼程赶回平阳，宣布了刘曜的旨意。靳准一听大喜："太好了，恶缘善了。"自从他起事以来，朝中大臣竟没有人反对他，平静得令人不安。他心里明白，这随声附和的事是最不可信的，那不过是秃子跟着月亮走，想沾沾光，人人都可官升一级、两级。可要论起事来，个个皆作壁上观，真要有事，人心犹如长流水，有风无风起波澜。如今这石勒就在城外，要是刘曜再带兵前来，那可不得了，刘曜在匈奴五部中可是惊天动地的门户，数一数二的人家，手里还握着几十万兵马。连日来靳准正为此提心吊胆，想不到刘曜竟有如此胸怀，豁达大度。"政由我出，刘曜只管祭天的事，那不过虚职！此事好说！好说！"

靳准的妻子见他那手舞足蹈的样子，立时给了他当头棒喝："你呀你，树不知皮厚，马不知脸长。你杀了刘曜的母亲和哥哥，一旦落入刘曜手中，定然凶多吉少。"靳准一听，霎时间大汗淋漓，究竟迎不迎驾，一时犹豫不决。

朝中大臣乔泰、王腾、靳康、马忠等看出靳准的心思，又知这国无二主，见他难成大器，于是联合起来杀了他，推举尚书令靳明为盟主，派遣卜泰带着传国玉玺到刘曜那里，以示归降。刘曜一见玉玺，高兴得合不拢嘴，他对卜泰说："使我获得这神玺而成为帝王，这是你的功劳呀！"②

---

① 《晋书载记第三·刘曜》："靳准遣侍中卜泰降于勒，勒囚泰，送之曜。谓泰曰：'先帝末年，实乱大伦，群阉挠政，诛灭忠良，诚是义士匡讨之秋。司空执心忠烈，行伊霍之权，拯济涂炭，使朕及此，勋高古人，德格天地。朕方宁济大艰，终不以非命及君子贤人。司空若执忠诚，早迎大驾者，政由靳氏，祭则寡人，以朕此意布之司空，宣之朝士。'"

② 《晋书载记第三·刘曜》："寻而乔泰、王腾、靳康、马忠等杀准，推尚书令靳明为盟主，遣卜泰奉传国六玺降于曜。曜大悦，谓泰曰：'使朕获此神玺而成帝王者，子也。'"

石勒本来也在窥伺玉玺，听说玉玺落到刘曜手里，大怒，立即领兵急攻平阳，靳明屡战屡败，急忙派人向刘曜求救，刘曜派刘雅、刘策迎回了靳明。靳明率平阳官员、士女一万五千人前来归顺刘曜，刘曜下令将靳明及靳氏一族男女老少斩首，[①] 余者赦免。

第五节　定关陇

一

刘曜虽然平了靳氏之乱，又获得传国玉玺，但政局仍然岌岌可危。他的背后是关中、陇右一带未归化的氐、羌等少数民族，他们联合起来进攻刘曜。朝中则静水深流，暗波涌动。石勒随时可能独立出去，反目成仇，成为你死我活的对手。刘曜寻思，想要指望石勒与自己共同合力来安定赵国，那实在是望火燃水，绝无可能的事。两相权衡，在石勒还未反目之前，刘曜必须先稳住他的心，于是他封石勒为太宰、领大将军、加殊礼，以河内二十四郡封石勒为赵王。只要石勒不叛，他便能腾出手来对付关、陇地区的敌对势力。

公元320年，刘曜的部下长水校尉尹车，联合巴氐酋长徐库彭反叛，刘曜火速下令逮住了尹车，将其斩首，又抓捕了徐库彭的五千叛众。消息传来，刘曜满心欢喜，满朝文武商量如何处置这批俘虏。有人说赦免，有人说诛杀，争执不下。

刘曜认为，在他与刘聪政权的交接过程，会有一个危急低潮的阶段，所谓两山之间必有一伏，两伏之间必有一谷。在这个低谷的阶段，唯有杀人才能有震慑力，应该用尸体来填平两伏之间的山谷。

光禄大夫游子远一听，叩头固谏，请求放免，直叩到头破血流，刘曜觉得这游子远真乃迂腐，半肚子儒学，半肚子稻草，怎能治国。一怒之下，下令将游子远囚禁起来，自己亲自带领侍卫军将那五千俘虏一个不剩悉数斩杀。

五千尸体就陈列在大街小巷，以示警惩。惨淡淡一轮斜日，叫喳喳几

---

① 《晋书载记第三・刘曜》："石勒闻之，怒甚，增兵攻之。明战累败，遣使求救于曜，曜使刘雅、刘策等迎之。明率平阳士女万五千归于曜，曜命诛明，靳氏男女无少长皆杀之。"

只归鸦。一座名城尸横狼藉，腥风阵阵，有的百姓刚打开门就吓得昏倒在地。五天之后，尸体又被丢到河里，河水为之断流。一时间悲风四起，鬼幡幢幢，人心怨恨，关陇陌上人行绝。

不久，巴、氐人共推归善王句渠知为领袖，揭竿起义。羌、氐、巴、羯三十余万人响应，关中大乱。① 刘曜无法，只好采用游子远的安抚政策，任命游子远为车骑大将军，都督雍秦征讨诸军事，老臣谋国，游子远费了九牛二虎之力，最终平定了这次叛乱。

二

天下荒荒，群雄四起。接着，刘曜开始对凉州张氏政权用兵。张氏政权的奠基者是安定乌氏（今甘肃平凉西北）人张轨。张轨是西汉常山王第十七代孙，世代以儒学著称。西晋永宁年间，张轨任凉州刺史、护羌校尉。洛阳沦陷后，晋愍帝将长安作为临时都城的时候，册封张轨为凉州牧，张轨死后，由张寔、张茂继立。

刘曜亲自率领二十万五千人马出兵凉州，当时正值张茂任凉州刺史。刘曜的军队长驱直入，进入西河，队伍在河边安营扎寨，百余里尽是营帐，声势浩大。远望，半轮新月营中沉；近听，三更鼓角声悲壮。老将游子远担心刘曜杀气太盛，出发前将长安军鼓乐手与宫廷乐班全部搬来。

点点寒鸦鸣古木，迢迢远山掩孤云。隔天午时，游子远立在瞭望哨台上，放眼望去，见天边塞云滚滚，好一派悲壮景象。游子远手中军旗一挥，立时军鼓按拍，刁斗击节，羌笛、胡笳、画角、琵琶奏响。不同的乐声交织在一起，气势宏大，一时间河沸波荡，过往鸿雁吓得嘎嘎大叫，河中鱼儿不知发生了什么事，纷纷跃出水面，瞪着惊恐的眼睛探视着。军乐之声顺风飘去，西河百姓纷纷走出家门探看，个个瞪眼咋舌，那堪百里鼙鼓声。

随着游子远军旗挥动，鼓乐之声戛然而止。刘曜见那架势，一时也来了劲，他踏上瞭望台，顿时，二十万胡儿齐吼《信天游》，这声势比起军鼓又要大十倍。长风万里送歌声，一时间震天动地，天崩地裂。周围郡县都仿佛听到天边滚来了阵阵雷声。

---

① 《晋书载记第三·刘曜》："长水校尉尹车谋反，潜结巴酋徐库彭，曜乃诛车，囚库彭等五十余人于阿房，将杀之。光禄大夫游子远固谏，曜不从。子远叩头流血，曜大怒，幽子远而尽杀库彭等，尸诸街巷之中十日，乃投之于水。"

凉州刺史张茂带着几个随从扮成百姓的模样，前来观看，只见河两岸都坐满了百姓。凉州人从未见过如此庞大的场面，周围郡县人家扶老携幼、拖儿带女都来观赏。不久，这军队就在各路将军的带领下开始操兵——射箭、赛马、摔跤、格斗。整个场面龙腾虎跃，还不时发出阵阵喝彩声。

张茂看着看着，心里纳闷起来，心想虽是胡人之师，必有高人指点。他们到底是来干啥的？这时候一位老将走了过来，张茂上前打听。“老将军，西凉一州之地自古军旅之盛，未有可以与此相比。[1] 这王师到来，一天得花费多少粮食？”老将就是游子远，他一看来人，听其言，察其色，内心已经有数，于是说：“二十多万人，每天至少得四千石粮。”

“敢问将军，每天花费四千石粮，就为了在这里操兵歌舞，这费用未免太大了吧？”

“不大，不大！粮草没问题，我带你看看。”说着，拉着张茂来到后勤辎重部队，指着那粮草说：“这粮草足够。”张茂一看，那粮草说少不少，说多不多，于是问：“这粮草够王师几天之用？”

“一天。”游子远干脆敞开来说：“实不相瞒，此次到来只带了三天口粮，这是明天最后一天的粮草了。”

张茂又接口道：“莫不是学那西楚霸王，破釜沉舟，持三日粮，以示必死之心？”

“先生高见！其实这次到来，只需带一天口粮就足够了。”

“此言怎讲？”张茂又问。

“先生想想，这西凉一州之地二十多万王师，一天就可拿下来，根本不必带三天粮草。”张茂连连点头。游子远接着又说：“当今天下，司马氏自弃中华，王师就是义师，天下纷纷响应。先生是个读书人，回去告诉刺史张茂，明天粮草一完，后天二十万大军就会踏平凉州城。就看张茂要的是一州百姓的生命，还是要他那刺史的位置。张公要是能一心秉公，我保他张氏一脉心香流传不绝。”

“君子一言，可全一州生灵。”张茂两鬓沁出了滴滴冷汗。

“先生过奖，我游子远只愿这西凉旌旗不动酒旗摇，军器改为农器用，脱却征衣换棉衣，境内清平民安乐！”

---

① 《晋书载记第三·刘曜》：“时刘曜与凉州刺史张茂相持于河上，曜自陇长驱至西河，戎卒二十八万五千，临河列营，百余里中，钟鼓之声沸河动地，自古军旅之盛未有斯比。茂临河诸戍皆望风奔退。”

第二天傍晚，刺史张茂带着州郡官员牵着牛羊，带着金银、珍宝、珠玉及凉州特产与女妓，赶到军营中来，献给刘曜，向他称臣称藩，刘曜大喜，立即封张茂为西凉王、西域大都护。[①] 赵军未损一兵一卒，旋即奏凯班师。

游子远平西凉，真是和尚坐上了莲台——神了。如今刘曜所要面对的是赵国内部一个更危险的对手——石勒。

公元328年，刘曜败于对手石勒，隔年，前赵亡。（详见第四章“羯人石勒与后赵”）

从刘渊的汉国到刘曜的前赵，这个政权历经三代二十七年。刘渊、刘聪与刘曜虽然是匈奴的后商，却熟谙汉文化，他们在这方面的修养，无论是生前还是后世，都曾得到赞赏。他们登基之后，在未央宫设立小学，长乐宫设太学，在民间选拔才俊逸秀一千五百人，又在朝廷挑选老儒饱学之士来教导他们，一时间这个匈奴政权也颇有汉学之风。

三代帝王虽然熟谙汉文化，但这个政权的短命就在于未能得到张良这样的人物，不像石勒得张宾，鲜卑得崔浩，并在这些谋臣身边形成一个智囊团，去完善国家制度，又在战略性事件上作出明智的抉择。因此“其兴也勃，其亡也速”，接替它的是后赵石勒政权。

---

① 《晋书载记第三·刘曜》：“茂惧，果遣使称藩，献马一千五百匹，牛三千头，羊十万口，黄金三百八十斤，银七百斤，女妓二十人，及诸珍宝珠玉、方域美货不可胜纪。曜大悦，使其大鸿胪田崧署茂使持节、假黄钺、侍中、都督凉南北秦梁益巴汉陇右西域杂夷匈奴诸军事、太师、领大司马、凉州牧、领西域大都护、护氐羌校尉、凉王。”

第四章　羯人石勒与后赵

羯（音捷）人深目、高鼻、多须，是匈奴族的一支。据说古代先后来到中原的匈奴人共有十九个种姓部落，羯人属于其中的羌渠部[①]。羌渠，是“康居”的变音，也就是说，羯人是中亚康居的游牧人。两汉时期，康居隶属匈奴，康居人随匈奴东来，转战于蒙古草原，后又南迁进入中原地区。[②] 由于大多居住在山西上党乡羯室，故称为羯人。因其不是纯正的匈奴人而在匈奴族中属于二等公民，叫做“杂胡”或“羯胡”。

羯人来到中原后，依然保留着部落组织，部有大、小酋帅。羯人大多从事农业生产，由于生活贫困，有的羯人成了汉族地主的佣工，有的外出做小商贩。羯人多信仰祆教，后有部分人改信佛教，人死后实行火葬。

公元 319 年，羯人石勒在北部中国建立后赵政权，定都襄国（今河北邢台市）郸，国土为今河北、山西、河南、山东、陕西，以及江苏、安徽、湖北、甘肃、辽宁的一部分，民户二十九万。后赵（公元 319—351 年），历时三十三年。

第一节　少年时期的石勒

石勒的祖父叫耶奕于，父亲叫周曷朱，他们都是羯胡部落里的小酋帅。周曷朱性格急躁，喜欢喝酒，酒后常常因一些小事与部下闹得不可开交，部下多不服他。

这一日，周曷朱又闷闷不乐地归来，刚踏进门，只见一道白光从天而降，聚光在庭院中间。周曷朱见那道白光如此耀眼，觉得有些奇怪，正端详着，这时候，老管家走过来，周曷朱顺口一问：“你看看，这白光是不

---

① 《晋书 · 石勒载记》：“石勒字世龙，初名匐，上党武乡羯人也，其先匈奴别部羌渠之胄。”

② 童超：《关于五胡内迁的几个考证》，《山西大学学报》，1978 年第 4 期。

是有点奇怪?”

“天有天心，这叫天心眷顾。”老管家说。

老管家的话就如一阵清风，一下吹散了周曷朱心头的愁云，他的心情开朗起来：“莫不是我家要出贵人，咱羯人也有出头之日啦?”

正说着，房门开了，周曷朱一眼望去，只见红光满室。周曷朱心想，这大白天的屋里生什么火？他一脚踏进房来，四处一看，没有火炉。这时候，房中侍女、接生婆进进出出，忙碌起来。不久，随着婴儿一声啼哭，一个毛孩呱呱坠地，他就是石勒，初名世龙。①

世龙 10 岁刚出头，就常到父亲的督所中来，他的性情开朗，不像父亲那样急躁，因而与父亲所督的胡人关系很好。父亲见他会办事，就常常让他代劳，去管理自己的属下。②

这一日，世龙与众胡人从督所归来，残阳将西天照得格外壮丽，断鸿声中，世龙突然大喊一声：“快卧倒，有铁骑。”众人随着他的喊叫，卧倒在地，不敢出声。世龙用手一指，“前面有骑兵”。众人顺着他的手指望去，只见远处漫山遍野都是骑兵，吓得不敢出声。约有一刻钟，不见动静，众人先后爬了起来，朝前走去，终于看清楚了，那“骑兵”原来是北原山上的草木，③ 众人不由得松了一口气。

这一天的奇事很多。刚到家，母亲就迎了出来，说：“快来看，快来看，家里后园长出人参了。”众人过去一看，只见后园一片人参苗，枝叶茂盛，形状像人一样，大家都说这是好兆头。

斜阳渐渐隐没在北原山。这时候有一位相面先生路过，见这里围着一伙人，他在人群中走了一圈，立定在世龙面前，不断地端详着，好一会儿才说：“此子相貌奇伟，举止不同寻常，终有一日鹏程万里上云霄。”④ 那时候世龙一家人，门掩蓬蒿空落落，人居破窑冷清清，月为灯，盆为镜。家人常常给人家当佃农，家里穷得吃了上顿无下顿。众人一听相面先生的话，都讪笑起来，没有人相信相面先生的话，也没有人认为世龙以后会发达。

相面先生见无人相信，便喃喃自语：“怕只怕苍天有意困英雄，困顿过后鱼化龙。”只有世龙的东家郭敬、宁驱二人相信相面先生的话。从此

---

① 《晋书·石勒载记》：“勒生时赤光满室，白气自天属于中庭，见者咸异之。”

② 《晋书·石勒载记》：“曷朱性凶粗，不为群胡所附，每使勒代己督摄，部胡爱信之。”

③ 《晋书·石勒载记》：“所居武乡北原山下草木皆有铁骑之象，家园中生人参，花叶甚茂，悉成人状。”

④ 《晋书·石勒载记》：“此胡状貌奇异，志度非常，其终不可量也。”

以后，郭敬经常悄悄地资助接济世龙，世龙很感激，他卖力地为郭敬种田。每次耕田，世龙的耳朵都会听见阵阵雄壮动人的军鼓声，世龙以为自己的耳朵出了毛病。

“母亲，我今天耳朵里又听到军鼓的声音了。”世龙回到家，忧心忡忡地对母亲说。①

“孩子，干活累了耳鸣，这不是什么毛病。”母亲安慰他说。

14 岁那年，世龙开始往来于上党与洛阳之间，学着做行贩。洛阳是古都名城，时值春天，牡丹开放，到处一派繁荣景象，上东门一带熙熙攘攘，各式各样的店铺，卖小吃的、卖花的、卖艺的，应有尽有。胡姬当垆，沽酒卖笑。世龙初次见识都市的繁华，不觉心花怒放，高声吆喝起来：“上党人参！卖上党人参喽！”

这时，一辆华贵的马车路过，车里坐着中书令、司徒、太尉王衍。王衍一听那声音雄浑异常，打开车帘一看，不觉大吃一惊，恍惚间，一只吊睛白额老虎冲他而来。不久前，一位相面先生告诉他，未来他会做到兵马大元帅，但他最终会被老虎踩死。王衍正为此事闷闷不乐，见那老虎朝他而来，不由高声大喊：“老虎，老虎！快驻轿！驻轿！”

“大人，清平世界，哪有老虎？”

王衍定睛一看，那不过是个乳臭未干的少年。他挥手让随从过来，说：“这胡人小孩，我听他的声音，看他的相貌不同寻常，将来恐怕会对国家造成危害，把他收押起来。”② 世龙被收押后不久，因为没有找到其他罪证，官府只好将他放了。这时的世龙已经长成一个孔武的小伙子，胆识过人，喜欢骑射。③

世龙 20 岁时，并州一带发生了大饥荒，他和许多胡人都出去逃荒讨饭。逃荒是件很危险的事，那时，晋朝的军队有不少是靠贩卖胡人发财的。世龙打算去投奔原来的东家宁驱，当时北泽都尉刘监想将世龙抓去卖掉，宁驱想方设法将世龙藏起来，避过了一劫。后来，世龙又想去投靠都尉李川，半路巧遇另一位东家郭敬，俩人很久没有见面，一见面高兴得相拥流泪。

“东家，我实在饿坏了。”世龙实话实说。郭敬立即带他去吃饭，又送

---

① 《晋书·石勒载记》：“唯邬人郭敬、阳曲宁驱以为信然，并加资赡。勒亦感其恩，为之力耕。每闻鞞铎之音，归以告其母，母曰：‘作劳耳鸣，非不祥也。’”

② 《晋书·石勒载记》：“年十四，随邑人行贩洛阳，倚啸上东门，王衍见而异之，顾谓左右曰：‘向者胡雏，吾观其声视有奇志，恐将为天下之患。’驰遣收之，会勒已去。”

③ 《晋书·石勒载记》：“长而壮健有胆力，雄武好骑射。”

给他衣服。走投无路的世龙突然间冒出一个主意，他对郭敬说："如今天下大饥，生意都无法做。眼下很多胡人都饿坏了，不如将他们带到冀州那边去吃大户，再想办法将他们卖掉，双方都有好处，他们不会饿死，我们也可以得到钱。"郭敬想了想，觉得有道理。①

正当世龙为找到生财之道而高兴时，谁知第二天刚出门，突然来了两个兵丁，他们用绳子一套就将世龙抓走了。来者是东嬴公、并州刺史司马腾的属将郭阳和张隆。那司马腾做的正是世龙想做的生意，他们将胡人抓起来，俩人一枷锁，押送到山东去，卖给大户人家做奴隶，既充军饷，又饱私囊。

押送的军官张隆想借抓胡人先发点小财，他在这些胡人的身上搜刮，许多人身上或多或少都有几个铜板，唯独世龙穷得连个铜板都没有。没有钱，就在伙食里扣。因此世龙一天下来只能吃一顿饭。有一次，世龙饿得实在不行，一见开饭，不管三七二十一抢了一碗就吃。张隆见状，一顿马鞭抽了下来，疼得世龙在地上直打滚。

"吃，吃，我让你吃，让你吃！"张隆的鞭子犹如雨点，开始时世龙还翻滚着，渐渐地就滚不动了。张隆的鞭子仍然不停地挥动着，突然间他的手被架住了。张隆定睛一看，原来他的同僚郭阳，郭阳是世龙的东家郭敬的族兄，知道世龙的情况，他见那世龙已是命若游丝，怕出了人命，于是劝张隆住手。

"一个胡人，死了算了！"张隆有些不甘心地说。

"胡人也是人！"张隆见郭阳两眼迸出两道烈焰，只好罢手。世龙既饿又伤，实在爬不起来，张隆过来，用脚拨动着他，恶声恶气地喊："起来！起来！怎么不起来？"郭阳见世龙昏死过去，只好背着他走。

云淡风轻细雨情，第二天，世龙犹如一条僵硬的蛇渐渐复苏，郭阳只听他口中嘟囔着："活不下去了，这世道活不下去了。"郭阳听着也觉心酸。猛然间，只听"哇"的一声，世龙口喷鲜血，从郭阳背上摔下来，世龙变得疯疯癫癫，只见他两手伸向天空，高声大喊："老天爷在上，倘若我世龙有一天发达了，定要让胡人站起来！"那声音久久在天地间回荡。

张隆见他那疯癫的样子，挥鞭又走过来。突然间，世龙一挥手，一拳打在他的脸上，一下将他打倒在地。张隆刚爬起来，又挨了一拳，张隆见他的气势与往日大不相同，知道他神经受了刺激，成了亡命之徒，遂不敢

① 《晋书·石勒载记》："勒谓敬曰：'今者大饿，不可守穷。诸胡饥甚，宜诱将冀州就谷，因执卖之，可以两济。'敬深然之。"

惹他。

他们终于来到山东茌平，世龙累了，倒头便睡，第二天早上醒来时，同伴都要跟着张隆走，世龙也想跟着走。张隆将他拦住了，指着旁边一个人对他说："他是你的主人，叫师欢。"原来张隆已经将他被卖给了山东茌平（今山东茌平县）人师欢。[1]

师欢是个开明的人，世龙到了他家之后，便和其他人一样下地劳动。世龙每次劳动都觉得有随军箫鼓、边角之声隐隐约约传进他的耳朵，他问其他人有没有听到，大家细细一听都说没有。众人便将这奇怪的事告诉了师欢，师欢见世龙域外胡种，气宇不凡，虽破帽遮颜，但胸怀磊磊，询问了他的来历后让他填写了一张文书，除去了他的奴隶身份，让他成为一名有人身自由的佃客。

第二节　十八骑起兵

世龙内心很感动，觉得汉人中也有好人。虽然他获得了人身自由，可身上没钱，还是回不了家，只好先在师欢那里干一阵再说。世龙每天面朝黄土背朝天，累得死去活来。

暮春初夏，轻寒轻暖，这一夜，世龙躺在草棚中，眼望空中疏烟淡月，耳听四野虫声阵阵，往事像网一样笼罩着他。他想到 10 岁的时候在父亲的督所中，所有的大人都听从他的指挥调度，那时候他多威风，俨然就是一位将帅。

胡人的出路在军旅，他的耳朵里常常有边角军鼓的幻声，那声音似乎就是他的灵魂在呼叫，在召唤。不久，世龙认识了当地一位牧马官汲桑，他们聚合了十八人，其中有汉人、匈奴人，也有乌桓人。同为天涯沦落人，他们推举世龙当头领，号称"十八骑"，世龙正式开始了戎马生涯，

① 《晋书·石勒载记》："会建威将军阎粹说并州刺史、东嬴公腾执诸胡于山东卖充军实，腾使将军郭阳、张隆虏群胡将诣冀州，两胡一枷。勒时年二十余，亦在其中，数为隆所驱辱。敬先以勒属郭阳及兄子时，阳，敬族兄也，是以阳时每为解请，道路饥病，赖阳时而济。既而卖与茌平人师欢为奴。"

最初他们做的都是一些劫富济贫的事。①

西晋惠帝永兴二年（公元 305 年），成都王司马颖的旧部公师藩聚众数万起兵反晋，世龙率领十八骑参加了公师藩的军队，公师藩任命他为前队督。那时，世龙的父母还未正式给他取名，只有小名世龙。汲桑认为他领兵打仗，应该有个正式的名字，世龙的祖先是中亚的石国人，于是就给他取名石勒。

石勒身材魁梧，作战勇猛无比，历经三十余战，立了很多军功，不久便随公师藩打到了邺城（今河北临漳县和磁县的交界处）。不幸的是，公师藩在战斗中牺牲了，石勒和汲桑只好退回山东。不久，汲桑也兵败战死。

那时，匈奴人刘渊已经建立了汉国，各地的起义军纷纷投奔刘渊，石勒也从山东来到山西投靠刘渊。途经自己的老家上党郡时，石勒听说当地有一支少数民族的武装队伍，于是石勒说服他们一起前来投奔汉王刘渊。刘渊很高兴，封石勒为平晋王。

乐平（今山西昔阳县）还有一支两千人的乌桓部军队，首领是张伏利度。乌桓部也是草原的牧马人，铁骑狂飙，英勇善战。刘渊一次次想收服他们，但都未成功，于是刘渊让石勒去说服他们。

平沙莽莽，落木萧萧。石勒风尘仆仆地赶到张伏利度的营寨，假说自己被刘渊见疑，特来投奔，并表示愿意终身为他效力。张伏利度已耳闻石勒的名字，如今见他仪表非凡，精明能干，就高兴地收留了他，并任命他为部将，还设宴款待他。张石二人很谈得来，于是趁着酒兴，二人结为兄弟。

不久，石勒便以超人的能力，将这支队伍整顿得焕然一新。自石勒打起仗来，所向披靡，部众都很佩服他，他们在石勒身上看到了未来的希望。

这一日，张伏利度与部将聚会，共商未来宏图。借着酒兴，石勒拔剑起舞，众人大声叫好。舞毕，石勒带着醉意，大声说："如果现在推选首领，你们愿意推举谁？"众人听闻，也借着酒劲捧场说："当然推选你啦。"

"那好，我既是首领，听我说几句！当今天下荒荒，群雄四起。我们这两千人马，不过是一滴水，很容易被太阳晒干，不如归入江河，前去投

① 《晋书·石勒载记》："遂招集王阳、夔安、支雄、冀保、吴豫、刘膺、桃豹、逯明等八骑为群盗。后郭敖、刘征、刘宝、张曀仆、呼延莫、郭黑略、张越、孔豚、赵鹿、支屈六等又赴之，号为十八骑。复东如赤龙、骥诸苑中，乘苑马远掠缯宝。"

奔汉王刘渊，一来可以保存自己，二来可谋长远的发展。”众人都说有道理。石勒借势一跃，跳到张伏利度跟前，将剑架在他的脖子上，目光如炬，盯着他说：“大哥，我知道你一心只想当乌桓王，如今，应该为众兄弟着想，你若能率领众将士去投奔刘渊，你依然是我们的主帅，你若拒绝，就别怪兄弟我不客气了。”张伏利度见石勒并没有加害他的意思，便答应了。

刘渊见石勒说服张伏利度来投奔他，异常高兴，就任命石勒督山东征讨诸军事，赐号辅汉将军，封平晋王，张伏利度也被封为乌桓王，由石勒统一率领前来投奔的张伏利度的全部人马。从此之后，石勒的军队开始壮大起来。西晋怀帝永嘉二年（公元308年），石勒的战果最丰，一年当中便攻占了魏郡、邺城和赵郡等地，他的兵马发展到了十多万，成为刘渊手下重要的一支军队。

第三节　张宾与君子营

北国战乱纷纷，中原士子奔走离散。在乱世中发展起来的石勒，自小未曾正式读过书，随着他事业的发展，他有点力不从心了，希望有一些有知识的读书人来辅助他。就在他带领军队转战山东的时候，有一天，只听辕门外有人大声呼喊“请见”。石勒出来一看，只见一位英姿勃发的书生，他神凝秋水，眉入鬓角，面如古月，唇如丹砂，持剑立于军门前，自报是中山张宾，[①] 石勒将他迎进帐中。

张宾的父亲叫张瑶，曾任中山太守。张宾自幼聪明好学，博闻强识，天文、地理、经史子集无所不通[②]，六韬事业、三略文章无所不知。他胸怀大志，气吞云梦，相信自己的文章冠世，自认才干谋略不亚于汉代张良，只是未遇见汉高祖而已。[③] 他也曾翘首寻找中原英杰，但都不尽如人意。他认为只有石勒可以与他共成大事，[④] 于是远道来投。石勒见他诚心诚意，立刻就收留了他，只是未知他的本事如何，是否堪当重任。不久，

---

① 《晋书·张宾载记》：“（张宾）提剑军门，大呼请见。”
② 《晋书·张宾载记》：“博涉经史，不为章句，阔达有大节。”
③ 《晋书·张宾载记》：“吾自言智算鉴识不后子房，但不遇高祖耳。”
④ 《晋书·张宾载记》：“吾历观诸将多矣，独胡将军可与共成大事。”

张宾就屡献奇谋，策无虚算，直令石勒刮目相看。

石勒让张宾将军中有文化的士子集中起来，组成一个“君子营”，即智囊团，专门研究军事作战策略，由张宾做君子营的谋主。张宾将君子营管理得井井有条，对日后石勒行军作战起到了关键的作用，人们说，石勒得张宾，如鱼得水，如虎添翼，石勒的霸业自张宾始。①

西晋怀帝永嘉六年（公元312年）二月，石勒驻兵葛陂，他征集民工大造战船，准备沿江攻打建业（今江苏南京），这是具有战略意义的一大步。遗憾的是这一年的雨季提前来临，雨整整下了三个月，暴雨冲垮了道路，将石勒大军的营帐冲得不成样子。

夜阑人静，石勒与张宾一同巡视军营，一路走过，荆棘牵裳，三步一停。抬望眼，渺渺长江风雨中，风声雨声搅得山鸣谷应，滔滔江水奔流不息，令人悄然而惧；忽听得鹤唳两三声，更令人心意仓皇，不堪久待。

连日来，将士们就泡在雨中，不少人已经生病发高烧，军营中已出现了瘟疫，一旦蔓延开来，后果不堪设想。这时探马又报，晋军准备在近日反攻。石勒与张宾立即翻身上马，他们要看看这支军队是否顶得住晋军的反扑。军营中烟雾缭绕，每个帐篷都点火在烘征衣。风雨天，柴湿不燃，只冒烟没有火苗，病员占全军队十之二三。石勒看罢，不觉长叹一声，自觉这是一支不堪一击的疲劳之师。隔天，一场紧急会议在军中召开，众人的表情都很严肃。长史刁膺开口说：“连日风雨，将士夜不能眠，极度疲劳，为今之计，只有与晋军讲和，再图良策。”

“风雨不停，将士们常常泡在水里，应该迅速撤到高处，否则很快就会不打自败。”中坚将军夔安说。

“这么大的部队，要是有合适的高地，早就撤离了。”石勒有点失望，认为夔安的话说了等于没说，他看了看张宾。

张宾站了起来，环视众人，眼睛最终落在吴豫的脸上，说：“依据目前的形势，晋军蠢蠢欲动，意图反攻。我们若前去求和，他们就知道我们扛不住了。讲和无异于提供一个信息给晋军，等他们来反扑。”众人一听都说有理。

张宾又说：“我们不必吊死在一棵树上，继续在这里撑下去，风雨可以置我们于死地；瘟疫会使我们的兵力锐减；晋军会消灭我们，如今是风雨、瘟疫和晋军三者一齐来威逼我们。若是留在这里而想有所获，就像在

---

① 《晋书·张宾载记》：“衣冠人物，集为君子营。乃引张宾为谋主。始署军功曹，以刁膺、张敬为股肱，夔安、孔苌为爪牙，支雄、呼延莫、王阳、桃豹、逯明、吴豫等为将率。”

蜘蛛网上翻筋斗，跌死的是我们自己。”张宾的眼光落在呼延莫的身上，“我们应该撤，但撤不是败退，而是主动地向北方发展。北方的邺城一带西连平阳，有山河作天然屏障，是个好地方，我们应迅速北上去夺取邺城。如果成功的话，就控制了河北地区，自古以来得中原者得天下，那时候天下就是我们的了。”众人都觉得这是一个好主意。

“只是我们这一撤，晋军追来怎么办？”吴豫有点担心。

“这好办，我们可以兵分三路，辎重队先撤，隔天平晋王带领中军再撤，其他将领带着轻骑兵立即推向江边，作出进攻决战的姿态以迷惑敌军。等到辎重队和中军安全撤离，轻骑队再掉头北上。晋军巴不得我们撤退，见我们这阵势，哪敢来追。”一席话说得大家口服心服。

石勒站了起来，挥挥手让大家安静，他宣布：“诸位，从今天起，张宾就是右长史，如何撤，一切听右侯的。”他将张宾尊称为“右侯”，以表达对张宾的感谢和尊重之情。他最担心的是这些年来好不容易建立起来的这支队伍会耗掉在这长江边，张宾这一计划无疑拯救了这支队伍。此后，石勒有生之年都不直呼张宾之名，一直尊称他为右侯。

石勒的部队依照张宾的计策而行，果然顺利地北上到达了邺城。部队驻扎下来以后，石勒与张宾骑马登上一座山峰，极目望眺，但见西山日落，炊烟袅袅，不远处，漳河如练，漳河北面就是邺城。张宾马鞭一指，对石勒说：“两千年前，商族的殷都就在这一带。战国时，魏文侯受封在邺，后来西门豹为邺令，曾在这里‘投巫婆治漳水’。邺城曾为侯都、王都和国都。汉末，曹操就是在这一带建立起霸业的，邺城有金凤台、铜雀台，‘铜雀春深锁二乔’，这里有过文学上的‘三曹七子’、‘建安风骨’，文姬归汉、曹冲称象这些典故都出自这里。”

作为胡人，石勒听起来一知半解，只知这地方曾经虎踞龙盘，但他急于知道的是未来如何发展。于是询问张宾，张宾说：“如今天下大乱，我们应该有根据地，没有根据地到处攻战，就只能是游寇。常言道，得地者昌，失地者亡。附近的襄国和邯郸曾经是赵国的国都，地势险要，我们可以选一处作为我们建都的地点，有了根据地，我们就有了家。不必四处漂泊，等时机成熟，我们就派兵征讨，一步步扩大疆域，家就会变成国。不用多长时间，我们的霸业便可以建立起来。”

石勒一听，频频点头，他挥起手中三尺龙蛇剑，向身边一株松树劈去，剑光一闪，松树倒了下来，他决定进军襄国（今河北邢台西南）。

第四节　突门之战

石勒听从张宾的建议，不久就占领了襄国，他以襄国为根据地，开始练兵屯粮，准备扩展霸业。

那时候，河北游纶和张豺数万军队驻扎在苑乡（今河北任县东北），离襄国仅几十里，这对石勒来说无疑是一种威胁。于是石勒派兵进攻苑乡，一战便将游纶的部队击溃。游纶兵败，忙向西晋幽州刺史王浚求救。

王浚，字彭祖，并州晋阳人（今山西太原晋源镇）。他一听石勒将游纶击溃，连忙派出了五万兵马，命辽西鲜卑人段疾陆眷为统帅，前去围攻襄国。不久，浩浩荡荡的大军就将襄国围了个水泄不通。段疾陆眷是鲜卑悍将，满脸钢鬃，目如铜铃。一开战，便连连挫败了石勒的部队，石勒只好退守城中。段疾陆眷得意洋洋，命将士抓紧时间，打造云梯，准备攻城。

石勒见此情形，急忙召集将领和谋士商议对策，众将领们都主张坚守，等待时机再出击破敌。座中只有右长史张宾默默无言，石勒问："右侯有何良策?"张宾站起来说："兵书上说，'孤城难守'，守是守不住的，我们应该在守中攻，才不会坐以待毙。"众人都静了下来，洗耳恭听。

张宾又说："段疾陆眷从辽西打到这里，已经很疲惫了，现在见我们坐困孤城，自认稳操胜券，思想上很麻痹，军心也松懈下来。他们营中莺歌燕舞，正是麻痹的征兆，也是我们打败他们的条件。"众人都知道张宾必有锦囊妙计，大家都眼巴巴地看着他。张宾见众人都关注着他，于是接着说："《墨子》中有'突门巧战'和'关门擒虎'的战术，我们不妨用这些方法，胜算十有八九。"

"如何破敌?"石勒关心地问。

"什么叫'关门擒虎'、'突门巧战'?"众人一听很新奇，纷纷发问。

张宾说："所谓'关门擒虎'，就是说对方前来攻城，冲在最前面的通常是骁勇善战的将领，我们在城门里面设下绊马索，等他们一冲进来，就将他们绊倒，闸门一关，只要将这些善战的将领抓住，敌人的锐气就会受挫。这就叫关门擒虎。"

"好办法，好办法!"众人纷纷叫好。

"所谓'突门巧战'，我们可以在北门一带，每隔一百五十步打一个大洞，约打二三十个，洞要大到足够我们的骑兵冲出去。洞口打到离外城墙半尺的地方就停下来，城外看不到我们的洞口。我们的马队就集合在城墙里面的洞口处等候命令。只要关门擒虎成功，马上冲出洞口，二三十队兵马冲出去，打敌人一个措手不及，定可获胜。”

众人又齐声高喊：“好计策，好计策！”

“一切听右侯的，分头准备。”石勒吩咐说。

不久，洞就打好了，张宾亲自检查，并命人在洞口两边堆积砖石、木头，每个洞配备二十名士兵，敌人要是想冲进来，就立刻用砖石、木头把洞口堵住。

不久，段疾陆眷果然领兵前来攻城。石勒命精锐骑兵在突门后边等候，令城墙上的将士故意装出惊慌失措的样子，引诱敌军攻城。段疾陆眷令人架起云梯，架好以后，却不进攻，只让十几个士兵在城墙下高喊：“石勒投降，石勒投降！”其他的将士见好长时间没有动静，逐渐松懈下来，干脆解甲卸鞍，就地坐下或躺下休息。

石勒见时机已到，下令出击，城门和“突门”同时打开，部队以迅雷不及掩耳之势向敌军横扫过去，约莫冲出三里，有一坡地，只见段疾陆眷的铁骑旋风般地扑过来，原来段疾陆眷用的是“诱敌出城”的计策。段疾陆眷的铁骑如潮水般黑压压汹涌澎湃而来，所到之处如秋风扫落叶，石勒的兵马纷纷倒下。石勒一看形势不妙，急令退兵，队伍迅速的从城门、“突门”退回城内。“突门”堵住了，这时，段疾陆眷的骑兵也已冲到。

段疾陆眷打起仗来总是一马当先，不顾生死，他尾随着石勒军冲进城来，突然间，只觉重心不稳，马上意识到有绊马索，于是一个前滚翻，从马上翻身跃下，刚立定了脚跟，十几把大刀已经架在他的脖子上。尾随段疾陆眷而来的十多个将领也刹不住，全都被绊倒，做了俘虏。

城头上，张宾见关门擒虎成功，立即下令城墙上的将士推倒云梯，箭如飞蝗一样倾泻下去，又下令推倒“突门”，命骑兵冲了出去。段疾陆眷军见主帅将领被擒，早已失了斗志。战斗从早上一直打到傍晚，段疾陆眷军队惨败而归。

石勒下令将段疾陆眷等人押上来，并亲自为段疾陆眷松绑，说：“素闻将军雄风，石勒与将军素来无冤无仇，望将军不要为难我们。”鲜卑人感激石勒的不杀之恩，表示此后不再与他为敌，石勒因此赢得时间在北方发展，逐渐强大起来。石勒军队攻城略地，所到之处军纪严明，兵不私掠，老百姓都很称赞，也很怀念他们。[1]

第五节　双边贸易

东晋大兴元年（公元318年），汉王刘聪病死，太子刘粲即位。大司空靳准发动叛乱，杀死了刘粲，是年十月，刘聪的侄子刘曜继位，封石勒为大司空、大将军。

石勒对刘曜心存忠义，无奈此时的石勒已经是功高盖主的人物了。作为刘氏的一员大将，石勒威震北方，此时的石勒也开始考虑自己的未来，为自己的未来谋划。因此，刘曜不得不时时提防着他。不久，刘曜听信小人之言，将石勒的左长史王修杀死，气得石勒两眼冒烟，浑身乱颤。石勒对属下说："我为了刘氏江山出生入死，赤胆忠心，没想到他反而要拿我开刀。我原来还盼望着刘曜能给我封王，现在看来只能靠自己了。"于是石勒设立了尚方令、太医令等官职，又让人开始建造宫殿。

张宾等人看出石勒有称帝的意图，便聚集起来，一起呈表恭请石勒称帝，开始石勒还再三推辞，隔年，石勒便正式自称赵王，建立了后赵政权，与前赵政权相对立。虽然没有正式称帝，但石勒的礼仪已经和天子无异了，他身穿龙袍，用天子的礼仪接见大臣。

那时候，后赵政权根基未稳，祖逖作为东晋的征北将军，正在积极准备北伐。这一日祖逖带着几个贴身随从渡过长江，潜回中原勘察。时值清明时节，春雨绵绵，三春绿柳吊新坟。祖逖顺道到老家看看墓地。中原战乱，白骨荒丘随处可见。许多百姓已经找不到自家的坟茔了。祖逖心中有无限感慨，不知自家祖坟尚在否？

转过山脚，只见一队人马，仪仗隆重，从山上一步一步下来，祖逖一打听，才知道那是后赵国主石勒。祖逖好生奇怪，这胡主行的是火葬，什么时候祖坟与我家祖坟在同一座山上？祖逖上得山来，但见自家祖坟修葺一新，水洗石磨，油彩焕然一新。明烛纸马照天烧，三牲祭品丰盛，还有几个老兵守护照看着。原来刚才石勒带着朝中若干官员前来祭奠，这坟正是石勒命人修葺一新的，[2] 祖逖内心有所感触。

---

① 《晋书·石勒载记》："（勒）军无私掠，百姓怀之。"

② 石勒令幽州官府修祖氏坟墓、成皋县修祖逖母亲坟墓。

祭拜完毕，祖逖下山，在山脚下已有人在等候，说是赵王石勒有请。祖逖跟着来人来到襄国城中一个酒家，石勒、张宾已在那里等候。双方见面，石勒也不客套，开门见山道："连年战乱，百姓生活艰辛，江北能否暂息烽烟，我石勒想让江淮一带百姓互市，开展双边贸易，未知尊意如何?"祖逖一想，爽快地说："互市一事，不是我祖逖所能决定的，不过，双方百姓一旦相互贸易，我祖逖决不干涉。"不久，江淮一带开始了双边贸易，收益十倍，两边官民渐渐富裕了起来，这为石勒统一北方提供了物质条件。

第六节　决战洛阳

东晋太宁三年（公元 325 年），石勒命侄子石虎领兵攻打前赵的石梁和并州，大败前赵军，杀其士卒一万多人，前赵皇帝刘曜从未这样惨败过，气得大病了一场。

公元 328 年秋天，石勒又派侄子石虎领兵四万西进突袭前赵的河东郡（今山西夏县一带），黄河沿岸五十多个县纷纷投降归顺。石虎围攻黄河东边的蒲阪城（今山西永济县），直接威胁到了前赵的都城长安。

三年前的惨败，刘曜一直耿耿于怀。如今见石虎又来进攻，刘曜顾不得身体抱恙，决定亲征。他知道自己的病是气出来的，非药石所能医治，唯有疆场的厮杀才能出这口恶气，刘曜亲自率领十万兵马前来迎敌。大漠狼烟，铁马雕弓，鸣镝惊叫，刀枪飞舞，这一战，石虎大败，陈尸两百余里，南奔朝歌（今河南淇县）而去。

刘曜也不追赶，而是带领大军，渡过黄河，将后赵的洛阳包围起来。"拿下洛阳之后，再北上和石勒决一死战。"一声令下，汉赵铁骑将洛阳城里三层外三层围了起来。一夜秋风过洛阳，朔云边月满城头。汉赵铠甲如黑云，城南又加几重围。刘曜下令决土曷坝（在今河南洛阳以北）的水灌城，洛阳为之震动。

"洛阳指日可破。"消息传到襄国，石勒欲亲自带兵前去救援，大将程遐劝阻道："大王不可轻举妄动，动无万全。"石勒怒火中烧，斥退程遐，拔出剑来，向着案头劈去，案头断了一角，他斩钉截铁地说："这是两赵决战的时刻，安定天下在此一举，我岂能退缩不前!"

将士们见他如此坚定，纷纷请战。于是石勒带领四万人马火速南下救援洛阳。大军行到成皋关（今河南汜水县虎牢关）的时候，但见山川险要，林木丛杂，石勒呵呵大笑说：“此处险要，乃洛阳的北大门，刘曜竟无伏兵。刘曜小子一介武夫而已，胸无韬略。”石勒仰天大笑，对身边的徐光说：“刘曜如果在此陈兵是上策，若在洛水边阻击我们是中策，如果只是围困洛阳，那一定会被我们擒获的。”石勒在成皋关会合了石虎、石堪的人马，命石虎引兵从洛阳城北向西攻打刘曜的中军，又命石堪率兵从城西向北抗击刘曜的前锋，石勒亲自率军从洛阳阊阖门出发，三路人马夹击刘曜。

这时，刘曜已经围攻洛阳三个月了，久攻不下，将士们士气低落。时值隆冬，连日大雪，征衣奇冷，铠甲如冰，战旗在霜雪中如过了蜡，冻硬了，朔风吹过根本飘动不起来。百战之后，将士的铠甲已经成了碎片，刘曜却在帐中与歌女、近臣饮酒作乐。刘曜已从纵酒变成酗酒了，有大臣劝谏，刘曜总是说：“朕——朕——朕，不可一日无此君。不可无此君啊！”若有再劝，刘曜便以扰乱军心为由将那位大臣乱棍打了出去。

这时候有探子来报告：“皇上，石勒大军已经过了成皋关。”刘曜一听，酒杯掷地，将歌女猛地推开，大吼一声：“成皋关为何无人把守？”

“皇上，当日末将劝您派人守卫成皋关，你说石勒援兵赶到，洛阳早已破了，未料连攻三个月，却拿不下洛阳。”刘曜一想，确有此事，不觉长叹一声，接着吩咐左右：“快，快在洛河西面陈兵十万，拦住石勒的人马！”然而，为时已晚，已无力回天。

当天傍晚，嘶骑渐近，征尘飞扬。洛阳城下芳草萋萋，洛水东流复向西。城头上，后赵守军见远处沙尘扬起，喊声震天动地，知道援军已到，立即召集兵力在城楼门下，整装待发。只听三通鼓响，守军将士高喊着冲出城去。

在石勒的前后夹攻中，刘曜知道大势已去，立刻传令撤兵。醉眼蒙眬的他翻身上马，刚接过大刀，顿觉寒气袭人，弓刀布满了霜雪，彻骨寒冷。说时迟，那时快，后赵骑兵已到，一齐向中军冲来。刘曜正想向西逃去，可惜已经晚了，刚出帐门，左有刁膺、张敬，右有夔安、孔苌，中间有支雄、呼延莫、王阳、桃豹、逯明、吴豫等，这些后赵将领一起压过来了。那呼延莫力大无穷，挥动双鞭冲过来，刘曜一刀劈下，被呼延莫双鞭架开。

刘曜退到大坝的时候，马陷入石渠，他摔了下来，“嘭”的一声落在冰上，整个人向前滑了十多米。刘曜身中枪伤十多处，其中三处被刺穿，血流如注，随后被石堪生俘过去。①

洛阳一役石勒大获全胜，斩首五万余。石勒将刘曜关入大牢，命他写信令太子刘熙投降。这时候的刘曜知道自己危在旦夕，穷途末路的他挥笔疾书，在信中令刘熙“以社稷为重，勿以我为意也。”石勒一看大怒，杀了刘曜。第二年春天，前赵的皇太子刘熙弃长安城西逃，长安落入后赵手中。不久，石虎领兵和前赵军队决战，杀了皇太子刘熙，灭了前赵，取得了关中等地，后赵统一了北方绝大部分土地。

第七节　石勒治国

公元330年秋，石勒正式称帝，改元建平，立妻子刘氏为皇后，百官各有封赐。第二年，石勒到达邺城，想起当年与张宾在这里登高望远。这里曾是侯都、王都和国都，于是他想在邺地建立都城，但遭到了廷尉续咸的极力反对，石勒一怒之下将续咸投入了监狱。中书令徐光劝说石勒放了续咸，否则，今后会导致朝中谏诤无人。石勒此时才明白，当了皇上也不是想干什么就可以干什么。② 于是暂时停建宫殿，赐续咸绢百匹、稻百斛。

又有一次，石勒想到襄国的近郊打猎，主簿程琅（音郎）劝谏他说：“大王，少去为佳。当年孙策就是在打猎之时遇到刺客，英年早逝，即使那里没有刺客，有时候荒野中的枯木朽株，也会有害的。”石勒朗声一笑：“程卿，你未免太书生之言吧。”石勒不听，带着一小队人兴冲冲地出发了。

十里青山，几声啼鸟，青烟尽处，一只野鹿在徘徊。石勒大喜，策马追上去。突然间，只听“嘭”的一声，整个人从马上跌落下来，摔得鼻青脸肿，众人连忙过来扶起他，一看，原来那马匹来势过猛，撞在树上，脑浆崩裂，倒在地上死了，连石勒也险些遭了殃。石勒打猎回去以后，立即封程琅为关内侯，赐以朝服锦绢等物。众人见石勒能虚心纳谏，此后，“朝臣谒见，忠言竞进”。

石勒当赵王的时候，将老家武乡的乡亲们请到了都城襄国，看着乡亲

---

① 《晋书载记第三·刘曜》：“曜昏醉奔退，马陷石渠，坠于冰上，被疮十余，通中者三，为堪所执，送于勒所。”

② 《晋书·石勒载记》：“为人君，不得自专如是！岂不识此言之忠乎，向戏之耳！”

们扶老携幼到来，石勒心里有些自豪，也有些安慰，觉得自己总算出人头地，给爹娘争了一口气。他在人群中寻找，就是不见小时候的伙伴李阳。原来李阳年轻时曾和石勒为争夺沤麻用的池塘而多次打架。现在李阳得知石勒做了赵王，他哪里还敢去见石勒。隔天，石勒便派人专程去请他，李阳终于来了。他踏进了宫殿，左看右看，怎么也想不通，石勒一个大老粗，萍飘蓬转，说发达就发达起来了，而他却依旧在乡下沤麻。石勒一见李阳，就高兴地拉住他的手问："怎么样？"

"世龙，你这么富有，当年为何跟我争一个破池塘？"

"当年是当年，当年你打过我，我也打过你[①]，咱们两清了。我们仍然是好朋友，现在我任命你做我的参军都尉。"李阳感动不已，从此成了石勒手下的一员猛将。

从乡亲们口中，石勒得知乡下老百姓的粮食不够吃，不久他就下了一道诏令，禁止酗酒，禁止用粮食酿酒，以节约粮食供给百姓食用。百姓知道石勒虽斗大的字不识一箩筐，却有关心老百姓的心。诏令颁布后，民间酗酒现象也逐渐变少了。石勒又下令分给每个孤寡老人三石谷子，对于道德高尚的孝子以及努力耕地劳作的农民也酌情给予奖励，以示鼓励。他还颁令为百姓减租，收租的数额比起当年晋朝要少很多。他又亲自劝课农桑，设立劝课大夫、典农使者、典农都尉等农官。石勒命令各州郡，如发现有坟墓被发掘不掩覆的，必须弹劾查处，暴露荒野的尸体骸骨政府要准备棺衾小心埋葬，石勒还特别下令："从今以后都必须将此令推行下去。"

石勒一生没有读过书，但他尊重知识，也尊重读书人，在他起事的早期就成立了君子营，从实践中他认识到张宾确是个人才，于是就重用他，并且用人不疑。不幸的是张宾早逝，石勒抚棺痛哭流涕地说："老天不是想成就我的事业吗，为何这么早就夺去我的右侯呀？"[②] 他的哭声发自肺腑，感动了在场的很多人。

石勒在位期间很重视文化教育。他称王的第六年，亲自到襄国的大、小学，考试诸生的经义，对成绩最优者，给予奖赏。后来石勒又典定九流，始立秀才、孝廉试经之制，成为隋唐科举的先声。

---

① 《晋书·石勒载记》："孤往日厌卿老拳，卿亦饱孤毒手。"

② 《晋书·石勒载记》："天欲不成吾事耶？何夺吾右侯之早也！"

第八节 羯人与国人

五月，石勒因事宴请李阳，李阳心想，石勒这个人，杀人的肝胆救人的心，拿得起放得下，是块做王的材料，值得佩服。他再次想起小时候争池塘的事，心里很不是滋味，又见石勒心无芥蒂，很是感动，于是对石勒说："大王，小人年轻时对你不恭，胡作非为、胡搅蛮缠，你量大福大，原谅小人，小人以后不敢再胡来了。"

"小时候是小时候的事，不必介怀。小时候我们给人当奴，做佃农，当时穷得紧，当然锱铢必较。现在发达了，有了出头的日子，我们就要懂得自爱。我很不愿意听你一开口就是'胡作非为'、'胡搅蛮缠'和'胡来'，我们都是胡人，又怎能用这些词语来自我侮辱呢?"

"是，是，大王说得对。"李阳感觉到石勒确实和以前不一样了，这些年来变得很有知识。

宴毕回去，石勒失眠了。他想到，自从他爷爷那辈起，就生活在山西上党，他们的祖先来到这片土地已经有一百多年了，为什么在汉人眼里，他们永远都是外来人？大家为什么要提心吊胆的生活在这土地上，一不小心，就会被抓去当奴隶卖掉？往事历历在目，石勒从床上爬起来，夜静生寒风露冷，想到小时候的经历，石勒落下了眼泪。为什么我羯人就不能笔削汉史声名播？他想起年轻时被卖到山东为奴，那时他曾立志，"有一天发达了，定要让胡人站起来。"一时不觉百感交集。

不久，石勒颁发了一道诏令，从今以后，羯人称为"国人"，不得将他们称作胡虏、胡贼，也不能用"腥膻"这类词来指代称呼他们；又下令胡人不得随意欺压汉人百姓。众大臣一听，心中明白，皇上讳忌这个"胡"字，因为胡字被赋予太多太多的贬义，以致人们一提起胡人，就把他们当做另类。

石勒虽然改胡人为"国人"，但并不是有意与汉人对立。不久，石勒提拔樊坦去章武做内史，樊坦前来辞行的时候，石勒见他的衣冠都很破烂，大吃一惊，问道："先生何故贫困到如此地步?"

樊坦未加思索，直率地说："刚刚遭到羯贼的抢劫，资财荡尽。"

石勒一听，笑着说："羯贼暴掠你？我替羯贼赔偿你。"

樊坦一听石勒口中两个"羯贼"说得特别响亮，这才发现自己犯了律条忌讳，赶快磕头谢罪。石勒说：“我的律条是要国人自尊自爱，不关老先生的事。”他不但没有处罚樊坦，还给他车马衣装钱三百万。樊坦高高兴兴上任去了。

又有一次，石勒经过宫门，只见一骑飞快地闯进宫来。那时出入宫门已经有严格的规定，这里已经是止车门。石勒一见大怒，责问守门者，“来者是什么人?”守门者是个汉人，十分害怕，忘了忌讳，说：“是个醉胡。”话一出口，守卫立刻就知道自己失言了。石勒一听，笑着说：“醉胡，一时很难与他理论是吗?”他命人将那个醉胡抓起来，而没有责罚守门者。这时候，朝中大臣才明白，石勒改“胡人”为“国人”，是要他们学会自爱，不要把自己当外来人，这样才能真正站起来。

石勒在位期间，胡汉之间没有发生过大冲突。

公元332年，石勒设国宴款待高丽使臣，酒到半酣，石勒问徐光：“你看我能和前朝哪个皇帝相提并论呢?”徐光逢场作戏，拍马屁说：“陛下高过汉高祖刘邦，比您高的仅仅是轩辕黄帝。”石勒笑道：“人应该有自知之明，假如我能遇到刘邦，我会向他俯首称臣。大丈夫做事要光明磊落，怎么能像曹操和司马懿那样欺负孤儿寡母篡夺人家的天下呢?”大家听了，对石勒莫不心悦诚服。

那高丽使臣知道石勒是个目不识丁的君主，想探探这位君主到底有多少学识，于是乘着酒兴，起身恭恭敬敬地请石勒赐予墨宝。石勒一听，既未答应，也没拒绝，示意徐光代笔。

徐光刚刚马屁拍在马腿上，正有点尴尬，见皇上给他补回面子的机会，借着酒兴，提笔写下一副对联，上联是：人过不留名；下联是：雁过不留声；横批是：圣人境界。众人皆说徐光的字写得刚劲有力。徐光见说，起身补充说：“本对联乃有感而作，感于皇上是英明实干的圣者而写。”众人便借势顺势，夸赞石勒是千古难得一圣人。

石勒让大家说了个够，立起身来，端起酒杯说：“徐爱卿，你的有感又错了，来，罚酒一杯！朕再给你的对子添几字。”说着握笔在上联添了几个字：不知赵钱孙李；又在下联添了半句：不知春夏秋冬。众大臣一边端详，一边念了起来：

人过不留名，不知赵钱孙李；
雁过不留声，不知春夏秋冬。

“好联，好联!”众人极力夸赞，那高丽使臣也觉得经这一增，就有了一番不同的境界。但真要说出怎么个好法却又懵懵懂懂，不知所以然，于是凝视着石勒。石勒端起酒杯，一饮而尽，变得严肃："众爱卿，圣人启示我们，人生贪求富贵就如花间露，争得功名也是草上霜。我石勒可不这样看。这些年来，石勒深感做人难，做圣人更难，做咱羯人的圣人更是难上加难。"众大臣见石勒话中有话，内里隐着无限苦衷，宴会立刻变得鸦雀无声。

"我石勒与众爱卿辛辛苦苦挣得这份基业，为的是什么？为的就是名声。上报国家，下荣祖考，也为咱羯人争得一点颜面。要是不留名，不留声，谁知道咱们羯人是什么东西？谁又把咱羯人放在眼里？"

"皇上英明！皇上高瞻远瞩！我等远远不及。"众大臣齐声附和。

"这些年，我石勒也曾苦苦思索，咱羯人也有故国家园，叫石国，可这故国已在睡梦中依稀逝去。咱们无力回报，一百多年来，我们的祖先和我等身不由己地降生在这地方，虽然寄身边塞，似这等悲草牧马边声苦，似这等连天沙漠无秋色，我石勒从无怨言，一心只想建功立业，来报答这新的土地。石勒建功立业不是为了与汉人争高低，做人上人，更不是为了做圣人，而是为了让世人认识咱羯人，使我们羯人也能做个普普通通、正正常常的人，这个要求不高吧！可这个不高的要求实现起来却是难上加难。咱们的功业要是得不到承认，咱们的子子孙孙就是异域孤魂无处安。这千般痛恨、万种愁烦，个中滋味众爱卿能理解吗？"说到这里，石勒已是泪流满面。众大臣被石勒触动心思，一时间也唏嘘不已。

石勒稳步走到窗前，推开窗户，一轮明月照在窗前的梅花上，花月相逢颜色浓。石勒朗声说道："咱羯人和汉人犹如这花与月，有月无花月不美，有花无月花减容。"石勒顿了顿，强调说："有朝一日朕离开人世，你们要记住朕的话，好好与汉人相处，为咱羯人能够站起来做个普通人奋斗终身啊！"高丽使臣想不到石勒一介武夫，内心竟如此深沉，不觉肃然起敬，众大臣一时间也觉得肩头沉甸甸的。

公元333年夏，石勒卧床不起，到了七月，石勒感到自己时日无多了，便口授了一份遗嘱："在我死后三天就可以下葬，在这几天不准禁止民间的嫁娶、祭祀、饮酒、食肉，各地的守将和官吏不准前来奔丧。送葬时不许太浪费，只准用普通的车辆。坟墓中也不许陪葬珍珠、金银和宝物。我死后，儿子们要吸取东晋司马氏兄弟内斗导致国破家亡的教训，互相谦让，和睦共处。"几天之后，后赵的建立者戎马一生的石勒病逝，享年60岁。石勒的一生在武功、文治两方面都有所建树，是十六国中较有成就的一位君主。

石勒死后的第三天深夜，他的侄子石虎将他悄悄运到山谷中埋葬了。当时，石虎共命人组成了八支送葬队伍，抬了八口棺材从襄国的四门出发，朝东、西、南、北和西北、西南、东北、东南八个方向前进，都埋在了山谷的深处，没有人能说清楚究竟哪个棺材里装殓的是石勒。

过了十二天，石虎才为石勒正式发丧。丧礼非常隆重，专门派了六十名大臣的子弟做挽歌郎，然后将一口空棺埋葬在襄国城外三十里外的一块荒地上，历史上称为“虚葬”，此处陵墓被称作高平陵。

石勒谥号明帝，庙号为高祖。后来，石虎杀死了石勒年仅 21 岁的儿子石弘，夺取了帝位，石虎病死以后，他的几个儿子为了争夺皇位互相残杀，后赵最后被冉魏灭掉。

第五章　氐族与前秦

十六国时期有前秦、后秦与西秦。前秦是氐族人所建，后秦是羌族人所建，西秦是鲜卑人所建。三个秦国，各不相同。

氐族是中国大地最古老的种族之一，氐常与羌连称，叫做氐羌，羌是古老的西戎牧羊族，炎帝神农氏便是其中最著名的一支。氐属于东夷，崇拜鸟。《逸周书·王会篇》曰："氐羌以鸾鸟。"至今在氐族妇女的帽子上仍可以看到鸟毛或类似羊角的饰物。五帝时期，东夷少昊部曾有部分族人被强制迁到西部，安康宁陕县城关镇有"白帝天街走廊"、"白帝洞"与"白神洞沟"，这些正是当年少昊部在西部产生了巨大影响的印证。后世的氐族可能是盛行鸟崇拜的少昊部与羌族通婚衍生出来的一个次生民族。氐族因与羌族有许多相似之处，以至于被认为与羌族是同源，但氐族又有着不同于羌族的鲜明特点。

春秋战国至秦汉，氐族人主要活动在今甘肃省东南、陕西省西南、四川省西北交界处。汉武帝刘彻开拓西南境，遣中郎将郭昌等攻灭氐王，置武都郡。创郡立县后，氐人受到排挤，便向境外的山谷间移动①，一部分氐人迁移至河西禄福，一部分迁至关中水、陇山之间。汉武帝出兵镇压氐人反抗，使一部分氐人迁徙至酒泉郡，即酒泉禄福之氐。十六国时期，因为气候酷寒，生活在边塞地区的人民生活很艰难，后赵政权将他们迁到中原一带，氐族分布地区日益扩大。氐族强盛时，人口将近百万，汉化程度较高。

前秦（公元351—394年）政权历时四十四年，定国都于长安，领土包括今河北、河南、山东、山西、安徽、陕西、江苏、四川、贵州、湖北、辽宁、甘肃、宁夏西部、新疆东部。

---

① 《魏略·西戎传》："氐人有王，所从来久矣。自汉开益州，置武都郡，排其种人，分窜山谷间，或在福禄（应为'禄福'），或在陇左右。"

第一节　东迁西徙

这简直就是一个梦，一个偶然给了蜗居边鄙的氐族人一次鸾鸟腾飞的机会。公元333年，后赵皇帝石虎下诏徙关中豪杰及氐、羌各族到关东，氐族酋长苻洪是这次迁徙的流民都督，他将率氐、汉各族百姓徙居到河南枋头（今河南汲县东北）。

日子一年比一年难过，天气一年比一年寒冷。从前那碧森森的参松退却了老龙鳞，娇滴滴的鲜花枯萎了，绿茵茵的植被消失了，艳浓浓的夭桃郁李全冻死了。每年总有成百上千的人冻死或饿死。作为大酋长，苻洪的心里总是沉甸甸的。接到迁徙的诏令，苻洪的心又感激又不安，感激的是氐族人总算可以换一换环境，中原可是天下最好的地方；不安的是，迁徙拖家带口谈何容易。一个人在一个地方住惯了，不是想走就能马上走，这就叫“金窝、银窝，不如自己的狗窝”。

连日来，苻洪心里着急，他是这次迁徙的都督，不仅要监督氐族人，还要监督汉族豪强，肩负重大的责任，如果连本族人都不听话，汉人就更指挥不动了。他召集属下各小帅开会，劝说他们：“走吧，走吧，这次我们要去的地方是中原。中原，那是任何人做梦都想去的地方，那是一个以前我们想去都不能去的地方。”

有人同意了：“我很小的时候听家里的老人说，我们的祖先就是从太行山东边过来的，这次我们顺便也回去看看。”会议终于达成了共识。

苻洪带领着氐族人跋山涉水，终于安全抵达中原，开始在河南枋头定居下来。

弹指之间，光阴就过去了几年，后赵皇帝石虎病逝。消息传来，苻洪心想，皇帝刚死，政局不稳，氐族人总得有个依托。汉人是大族，就依托汉人吧，于是，他派遣使者下江南，归顺了东晋，也接受了东晋的官爵封号。这样，“裙拖六幅湘江水，髻挽巫山一段云”。氐族人与江南汉政权有了联系。氐族人本是农耕之民，来到中原后不久就适应了那里的农耕生活，平平安安地度过了若干年。公元350年，志远心高的汉人冉闵开始诛杀胡羯，建立闵魏政权。

听说冉闵不分青红皂白到处诛杀胡人，众人都紧张起来，一时间枋头地区人心惶惶，就怕“诛胡”的风暴刮到这里来。酋长苻洪与众小帅都密切地关注着局势的发展，他们开始设防自保。苻洪告诫族人不得单独外出，又派人到江南，请求东晋政府给予保护。这一天，苻洪又召集众小帅开会。众小帅个个忧心忡忡，苻洪安慰大家说："不要怕，咱们不是草原人，不属胡人。再说冈魏是汉人，咱们和汉人政权有联系，我是东晋的征西将军，冈魏不敢对咱们怎么样。"

愿望终究不是现实，冈魏政权的中心就在河南邺城，河南是诛胡的风口浪尖，风暴很快就席卷到枋头氐人聚居区。这时，派出的使者也带回了东晋政府的回话，东晋皇帝让苻洪随机应变。

很明显，东晋政权抱着坐山观虎斗的心情来看氐族和冉魏之间的战争。胡人虽说是心头之患，可冉闵称帝，已成了东晋的死对头。东晋岂能帮冉闵灭胡去做皇帝？司马氏希望胡人与冈魏在相斗中同归于尽，那时候东晋就能光复中原。司马氏封苻洪一个征西将军，就是要他在关键时刻发挥作用，而不是在这个时候来寻求保护。

冉闵诛胡，别说是氐人，就是汉人中混有一点胡人血统，或外貌长得像胡人的都被诛杀殆尽，哪还顾得及到底是胡人还是氐人，杀戒一开，人就昏了头脑。当风潮卷到枋头时，苻洪对冉闵绝望了，对东晋也不再心存幻想。在此乱世，想要保族唯有坚强。苻洪拥有十余万民众，头人会上，他自称大都督、大将军、大单于，决定率领族人回到关中去。

后天就要走了，这天夜里，苻洪突然死了，是被人毒死的。紧急关头，众小帅推举苻洪的儿子苻健继承父职率领民众西归。苻健打起了晋朝的旗号，自称东晋征西大将军，率领部众，从枋头一路风尘仆仆西入潼关。关中的氐人一听，纷纷响应，苻健很快就攻占了长安，不久又占领了甘肃。公元351年，苻健自称大秦天王、大单于，国号大秦，史称前秦。隔年苻健又改称皇帝，建都长安。关陇流民纷纷相率西归，前来投奔前秦。前秦人口越来越多，渐渐强大起来。

第二节　东晋伐前秦

东晋穆帝司马聃对这个新生的大秦政权有点莫名其妙，丈二和尚摸不着头脑。这天早朝，他不得不将这个问题拿出来讨论，说："众爱卿，这氐人到底是什么人，是来自草原还是本土原住民？"

众大臣面面相觑，无人能说出个所以然来。司马聃大怒，说："国家养着你们，就是希望你们在关键时刻能发挥作用，可你们竟连氐人是哪里来的都说不清楚，国家哪有不亡之理?”司马聃愈说愈气，将茶盏一摔，要他们回去查明，三天以后再议。

三天后，有人提出，氐族人与东夷人有密切关系，他们也叫“鸟人国”或“互人国”；也有人提出氐人与苗人有关系，他们的祖先都是盘瓠（音户）。最后，大臣谢安说：“不管氐族人与东夷有关系还是与苗人有关系，他们都是五帝以来本土的原住民。”

穆帝司马聃一听无名火就熊熊地燃烧起来，胡子也翘得老高，说：“五帝到如今已有三千年了，这氐族人竟如此可恶，三千年还不归附，敢在司马氏的土地上称帝。”于是下令桓温率军攻秦。谢安一听，认为不妥，他小心翼翼地说：“皇上，此时攻秦不妥，氐人眼下风头正劲，攻秦必定是无功而返。”司马聃不听。

公元354年，桓温率领二十万大军浩浩荡荡攻打前秦，一时间，将士铁甲山河暗，马战沙场日月昏。晋军不久就攻入潼关。入关以后，关陇陌上人行绝，几乎见不到一个人影，更找不到一颗粮。秦军采取的是“坚壁清野”战术，他们切断了晋军的粮草，但不切断晋军的水源。水能保命，可光喝水打不了仗。晋军北伐因不把“鸟人”放在眼里，也就没有周密准备，由于粮食不继，最后只好退兵。

公元355年，苻健死，他的儿子苻生继位。苻生缺乏行政能力，不是做皇帝的料，他刚愎自用，不得人心。公元357年，苻生的堂兄苻坚杀苻生自立为帝。苻坚即位之后，前秦发生了翻天覆地的变化：

公元370年灭前燕；

公元371年灭仇池（今甘肃威县西北）氐族杨氏；

公元373年攻取东晋的梁、益二州；

公元376年灭前凉，同年又灭鲜卑拓跋氏代国；

公元382年苻坚命吕光率军进驻西域。

至此，前秦统一了整个中国北方，与东晋形成南北对峙的局面。中原的汉人好像做了一场梦，这时候他们才知道，原来西北大地上竟有一种人，叫做氐人，氐人中出了个皇帝叫苻坚，他们不得不重新来认识这位氐人皇帝。

第三节　儿时的苻坚

史载苻坚面有贵相，他呱呱坠地之时，背上有一行谶文。村中没有人识字，恰好有个算命先生路过，他的父亲就请算命先生帮忙辨认。那时候，算命先生大多是瞎子。而这位先生是弱视，他眯着眼睛，几乎是伏到了孩子的背上，细细地辨认着。“草付、臣又土、王咸阳”，他一边辨认，一边掐指算着，一时不觉跌坐在地上。“好谶文，好谶文啊！这是我五十年来碰到的最好的谶文。”众人一听，全都凑过来想听听，但先生不开口了。

父亲明白了算命先生的意思，为了庆贺这个孩子来到人间，他宰了两头羊，请先生和四邻美美地吃了一餐，又给先生留了两只上好的羊腿，先生推辞着不敢收。父亲急了，说：“先生，你这不是白收，你是要给这孩子解谶文的，这可不是小事，是给孩子的未来指一条明路的。”

算命先生见孩子的父亲是个明白人，就不客气地收了，随后摇头晃脑地解起谶文来。“‘草付’就是‘苻’；‘臣又土’是“坚”，王咸阳就是说，这孩子将来有一天是要在咸阳建国称王的。”苻坚的父亲一听就乐了：“都说‘关西出将，关东出相。’可咱氐族三千年来就从未出过大人物，要是这孩子将来也能到咸阳坐龙廷，咱氐族可就露脸啦。”于是父亲依照谶文，给孩子取名为“苻坚”。

苻坚自幼聪明伶俐，备受祖父苻洪的宠爱。7岁的时候，有一次他与村中的几个孩子一起在官道上玩。长风万里送秋雁，更逢晴天柳含烟。官道很美，他们玩得忘乎所以，竟不顾道路上熙熙攘攘的人群。有个善于看相的人见苻坚长相奇特，差点被马车撞倒，上前拉住他说：“这是皇帝巡行的官道，你们在此玩耍，不顾路人，不怕司隶校尉把你们捆起来吗?”苻坚一听哈哈地笑起来说：“先生你吓唬谁？司隶校尉只捆有罪的人，不捆玩耍的小孩。”相面人对身边的人说：“这孩子有霸气，将来是会做出一番事业的。”

“真的?”苻坚等瞪着惊奇的眼睛问。

“想要做出一番大事业，就得去读书。”相面人说。

月黑星稀，蛩声阵阵。半夜，苻坚突然爬起来，跑到爷爷的房间说：“爷爷，能不能给我请一个老师，教我读书?”爷爷苻洪惊奇地望着孙子说："孩子，我们氐族人从来只知道喝酒吃肉，你想求学，实在太好了。"那时候，爷爷是氐族中的大酋长，他想，氐族子弟历来没人识字断文，这就难怪三千年没出过大人物。苻坚生来有贵气，是得给他请个老师。"

不久，苻坚的爷爷就请来了关陇最好的老师，将族中若干子弟组织起来念书。苻坚刻苦学习，潜心研读。随着学识的增长，苻坚立下了经世济民的大志，后来终于取代苻生，做了前秦的皇帝，并在短期内统一了北方，这时候他身边又有了一个好老师——王猛。

第四节 苻坚与王猛

王猛出身寒门，少年时家贫如洗，为了糊口，只好靠贩卖畚箕为生。[①]但王猛人穷志不穷，从小自学成才，且博学多闻。东晋高官桓温知道王猛是个不可多得的人才，因此对之许以高官厚禄。那时候，朝廷实行的是九品中正制，任用官员崇尚的是世家望族，看重的是出身门第。王猛认为自己到东晋，即使做到高官，也不会被世家望族看得起，于是坚辞不受。不久，王猛认识了苻坚，两人一见如故，苻坚把王猛留在自己身边，即位后，就拜王猛为中书侍郎。

那时候，都城长安的西北门户始平县豪强横行，百姓叫苦连天。苻坚派王猛任始平县令，前往治理。王猛执法严明，上任不久，在审案中就将一个平时作恶多端的奸吏张监打死，这一下可闯下了滔天大祸。物伤其类，县中奸刁之吏集中起来，联名上告，他们勾结州官，逮捕了王猛，将他押送到长安。

苻坚听闻大吃一惊，亲自到狱中看望王猛，一见王猛，苻坚脸有愠色："我苻坚要施行的是仁政，朕要你将仁政布到百姓中，你怎能如此乱来，一上任就杀人？"王猛从容地说："治理安定的国家要用礼，治理乱世要用法。我现在才杀掉一个张监，还有千千万万个张监在扰乱社会治安。如果陛下认为我不能消灭奸吏，稳定社会治安，我甘愿受惩罚；若说我太残酷，微臣实在不能接受。"多年来，苻坚一直想整顿吏治，就是找不到合适的人选，如今见王猛敢做敢为，知道他是个治理乱世的人才，当即赦免了王猛，又让他回到中书侍郎的位置。

---

① 《晋书·苻坚载记下·王猛传》："（王猛）少贫贱，以鬻畚为业。"

这一日王猛下朝，刚走过午门，忽觉右膀被人用力撞了一下，他趔趄着仆倒在地，口鼻鲜血直流，王猛忍着剧痛好不容易挣扎着爬起来，左手脱了臼。只见来者气势汹汹地说："你是什么人，竟敢挡老夫的道？"

王猛定睛一看，原来是姑臧侯樊世，此人是苻坚麾下一员猛将，功勋卓著。王猛明白了，原来他是来寻衅为他的女婿张监报仇的。王猛小心地说："姑臧侯大人，小的年轻时是个卖畚箕的，承蒙皇上错爱，现任中书侍郎。"

"一个卖畚箕的就敢挡老夫的道。下次如再碰上，我就割下你的人头挂在这长安城门上。"姑臧侯说着拂袖而去。

第二天上朝，苻坚见王猛鼻青脸肿，吊着左臂，一副狼狈相，就关切地询问原因，王猛照实说了，末了加上一句："只是不知道姑臧侯想撞的是我王猛，还是想撞一撞这秦朝的律法？"樊世一听，立时冲上前来，一拳就把王猛打倒在地，脱了臼的王猛这下真的爬不起来了。

"老子出生入死打江山的时候，你还在卖畚箕。上了几天朝就这样不知天高地厚！"说着又上前一步，对着苻坚气咻咻地说："皇上，你到底要我们，还是要这小子？"

苻坚见问，平静地说："爱卿息怒，朕要的是你……"

"皇上圣明，有皇上这句话，老臣就放心了。"

"混账！朕要的是你项上的人头！"苻坚这话一出口，整个朝廷立即静了下来，连掉根针都能听得到。樊世那笑嘻嘻的脸一下凝住了，脸色变得煞白。苻坚从壁上拿下尚方宝剑，走下丹墀，将王猛搀扶起来："王爱卿，朕想烦劳你监斩。"

连日来，苻坚就为整肃朝纲一事伤透了脑筋，朝廷总要有朝廷的法度。这班老臣中有不少人恃功而骄，他们从山里出来，有了点战功，泥腿子穿上官靴，已经不知天高地厚。这氐族人三千年才有一次露脸的机会，在关中建立了政权。可关中不像山里，什么人都有，守法若不从本族做起，这法还能推行下去吗？偏偏这樊世撞到他的枪口上，苻坚大喊一声："来人！"两个侍卫冲了进来，"给我拿下！"

樊世挣扎着求饶，王猛走上前去，说："迟了，樊世，今天我得让你死个明白，皇上不是故意要杀你，皇上不忍杀功臣。不过，今天皇上得借你项上的人头来保住这大秦的律法，因为你给氐人丢脸了，明白吗？你死后，皇上会善待你的家人的。"王猛也是一条汉子，文武双全，说着向两个侍卫摆摆手要他们退下，又开口道："杀功臣就在这里，不用到市井。"说着右手握剑一挥，樊世的人头顿时落地"咕噜噜"向丹墀滚过去。

樊世死后，王猛和御史中丞邓羌通力合作，全面查处扰民乱政的权贵，接连诛杀了二十多个不守法纪的贵戚豪强。一时间，京城内外豪强贵戚无不敛手，老实守法。社会风气大为好转，出现了路不拾遗、夜不闭户的良好秩序，老百姓拍手相庆。

第五节　兴学修渠

随着社会风气和社会治安的好转，苻坚又开始了振兴文教的建设，他设立学校，恢复了太学和地方各级学校，广修学宫，强制公卿以下的子孙入学读书。他每月到太学巡视一次，考问诸生经义，品评优劣，勉励他们刻苦学习。一时间，长安城、各州县一派新气象，书声琅琅，人人向学。苻坚还亲自挑选品学兼优的学生，让他们到各级权力机构任职。

苻坚规定：俸禄百石以上的官吏，必须“学通一经，才成一艺”。如果不通经艺，则一律罢官为民。由于苻坚的大力倡导，并将该制度与官吏的选任相结合，前秦很快就出现了劝业竞学的风气，这些不仅培养了官僚后备队伍，还大大提高了氐族人的文化素质。

苻坚即位时，前秦由于连年战争以及天灾，民生凋敝，国库空虚，百废待兴。苻坚决定偃甲息兵，大力发展生产。

公元358年，前秦广大地区大旱，为了同老百姓一起渡过难关，苻坚下令缩减宫廷开支，撤销歌乐。后宫皇妃以下的宫女改换布衣，不再穿绫罗绸缎。文武百官也相应地减少俸禄，以示与民休戚相关。同时苻坚还下令开发山上的矿产林木，解除限制河流湖泊渔业的禁令。由于措施得当，虽然遭遇大旱，却没有引起大的饥荒灾难。

为了解决关中地区少雨易旱的问题，苻坚下令官府征调了富豪童仆三万人，开发泾水上游，凿山筑堤，疏通沟渠，灌溉梯田和改良盐碱地，使荒芜了多年的田地又重新长出了庄稼，老百姓深得其利。苻坚还亲自耕作，苟皇后也到近郊养蚕，劝勉农民积极从事农业生产和养殖桑蚕。苻坚又多次派遣使臣到各地巡视，抚恤孤寡老人，劝课农桑，推广先进的生产技术，奖励耕织。

苻坚把发展农业作为基本国策，前秦的经济恢复的很快，几年间便出现了安定清平的新气象。史载，从长安到各州，都修筑了通道驿亭，游人和商贩沿途取给十分方便。老百姓有歌谣说：“长安大街，杨槐葱茏；下驰华车，上栖鸾凤；英才云集，诲我百姓。”各处一派盛世景象。

第六节　投鞭断流

经过苻坚二十多年的精心治理，前秦国富兵强。公元373年，前秦攻占了东晋的梁州（今陕西汉中）、益州（今四川成都），势力扩展到长江和汉水上游，朝野欢欣鼓舞。公元379年，前秦又攻克了东晋的襄阳，俘虏了守将朱序，苻坚踌躇满志，“统一南北，指日可待”。

可是，苻坚伐晋的主张，朝中几乎无人支持。苻坚无法，只好征求弟弟、阳平公苻融的意见。苻融认为，当下伐晋有三难：一是从星象来看，天意不顺；二是东晋上下安和，没有挑衅的行为，无隙可乘；三是被征服的鲜卑、羌、羯等贵族也未完全诚心臣服，恐生异变。然而，此时的苻坚听不进去。他心想，从前兵力有限，尚能连战连胜、节节胜利，如今北国一统，兵多将广，当一鼓作气，扫平江南才是。

公元383年秋，苻坚亲率步兵六十万、骑兵二十七万、禁卫军三万，共九十万大军从长安南下，又命梓潼太守裴元略率领七万水师从巴蜀顺流东下。水陆并进，号称百万雄师，各路队伍将在淝水集结，摆开战场，再向建业（今南京）进军。

淝水在今安徽寿县，源出肥西、寿县之间的将军岭。同一水源却向两个不同的方向流去：一支潺潺向西北而去，历两百里，出寿县然后流入淮河；另一支向东南沛然注入巢湖。

巢湖，一个带着浓重悲剧宿命的地名，两千多年前，夏桀兵败，带着残兵由鸣条顺流而下，在巢湖度过了残生。一千年又一千年，亡国的哀叹在巢湖上空不时地回荡着，使这个古战场弥漫着幽幽之气。离这里不远的八公山在这阴森之气的笼罩下，草峥木嵘，远远望去，犹如千军万马向下俯冲。三国时期，孙权就曾在这里被魏将张辽打败。如今前秦的苻坚命运又将如何呢？

这时的苻坚内心充满阳光。伐晋大军的队伍前后绵延百里，旗鼓相望，无边旌旛通向天际，前不见头，后不见尾，将士的铠甲在阳光的辉映下，发出耀眼的光芒，西胡的皮袍鲜亮如雪，鲜卑的雕锦墨黑庄严，众健儿虎视鲸吞从者如狼，望着这支从不同部族征集而来浩浩荡荡的队伍，苻坚充满自信：“谁拥有这样的军队，谁就拥有天下。”

想到南北转眼就将统一起来，苻坚自豪地挥动手中的马鞭，“啪！啪！啪！”连甩了三下。欢乐的鞭声感染了身边几个羽林将领，他们也挥起手中的鞭，“啪！啪！啪！”连鸣三响。一时间，三万禁卫骑兵一齐挥动手中的鞭子，三万条鞭子凑在一起，霹雳炸响了。

天翻地覆慨而慷，鞭声由中军传到前锋，又传向后卫，百万雄师齐抬头，望着天空，玉宇澄清，万里无云。当他们明白那不是炸雷而是鞭声时，全军将领全都鸣起了鞭，刹那间惊天动地风雷急。

苻坚的心情特别好，他第一次领略到鞭声的气势，这鞭声如乐如诗，有生以来，他还是第一次听到如此壮烈的乐章、如此动人的诗篇，他的热血沸腾起来，他也要作诗。洛河就在他的右边，滔滔东去不回头，他认为：“我伐晋的百万雄师，将马鞭投到水里，足以使江水断流。”他有充分的理由相信，秦军若要过长江，何需造船搭桥，只要将鞭子投向江中，全军就可踏着鞭子过江。

第七节　谢氏家族

雄师压境，刚刚登基的东晋孝武帝司马曜慌忙召集群臣商量对策，丞相谢安决意奋起抵御。

谢安生于浙江绍兴，祖籍河南太康。太康同样是一个具有悲剧色彩的地名。夏启的儿子太康因为沉湎于田猎，不顾国政而丢掉了王位，被赶到洛水南面。他与他身边的人生活的地方形成一个太康村，后来成了太康县。出生于江南的谢安从长辈的口中了解了自己的老家，他的灵魂深处自小就缠绕着一种近于亡国的哀怨之思。谢安的父辈都在西晋为官，是中原名门望族。永嘉之乱后，衣冠南渡，他的父亲谢裒（音剖）带着家人来到了江南，儿时的谢安就有一种山河破碎的哀伤感。

谢安四岁的时候，谯郡的名士桓彝见到他就大为赞赏，说：“此儿风神秀彻，后当不减王东海（即王承，东晋初年名士）。”当时的宰相王导也很器重谢安，青少年时期的谢安已为上层社会所熟知并享有盛誉。

魏晋南北朝时期是一个对高门望族与名流极其崇拜的时代，随着衣冠南渡，中原人将这种崇拜带到了江南并在江南迅速蔓延开来。在谢安青少年时期，有一次，他有个老乡想回家却没有路费，只有五万把根本卖不出去的蒲葵扇，谢安得知以后，路过扇摊拿了把扇子来用，结果城中士庶竞相仿效，五万把扇子不久便全部以高价售出。谢安有鼻炎，朗读诗文时会发出一种沉重的浊音，于是当时的名流竞相模仿，无法发出这种浊音的人只好用手捏着鼻子来发音。[①]

那时候，南下的中原望族相互间有很深的矛盾，北方世族与南方世族之间也有各种摩擦。面对这些矛盾，谢安不想凭借自己的出身去谋取高官厚禄。

青年时期的谢安在朝廷的征召下做了一阵小官后，就跑到会稽山的东山隐居，他和王羲之、许询等名士、名僧频繁交往，悠游山林。后来在地方郡守的催逼下，他又出来做了一个多月的小官吏，[②] 之后又再次跑到会稽山隐居起来。到了谢安四十多岁时，谢氏家族中已经很少有人在朝中为官了，迫于家族的压力，他不得不出来做官。因为谢安隐居在东山，又再次出山，所以后来就有了“东山再起”这个典故。

谢安很快就做到了丞相，在职期间，他很好地协调了世家望族之间的矛盾，为东晋的安定和建设赢得了时间。当前秦百万大军前来攻打东晋的消息传来，谢安经过深思熟虑，推荐了自己的弟弟和侄儿出来挂帅。

于是，孝武帝任命谢安的弟弟谢石为征讨大都督，谢安的侄儿谢玄为先锋，率领八万北府兵沿淮河而上，迎击秦军主力。这些北府兵是从北方的流亡移民当中选拔出来的，经过七年的严格训练，已成为东晋的精锐之师。

孝武帝又派胡彬率领水军五千增援战略要地寿阳（今安徽寿县），接着又任命桓冲为江州刺史，率领十万晋军控制长江中游，阻止前秦巴蜀军顺江东下。

临出发之前，谢安亲自到北府军营看望即将出征的将士。他骑着一匹枣红马，环视着将士们，大声说：“将士们，江南的山水敞开怀抱迎接了我们，我们北府军一定要为保卫江南而战！这次出征只许胜不许败，败了，我们就只能退到海里去喂鱼，与其被赶到海里，不如以一当十，以十当百同敌人拼了。敌人人数虽多，但却是一支临时召集捆绑起来的队伍，这样的队伍军心不齐，更有许多人不愿为苻坚卖命。因此，那是一支注定

---

① 《晋书·谢安传》：“安少有盛名，时多爱慕。乡人有罢中宿县者，还诣安。安问其归资，答曰：‘有蒲葵扇五万。’安乃取其中者捉之，京师士庶竞市，价增数倍。安本能为洛下书生咏，有鼻疾，故其音浊，名流爱其咏而弗能及，或手掩鼻以斅之。”

② 《晋书·谢安传》：“初辟司徒府，除佐着作郎，并以疾辞。寓居会稽，与王羲之及高阳许询、桑门支遁游处，出则渔弋山水，入则言咏属文，无处世意。扬州刺史庾冰以安有重名，必欲致之，累下郡县敦逼，不得已赴召，月余告归。”

要败在你们手下的队伍。将士们，请大家记住‘人心齐，泰山移’！”

“人心齐，泰山移！”“人心齐，泰山移！”将士们发出了声声呼吼，天地为之震动，风云为之变色。

北府兵虽然勇猛，但与前秦的兵力相比，毕竟差距悬殊，作为前锋将领，谢玄心里多少有点紧张。出发之前，谢玄特地到谢安家中道别，想看看叔父有何锦囊妙计。哪知谢安像没事一样，轻描淡写地回答说：“我已经有安排了。”谢玄迟迟不肯走，心里想，叔父总会交代他一些事的，但等了老半天，谢安还是不开腔。

谢玄回到家里，心里愈想愈不踏实，他不知道叔父是不想说还是无计可施。隔了一天，又请他的朋友张玄去向谢安探询一下。谢安一见到张玄，眉开眼笑地说：“你来得正好，我正想去请你和我一起下棋。”说着就邀请他上车，马车一直把他们载到山中的一座别苑去，那里已经有许多应邀而来的名士。

人因久别话无尽，坐下来，旧话儿一盘桓，酒就过了数巡。张玄想问却没机会。喝完酒，谢安请张玄陪他一起下围棋，他笑呵呵地对张玄开玩笑说：“今天就以这座别苑做赌注，你赢了就归你。”张玄是个围棋高手，平常跟谢安对弈总是赢，众人一听，立刻起哄：“张玄今天要发了。”“张玄要发财了。”

“不！谢丞相只是给我一个空口人情。”张玄说。

“此话怎讲？”谢安问。

“我担心秦兵打过来，这别苑根本落不到我的手中。”张玄说。

“打仗的事由小儿辈去管，咱们就安心下棋吧！”谢安说。

这一天，张玄根本没心思下棋，勉强应付，最后输了。下完棋，谢安又请大家一起赏玩山景，大家见谢安神情淡定自若，丝毫不慌，心想他身居相位，登高望远，心中必有退敌的万全之计，也就不再紧张了。众人整整游玩了一天，到天黑才回家。[①]

这天晚上，谢安把谢石、谢玄等将领召集到自己家里，把每个人的任务一件件、一桩桩交代得很清楚。大家看到谢安这样镇定自若，也增强了信心，高高兴兴地回军营去了。

---

① 《晋书·谢安传》：“玄入问计，安夷然无惧色，答曰：‘已别有旨。’既而寂然。玄不敢复言，乃令张玄重请。安遂命驾出山墅，亲朋毕集，方与玄围棋赌别墅。安常棋劣于玄，是日玄惧，便为敌手而又不胜。”

第八节　朱序献策

前秦队伍仗着人多势众，一路势如破竹。十月十八，苻坚的弟弟苻融所率领的先锋部队攻占了寿阳（今安徽寿县），俘虏了晋军守将徐元喜。与此同时，秦军慕容垂部攻占了郧城（今湖北安陆）。奉命率水军驰援寿阳的东晋将领胡彬在半路上得知寿阳已被苻融攻破，只好退守硖石（今安徽凤台西南），等待与谢石、谢玄的大军会合。

苻融又令部将梁成率兵五万进攻洛涧（在今安徽定远西南），截断了淮河的交通，阻截了胡彬军队的退路。胡彬困守在硖石，因粮草用尽，部众难以支撑，一时人心惶惶，只好写信向谢石告急，但送信的晋兵被秦兵捉住，信件落入苻融手里。苻融见信，立刻派人向苻坚报告，说晋军兵少粮乏，建议迅速起兵，以防晋军逃遁。

苻坚得报后，大喜过望，他令大军驻扎在项城，自己亲自率领八千骑兵疾驰寿阳。苻坚一到寿阳，就立即派原东晋襄阳守将朱序到晋军大营去劝降。苻坚对朱序充满信心，说："朱将军若能说服晋军来降，便是立下不世之功。"

朱序本是东晋名将，当年驻守东晋襄阳城（今属湖北），前秦来犯时，他带领将士坚守在襄阳。其母亲自登城视察，在城的西北加固了防备，又带领婢女及城中妇女守卫西北角，襄阳西北因此被称为夫人城。朱序固守襄阳一年有余，因耗费巨大，屡攻不下，只好佯装撤退，筋疲力尽的襄阳军民戒备刚松弛下来，前秦军队就趁机反扑，城破后朱序被俘。苻坚从未见过如此顽强的将领，对朱序大为赞赏，立即封朱序为尚书。朱序虽服侍前秦，但他对东晋的忠义并未泯灭。这次回到东晋军营，不是要为前秦，而是要为东晋立不世之功。

强敌压境，营帐中主帅谢石忧心忡忡，虽说他的哥哥谢安气度非凡，安详淡定，并且对他一一有所交代，可秦晋实力相差悬殊，如今首战业已失利，想要退敌，简直就是蝼蚁吃大象。谢石正愁肠百结，一见朱序到来，有点诧异，问："朱将军何故来访？"

"来向将军献破敌之计。"朱序接着说："苻坚虽有百万之众，但多是前凉、前燕、代国的亡国之师，临时征召而来，军心不齐，诸将士大多抱着观望的态度，降将思乱，他们不甘心亡国，巴不得秦军战败，那时候他们就可卷土重来，复兴故国，因此他们是不会为苻坚卖命的。”谢石一听有理，心头的重压似乎轻了些，立即吩咐人给朱序上座上酒，朱序又说：“秦军虽众，目前还在行军中，未集结完毕。一旦集结完毕，人多势众，破敌就难了。眼下，晋军宜迅速发动进攻，只要能击败秦军的前锋部队，挫其锐气，后续部队必然踟蹰不前。那时候，苻坚百万大军将如戈壁雪崩，会自动解体。”

连日来，谢石与众将领商量，一直认为秦军强大，打算坚守不战，待敌军疲惫时再伺机反攻。他们认为朱序的话很有道理，“守是守不住的，与其坐以待毙，不如改变作战方针，转守为攻，主动出击”。可要出击，谢石还得等，等一个战鼓最高亢的时刻。

十一月，谢玄派遣勇将刘牢之率精兵五千奔袭洛涧，打通淮河交通，解胡彬被堵之围。秦将梁成闻讯，率部五万在洛涧列阵迎击。刘牢之将五千人马分成两部分，一部分迂回到秦军阵后，扰其后阵，断其归路，自己率另一部分正面强渡洛水，猛攻秦军。

秦军没想到晋军如此骁勇，亡命而来，正有点紧张，这时候后阵突然乱起来，一时首尾不知如何兼顾，变得惊慌失措，在梁成的指挥下，勉强抵挡一阵之后很快就土崩瓦解。刘牢之与晋军抱着必死之心，大声吼叫着冲上岸来，擒贼先擒王，刘牢之直奔中军主将梁成而来，梁成的弟弟梁云慌忙阻拦，刘牢之与梁云战了十多个回合，一刀将梁云斩下马来。

梁成见弟弟翻身落马，挥动两柄铜锤冲出阵来，刘牢之斩了梁云，精神大振，杀得兴起，挥刀迎战梁成，双方斗了约四十回合，刘牢之渐渐体力不支，转身便跑，梁成急追。刘牢之从囊中摸出一把飞镖，一扬手，正中梁成的坐骑，梁成的汗血马负痛将主人掀下马来。刘牢之回身一刀又斩了梁成。

秦军见两位主将身亡，哪有心思恋战，争先恐后地夺路而逃。洛涧大捷，杀敌一万五千，极大地鼓舞了晋军的士气，高亢的战鼓打响了，由此拉开了淝水大战的序幕。

第九节　草木皆兵

洛涧的捷报传到谢玄那里，晋军的前锋部队也跃跃欲试。那时候，秦军在淝水的西岸布下阵来，晋军无法渡河与秦军开战，只能隔岸对峙。谢玄派使者过河去见苻坚，说："贵军孤军深入，临岸布阵，这是想要打持久战，不想速战速决。若能将阵地向后稍微挪一挪，让晋军渡过河来，到时再决一胜负，不是很好吗？"

苻坚历来坦荡不要心计，此时的他更是眉高心大，认为这个要求并不苛刻，就爽快地答应下来。晋使一走，秦军诸将纷纷表示反对，担心这是晋军的阴谋。苻坚朗声道："如果是阴谋，咱们就将计就计，待晋军渡了一半的时候，咱们就以骑兵冲杀，将晋军击杀在岸边和河里。"苻融一听有理，就同意了。①

时值寒冬，河水不深，刚及马肚。晋军紧急动员起来，步兵的脚全都涂上了厚厚的防霜蜡。每个人必须在一刻钟之内蹚过河去，否则时间长了，脚就会冻伤、坏死，而且过河之后不能停下来，必须迅速跑动，脚才能恢复知觉。

一林红叶，几片白云。谢玄一声令下，晋军开始强渡淝水，为了御寒，晋军大声吼道："冲啊！冲啊！"几千人的队伍顿时造成了几万人的声威。虽然是虚张声势，但诸军胆气被这声威调动了起来，俨然有了排山倒海的力量。一时间，八千晋军奋不顾身，奋勇向前扫胡尘。

与此同时，庞大的秦军也开始后撤了。在苻坚看来，秦军后撤一箭之地，给晋军挪个地方，这有何难？因而，后撤之前既没做动员，也未说明情况，只让传令兵骑着马绕阵将命令传了下去。几十万人的队伍，首尾不相见，一听"撤"，凭经验就知道前军不妙。"撤，为啥撤？"众人大声嚷嚷。朱序在后阵中趁机大声喊起来："晋军过河了，秦军败了，快跑！不跑就没命啦！"②

远处，画角频吹，人声喧哗。"冲啊！冲啊！"怒吼声如雷隐隐传来，秦军一时间慌不择路，丢盔弃甲，夺命奔跑，一边跑还一边互相通知，"快跑，不跑就没命啦！"很快，丢下的武器把路都堵塞了。

溃退犹如泥石流，一瞬间迅速在全军蔓延开来。苻融见情况不妙，冲出帐来，翻身上马想要制止，但退兵如潮水一般涌来，苻融的马撞到枪头上，那马负痛将他掀下来。人流停不住，全跌了下来，像叠罗汉一样压倒

---

① 《资治通鉴》第一百零五卷："秦兵逼肥水而陈，晋兵不得渡。谢玄遣使谓阳平公融曰：'君悬军深入，而置陈逼水，此乃持久之计，非欲速战者也。若移陈少却，使晋兵得渡，以决胜负，不亦善乎！'秦诸将皆曰：'我众彼寡，不如遏之，使不得上，可以万全。'坚曰：'但引兵少却，使之半渡，我以铁骑蹙而杀之，蔑不胜矣！'融亦以为然，遂麾兵使却。秦兵遂退，不可复止。"

② 《资治通鉴》第一百零五卷："秦兵少却，朱序在陈后呼曰：'秦兵败矣！'众遂大奔。"

在苻融身上，又急又气的苻融顿时昏了过去，不久就被赶到的晋军杀了。[①]

道路上到处都是兵器，连路都被堵住了，大家推推搡搡，互相踩踏，死伤不计其数，场景触目惊心。一时间哭喊声惊天动地。中军帐中苻坚一听声音不对，立刻拔剑上马，砍断缰绳，刚一抬头，就惊得目瞪口呆。只见八公山上，白云之下，战旗飘飘，千军万马红衣红甲自云间而降，向下俯冲。苻坚想不到晋军竟在八公山上埋伏了如此众多的兵马，“不是说晋军兵少粮乏吗?”他们到底是天兵还是晋军?苻坚不由想起出征前大臣石越的谏言：“依星象，今年不宜南下。”难道说天助晋军，苻坚不及细想，鞭子一抽，随着人流一起退去。

起风了，风声呼呼，方圆百里，江边的水鸟、林中的飞禽、芦荡里的白鹤，它们从未见到这样天翻地覆的阵势，一时间吓得腾空而起，“嘎嘎”、“啊啊”地齐声鸣叫起来。叫声伴着人的呐喊声随风飘去，心乱如麻的苻坚神志已乱，以为溃军、风声鹤唳都是晋军的追兵，吓得一头栽下马来，众人慌忙扶起，他才逃得性命。苻坚的溃军一直逃到寿阳附近的青冈，才刹住了脚。这是历史上一场不打自溃的战役。

晋军乘胜收复了寿阳，捷报以六百里快递飞向了建康，谢安正在家中跟客人下棋，他看完了谢石送来的信，不露声色，随手把捷报放在旁边，继续下棋。客人一看就知道是前方送来的战报，忍不住问谢安：“战况如何?”谢安压制住内心的高兴，淡淡地说：“孩子们已经把秦人打败了。”[②]客人听了，高兴得不想再下棋，想赶快把这个好消息传递出去，告诉亲人，就欣然告别走了。

送走了客人，谢安回到内宅，他再也按捺不住内心的兴奋，手舞足蹈起来，他的脚穿着木屐，一不小心，脚一扭，木屐的齿也碰断了，走起路来踉踉跄跄。当客人高高兴兴前来道贺的时候，见到了他的样子，不久“折屐齿”就在都城里流传开了。

---

① 《资治通鉴》第一百零五卷：“融驰骑略陈，欲以帅退者，马倒，为晋兵所杀，秦兵遂溃。”

② 《晋书·谢安传》：“玄等既破坚，有驿书至，安方对客围棋，看书既竟，便摄放床上，了无喜色，棋如故。客问之，徐答云：‘小儿辈遂已破贼。’既罢，还内，过户限，心喜甚，不觉屐齿之折，其矫情镇物如此。以总统功，进拜太保。”

第十节　魂断新平寺

淝水之战后，前秦元气大伤，先前被征服的鲜卑、羌族酋豪纷纷率众离去，举兵反叛，各自建立起割据政权，北方再次陷入四分五裂之中。

又是深秋时节，后宫中，秋声淅沥不堪闻。宫中的苻坚，因眼见前燕贵族背信弃义，又急又气，此时的他犹如困兽，昔日的风采已不再，他常常呆坐着。这时候，侍卫小心翼翼来报："慕容冲率军歼灭我军数万，占据了阿房城，正步步逼近长安城。"

苻坚一听血就往头上涌，眼睛瞪得大如铜铃，不禁大骂道："商人无义。"他命人将慕容冲的哥哥慕容暐叫来，大骂："你们家族的兄弟子侄遍布我朝，位列上将，当初你们虽说亡了国，但我从未亏待过你们，你们到了我的朝廷就像回到自己家一样。现在慕容垂、慕容冲、慕容泓个个手握重兵前来造反，真是人面兽心，枉我以国士贵宾之礼待你们。"慕容暐一听，明白几个弟弟闯下了大祸，慌忙跪倒在地，眼泪犹如滂沱大雨落下来，苻坚见他一把眼泪一把鼻涕，就不忍心杀他，上前将他扶了起来。

苻坚是个很重感情的人，他与慕容暐的弟弟慕容冲有过一段特殊的经历。公元 370 年，前秦灭掉前燕的时候，慕容冲是前燕的皇子，燕帝慕容俊之子，时年 12 岁，他与其姐姐清河公主一同被俘，充入后宫掖庭。清河公主时年 14 岁，长得娇小动人。苻坚对清河公主可以说是集三千宠爱于一身。

爱屋及乌，那时的慕容冲长得面如冠玉，非常惹人喜爱，于是苻坚又把他充作娈童，从此璧人一对，姐弟共侍苻坚，雌雄莫辨，扑朔迷离。当时长安城中有人唱道："一雌复一雄，双飞入紫宫。"众大臣对苻坚在生活方面的淫乱非常担心，王猛极力进谏，苻坚无法，只好依依不舍地把慕容冲送出宫，让他到平阳去做太守。

慕容冲赴任去了，苻坚依然怀念着他。慕容冲，字凤皇，那时候，长安城又有童谣："凤皇凤皇止阿房。"苻坚心想，凤凰非梧桐不栖，非竹实不吃。于是命人在阿房城种植了几万株梧桐与竹子，盼望着朝一日慕容冲归来。如今慕容冲真的归来了，可他不是来重温旧梦，而是来与他为敌的。①

梧雨蓼风最断魂，苻坚是愈老愈怀旧，愈重情。他断没想到，历来春归梦不归。淝水兵败以后，前秦已经是名园从此春光老，过眼繁花大半完。苻坚因为念旧，因此有许多怨恨。他想不到昔日自己钟爱的慕容冲在他兵败之后就翻了脸，先是他的哥哥慕容泓起兵自称济北王，慕容冲投靠慕容泓，慕容泓死后，他又接过哥哥的队伍，如今竟领着十万兵马，兵临长安城下。

侍卫来报："长安城下鏖战急。"苻坚急忙披挂上马，登上城楼，只见城下鲜卑虎狼之师，骁勇善战，他料不到慕容冲竟如此英姿飒爽。想当年，慕容冲少年英姿，往事幕幕浮上心头，猛然间他发现慕容冲衣着单薄，立即命人送去一件锦袍，想以此唤起慕容冲昔日的感情，以图缓兵。

慕容冲接到锦袍，唤起的不是从前的恩爱与不了情，而是亡国受虏之恨，枕席胯下之辱！他正色地对苻坚说："我慕容冲没有忘记你苻坚以往之施，只是孤家现在以天下为己任，怎能顾及这一袍之小惠。如果你束手来降，我们慕容家族待你也不会比你对待我们家族差。"苻坚一听，气得几乎吐血，大叫："白虏（鲜卑族人皮肤白皙）竟敢猖狂如此！我后悔当年没有听王景略（王猛）、阳平公（苻融）的话，杀了你。"

慕容冲在长安城外围城数月，城中断粮了，开始出现了吃人的惨剧。这时候，慕容冲率众登上城头，苻坚身披甲胄，亲自督战，浑身是伤，血流遍体。猛然间，苻坚想起几天前道士的谶言——帝出五将久长得。于是，他率领了数百骑从长安突围出去，向附近的五将山（今陕西岐山县）逃去。胜败兵家事不期，包羞忍辱是男儿，氐族子弟多才俊，卷土重来未可知。

苻坚刚刚逃到五将山，羌族首领姚苌立即派兵包围了五将山，秦兵溃散，苻坚身边只剩下十几个侍卫。这时候，苻坚帝王气度不改，他安静地坐下来，召厨师进食。姚苌的大将吴忠飞马赶到，令人将苻坚捆起来，送

---

① 《晋书·载记·第十四》载："初，坚之灭燕，冲姊为清河公主，年十四，有殊色，坚纳之，宠冠后庭。冲年十二，亦有龙阳之姿，坚又幸之。姊弟专宠，宫人莫进。长安歌之曰：'一雌复一雄，双飞入紫宫。'咸惧为乱。王猛切谏，坚乃出冲。长安又谣曰：'凤皇凤皇止阿房。'坚以凤皇非梧桐不栖，非竹实不食，乃植桐竹数十万株于阿房城以待之。冲小字凤皇，至是，终为坚贼，入止阿房城焉。"

到新平。[1]

姚苌一见大喜，嬉皮笑脸地向苻坚索要传国玉玺。苻坚一听大骂起来："玉玺已送给晋国，怎能送给你这样忘恩负义的叛贼！"姚苌又要苻坚把帝位禅让给他，苻坚又骂起来："禅让只能禅让给圣贤。姚苌，你算什么东西，敢自比古代圣人？"

姚苌恼羞成怒，他用弓弦将苻坚勒死在新平佛寺，苻坚死时，时年四十八岁。他的儿子苻诜、女儿苻锦、苻宝以及夫人张氏等人都随之自杀。苻坚虽然以悲剧收场，但他创建的前秦盛世并未被历史遗忘。历史记下了他的失误，同时也记下了他的功绩。

---

① 《晋书·姚苌载记》："时苻坚为慕容冲所逼，走入五将山。冲入长安。……苌遣骁骑将军吴忠率骑围坚，苌如新平。俄而忠执坚，送之。"

第六章　羌族与后秦

羌族自称尔玛，意思是本地人，即原住民。羌族是中国最古老的种族之一，在历史上有着深远的影响，炎帝神农氏便是其中较大的一支。继神农氏之后，“大禹出西羌”，说明夏朝与羌人有密切的关系。在中国历史上，羌人建立的政权有南北朝的后秦和五代时期党项羌的西夏等。

史书认为古老的羌族来自于三苗。《说文·羊部》：“羌，西戎牧羊人也。”《史记·五帝本纪》记载：“迁三苗于三危，以变西戎。”《后汉书·西羌传》曰：“西羌之本出自三苗，姜姓之别也。其国近南岳。及舜流四凶，徙之三危，河关之西羌地是也。”这些资料表明，羌族很早就与他族融合。炎黄时期，羌族的大部已与黄帝结成联盟。五帝时期，羌族又与东夷以及南方的蚩尤三苗进行联姻。在不同的历史时期，由于战争等不同原因，羌族人或被流放，或流亡到不同的地方，从而形成不同的族群。在多民族的中国，汉、藏等许多民族都与羌族有血缘关系。

羌族最著名的乐器是羌笛。许慎《说文解字》记载：“羌笛三孔。”汉代马融的《长笛赋》记载：“近世双笛从羌。”唐代《乐府杂录》记载：“笛，羌乐也。”宋代的羌笛由三孔发展为五孔。古代羌笛既是羌人的乐器，又是他们赶羊的鞭竿，故又称“吹鞭”。

古代羌乐是五声音阶，与汉人一样，五声音阶是无法模仿狼的引吭高歌的，这也说明羌族虽是西戎牧羊人，但他们不属于来自西域的胡人，羌人很早就成为农耕民族，但由于历史原因，他们不得不避居到崇山峻岭中，成为了山中的农耕民族。

羌族是一个古老而又庞大的族群，早期约有一百五十余部族。本节所写的仅仅是其中的一支——烧当羌，这一支据载是虞舜的后裔[①]。公元2世纪初，烧当羌被东汉政权击破，从青海河曲迁徙到甘肃一带。西晋永嘉年间，居住在陇西赤亭的烧当羌人在酋长姚弋仲的率领下，从赤亭徙居到

① 《晋书·姚弋仲载记》：“姚弋仲，南安赤亭羌人也。其先有虞氏之苗裔。禹封舜少子于西戎世为羌酋。其后烧当雄于洮、罕之间。”

陕西隃麋（今陕西千阳县东）。公元 333 年，羌族酋长姚弋仲被后赵皇帝石虎任命为西羌大都督，他率领数万羌族人从关中迁往冀州清河滠头（今河北枣强东北）。后羌族又在冉魏“诛胡”、“逐胡”风潮中举族回迁，举事建立后秦（公元 384—417 年），传三主，历时三十四年，定国都长安，后为刘裕所灭，领土大约包括今甘肃、陕西、山西、河南。

第一节　千里迁徙结佛缘

千里荒原，这支迁徙的队伍犹如蚂蚁一样在移动，人们挑着沉重的行李，牵儿背女，扶老携幼，队伍中不时有孩子发出沙哑的哭声。姚弋仲骑着马来回巡视检查。

彤云密密，寒风冻裂，雪花乱纷纷如絮如棉，飘舞旋空，树枝上挂满了白冰凌。队伍已经走了二十多天了，每天只能走四十多里。队伍中每天都有一两个婴儿死去，沿途留下了一个个小坟堆。每天也有一些人病了走不动，不得不留下来。他们通常被安顿在沿途的当地人家，自愿卖身为奴仆，条件是主人先医治好他们的病。

不知什么时候队伍中多了十多个从龟兹来的出家僧人。这些和尚芒鞋托钵，栉风沐雨，跟着队伍不辞劳苦，每天都忙得不亦乐乎，一旦有人去逝了，他们就协助安葬，并念经超度死者，安慰死者家属。他们也帮忙安顿那些走不动的人。他们所做的一切都是自愿的。羌族人对他们产生了好感，姚弋仲也俨然多了十多个帮手。

姚弋仲的一位本家叔叔也病倒了，只好留了下来，因为一家人不愿分开，所以三十多岁的儿子带着两个小孩全都留下来照看爷爷，他们卖身到一家姓刘的地主家中。姚弋仲前来看望叔叔，六十多岁的叔叔已是满头霜雪，脸色黝黑，躺在刘家柴房中的一副床板上。

柴房中，青灯摇曳。人在异乡为异客，这一别将是生死茫茫两不见，叔叔闪动昏花的双目，老泪纵横。望着风烛残年的叔叔，姚弋仲感到一阵凄凉。柴房外，风声一阵更比一阵紧，“似这等朔风凛冽彻骨寒，可怜我这叔叔不知能否挨到来年春暖花开时。”队伍每天都在减员，不知道有多少人能真正到达目的地，姚弋仲的心情犹如他的肩膀一样沉重。姚弋仲旁边几个和尚一边念着佛经，一边劝慰他：“不必难过，凡事随缘而定，随遇而安。”

姚弋仲不自觉地拉着一个和尚的手问："这一别还能再见面吗?"

"能，能！凡事都有定数。"和尚说。

"什么时候?"姚弋仲又问。

"说难就难，说不难也不难。只要羌人发达了，就有许多方法可以再见面。"

姚弋仲一听，心中似乎有了一丝希望，对，发达了就能见面，他对身边两个儿子姚襄、姚苌说："记住，有朝一日羌人发达了就来接他们。"

"阿弥陀佛！但得沾佛光，菩萨也心欢。"

第二节　从秦王到秦帝

半年后，羌人终于在清河滠头安顿下来。族人刚刚安定下来，突然飞来横祸，中原冉魏政权发起了"诛胡"、"逐胡"的风潮，来势凶猛，据说邺城中已有二十万羯胡被杀。后赵皇帝石祗拜姚弋仲为右丞相，下令合力抵抗冉魏。姚弋仲对石勒政权素有好感，于是派儿子姚襄前去解救石祗，他对姚襄说："你的才干十倍于冉闵，这次出征，如果没办法擒获冉闵，就不要再来见我。"姚襄出征不久就打败了冉闵，奏凯而归，但因为他没有抓获冉闵，姚弋仲非常生气，将他杖打了一百下。[①]

不久，后赵石氏政权灭亡了。姚弋仲派遣使者与东晋联系，后赵归顺了东晋，姚弋仲接受了东晋的官爵封号。[②] 公元 352 年，姚弋仲病死，儿子姚襄袭父职。因为东晋在抵制"诛胡"中不力，姚襄与东晋关系破裂。

仲春时节，子规声声："不如归去，不如归去!"姚襄率领羌族人风餐露宿又回到了关中。那时候，苻坚率领的氐族人也回到秦川，双方在关中展开争夺。公元 357 年，姚襄的羌兵与前秦的氐军大战于三原（今陕西三原县），羌族兵败，姚襄被杀，弟弟姚苌（音长）率领部众归顺了前秦。

---

① 《晋书·姚苌载记》："以弋仲为右丞相，待以殊礼。祗与闵相攻，弋仲遣其子襄救祗，戒襄曰：'汝才十倍于闵，若不枭擒，不须复见我也。'襄击闵于常卢泽，大破之而归。弋仲怒襄之不擒闵也，杖之一百。"

② 《晋书·姚苌载记》："弋仲有子四十二人，常戒诸子曰：'吾本以晋室大乱，石氏待吾厚，故欲讨其贼臣以报其德。今石氏已灭，中原无主，自古以来未有戎狄作天子者。我死，汝便归晋，当竭尽臣节，无为不义之事。'乃遣使请降。永和七年，拜弋仲使持节、六夷大都督、都督江、淮诸军事、车骑大将军、仪同三司、大单于，封高陵郡公。"

姚苌身高体壮，面如锅底，目似銮铃，成了苻坚手下一员猛将，屡立战功。

淝水一战，豪情满怀的苻坚，壮志宏图化成了泡影，他狼狈地回到长安，不久内乱就发生了。原来归顺前秦的鲜卑贵族慕容氏首先发难，起兵反叛，与前秦争夺天下。姚苌奉苻坚之命参与讨伐鲜卑慕容氏的战争，不料被慕容泓打败，只好逃到了渭北。①

关河萧瑟，陇首云飞。在羌人以及关西五万多户豪族的支持下，姚苌也揭竿举事。公元384年，姚苌自称大将军、大单于、万年秦王。率军屯驻在北地（今陕西耀县），渭北一带有十万余户归附了姚苌，姚苌的势力犹如山间竹笋般发展起来。

公元385年，前秦的首都长安被鲜卑慕容冲击破，苻坚带着若干侍卫突围来到五将山，姚苌将苻坚包围在五将山，向他索要传国玉玺，并要苻坚将皇位禅让给他，遭到苻坚的拒绝后，姚苌又羞又怒，用弓弦将苻坚勒死在新平佛寺。

苻坚死后，关中剩下了两只老虎——姚苌与慕容氏。羌人世世代代生活在关西，属于地头蛇，慕容家族只好率领三十余万鲜卑人离开关中回到中原一带重新建立燕国，史称后燕（慕容垂建，定都中山，在今河北定县，传七主，历二十四年，后为北燕所灭）。姚苌于公元386年入主长安称帝，国号大秦，定都常安（因长安避讳苌而改常安），史称后秦，又称姚秦，传三主，历三十四年，后为刘裕所灭。

第三节　大破魏揭飞

姚苌称帝不久，便面临着重大的危机和考验。后秦建初五年（公元390年）四月，前秦残部镇东将军魏揭飞自称大将军、冲天王。率氐、胡数万人马进攻后秦杏城。后秦将军雷恶地反叛，响应魏揭飞，也发兵进攻后秦的李润镇（今陕西蒲城东北）。一旦魏揭飞的势力发展起来，前秦复兴，关中就只有魏揭飞而无后秦了。

姚苌认为，当务之急就是先剪除魏揭飞，于是他亲自率领一千六百兵

① 《晋书·姚苌载记》："坚既败于淮南，归长安，慕容泓起兵叛坚。坚遣子叡讨之，以苌为司马。为泓所败，叡死之。苌遣龙骧长史赵都诣坚谢罪，坚怒，杀之。苌惧，奔于渭北。"

马前来讨伐魏揭飞。魏揭飞也率氐、胡数万人来攻，他得知姚苌只有一千多人马，因此根本不把姚苌放在眼里。姚苌靠山扎下营寨，魏揭飞几万人马将姚苌的兵马围了个水泄不通。

隔天，魏揭飞亲自前来挑战，姚苌身边一员大将姚胜策马出阵迎战。双方战了三十多个回合，姚胜渐渐不支。魏揭飞乃前秦名将，他将姚胜团团围住，姚胜始终跳不出刀光剑影，最终被魏揭飞斩下马来。前秦军斩了姚胜的首级，挂在辕门示众。

姚苌见状，顶盔贯甲，罩袍束带，弯弓别箭，骑一匹斑豹马风一般冲出阵来，还未近前，坐骑一声哀叫，将他掀下马来，原来那马中了魏揭飞一箭。姚苌跌下马来，还未爬起，魏揭飞已经冲了过来，魏揭飞一刀刀砍下，都被姚苌闪身躲过，幸亏后秦军抢上前来，将姚苌抢了回去，姚苌才捡回了一命。

姚苌军壁垒坚守，不再出战，前秦军也不以为意，只是将后秦军队团团围住。几天下来，前秦军队渐渐松懈下来。姚苌派遣他的儿子姚崇带领数百轻骑绕到前秦军的背后偷袭，攻其不备。就在魏揭飞后军大乱之时，后秦镇远将军王超领兵前来救援，从正面突击，纵兵攻入阵中。姚苌也从侧面突入前秦军中，三路夹击。前秦军大败，王超枪挑魏揭飞，姚苌军大获全胜，斩前秦军万余人。

不久叛军雷恶地战败请降，姚苌待之如初，加以安抚，使雷恶地心悦诚服的归降，后秦政权总算安定下来。

公元 393 年，姚苌病逝，太子姚兴继位，次年，打败前秦的残余势力苻登，灭前秦，据有关陇，并乘西燕败亡之际取得河东。随后又相继攻占洛阳，臣服西秦，攻灭后凉，据有今陕西、甘肃、宁夏及山西、河南的大部，西至河西走廊，东至徐州，几乎控制了整个黄河、淮河和汉水流域。

第四节　姚兴与鸠摩罗什

在后秦三代皇帝中，姚兴是有所作为的，他即位不久，千头万绪中想起他爷爷曾对他说过，羌人和佛有缘，当年在艰难的迁徙中，高僧曾帮助过羌族人。于是姚兴派法显去天竺取经，又派人到西凉去迎接一位高僧——鸠摩罗什。鸠摩罗什来到长安那一年已经 58 岁了，到长安不久，鸠摩罗什便在长安逍遥园和西明阁译经说法，招收弟子，并主持了三千多人的佛经译场。姚兴一有空就到译场来，参加佛经的翻译与校勘工作。

愁云淡淡雨潇潇，暮暮复朝朝，黄卷青灯，耳濡目染，姚兴也略通佛理了。这一日，姚兴在经文中见到了“众生平等”四个字，似懂非懂，于是便向鸠摩罗什请教。为了这四个字，姚兴罢朝三天，与鸠摩罗什畅谈了三天三夜。

三天后，姚兴仿佛变了一个人，他拜鸠摩罗什为国师。姚兴回朝以后，颁发了一道诏书，释放因兵荒马乱自卖为奴婢的平民，诏书规定奴隶主不得刁难，各地官府应协同做好赎买之事。这一诏令使很多人获得了人身自由，当年在迁徙中流失的羌族人也陆续归来，姚兴的族叔、族兄弟也辗转来到了长安。姚兴觉得，自己的祖父、父亲的宿愿实现了，他们在九泉之下也能瞑目了，因此很感激鸠摩罗什的指点。

那时候，关中是多民族聚居的地方，人们常常因为肤色、习俗与宗教见解不同而争吵。自从白马驮来了贝叶文，从此宝筏渡迷津。随着鸠摩罗什在长安开讲“大乘经”，清音彻九天。弘法场上，黑压压坐满了不同肤色、服饰的人，经历了战乱的人群，对“戒杀生”的佛教很感兴趣。每一次踏进寺庙，姚兴都有一种莫名的感动，佛殿中众生都在高歌一曲五字经。他想不通为什么这五个字，从不同种族、不同年龄的信众口中发出，竟如此和谐，如此动人，简直就是世上最动人的歌，热血在姚兴的身体中流动，他常常感动得热泪盈眶，他深信佛就存在于这歌声中。

佛光普照着关中，大梦无边，人们仿佛在茫茫的夜里，见到一个不同的世界。哀鸾孤桐上，姚兴觉得这鸠摩罗什是举世无双的大德智人，他很想为鸠摩罗什做一件事，想不到却闹出了佛教史上的一个大笑话。

有一次，姚兴对鸠摩罗什说：“大师聪明超悟，天下无双，可不能使法种无嗣啊！”他总觉得鸠摩罗什如果不能留下后代，是人世间极大的遗憾和损失。姚兴又见鸠摩罗什孤身一人，生活清苦，心里很过意不去，总想给他娶一位妻子。

这一日，西明阁中来了二十多个宫廷侍卫，他们不由分说地将鸠摩罗什“请”上马车，强行将他迁出僧坊。马车载着他来到一座华贵的府邸前，大门一开，十个花枝招展的乐伎迎了上来，鸠摩罗什一见就惊呆了，这就是姚兴为了让鸠摩罗什留下“法种”，强行赐给国师的。[①]。

---

① 梁慧皎撰：《高僧传》卷二《晋长安鸠摩罗什》记载：“姚主常谓什曰：‘大师聪明超悟，天下莫二，若一旦后世，何可使法种无嗣。’遂以伎女十人逼令受之。自尔以来，不住僧坊，别立解舍，供给丰盈。”

当天晚上，姚兴亲自来贺。十个美姬摆下丰盛的宴席，桌上摆着姚兴钦赐的八坛美酒。姚兴请鸠摩罗什看在他的面子上破一次戒。羌人喜欢饮“咂酒”，饮酒的时候在酒坛中插上一根竹管，双手握住吸管，尊长者先吸，随后众人轮流吮吸，羌人把这叫做“双手抱定朝天柱，吸得黄河水倒流”。

鸠摩罗什与姚兴有缘，自从他第一次见到姚兴，鸠摩罗什就依稀觉得自己肩膀上站着两个小孩。如今是美酒佳人、君王在侧，在声声“随缘”的劝说中，鸠摩罗什既不好扫他们的兴，又不好翻脸，他深知姚兴是个很有人情味的人，于是握着竹管，说了句“否极泰来”的吉祥语，接着便轻轻吸了一口。轮到姚兴，他道了声“盖世良才”，一连吸了几大口，接着十个歌姬也轮流吸吮。

约过了一个时辰，八坛酒就被吸干了，姚兴起身告辞。鸠摩罗什被扶上床，鸠摩罗什定力虽好，但毕竟是凡胎，经不起歌姬的折腾，糊里糊涂就破了戒，十个月后竟生下一对双胞胎。姚兴一听，高兴极了，他总算对得起不远万里、远道而来的朋友与国师。生活就是这样，既要做精神导师，也不能禁绝人间烟火。在姚兴看来，鸠摩罗什依然伟大。

双胞胎的事在僧坊中引起了轩然大波。苦行僧们约好，一起来找鸠摩罗什，希望也能享受他的艳遇。鸠摩罗什明白他们的来意，他让他们依次坐下，拿出一钵针，摆在众僧面前，拿起两枚，放在口中，小心翼翼地吞了下去，接着对众僧说：“你们若想享受艳遇，那就每个人把一根针吞下去。”这些僧人悟性高，灵犀一点就明白，他们大悟，原来鸠摩罗什破戒，实如吞针一样，有苦难言。

鸠摩罗什指着屋里的一盆兰花说：“兰死不改其香。我无奈破了戒，行为虽同常人，但精神早已超越了世俗。”说着又指着佛陀的莲花宝座说：“譬如这莲花，虽生在淤泥之中，却能出淤泥而不染，你们要像采撷莲花一样，但取其花，不取其泥。我的戒行有亏，但是我翻译的经典，如果有违背佛陀的本意之处，那就让我深陷地狱；如果我翻译的经典不违背佛陀的本意，那么让我的身体火化之后，舌头不烂。”

多年后，鸠摩罗什大师圆寂，火化其法体之时果然有舌头舍利，这就是所谓的“三寸不烂之舌”。今甘肃武威市有鸠摩罗什“舌舍利塔”。

鸠摩罗什既是后秦的国师，又是姚兴的挚友。经鸠摩罗什之手，前后译经共有九十八部，计四百二十五卷。在中国佛教史上，鸠摩罗什译经是件大事。鸠摩罗什译经态度严肃，力求译文典雅而又不失原意。他的译经活动不但有利于佛教的传播，而且奠定了中国翻译文学的基础。鸠摩罗什的晚年奉献给了中国的佛教事业，随着他的到来，长安渐渐成为当时的佛教中心，佛教的石窟艺术也发展起来。

第五节 后秦的衰亡

姚兴在位22年间勤于政事，治国安民，重视发展经济，兴修水利，关心农事。除提倡佛教外，他还重视儒学和文化教育事业，他大力兴办学校，当时集中在长安求学的儒生有一万数千人。姚兴还设律学（司法学校）于长安，招收各郡县官吏就学，学业优秀者派遣为狱讼官。除此之外在官吏任用上他提倡廉政，严惩贪官。由于实行了这些有效的措施，关中的经济得到了快速的恢复和发展。

公元414年，姚兴病重，诸皇子之间展开了权力争夺。姚兴最宠爱的儿子——大将军、广平公姚弼图谋夺取皇太子姚泓之位。随后两年之间，争夺一波更比一波凶，来势一次更比一次猛。公元416年春，姚兴病势严重，他自知即将不久于人世，于是下令太子监国。姚弼的党羽随即紧急行动起来，准备谋杀姚泓并劫持姚兴。

春已半，烟柳青青万缕。伴随着燕子、鸿雁的归来，满目都是红瓣飘飞。这时候，一支军队悄悄地进入了皇城端门，来者是姚弼的死党姚洸，他们以为姚兴已死，准备孤注一掷。殊不知太子早有准备，在皇城内伏下了重兵。不久，双方展开了惨烈的战斗，皇城内外尸横遍地，血迹斑斑。

后宫中，昏睡的姚兴突然醒过来，回光返照使他头脑特别清醒，耳朵分外灵敏。他的耳畔响起一阵阵刀枪器械沉重的撞击声，声声捶打着他的胸膛，“外面发生了什么事?”姚兴问。

内侍回答：“太子与广平公的军队打起来了。”姚兴的眼角不由落下了眼泪，姚泓虽是太子，但姚兴一直对他不大满意，姚弼则是姚兴的宠儿。这些年，正因如此，姚弼才敢于如此有恃无恐。可如今事态发展到这般地步，再这样下去，国家必亡，眼下何去何从，该如何处理，姚兴心里有数。在他即将走完人生道路之际，他不得不亲自处理这最后一件事。

第二天早朝，回光返照的姚兴坐在金銮殿上，这是他人生最后一次上朝，他在朝堂上发布了自己人生的最后一道诏书。他下令收缴姚弼的武装，逮捕并处死姚弼。宣诏的隔天，姚兴去世了，终年51岁。

姚兴宣诏不久，兵乱平息，太子姚泓虽然顺利地继位，但内部的纷争依然存在，姚泓在位只有一年多。那时候，东晋刘裕的势力迅速发展起来，开始北伐。公元417年刘裕取潼关，攻占长安，同年八月姚泓兵败投降，后秦灭亡。

后秦三代帝王，国祚34年，作为一个古老的民族，在历史上的匆匆一现间，当年的“废奴”留下了美谈。姚兴重视教育与律学也在史籍中留下了一笔。佛教的传播，犹如无边黑暗中点燃的一支蜡烛，当传统的“九品中正制”已发展到疯狂、僵死之时，关中似乎有了一抹绿色，随之而来的均田制、科举制都带有“众生平等”的意味，当然，这些是由后起的鲜卑拓跋政权来完成的。

第七章　鲜卑拓跋氏与北魏

继匈奴之后，鲜卑人又一次统一了草原各部落，建立起一个鲜卑大帝国。鲜卑人自认是黄帝的嫡系。据《山海经》记载，他们的始祖是黄帝的孙子始均，被分封在草原上，后来繁衍成族（详见本书第一章）。鲜卑人世居大兴安岭，他们将大兴安岭叫做鲜卑山，故该族称为鲜卑族，属于草原中的东胡。

东汉末年，气候发生了变化，天气转冷，奇寒难耐。鲜卑人不得不走出白雪皑皑的大兴安岭向南迁徙，最终来到黄河河套地区，在这里定居下来。他们由山林民族变成了游牧民族，后来又逐步进入中原，建立起北魏王朝（公元386—534年，拓跋珪建），传十五主，历时一百四十九年，后分裂为东魏和西魏。北魏初定都盛乐，后迁都平城（今山西大同），随后再次迁至洛阳，统一中国北方。

鲜卑人中有一个奴仆部落，叫做柔然。当鲜卑人进入中原之时，柔然人在草原上建立起一个幅员辽阔的柔然帝国。由于气候原因，柔然人也想南下向中原发展，于是柔然人与先到中原的鲜卑族产生了矛盾。鲜卑人为了保住自己的既得利益，与新兴的突厥人合力击溃了柔然帝国。

鲜卑人在南征北讨、建立北魏王朝的过程中，其政策与制度对后来的隋、唐王朝有很大的影响。鲜卑这是一个颇有建树的民族。

第一节　鲜卑人的迁徙

很久很久以前，辽东的深山中生活着一群人，他们叫做鲜卑人。鲜卑人中出了个英雄，叫拓跋毛，人们都信服他、归附他。拓跋毛大人（“大人”指鲜卑人的酋长）统一了三十六个部落，合并了九十九个氏族，威震千里，鲜卑部族逐渐强大起来了。[①]

自拓跋毛大人以降，第五世是拓跋推寅大人（约公元1世纪前期），中原时值东汉王朝，鲜卑人认为深山苦寒、生活艰难，他们就在拓跋推寅大人的带领下，向南迁徙来到大泽湖（即今呼伦池，也叫达赉湖）。又过了六世，那是拓跋邻大人的时期，鲜卑人已形成了鲜卑帝室的八国、十氏——拓跋氏、纥骨氏、普氏、拔拔氏、达奚氏、伊楼氏、丘敦氏、俟亥氏、乙旃氏、车焜氏。这十大氏的首领认为，这大泽湖到处都是沼泽地，湖水一年有近两百天结冰，很少见到太阳。此地气候阴寒，因此他们又决定南迁，去寻找新的天地。

举族迁徙并非易事，那时候，拓跋邻大人已经老了，带不动他们，于是就传位给儿子拓跋诘汾。依照规矩，鲜卑人迁徙之前必须到故地石屋祖庙祭祖，向祖宗神灵告别，祖庙就在大鲜卑山（今大兴安岭北段阿里河附近），拓跋诘汾带了几个人北上回去祭祖。

这一日他们来到一个山谷，这个山谷很美，到处都是松树、柏树和乌拉草，整个山谷就像铺上了绿地毡。几只松鼠、小貂在树上窜来蹦去，更显得山谷的静谧。谷中有一块硕大无比、闪闪发光的石头，犹如一面大镜子，明亮可鉴。

蓦然间，拓跋诘汾发现树荫深处一个妙龄女子向自己翩翩走来，宛若惊鸿。女子发如春云，眼若秋波，端庄大方。拓跋诘汾不觉怦然心动，他快步上前与女子搭讪，女子莞尔一笑，也不回避，显得落落大方，二人的互相倾慕之情洋溢于表。他们一见钟情，以石为媒结了婚。婚后不久，女子说她要回去，回到天上去。拓跋诘汾一听，内心无比惆怅，天女对他说，明年今日还在这里相见。

两人依依惜别之后，拓跋诘汾都又上了路。每当夜晚来临的时候，拓跋诘汾格外想念天女。为了能见到她，他常常在夜间爬上树去，拨开树枝去寻找那星空中的天女座。

祭祖之后，拓跋诘汾带着族人踏着满山积雪，一路连爬带滚着回到了山谷。春来了，山谷一派翠绿，鸟儿嘹亮地鸣叫着。他们来到了大石前面，四处寻找天女。只见黄鹤渺渺，人影幽幽，天女不知何处去，绿荫依旧笑春风。拓跋诘汾跪在大石前面叩问媒人，苍天开口了，那是春天的第一声惊雷，雷声经久不息。拓跋诘汾好生奇怪，仔细一听，大石后面传来

① 《魏书·序纪》："至成皇帝讳毛立，聪明武略，远近所推，统国三十六，大姓九十九，威震千里。"

一阵婴儿的哭声，过去一看，只见婴儿身体下面压着一条布条，上面写着："善养此婴，世世帝王。"这婴儿就是未来中国北部的北魏缔造者拓跋珪的五世祖拓跋力微。

为了感谢天女的赐予，也为了寄托绵绵的相思，拓跋诘汾把这山谷命名为"相思谷"，并拓碑刻石，告诫子孙要常常回来探望。①

回去不久，拓跋诘汾就带领族人开始了南迁。山高水远，路途迢迢。这一天，他们越过了九座山，淌过了九道河，众人累得死去活来，正当他们坐下来休息的时候，突然间有人大叫起来，原来他们累了一整天，又回到早晨出发的地方。拓跋诘汾好生奇怪，仔细一看，原来他们在同一座山上转了九次，又在同一条河上淌了九番。

当这样的事情接连发生了几次以后，族人们泄气了。十姓首领会上，有七个首领表示，这是天意，老天派了拦路神，意思是让他们不要再往前走了。拓跋诘汾很焦急，他既不能否认他们的观点和强迫他们，又不能让族人待在这周围都是沼泽的地方。

拓跋诘汾一夜无眠，第二天一早，他正要动员大家出发时，突然间，云霞中降下了一匹神兽，外形像马，声音如牛，落在队伍的前面。拓跋诘汾精神一振，大声喊起来："天降神兽来为我们引路啦！"

神兽走在族人前头，人们鱼贯地跟随其后。一路上，神兽引领着他们越过一座座险峰，渡过一道道恶水，经历了九险八阻，也不知走了多久，他们终于穿过了万山丛林，只见天地为之一变，眼前是一望无际的大草原，② 蓝天白云，偶尔可见成群的牛羊。

神兽又领着他们继续往前走，鲜卑人的心情开朗起来，他们一路高歌往前走。这次迁徙，鲜卑人完成了历史上一次重大转变，从山林民族变成了草原畜牧驯养民族。这一日他们正走着，神兽突然不见了，他们就在那里停了下来。

他们走上了一个坡顶，坡下的草甸一片新绿，草香花香，停在半空清唱的百灵鸟，突然垂直地飞落到草丛中，惊起了草丛中的鸟儿，更多的鸟儿直飞蓝天，急扇翅膀，停在半空，瞪着惊奇的眼睛，叽喳地叫着，似乎在询问新来的人群，要长驻还是短留？这地方就是河套地区。为了纪念神兽引路，此后，鲜卑人佩戴的饰物上总是铸刻着神兽的形象，族人把这只

---

① 《魏书·序纪》。
② 《魏书·序纪》。

神兽叫做马鹿。[①]

鲜卑人属于东胡人，当他们来到大草原的时候，匈奴人因为兵败西撤，鲜卑人合并了匈奴的余众残部，形成了鲜卑父、匈奴母的通婚关系，据说拓跋指的就是这种混血后代。鲜卑人黄头发、黄胡须，带有明显的白种人特征。

鲜卑人分为西部、北部、东部三大部。西部包括秃发部和乞伏二部；北部是拓跋部；东部包括段部、宇文部和慕容部，这就是鲜卑六部。后来从慕容部中分化出了吐谷浑部，从宇文部中又分化出了奚和契丹部。

鲜卑六部曾在北朝建立了十二个政权，继匈奴之后，他们续写了草原民族的历史，其中代王拓跋珪是鲜卑早期一个重要的历史人物。

第二节　什翼犍与道武帝拓跋珪

拓跋珪的母亲是献明帝的妻子贺皇后。有一次，皇后游云泽湖，蒹葭苍苍，芦荡茫茫，水面平静如镜，倒映着蓝天白云，云舒云卷，美丽极了。野鸭在芦苇丛中扑腾嬉戏，几只天鹅昂首浮游在湖面上。皇后沿着湖畔不断地走，玩得很尽兴。归来以后，她觉得累了，倒头就睡。恍惚间，她觉得一轮红日在寝室中冉冉升起，她努力睁开眼睛，只见一道光柱从窗牖直通天际。她正觉得有些奇怪，突然觉得身体动了一下，不久她就怀孕了。隔年七月初七，她生下了拓跋珪，就在孩子呱呱落地的时候，她又见到了那道奇怪的光柱。[②] 皇后以为是梦，一切却那样真实，众人都认为这是一个好征兆。

拓跋珪的父亲叫做拓跋寔君，祖父叫拓跋什翼犍，拓跋什翼犍的哥哥叫拓跋翳槐。拓跋翳槐年轻的时候，作为首领被推选为代国国王。那时候，为了与强大的后赵和平相处，母亲曾让什翼犍到后赵做人质，什翼犍在那里一住就是十年，他担惊受怕，受尽了孤独与磨难。公元338年，翳槐病重，遗命立什翼犍为王。各部落酋长认为什翼犍在后赵做人质，路途

---

① 《北史·魏本纪第一》：“圣武皇帝讳诘汾。献帝命南移，山谷高深，九难八阻，于是欲止。有神兽，其形似马，其声类牛，先行导引，历年乃出。始居匈奴之故地。”

② 《魏书·帝纪第二·太祖纪》：“太祖道武皇帝，讳珪，昭成皇帝之嫡孙，献明皇帝之子也。母曰献明贺皇后。初因迁徙，游于云泽，既而寝息，梦日出室内，寤而见光自牖属天，欻然有感。以建国三十四年七月七日，生太祖于参合陂北，其夜复有光明。”

遥远一时难以返回，于是众人想拥戴什翼犍的弟弟拓跋孤为王。

拓跋孤一口回绝众大臣的提议，他认为，大哥翳槐要立的是二哥什翼犍而不是我，更何况二哥在后赵作人质十年，劳苦功高，王位非他莫属。于是，拓跋孤一个人悄悄地跑到后赵，想以自己为人质换回哥哥什翼犍。后赵国王石虎认为拓跋孤情义感人，就让他们兄弟两人都回去。回去以后，什翼犍就在繁峙（今山西浑源）即代王位。什翼犍认为弟弟是个有情有义的人，为了答谢他，就将国土一半分封给了弟弟拓跋孤。

什翼犍有勇有谋，做代王不久，祖业就逐渐兴旺起来，人民纷纷前来亲附，什翼犍开始设置百官，分别掌理政务，制定律令，所制法律较为简单，民众安居乐业。鲜卑人开始从部落联盟走向国家雏形，国土东起濊貊（今朝鲜半岛北部），西至破落那，南达阴山，北至沙漠。

建国三十九年（公元 376 年），前秦前来攻打代国。那时候，拓跋孤的儿子拓跋斤嫉恨什翼犍继承了代王的位置，使自己无法继承父亲的王位，他一心只想做王，不讲情义，与他的父亲拓跋孤可谓天差地别。他欺骗什翼犍的庶长子拓跋寔君说："你的兄弟为了继承王位，将来会杀死你。"寔君生性愚昧，受其挑拨便信以为真，他决定先下手为强，于是将所有兄弟连同父亲什翼犍一起杀了。前秦趁代国内乱，发动进攻，消灭了代国。

代国灭亡的时候，拓跋珪只有 5 岁。母亲带着幼小的他逃到母系贺兰部。公元 386 年，拓跋珪 16 岁，那时候前秦灭亡，北方一片混乱，拓跋珪得到贺兰部诸部的支持，在牛川召开部落大会，即位为代王，光复代国，同年四月，改国号为魏，史称北魏，拓跋珪自称魏王。

拓跋珪立国之时，四周都是强敌，拓跋珪以精妙的战术，先后消灭了周边的对手。公元 394 年，华北只剩下强大的北魏与后燕两国，它们都是鲜卑族人，欲知哪国能在逐鹿中原中统一中国北部，请看下文。

第三节　燕魏争雄参合陂

一

公元 395 年，实力强大的后燕皇帝慕容垂命太子慕容宝、辽西王慕容农、赵王慕容麟等率军八万兵马攻魏，又令范阳王慕容德、陈留王慕容绍等率一万八千骑兵作为后援。在老谋深算的慕容垂看来，拓跋珪乳臭未干，一定要趁拓跋珪年轻无知的时候将其消灭，以免他坐大后后患无穷。

此时的拓跋珪虽然只有24岁，但他已经是一位胸有韬略、老成持重的大帅了。自他16岁立国以来，在应对周边强敌的过程中，饮马黄河，挥鞭漠北，风沙刁斗、大漠雨雪已经将他磨炼成了一位常胜将军。

魏军得知后燕来攻，群情激昂，纷纷请战。拓跋珪想，这后燕去年刚灭亡了西燕，胜利之师，挟一时之勇，士气正旺，千万不可轻敌。他将主力部队后撤到五原（今内蒙古包头）一带，在黄河与燕军隔岸对峙，避去了燕军的锋芒。

一连十多天，燕军望河兴叹，魏军的旌旗就在对岸飘扬，汹涌的黄河却阻隔了他们进军的道路，时间一久，燕军的斗志渐渐松弛下来了。此时，拓跋珪又令拓跋遵率领七万骑兵悄悄绕道来到参合陂，堵住了燕军南归之路。

这一日，燕太子慕容宝带着若干士兵前来察看地形，刚走到半山腰，只听见道口传来几声悠扬的笛韵，一个牧童稳稳地坐在牛背上，后面是匆匆赶路的一群百姓。牧童将他们领出山口，用手向北一指，众百姓纷纷作揖致谢。慕容宝一想，那些百姓全是燕国人打扮，心里好生奇怪，于是将他们叫过来问道："诸位行色匆匆，从何处来，要到何处去？"

内中一个老者回答说："我等都是燕国人。近日先皇驾崩，太子出征去了，国中无人即位，眼下国内纷乱，我等知道要出大事，就结伴逃难来到此处。"

慕容宝一听大吃一惊，"此话当真？"

"这还能有假？逃难的滋味可不好受。"老者说。

慕容宝压根没想到这些百姓全是北魏士兵乔装打扮的，"回去即位要紧！"他心里一急，也不勘察地形了，马上匆匆回营。回营后慕容宝立即将赵王慕容麟找来，告诉他父皇病重，他得赶快回去一趟，希望他能统领这次进军的部队，继续与北魏战斗，说着便吩咐谋士去将兵符拿来。

谋士去了一会儿回来说："兵符由书记掌管，此时书记不知去哪了。"说着向慕容宝递了个眼色，慕容宝会意，与他一起步出营门。谋士将一纸条悄悄塞进慕容宝的手心。慕容宝展开一看，"交出兵符就是交出兵权，此事还须谨慎。"慕容宝一想，此言有理！眼下燕国内部能与他争锋的就是赵王慕容麟，万一赵王心怀不轨，自己的一世功业顷刻之间冰化水。他跨进营来，对赵王慕容麟说："兵符之事容我再考虑。"慕容麟知道太子对他并不信任，就闷闷不乐地走了。

二

当天下午，先皇驾崩的消息就在营中悄悄传开了。燕军中有部分将领筹划发动兵变，杀死太子，拥立慕容麟为帝，一时间人心惶惶，军心大乱，内乱随时可能爆发。太子一看情形不对，心中暗自庆幸没有将兵符交予慕容麟。傍晚时分，慕容宝下令撤兵，由赵王慕容麟殿后。

燕军刚刚拔营，突然间乌云密布，四周寒气逼人，不久雪花飘飘，如絮般飘舞旋空，约半个时辰后，青松坠压垂白发，鹅毛大雪满河川。燕军就是撤退也是雪拥蓝关马不前，合当这就是天命。

几个时辰之后，河水结冰，河面如镜。拓跋珪亲率两万铁骑准备渡河，追击燕军。部将劝他说："黄河刚刚冰封，河面还不坚固，经不起两万骑兵、八万铁蹄的敲击，万一冰破马坠，反而不妙，还是再等些时日吧。"

"不能等，中原归燕还是归魏，就在这生死一战。将士们，一腔热血定雌雄！黄河冰封就是老天赐予我们的机会。我先过河，若无意外，尔等紧跟而来，能过多少算多少。过不来的就地驻扎。"说完，他双腿一夹，马立即四蹄攒劲腾空而起，呼啦啦青鬃飘扬飞冷雾，转眼间就到了对岸。此时，一声炮响惊天地，两万骑兵争先恐后向着河对岸飙去，日夜兼程追击燕军。

燕军虽由慕容麟率军三万殿后，却疏于戒备，他们一边行军一边打猎。三天后，魏军终于在参合陂西面追上了燕军的主力。拓跋珪当年就在参合陂出世，这是一个梦幻弥漫，神秘莫测的地方。燕军安营在陂东面靠近河边的地方。

夜色沉沉，林木苍苍，山高月小。魏军连夜悄悄登山，准备隔天奇袭燕军。翌日凌晨，拓跋珪登上山头，凭高一眺。燕军惶惶然正要东归，拓跋珪一声令下，两万骑兵齐踊跃，呼喊着冲下山来。燕军抬头一看，魏军犹如天降，赫赫炎炎似聚山，密密麻麻如飞蝗，立时惊得魂飞魄散，众军无心恋战，个个临阵倒戈，争相渡河逃命，互相践踏，压死、溺死者不计其数。近卫军拼死保卫太子慕容宝及几个亲王渡过河去，一个个若丧家之犬。

前面是一座高山，郁郁葱葱，慕容宝正在庆幸，忽听一阵声响，左有鹿鸣，右有鹤啸，眼前两队人马一字排开，那正是拓跋遵率领的七万魏军，他们在此恭候多日。慕容宝一见，吓得面如土色，慌忙调转马头，左旋右转，不辨东西，又向着参合陂河而来。

河岸上，陈留王慕容绍正与拓跋珪激战，约战了四十个回合，拓跋珪越战越勇，一刀将慕容绍劈下马来。慕容宝一见，七魄去了三魂，惊叫着狼狈地向东逃去。参合陂河中，尸体犹如浮鱼，河水都变红了，燕军死伤三万多人，余者四五万人全部投降，参合陂一战扭转了燕强魏弱的局面。

三

慕容宝逃回中山后，见父皇依然健在，方知中了拓跋珪的诡计，白白尽失了八万雄师。这一气，不觉天旋地转，“哇哇”地吐起血来，吐毕，身体犹如一座大山轰然倒下。先皇慕容垂前来看望他，只听见他在梦中声声请求再次伐魏。突然间，慕容宝“噌”地一下从病榻上坐起，满头大汗，脸色惨白，歇斯底里地喊：“不报此仇，决不罢休!”喊完又颓然倒下，昏死过去。范阳王慕容德就在榻前，见此情形，也劝慕容垂趁自己健在的时候率兵亲征，以免给子孙遗留后患。

隔年（公元 396 年），慕容垂亲率几十万大军再次伐魏，直扑云中（今内蒙古和林格尔西北）而来。一时间旌旗绵延万里，号角频吹震耳鸣。拓跋珪见燕军来势凶猛，鲸吞虎视，思虑再三后决定再次将主力北撤，避师阴山，养精蓄锐。

行军途中，慕容垂首先面临的是平城。平城是北魏重镇，由陈留公拓跋虔镇守，燕军兵多将广，人多势众，很快就拿下了平城，杀死了拓跋虔。

平城沦陷意味着燕军已打开了西进北上的门户，燕军军心大振，乘胜前进，势不可挡。此时的慕容垂已不满足于一城一地的争夺，他只想寻找魏军的主力，痛痛快快地决一死战。然而，一连多日魏军竟无踪影，只有小股部队扰得他心烦意乱。慕容垂变得浮躁起来，数日寝食不安，茶饭不思，肝气旺盛，口干舌燥。出征时他已经感到身体不适，几番辗转，将困兵疲，病情明显加重了，只好下令退兵。

四月，慕容垂病死在上谷，太子慕容宝秘不发丧，带着队伍悄悄赶回中山，自立为帝。慕容垂这次北伐未能挽回后燕军事上的颓势。同年七月，拓跋珪在盛乐称帝，改元皇始。公元 398 年，拓跋珪将国都从盛乐迁到平城。

拓跋珪称帝之后，亲帅三四十万骑兵进入中原，向燕国发起了进攻，魏军一路势如破竹，杀得燕军狼奔豕突。公元407年，后燕亡。版图辽阔的燕国只剩下辽西一带，众人推举慕容云为燕王，史称北燕。弹丸之地的北燕已无法与强大的北魏抗衡了。

第四节　子贵母死的拓跋嗣

一

拓跋珪统一中原之后，开始孜孜不倦地学习汉文化。他身边的著作郎崔浩是一个“学问惊朝野，文章动鬼神”的人物。拓跋珪常常请崔浩给他讲解汉史、汉典。这一日，崔浩给他讲了“汉武帝与钩弋夫人”的典故，这一典故犹如搅动一池春水般勾起了拓跋珪的一番思绪。

在汗位、王位的继承上，鲜卑人通常是“有弟传弟，无弟传子，无子推举”。这种体制的最大弊病是，当老王走向暮年时，各部落头领便蠢蠢欲动，窥视王位。随之父子兄弟操戈，部落之间相残，外戚起而干政，导致民不聊生，老王也无法安心入土。

拓跋珪有心将帝位传给儿子拓跋嗣，然而，草原古老的法则岂是一朝一夕就能改得了的。为此，拓跋珪伤透了脑筋，汉武帝与钩弋夫人的典故无意间拨动了他的心弦，在他的心头久久地振动着。他下决心以汉人的“传嫡制”来改变草原的法则，这一年是公元409年。

红日西斜，拓跋嗣从校场练习骑射归来，刚踏进宫门，就见内监匆匆而来，“小皇子，小皇子，皇上诏见！”见那内监一脸严肃，拓跋嗣好生奇怪，看来事情紧急，不宜多问。他满身的汗水还来不及揩干，便尾随内监而来。

侯门似海，后宫寂寞。拓跋嗣转过了一道道回廊，来到了御花园，此时正是三秋暮季，园中景物萧条清凄，侧耳听，御园啾啾寒蛩（蟋蟀）闹，长空呖呖旅雁哀。红日最后那一抹红晕还残留在天边，一轮皓月已悄悄爬上了东山，照得那御池波光荡漾。

一阵乐声隐隐传来，拓跋嗣的心被提了起来，“莫言寂寞无管弦，一曲琵琶带月来。”那是父皇熟悉的手法，父皇的琵琶技艺是小时候在母族贺兰部学来的。不过，今天父皇那曲调似乎与往日不同，急管繁弦，情绪高亢，铿锵中带着哀鸣，幽怨中夹着狂啸。悲壮处，烈士伤心诉不平，又好像金铁交加相战斗，刀枪相撞两争衡。“父皇今天的心情不佳。”拓跋嗣心头一震。转眼间，寝宫天安殿已到，远远望去，父皇正倚窗望月拨动琴弦，他似乎不是用手在弹奏，而是用整个身心与天地交流。

刚踏进天安殿，拓跋嗣就听见父皇手中的琵琶，四弦齐做裂帛声，刹那间音沉响绝，戛然而止。拓跋珪立起身来，将手中的琵琶放在案上，说：“嗣儿，过来。”拓跋嗣小心翼翼地走了过去，抬头一看，不觉大吃一惊，盛年的父皇失却了金戈铁马的英气，他的脸上有一种烈士暮年的悲哀，明显苍老了许多。

“嗣儿，父皇今天要立你为太子。”拓跋珪慈祥的眼中饱含着疼爱。

“谢父皇。”拓跋嗣跪在地上连磕了三个响头。

“嗣儿，父皇得告诉你，为了立你为太子，父皇得先把你的生母刘贵人处死。”拓跋珪的声音有点嘶哑，就像那洪钟裂了缝一样。

拓跋嗣以为自己听错了，此时的他还跪在地上，撑着地的双手微微发抖，愈抖愈烈，突然间，只听“嘭”的一声，拓跋嗣整个人瘫倒在地，大声嚎叫起来：“父皇，为什么要处死母妃，凭什么？”

“嗣儿，起来，父皇跟你说。”拓跋珪沙哑的声音带着无法抗拒的威严。拓跋嗣挣扎了半天，好不容易才爬了起来，他的脸色惨白，浑身依然在发抖。

“嗣儿，从前汉武帝想立太子，那时候太子年幼，汉武帝担心他的生母钩弋夫人以后会把持朝政，就先处死了钩弋夫人。如今你将继承大统，为了长久之计，父皇只能效法汉武帝的做法。”①

“父皇，汉武帝是个屠夫！当年就是他将草原人杀得血流成河，如今你还想效法他，杀死我的母妃。不，不！”鲜卑人历来重母轻父，他们从小就跟着母亲长大，“怒则杀其父兄，而终不害母”，拓跋嗣无法想象自己失去了母亲会怎么样。

“嗣儿，汉人的文化总有值得效法之处。”

“不，不！父皇，孩儿不能没有母亲！”在拓跋嗣看来，一旦失去母亲，自己就像风筝断线，旅雁失群，鲜花落地任凋残。他至死也不能容忍

---

① 《魏书·太宗纪》：“昔汉武帝将立其子而杀其母，不令妇人参与国政，使外家为乱。汝将继统，故吾远同汉武，为长久之计。”

父皇处死母妃，“父皇，孩儿不当太子！不当！”拓跋嗣斩钉截铁地说，随之又哭泣起来，无论拓跋珪怎么解释，拓跋嗣死也不答应。拓跋珪见拓跋嗣软弱，恼火地说：“你到后宫去看吧。”

这时候刘贵人已经被处死。内监见拓跋嗣哭着跑来，担心会闹出大事，就对他说：“你先出去躲一躲，等你父亲气消了再回来。”于是拓跋嗣跑出宫，不再回来。

二

拓跋嗣的母亲刘贵人是匈奴族独孤部人，拓跋珪的母亲贺皇后则是匈奴贺兰部人，那时候，草原人虽然建立了政权，建立了国家，但是任何一个能够登上汗位、王位的人，在竞争中通常都要得到妻族与母族的支持。拓跋珪5岁的时候，代国灭亡，他的母亲贺皇后将他带到贺兰部；拓跋珪16岁时复了国，所有这些都有赖于贺兰部的扶持，因此他自小就生活在母亲和贺兰部的扶持与操控中。他担心子孙后代永远蒙上这样的阴影，也担心政权会成为变相的母族或妻族的基业。在他的心目中，母族是最亲密的人，最亲密的人也是最危险的人，权衡再三，他只好效仿汉武帝，作出了“子贵母死”的决定。

“在皇位的继承上必须有一套严密的法规。”每当拓跋珪想起父亲拓跋寔君，内心就阵阵绞痛。三十四年前，父亲就因为他人几句挑拨离间的话，杀死了拓跋珪的爷爷与叔叔。当所有的亲人都被斩尽杀绝之后，幼小的拓跋珪才成为王位的唯一继承人。可是他的父亲与他不仅没有真正登上王位，反而因为这次残杀，代国当年就这样被前秦苻坚吞并，亡了国。

如今的北魏比起当年的代国，更是家大业大，为了将这锦绣河山传给儿子，他总不能也像当年他父亲那样大开杀戒吧。拓跋珪既然能打下江山，也就必须想出一个传承江山的办法。他决定，在他有生之年，必须明确地向族人交代将来帝位的继承人，避免未来的腥风血雨。如今唯一让他担心的就是未来母族的干政，于是他想到了处死刘贵人。

想到当年他与刘贵人朝夕相处，怜香惜玉，一次次倚翠偎红的情景，到如今却是半生甘苦，乐极生悲，无法与她天长地久，反要处死她。想到这里拓跋珪的内心也曾掀起阵阵狂澜，多少次他独步天街到夜阑，仰天推心空泣血，“谁似我，千般痛恨，万种愁烦，基业功成更惨然”。心灵的折磨已经使他变得若失若亡。如今更令他痛苦的是，刘贵人虽被处死，但拓跋嗣却跑了，杳无音信，这无异于火上浇油，他几乎要发疯了。

拓跋嗣的久久不归，犹如一把刀一样剜着拓跋珪的心，他只好改立另一个儿子拓跋绍，这下又得赐死拓跋绍的生母贺氏。贺氏与拓跋珪的母亲都是贺兰部人，她是母亲的小妹，也是他拓跋珪的小姨妈。小姨妈长得如花一般，拓跋珪年轻时一见到她就着了魔，那时候鲜卑人在婚姻上没有明确的辈份关系，婚后这小姨妈为他生了儿子拓跋绍。如今为了立拓跋绍为太子，拓跋珪必须亲手来掐掉这朵花，他内心哪里舍得，只下令将这美丽的妃子先关起来。

贺氏正值盛年，花儿才刚刚开放。她不想等死，就悄悄地托人找到儿子拓跋绍，拓跋绍一接到消息，就立刻带人来营救母亲了。

拓跋珪为了确立汉人的继承法，已经杀死了弟弟拓跋觚和拓跋仪；在消除母族妻党的势力时，母亲也被逼得忧愤而死。如今他又不得不赐死宠妃，看着亲人一个个死去，枕畔凄凉虚夜月，满目荒凉有谁知。没人理解他的做法是为了北魏的长治久安，就连自己想要立的太子拓跋嗣都无法理解他的良苦用心。当年的盛事随着流水已经逝去，旧日的风光也没有人再谈起，族人都以为拓跋珪中了魔，成了杀人的魔鬼。他绝望了，病了，躺在床上，亲人的鬼魂就在他身边飘荡。内监听到他喃喃自语，看到他爬行着哀号哭喊，向亲人不断地解释。[①]

就在拓跋珪精神近于崩溃之时，拓跋绍带人冲进了天安殿，拓跋珪见来者汹汹，群情激愤，就急忙去摸床边的刀和箭，还没抓到手，就已经倒在血泊中，他死时只有 39 岁。

拓跋珪虽然死了，但他立下的“子贵母死”继承法，却为鲜卑人所继承，并成为北魏定制。

拓跋珪死后，拓跋嗣归来杀了拓跋绍，登基成了皇帝，他就是北魏的第二位皇帝——太宗明元帝，他追封父亲拓跋珪为道武皇帝。公元 423 年，拓跋嗣进行了第一次南北战争，进攻南朝宋国，攻占了虎牢关，辟地三百里。在这次战争中拓跋嗣因攻战劳顿成疾而终，享年 32 岁。

---

① 《魏书·太祖纪》：“忧懑不安，或数日不食，或不寝达旦。归咎群下，喜怒乖常，谓百僚左右人不可信，虑如天文之占，或有肘腋之虞。追思既往成败得失，终日竟夜独语不止，若旁有鬼物对扬者。”

第五节　拓跋焘

一

北魏的第三代皇帝是太武帝拓跋焘，他是拓跋嗣的长子。拓跋焘登基之时还不满 16 岁。他即位当天，便面临着一场来自柔然的战争。

“云中告急，云中告急!”众大臣一听，立即紧张起来。

柔然，史书上亦称蠕蠕、芮芮、茹茹、蝚蠕、檀檀，是鲜卑拓跋部的一支，其始祖叫木骨闾，本是拓跋部的奴隶，主要游牧在鄂尔浑河与土拉河流域。拓跋部的大部南迁中原后，留下的部分人进居阴山一带。公元 402 年，柔然首领社仑自号“豆伐可汗”，建庭于鹿浑（今蒙古国哈尔和林西北），合并了附近的部落组成联盟，形成了柔然族与柔然国。公元 4 世纪末至 5 世纪中叶，继匈奴之后，柔然活动于中国大漠南北和西北广大地区。柔然最盛时势力遍及大漠南北，北达贝加尔湖与色楞格河，南抵阴山北麓，东北到大兴安岭，东南与西拉木伦河的库莫奚及契丹为邻，西边远及准噶尔盆地、伊犁河流域和巴尔喀什湖，曾一度进入塔里木盆地，成为欧亚大陆之间的草原大帝国。

公元 423 年，柔然可汗大檀听说明元帝拓跋嗣去世，拓跋焘少年登基，柔然想乘北魏内政未稳之时教训一下北魏，他亲自率领六万骑兵，进入了北魏的云中（今内蒙古和林格尔西北）郡，攻陷了北魏的故都盛乐，又迅速包围了云中城。北魏朝中文武大臣一听柔然来势如此之猛，皆大惊，倒是少年的拓跋焘胸有成竹。

“兵来将挡，水来土掩，不用急。”拓跋焘 12 岁的时候就曾远赴河套抗击柔然，对柔然的战术颇为熟悉。他力排众议，第二天便亲自率领两万骑兵急赴云中救援。

柔然人倚仗人多，将赶来救援的拓跋焘部队重重包围起来，他们就像转轮一样轮番地扑上来。北魏将士们一见，十分恐慌，只有拓跋焘神态自若，面对雨点般的流矢，拓跋焘身边的士卒先后倒了下去，但箭矢却丝毫伤不到他。将士们一见此番情景，就知道皇上有真武功，有上天庇佑，是真命天子，于是诸将士都表示愿意为拔跋焘效命，拼命地向他聚拢来。

突然间，阵地响起了一阵嘹亮的歌声：

嘿！嘿呀嘿！嘿呀嘿！
朝看天山雪，夜宿大非川（今青海共和县西南切吉平原）；
乃知由来征战苦，抱刀枕戈衣作毡。

众人一看，那是拓跋焘在马上高歌拓跋人的马上军乐《鼓角横吹曲》。将士们一听，紧张的心情立刻安定了下来。他们一边应和着，一边英勇地冲向了柔然人的阵地。此番情境惹恼了柔然的两位大将大那和社仑，他们挥舞着大刀向北魏军冲来。

大那、社仑二人虎背熊腰、赤发碧眼，有万夫不当之勇，所到之处，北魏兵将皆莫能挡。拓跋焘见状，也挥舞自己手中的刀，大吼一声，从大那、社仑中间穿插进去，一刀下去，砍中了社仑的马胯，马负痛将社仑掀下来，蜂拥而来的北魏骑兵立刻将社仑踏成肉饼。

拓跋焘弯弓搭箭，随着一声鸣镝，又将柔然的另一位大将于陟斤射下马来。一时间北魏士气大振，将士们左右护卫着拓跋焘，就像一群红了眼的狼一样向着柔然军的纵深插去，柔然军哪里阻挡得住，如决堤的洪水一般，溃败而逃，云中之围得以解除。少年皇帝拓跋焘的沉着神勇在将士们的心中留下了深刻的印象。

二

隔年（公元424年）十月，为报云中被围之耻，拓跋焘决定兵分五路，讨伐柔然，他的主张得到满朝文武的赞同。只有崔浩认为，为了彻底打击柔然，必须先扫清外围，灭了西夏，但崔浩的主张并不被朝臣看好。崔浩深知，文臣武将为何一致主张攻打柔然，那时因为可以俘获大量的人畜，他们不愿伐夏国，害怕的是大夏国国都统万城。统万城号称“天下第一大城”，坚固难攻，胜败难以预计，届时可能战无所获，空手而归。

崔家楼外杨柳万千缕，一阵微风吹来，柳絮纷飞。崔浩把酒独酌，思绪也如这柳絮一样。一个下午崔浩都在思考着伐夏之事，刚有了一点头绪，天突然间下起了潇潇雨。正有点无聊，家仆突报太武帝拓跋焘驾到。拓跋焘身着戎装，单独来访，他此番前来就是为了商讨如何伐夏与讨伐柔然的。这天早朝，众人都表态讨伐柔然，崔浩没有开口，拓跋焘知道崔浩有自己的看法，但碍于众口一词主张伐柔然，不好一人驳众人的意见。因此特地登门前来请教。

夕阳西下，塞雁南飞。崔浩面对拓跋焘，畅所欲言：“柔然来的时候，就像那空中的飞鸟一样霎时集结；去的时候，也像野兽一样霎时逃散。我们若用大军追赶，恐难以追上；如果用少量的军队追赶，又无法把他们制服，这就不好办。夏国赫连氏地盘不大，如今夏王残暴，刑法酷烈，既得不到上天庇佑，也得不到人民的拥护，我们应当先讨伐赫连氏。”

拓跋焘知道崔浩是先皇身边第一谋臣，见解独特，料事如神，他决定听从崔浩的建议，就问：“有把握吗?”

崔浩担心拓跋焘犹豫，他举杯将酒一饮而尽，接着将杯子就地一掷，杯子碎成几片。他坚定地说：“伐夏如无收获，崔浩将如这杯子一样。大王要是犹豫，崔浩愿以身家性命担保。”拓跋焘见崔浩振振有词，于是决定依计而行。

不久，大夏国王赫连勃勃驾崩，几个儿子为了王位纷争不休，拓跋焘亲率大军驾临统万城，虽然未能一举消灭夏国，但夏国主力已经损耗殆尽。

隔年五月，拓跋焘又率众攻打夏国，这一次，崔浩随军出征，大军从君子津渡河至拔邻山（今内蒙古准格尔旗境内)。拓跋焘突然做出一项决定：留下所有步兵，只率骑兵前去进攻。所有大臣与将领都感到莫名其妙，步兵历来是攻坚战的主力，岂可轻言舍弃。拓跋焘力排众议，说道：“用兵之术，万不得已才攻城，若以步兵进攻，对方必然坚守。到时候反而无法拔城，而且粮尽兵疲，外边又没有可筹粮的地方，进退无门，那就难办了。不如轻骑前往，对方见我们步兵还没到，他们的斗志就会松弛；我们示之以弱，引蛇出洞，这就容易攻击。如今，我们离平城有两千多里，又隔着黄河，之所以这样做，是为了‘置之死地而后生’。”① 只有崔浩佩服拓跋焘有胆识，极力支持。

于是拓跋焘留下所有大臣、步兵以及辎重，只带三万轻骑出发，命崔浩随行。军营拂晓号角吹响，战马在塞云中嘶鸣。不久，大军浩浩荡荡进入了夏国境内。六月，拓跋焘率军到来，他将军队分别埋伏在深谷中，只带少数兵马到城下诱敌。

夏军坚守不出，拓跋焘退军示弱，又派五千骑兵到西面放火掳掠居民，哭喊之声震天动地。接着他又派少数骑兵直抵城下，想将固守统万城

---

① 《资治通鉴》第一百二十卷。

的夏军引诱出来。赫连昌畏惧拓跋焘的少年英名，又弄不清拓跋焘的虚实，一直提心吊胆，战也不是，不战也不是。等到拓跋焘退兵，他派出五百精兵到城外巡视。

傍晚时分，夏军在城南山脚下抓到魏军的几个逃兵，将他们押解前来。据那几个逃兵所言，北魏军中粮草已经用尽，军中士卒每天只能吃菜，他们饿得实在不行，只好逃了出来，辎重补给与步兵至少得十天半月才能到。

赫连昌又问："如今城外魏军有多少骑兵？"

"八千。"他们战战兢兢地回答。

夏军将领一听，立刻鼓噪起来，他们觉得，无论如何得在魏军的步兵辎重到来之前，先打败这八千骑兵，否则魏军步兵到来，如虎添翼，情况就严重了。众将纷纷请战，赫连昌也觉得有理，隔天，他出动全城的骑兵、步兵，决计将魏军的骑兵消灭在统万城城下。

两军刚开始决战，突然狂风大作，飞沙走石，天昏地暗，拓跋焘的魏军逆风，施展不开，夏军骑兵如狂潮一样，乘着风势呼啸而来，一时间以排山倒海之势直压下来。拓跋焘一急，马失前蹄，倒栽下来，险些就被夏军取了首级，幸好他年轻，身体矫健，快速翻身爬起，又跃上了马，将士们急忙前来护住他。

宦官赵倪精于占卜术，他一算，急忙对拓跋焘说："如今风头是从敌人那边袭来，我们逆风，这表明天不助我。逆天而行不吉！希望陛下暂时避开他们的锋芒，等以后再寻找时机。"

千钧一发之际，拓跋焘也没了主意。这时候，崔浩飞马而来，厉声说："我们千里而来，自有制胜的策略。敌人贪图眼前的胜利，不会停止追击，眼下应迅速令埋伏在深谷两边的骑兵出动，绕到敌人后边，切断他们的回城之路。刮风下雨，正是天助我呀！"拓跋焘一听，如梦初醒，立刻令哨兵通知伏兵出动。

很快形势就发生了逆转，魏军的伏兵乘着风势压了过来，所到之处摧枯拉朽，夏军很快就被逼到了山脚，这时，魏军溃退的骑兵又回过头来，两面夹攻，夏军抵挡不住全军覆没。夏主赫连昌只好归顺了拓跋焘，魏军大获全胜，进入了无兵防守的统万城。

三

为彻底摆脱北面柔然与南朝刘宋可能形成的两面夹击的威胁，拓跋焘在拿下统万城之后，决心集中力量打击柔然。

拓跋焘与众大臣商议讨伐柔然的办法，众大臣及拓跋焘的乳母都担心一旦出兵，南朝宋军可能会乘势来攻，因此他们竭力劝阻拓跋焘不要对柔然用兵。太常卿崔浩却认为，南朝刘宋听说北魏已经拿下统万城，内心必怀恐惧，不敢轻举妄动。而柔然又认为北魏距离他们远隔千山，力量不能控制他们，他们的防备松懈由来已久。他们夏季将族人散开来放牧，秋季将族人聚集起来到我们这里掠夺。如今趁柔然人放牧无防备的时候一举出击，即可消灭他们。

拓跋焘对崔浩的见解极为赞赏，于是留太尉长孙嵩、卫尉楼伏连镇守京都，命司徒长孙翰领兵由西道向大娥山进发，自己亲自率军由东道向黑山（今内蒙古巴林右旗北罕山），越过大漠，合击柔然的都城——可汗庭（今蒙古国哈尔和林西北）。

当年（公元425年）五月，拓跋焘领军来到漠南（今蒙古高原大沙漠以南地区），下令舍弃辎重，轻装前进，每个骑兵兼有备用马匹，直逼栗水（今翁金河）而来。柔然毫无防备，面对犹如天降的魏军，柔然人临战脱逃，民畜惊骇奔散；可汗大檀慌忙焚烧穹庐，趁着熊熊大火向西面逃去。

大檀的弟弟匹黎先在东部听说魏军来攻，慌忙率兵前来营救，半途遭到魏军长孙翰骑兵的截击，首尾无法呼应，数百军官被杀，大败而归。

魏军得胜之后，同年六月，沿栗水西进来到了菟园水（今图音河），这时魏军离开北魏首都平城已经有三千七百里。拓跋焘毫不惊慌，他将兵力分散开来，在浩瀚的草原上展开了大搜捕，声势浩大，范围广阔，东至瀚海，西接张掖水，北渡燕然山，东西宽五千里，南北纵深三千里。

拓跋焘一路搜捕，俘虏斩获敌军众多。原本附属于柔然的高车诸部乘机倒戈，剽掠柔然，归附北魏。柔然诸部前后降魏者计三十余万落（落，是当时一种草原计量单位），魏军缴获戎马百余万匹。魏帝沿弱水西行，来到涿邪山（约位于今阿尔泰山脉东南部）。七月，拓跋焘凯旋归来，班师行到黑山，下令将所获战利品赏赐给众将士，将士们很高兴，都愿意为拓跋焘效劳。

班师的途中，北魏帝拓跋焘又派一万骑兵袭击柔然已尼陂（今贝加尔湖东南）、东部高车，高车降魏者数十万落。十月，北魏太武帝拓跋焘回到首都平城，将柔然、高车降附的民众安置在漠南，东至濡源（今河北丰宁西北），西达阴山（今内蒙古阴山山脉），让他们既从事农耕又放牧，收取他们一定的贡赋，拓跋焘又命长孙翰、尚书令刘絜、左仆射安原、侍中古弼共同镇抚这些降众。

柔然大檀可汗因遭惨败，愤悒病死。他的儿子吴提即位，号敕连可汗。此后，柔然帝国雄风不再，只能苟且偷安，再也掀不起风浪了。

四

拓跋焘是北魏史上最伟大的君主之一，他有生之年灭了夏国、柔然、北燕、北凉等诸多政权，统一了整个中国北方，又屡次挫败南朝。

在南征北讨中，拓跋焘力拔山兮气盖世，但他绝不是一介武夫，而是一个有头脑的君主。在他的治理之下，关中成为多民族文化交融的地方。他根据其统治区民族众多、生产方式不一的情况，坚持实行不改变各族人民传统生产方式、生活方式和风俗习惯的政策，既重视汉族的农业生产，又尊重少数民族的畜牧射猎习惯。通过发展农牧业生产，征收人民租税，增加国家物质财富，保证军国费用。① 这些政策对唐代的民族关系产生了积极的影响。

在征战开疆拓土的同时，拓跋焘也很注意实行友好的通婚政策。他把归顺的夏国国王赫连昌迎到首都平城，不仅供奉丰厚，封爵为王，还将自己的妹妹始平公主嫁给了他。在此之前，拓跋焘已娶了赫连昌的三个妹妹为贵妃，立了其中的一位为皇后。公元433年，拓跋焘派使臣册封北凉国主沮渠牧键为王，并将自己的妹妹武威公主嫁给他为妻，同时他还纳北凉国主的妹妹为昭仪。在将柔然帝国打得一蹶不振之时，拓跋焘又将海西公主嫁给柔然新可汗吴提，他自己也纳吴提的妹妹为夫人。

太平真君十一年（公元450年），拓跋焘率军征伐南朝宋国，军队直抵瓜步。在胜利形势下，他主动遣使请婚求和，他与自己的孙子来见宋使，向宋使传话说："我拓跋焘远道而来，并不是为了功名，实在是为了继续以往的友好关系，永结良缘。宋朝皇帝若能将女儿嫁给我的孙子，我也愿意将女儿嫁给武陵王，今后我们的战马就不会再来侵犯。"

拓跋焘在位期间通过联姻，不仅换来了与邻国短期的和平，从长远看，也促进了民族与民族之间的融合。

---

① 《魏书》记载："世祖继位，开拓四海，以五方之民各有其性，故倍其教不改其俗，齐其政不易其宜，纳其方贡以充仓廪，收其货物以实库藏，又于岁时取鸟兽之登于俎用者以牣膳府。"

第八章　“国史之狱”与“太和改制”

北魏王朝之所以多有建树，应该承认，大儒崔浩在北魏的建国建政过程中发挥了举足轻重的作用。

深谙汉文化的孝文帝拓跋宏清醒地意识到，草原民族要在中原建立政权，是无法得到中原望族发自内心的承认的，终有一天会被赶回草原。为了确保鲜卑政权屹立不倒，处于特定年代的拓跋宏所能做的就是迅速将鲜卑人汉化，使世人莫辨胡汉。

太和年间（公元477—499年），孝文帝拓跋宏实行改制，全盘推行汉化，这次改制，声势之大、步伐之快，史无前例。这次汉化运动的结果是鲜卑贵族成了中原一批新的望族，与传统中原汉人的高门望族取得了同等的地位，从而确保了鲜卑政权的长久稳定，也使汉化了的鲜卑人能够长居中原。这些鲜卑望族一直到隋唐时期都屹立于朝廷之上，从而出现了“胡汉共治”的局面。

然而，拓跋宏的良苦用心未能完全得到鲜卑族人的理解，由于这次汉化是动用了皇权来强制实行的，或多或少都损害了一些鲜卑贵族的利益，由此引发了六镇兵变，汉化出现反复，北魏分裂为东魏与西魏。

第一节　崔浩与“国史之狱”

一

崔浩（381—450），字伯渊，小名桃简，清河郡武城（今河北清河县，亦说今河南杞县）人，出身北方高门士族。南北朝时期是一个很看重门第世家的年代，崔浩的七世祖崔林，在三国曹魏时官拜司空，封安阳亭侯；曾祖崔悦在后赵石虎时官拜司徒右长史；祖父崔潜是后燕黄门侍郎；父亲崔宏号称冀州神童，在北魏初累官至吏部尚书、赐爵白马公。崔家祖上肥马轻裘意气扬，到了崔浩这一辈，出仕北魏道武、明元、太武帝三朝，官至司徒，参与军国大计，对促进北魏统一中国北方起了积极作用。因此，后人称崔浩为“南北朝第一军事谋略家”。

崔浩少年时博览群书，对于天文、阴阳和诸子百家的著作，无不涉猎。在精心研讨各家宗旨和深刻含义方面，当时没人能和他相比①。崔浩长相儒雅，面目清秀，因为长像俊朗，有才貌，所以自比张良。

崔浩20岁时，就担任了通直郎的官职，后又擢升为著作郎。魏道武帝拓跋珪见崔浩擅长书法，就把他安排在自己的身边。拓跋珪晚年时，病重多疑，精神恍惚，常常杀人，朝中人人自危，纷纷避开他。只有崔浩恭敬殷勤，恪尽职守。崔浩的儿子崔宏也小心谨慎，既不得罪他人，又不献媚取宠，因而父子安然，能够免祸。

永兴元年（公元409年），道武帝拓跋珪被自己的儿子拓跋绍杀死，拓跋绍的哥哥拓跋嗣杀拓跋绍即位，是为明元帝。崔浩被拜为博士祭酒，赐爵武城子，常为明元帝讲授经书。明元帝很喜欢阴阳术数，神瑞元年（公元414年），他听崔浩讲了《易经》、《洪范·五行传》之后，觉得很有道理，于是命崔浩参考天文，占卜吉凶，用来解决疑惑的问题。崔浩把天道与人事结合起来，加以综合考察，用来占卜各种灾祥变异，这些占卜常常应验。从此，崔浩深受明元帝拓跋嗣的喜爱。②

神瑞二年（公元415年），北魏首都平城连年霜祸、旱灾，秋谷歉收，发生了几十年来罕见的粮荒。云中、代郡告急，很多百姓饿死，“易子而食”，饥民如潮水一般涌向了都城，都城中人满为患，人心惶惶。

这一日早朝，明元帝闷闷不乐。面对随时可能发生的灾民事变，众大臣一时想不出妥善的应对之策，群臣无言以对，气氛烦闷得仿佛灾难已经降临了一样。

太史令王亮、苏坦出班奏曰：“平城连年灾难，臣夜观天象，不久必有大难，我们不如把国都从平城迁至邺城（今河北省临漳县）。”

“真有天象灾难？”相信天象的明元帝一听就紧张起来。

“天象乃大限之事，臣岂敢妄言？”王亮说。

迁都不是轻而易举之事。明元帝向群臣咨询意见，众大臣面面相觑，

---

① 《魏书·崔浩列传》说崔浩：“少好文学，博览经史。玄象阴阳，百家之言，无不关综，研精义理，时人莫及。”

② 《魏书·崔浩列传》：“恒与军国大谋，甚为宠密。”

都拿不出办法，只好诺诺应和王亮的意见。明元帝的目光落在崔浩和周澹的脸上。崔浩出班，沉静地上奏说：“以臣之见，国家迁都到邺，可以解决今秋的饥饿，但绝非长久之策。”

“愿闻其详！”明元帝说。

“太行山以东的人，一向认为关西地大物博，人口牲畜众多。盛名之下其实难副。这里人口并不多，如果现在迁都，东部各州郡分配不了多少人，天下人就会知道我魏国的实力不强，就会产生轻视鲜卑族人的念头。加之迁都耗费巨大，眼下无异于雪上加霜，结果是让鲜卑人到东部和汉人杂居，处于荒野山林之中，一旦水土不服，疫病流行，人心涣散，族人意志沮丧，国家就不安宁了。”崔浩说着，看了看身边的周澹。

周澹出班补充说：“更严重的是，北方的柔然会趁机而入。那时云中、平城就会沦落敌手，想要回师救援，中间有恒山阻隔，情急之时往往救援不及。如果不迁都，即使山东发生变乱，我们可以轻骑南出，耀武扬威，中原人不知虚实，必然望尘畏服。这正是我们威制中原的长远方略。”

明元帝听了这番高论，认为很有道理，又问：“可眼下灾民如蝗，如何救急？”

“眼下可开设粥棚，解燃眉之急，再逐步安顿灾民，让他们陆续返回原籍。等到明年春天牧草生发、乳酪充足，那时候又有苹果，足以接济来秋。如果再有一个好的夏收，形势就好转了。”崔浩说。

明元帝心中的一块石头落了地，可他还是有点不放心，于是问崔浩：“假如挨不到来年秋收，或者来年秋天收成不好，那将如何是好？”

崔浩献计说：“可以把那些最穷的民户分到各州去就食，如果来年秋天仍然歉收，就再想别的办法，但切切不可迁都！”

明元帝拓跋嗣听从了崔浩的劝告，挑选了一批最穷困的民户，将他们分配到各州，又下令山东定、相、冀三州，每户出租米五十石来养活这些穷户，由当地开仓赈恤。

第二年秋天收成很好，百姓富足，人心安定，国家终于渡过了一个艰难的关头。明元帝很高兴，重赏了崔浩、周澹二人。

二

公元423年11月，拓跋焘即位，是为太武帝。太武帝即位不久，面临着一个重大的问题：是先灭夏国还是先伐柔然？崔浩献奇策，建议先攻夏国再伐柔然，公元 426 年，崔浩随拓跋焘亲征，很快就拿下夏都统万城。（详见上一章节）。

不久，崔浩又提出，“出其不意，攻其不备”，长驱直入塞北，讨伐柔然。

众大臣见崔浩如此孟浪轻狂，就推举太史令张渊、徐辩出面劝阻。张渊年轻时曾经劝阻过苻坚，不可以南征，苻坚没有采纳他的建议，结果淝水之战大败，张渊因此事而名噪一时。拓跋焘命令张渊与崔浩当庭辩论，张渊说：“今年是己巳年，属于‘三阴之岁’，‘太白在西方’，不能举兵，起兵必败。”众人一听，都说有理，认为天象之事不可违。

崔浩一听，也不退让，针锋相对地说：“所谓阴阳，阳是恩德，阴是刑杀。日食时君主要积德，月食时要注意刑罚。帝王使用刑法，对犯罪的人则绑缚市曹处决，对于犯大罪的敌国，就应该使用甲兵消灭它们。如今出兵讨伐有罪之国，正是加强刑罚之举。我观天象，近年来月亮运行遮盖昴星，这表明，三年之内天子将大破旄头星之国。柔然、高车都是旄头星的部众，希望陛下不要犹豫错失良机。”

张渊本来是老眼平生空四海，想不到此时的崔浩是年轻自负凌云志，滔滔不绝，驳得他无言以对，一时羞愧难言，只好辩解说：“崔浩，你一张巧嘴，惯会咬群。柔然乃荒外不确定之国。冷月衰草炊烟少，我们就是得到他们的土地，也不能耕种收获粮食；得到他们的百姓，又不能当做臣民驱使。他们疾速往来，行动毫无规律，很难攻取并彻底制服，有什么事如此急迫，要动员大队兵马去讨伐他们？”

崔浩说：“张渊、徐辩如果谈论天文，是你们的本职，若说到人间的事物和当前的局势，这恐怕不是你们能确切了解的。柔然本是我国北方的藩属，后来背叛我国。今天我们要谋杀叛贼元凶，收回善良的百姓，使他们能够为我国效力，这不是毫无用处的。世上的人都信服张渊、徐辩深通天文，能预知成功或失败。那么，我倒想问问你们，在统万城没有攻破之前有没有溃败的征兆？如果你们没有预见到，是没有能力；如果预见到了却不说，是对皇上不忠。”当时前夏主赫连昌也坐在那里，张渊等人因为此前伐夏的时候没有预言，此时说话自然失去了可信度。太武帝非常高兴，对大臣们说：“朕的主意已定，朕相信崔浩。张渊乃亡国之臣，不可与他谋划。”

为了打消太武帝拓跋焘最后的疑虑，崔浩又进言：“今日南方政权刘义隆君臣，已经不能与当年他们的武帝刘裕相比，他们如果敢来侵犯，犹如初生犊马斗虎狼，有什么可畏惧的？”一席话说得拓跋焘顿时满腔豪气与壮志。

战略上确定了讨伐柔然之后，战术上应该怎么打，拓跋焘又问计。崔浩毫不迟疑地说："柔然习惯夏季分散放牧，秋天牲畜肥壮时方才集中，天寒时南下掳夺，如今应趁着夏季柔然人分散，出其不意，攻其不备，打他个措手不及，必定成功。只怕诸将不肯深入，不能全胜。"拓跋焘彻底打消了疑虑，决计大举讨伐柔然。这次远征根据崔浩的"出其不意，攻其无备"的谋略，果然取得了关键性的胜利，柔然主力彻底溃败，从此不再对北魏构成威胁。（详见前一章"拓跋焘"小节）

正如崔浩担心的那样，当魏军进军到琢琊山，诸将怕有伏兵，劝拓跋焘停止进军，七月，魏军班师。后来得到情报，若当时再前进两天，就可以把柔然残部消灭殆尽，拓跋焘后悔不已。

三

公元436年拓跋焘又灭了北燕，如此一来，在北方的土地上，就只剩下西北方苟延残喘的北凉了。公元439年，拓跋焘在朝中讨论伐北凉之事，朝臣大多不赞成此事，他们认为北凉地处偏隅，讨伐北凉劳师动众，实在是湿手抓面粉，稀里糊涂地给自己找麻烦，其中李顺反对得最激烈。

李顺足智多谋，聪明能干，是拓跋焘身边第二号谋士，在征伐夏国与讨伐柔然等诸多战役中，点子多，谋略好，见识卓越，深得拓跋焘的信任。他曾作为北魏的特使出使北凉十二次，对北凉的情况了如指掌，也曾在拓跋焘面前预言北凉沮渠氏离败亡不远了，给予了拓跋焘伐北凉很大的信心。

后来，李顺被北凉重金收买。拓跋焘曾数次想着手统一北凉，都被李顺劝阻。这次他看到拓跋焘决心很大，为了断拓跋焘征伐北凉之心，只好编造谎言说："从温圉水以西直到姑臧，遍地都是枯石，没有水草。当地人说姑臧城南的天梯山上，冬天积雪，冰川高达几丈，春夏两季，积雪融化，从山上飞流而下，形成河流，当地居民引雪水入渠，灌溉农田。如果他们听说我们大军开到，一定会断绝水源，届时我军的兵马无水可用，而姑臧方圆百里之内寸草不生，我军实在难以久留。"

崔浩一听，立刻引经据典反驳说："《汉书·地理志》中记载，凉州畜产，天下最为富饶。若那里没有水草，牲畜怎么繁殖？此外，汉朝绝不会在没有水草的土地上兴筑城郭，设置郡县。况且高山冰雪融化以后，只能浸湿地皮，收敛尘土，怎么能够挖通渠道，灌溉农田呢？这种话实在是荒谬而不可信。”

李顺恼羞成怒地说：“耳闻不如眼见。我曾经亲眼看到，你有什么资格和我辩论？”崔浩一针见血地说：“你接受了北凉的金钱贿赂，就想替北凉说话，你以为我没有亲眼看到就会被你蒙蔽吗？”

后来北魏太武帝决意亲率大军讨伐北凉，当看到姑臧城外水草丰盛，就知道李顺说了假话，他对崔浩说：“你当年说过的话，今天果然应验了。”崔浩回答说：“我不敢不讲实话，一向如此。”而李顺不知悔改，三年后奉旨赏赐群臣时又收受贿赂，太武帝大为震怒，两罪俱罚，处死了李顺。

四

在北魏统一北方的战争中，崔浩作为谋士，一次次断谋胜算，在征讨吐谷浑与西秦的过程中也屡建奇功，太武帝非常高兴。讨伐柔然、高车奏凯而归之日，太子拓跋晃领着众大臣到平城三十里以外迎接太武帝归来。

十里长亭，杨柳丝丝拂面。当日出征，今日归来，历时四个月便解决了来自北方的威胁。路边羌笛琵琶奏响，舞女蹁跹，将士号角奏响。拓跋焘慢辔下马走上台来，接受朝拜完毕。他指着崔浩对新归降的高车酋长们说：“我北魏能有今日胜利，与崔司徒有莫大的关系。你们别看崔公手无缚鸡之力，但他胸中实有甲兵百万。我每次征战前犹豫不决之时，都是他使我下定决心，让我勇气百倍，每次出征总能大获全胜，这都是他的功劳！”

崔浩跪倒在地，谦恭地说：“皇上天语褒奖，臣不敢受。”众酋长纷纷向他恭喜道贺。拓跋焘又对众大臣说：“日后凡属军国大计，你们不能决定的，都应先征询崔浩的意见，然后方可实施。”众人皆点头称是。

崔浩虽得到拓跋焘的极力褒奖，但他其实淡看浮世功名。这一日晚饭过后，崔浩立于自家楼上，看一园黄花，望一天秋色，内心正在思考北魏未来的光景，心中竟有一种莫名的怅然。这时候，家仆忽报皇上驾到。拓跋焘与崔浩，一胡一汉，虽为君臣，也是朋友。拓跋焘是胡人，历来不把君臣名分看得特别重，有事就会主动向崔浩请教，他的寝宫也允许崔浩出入。

坐定之后，拓跋焘诚恳地对崔浩说：“你才智渊博，历事我祖父、父亲与我，尽忠三世，我对你特别看重。希望你凡有所思，务必直言相告，帮助我治世。我一介武夫，有时脾气不好，也许当时不能采纳你的建议，但事后静思，却总觉得你说得很有道理。”

“这都是臣应尽的职责。”崔浩说。说话间，拓跋焘话锋一转，要崔浩领导文臣撰写一部《魏书》。原来拓跋族自当年从鲜卑山出来，至今已历时一百多年，如今是屡建奇功，基业渐大。拓跋焘希望崔浩能将这段历史如实地写来，以供后世子孙瞻仰。崔浩一听，深表赞同。

于是太武帝命崔浩以司徒监秘书事领头，中书侍郎高允、散骑侍郎张伟参与，共同编写国史。又有闵湛、郗标二人前来投奔崔浩，崔浩让他们作为助手，一同参与著史工作。文墨之事对于崔浩来说并不难，然而，写着写着，崔浩就觉得写不下去了。百年大事尽现眼底，他脑海中出现了一幅幅图景——万里中原烽火北、狼烽夜举。他的内心涌起了一阵阵悲壮之感。

一日，崔浩的表弟卢玄来访，见崔浩独斟独酌，愁眉不展，关切地问：“浩兄，这编写国史之事，是不是遇到了难处？”崔浩顺手将酒杯一摔，双手拨动起五十弦的瑟，一边拨琴弦，一边发牢骚：“浊酒一杯楼台中，酒阑挥泪悲北风。”此时的崔浩，心情犹如飞蓬舞地，柳絮漫天。借着几分醉意，崔浩说：“我是心有不甘哪！”原来崔浩虽然服侍北魏三代君主，但他骨子里却并未将鲜卑拓跋族视为正统，他觉得他们不配为中原正宗。谁该为正宗？这是他近日不断思考的问题。如今见问，他回答说：“我欲大整流品，明辨族姓。”卢玄一听心中明白，崔浩是心存汉人意识，想以魏晋以来的世家望族来分辨清浊，编写国史。卢玄略一思考，认为此举似乎不妥，劝阻他说：“创制立事，各因时势。魏晋望族之事，距今已有几百年，乐于重提此事的有几个人？望你三思，不可莽撞行事。”①

卢玄是范阳望族之后，人倒开明，他心想，魏晋望族实行九品中正制，今天即使在汉人中也早已过时，于事无补，若以此来立论北魏，以汉人的望族来压制拓跋族，必然要开罪鲜卑人，届时不仅崔浩有可能被杀，恐怕中原望族都会被斩尽杀绝。想到这里，他语重心长地对崔浩说：“浩兄，你既服侍北魏三朝，当心猿不二，意马如一，不可多思多想。太武帝要你实录国史，你照实写来就是，评价的事后人自有定论。今人为刀俎，你为鱼肉，稍有不慎，就会招来杀身之祸啊！”窗外月华如洗，满庭竹影。

崔浩历来尊重表弟卢玄，然而此时，阵阵涌动的热血激荡着他。眼看

---

① 《资治通鉴》卷一百二十四：“夫创制立事，各有其时；乐为此者，讵有几人！宜加三思。”

北魏已经统一了中国北方。但中原河山是不能变成腥膻之地的，纵然拓跋族统一了江山，但还必须以汉人的方式来治理国家，为此必须重新确立中原望族的地位，即使招来杀身之祸也在所不惜。想到这里，他觉得自己铮铮铁骨仍在，耿耿丹心未亡。他有一种杀身成仁的悲壮，当这种悲壮变成一种决心的时候，他觉得自己有了方向，浑身变得轻松起来。他欣然起身离座，为卢玄斟了一杯酒：“来，干了这杯！”

庭前竹叶儿萧萧，就如响起阵阵朔风。卢玄端起酒杯。猛然间，窗棂黯淡下来，明月被乌云遮住。卢玄一仰脖子，将杯中酒一饮而尽，望着窗外漫天乌云，卢玄有一种不祥之感，感觉表兄迟早要出事。

那时候，太子拓跋晃监国，有一次，拓跋晃与崔浩商量，拟调一些人到冀、定、相、幽、并五州去任职。不久，崔浩开列了一纸名单，将他心目中的世家望族数十人列出，让他们去当郡守。拓跋晃一看就有些为难，说：“还是让他们先到郡县下面去当当郎吏吧，现有的郡守他们在职已久，还未升迁。等他们升迁以后，有了空缺，再让这些新人来补缺吧。”

崔浩不依，在他看来，州、郡两级都是要职，这些要害部门必须由汉人望族来主事，他对太子说：“皇上曾经说过，今后凡属军国大计，都应先征询我的意见，然后方可实施。”太子无法，只好照办。

中书侍郎高允知道这件事以后，对东宫博士管恬说：“崔公祸事不远呀，坚持己见与太子较劲，这怎么让人受得了？”①

崔浩有个弟弟叫崔恬，崔恬的女儿嫁给了王慧龙，王慧龙是太原世家大族子弟，诗书传家，人长得也很俊美。只是世代遗传齇（音喳，酒糟鼻）鼻，被人们戏称为“齇王”。有一次，拓跋焘宴请王公大臣，歌乐声中，崔浩借着醉意，突然站起来，端详着王慧龙的齇鼻子，好一会儿，他举起杯来，说：“你的确是王家男儿，真是贵种！王家贵种就是不一样，俊美，俊美呀！来，为王家贵种干一杯！”

座中司徒长孙嵩听了很不高兴，他见崔浩的语气似是玩笑，似是嘲弄，无论是玩笑还是嘲弄，那都是借王慧龙的脸和他的酒糟鼻子来嘲笑我鲜卑人不是“王家贵种”②。宴会结束后，长孙嵩向太武帝谈起这件事，拓跋焘一听就火了，他令人立刻将崔浩传来。

拓跋焘金戈铁马，在战场上屡有建树，但在处理不同民族关系上却格外小心，他在位期间，不同部族的俘虏从未发生过大的纠纷与骚动。如今

---

① 《资治通鉴》卷第一百二十五：“崔公其不免乎！苟遂其非而校胜于上，将何以堪之。”

② 《魏书·王慧龙列传》：“有讪鄙国化之意。”

一听崔浩言语出格，不由警觉起来。崔浩到来后，他立即不客气地说："崔浩，我拓跋焘敬重你的才干。可你得收敛些，收起你那套族姓流品的理论吧！你在你们汉人中划分不同流品，以上品自居，看不起老百姓。又将你那套烂东西搬到我北魏来。你睁开眼睛看看吧，今日的中原有多少不同的族类一起居住。你身为司徒应该好好和合他们，要是捅出娄子，你就是自作自受。"崔浩一听，慌忙脱帽叩头，自责了一番。

五

时光如流水，三朝元老崔浩已是两鬓染霜，这一年《国史》终于杀青完稿。太子拓跋晃代表父亲拓跋焘前来祝贺。席间，崔浩心潮澎湃，八年了，茅檐人静，篷窗灯暗，日日夜夜崔浩就沉浸在那些史实中，扒梳抉剔。这期间，他还完成了《五经》注。想到这些，崔浩心中就有几分豪情和几分感慨，"鬓虽秋，史修书注，岁月没有虚度"。

太子拓跋晃更是高兴，他激动得满脸红光，站起身来，举着杯子说："崔大人劳苦功高，父皇要我多多感谢大人！"他听父亲说，当年筚路蓝缕，是一只马鹿引领着他们的祖先走出山林来到草原的。如今他们不仅创立了基业，还编修了国史，鲜卑人不再是野蛮人了，太子比崔浩显得更高兴。

趁着酒兴，崔浩的助手闵湛提议："史书虽已经修好，倘若束之高阁，能有几个人知道，不如将它拓在石碑上，放在四通八达、人人都能看到的大道上，让天下人都知道，鲜卑人也有可以彪炳千古的历史。"郗标一听立刻附和。

这话正合太子之意，他立刻奏明了父皇。拓跋焘虽是赳赳武夫，这些年随着基业的扩大，他也特别重视文化，一听也来了劲。"开天辟地，咱鲜卑人第一次有了自己的历史！"历史就是一座丰碑，应该让天下人和后代子孙都来瞻仰。他立即拨款三百万，在天坛东面划出一块地方营建碑林。

碑林终于建成了，《国史》就刻在一块块石碑上，同时刊刻的还有崔浩所注的《五经》。如此大规模的石刻是举世闻名的大事。拓跋焘特地举行了一次盛会，首都平城热闹非凡，各州郡都派人前来参加盛典，就连南朝也派出使者前来祝贺和参观。一时间，崔浩成了鲜卑人的"圣人"，他的名字不胫而走、妇孺皆知。

盛典的欢呼声还在耳畔回响着，崔家楼前突然来了一队如狼似虎的北魏兵，气氛异常，兵丁冲进崔府中，不久，崔浩合家几十口便被五花大绑，押了出来，崔府被查封了。

“崔大人出事了，据说问题就出在《国史》上。”

“听说崔大人是借《国史》暴扬国恶。”消息犹如冬日的朔风凄厉地在平城吹开了，一时间风雨满城。拓跋焘就“暴扬国恶”一事，亲自审问了崔浩。聪明一世的崔浩竟然惶惶不能应对。

平心而论，崔浩所作的《国史》并未完全写到拓跋焘的心坎上。拓跋焘让人写《国史》的目的就在于论证北魏王朝的合法性。自从他的父亲明元帝那一代，朝中大臣已经作了论证，他们不愿继承西秦、后燕十六国这些短命王朝，自认是继承了汉魏晋以来的道统而为中原的正统。

既是正统就需要解释出正统的理由。汉人历来认为他们才是中原的正宗，鲜卑人不过是来自北方草原“北狄”中的一支。按说，北狄也是黄帝族中的一支，同为黄帝子孙，汉人可以成为正宗，北狄鲜卑为何就不能成为正宗?

两相比较，汉人世世代代居住在中原，外来的北狄岂能成了正宗?拓跋焘当然知道汉人的心结，他也希望崔浩能在这方面做文章。汉人已经难以重振道统，而拓跋族的祖先“泽流苍生，义闻四海”，故能统一中原。所有这些，崔浩了如指掌，洞若观火。他在《国史》中都有阐明，但作为史官，他只能依据现有的资料，不能无中生有地编造。

至于拓跋一族早期的历史，难免会有一些野蛮而不想为人所知的事，崔浩认为，他所写《国史》，“天女生子”、“神兽引路”这些故事都很美丽，没有丝毫亵渎拓跋人，而开国以来，拓跋珪、拓跋嗣、拓跋焘三代皇帝，每一个历史事件他都是基于实录的原则，无所谓“暴扬国恶”。因而，当拓跋焘问他，他确实茫然不知问题出在什么地方。

“你既无暴扬国恶，朝中王公大臣为何对你恨之入骨?他们都想扒了你的皮，吃了你的肉!”

“皇上，这个问题，崔浩我依然无法回答，我实在不知道他们为何会这样恨我?”

“那好，我再问你，当年冀、定、相、幽、并五州，你一下推荐了几十个汉人望族去任州郡要职，为何连一个拓跋族人都没有?他们都说你从中受贿，是否确有此事?”拓跋焘两眼如剑，恶狠狠地瞪着崔浩。

崔浩一下被问住了，“确有此事，皇上”。他记得当年表弟卢玄以及拓跋焘都曾就这个问题提醒过他，看来这才是问题的所在。扪心自问，崔浩觉得当年这样做，并不是为了他自己。那时，他醉心于《五经》的校注，他完全是依照《五经》的教导才这样做的。拓跋人想通过认祖归宗来获得正统，他并不反对，既然如此，中原弦歌之乡就不能变成腥膻之地。他迅速地挑选汉人望族去抢占这些要职。如今看来，冀、定、相、幽、并五州的文化与经济都依照传统在进行，这的确是幸事。

“皇上，说到这受贿之事，当年臣所推荐的人，临行前带点土产来看望臣，臣没有断然拒绝。”崔浩贵为三公，生活无忧，他不把那点土产当回事，想不到会因此罪证坐实。

不久，拓跋焘到大牢来为崔浩送行，他向崔浩深深一鞠，说：“崔卿，你我交情匪浅，朕并不想杀你。可朝中王公大臣认为不杀你难平众愤。”拓跋焘为崔浩斟了一杯酒，递给他。拓跋焘虽贵为皇帝，但鲜卑人仍保留着十大酋长集体表决的传统。王公贵族列举了崔浩嘲笑他们不是“王家贵种”等罪恶，认为只要崔浩这些中原望族存在，他们就永远不会承认鲜卑人的地位。

崔浩平静地迈出大牢，向城南刑场走去，一路上他思绪纷纷，望着这个他曾为之付出智慧与心血的国家和人民，他有点惶惑，是《五经》无法解决胡汉混居的现实，还是那“五等爵位”、“九品中正”惹出了麻烦？赤红色的囚衣显得十分单薄，一阵秋风吹来，他打了一个寒战。

崔浩啊崔浩，本是汉人的才俊、北国的精英，可怜这时候的老书生已是衰颜病骨，面如白纸眼如残灯，一团须发乱蓬蓬，残喘的气脉似断还连。突然间，他觉得后背暖洋洋的，回头一看，押解他的鲜卑士兵正朝他身上撒尿①，仇恨的烈火将他们那碧绿的眼睛燃烧得形近野兽。崔浩正想发作，想想算啦，“就让它来暖暖身子吧”。他想趁自己人头落地之前，想清楚自己为何会被杀头。

崔浩走了，直到他血溅刑场之时，他仍然无法理出一个思路。他虽然心存汉人与汉文化，但他那点汉人世家望族的优越感，又怎能在“五胡十六国”时期解决胡汉相处这一复杂的矛盾。倒是他的表弟卢玄一语成谶，崔浩的同族无论远近，包括姻亲范阳卢氏、太原郭氏、河东柳氏都被连坐灭族，一时间，平城血流成海，冷雨悲风，史称“国史之狱”。北方世家望族在这一场变故中遭到了毁灭性的打击。

崔浩死后，拓跋焘感到茫然若失，拓跋人建立起了北魏，可北魏政权

① 《魏书·崔浩列传》：“卫士数十人溲其上，呼声嗷嗷，闻于行路。自宰司之被戮，未有如浩者。”

该如何稳固？拓跋焘觉得自己失去了一位可以请教的老师。那时候的胡人与汉人，在经历了一次次战火的洗礼后，就和拓跋焘与崔浩一样，既感到有互相依存的需要，又存在互相提防的戒心。

第二节　冯太后与孝文帝改制

一

公元467年，北魏孝文帝拓跋宏出生在北魏首都平城（今山西大同北）。他出世时，父皇献文帝拓跋弘年仅14岁。两年后，拓跋宏被立为太子。少年皇帝拓跋弘与幼小的太子拓跋宏双双失去了母亲。

前面已谈到，鲜卑拓跋部入主中原之后，道武帝拓跋珪立太子，为了防止后宫干政，吸取汉武帝赐死钩弋夫人的经验，定下了“子贵母死”的制度，此后北魏一朝，儿子一旦立为太子，生母就会被赐死。失去了母爱的拓跋弘与拓跋宏自小就在皇太后与太皇太后冯氏的抚养下长大，他们对冯氏有着很深的感情。

“子贵母死制”除了在幼小的太子心头蒙上阴影之外，并不能真正解决后宫干政的问题。没有了生母，后宫仍有许多嫔妃，甚至乳母和保姆，她们依旧可以干政，因为她们不是太子与皇上的生母，对待太子与皇上就更加凶狠。冯氏便在拓跋弘与拓跋宏两代皇帝执政期间，干政二十多年。

冯氏，谥号文明太皇太后，史书上简称文明太后。她的丈夫是文成帝拓跋濬（音俊）。拓跋濬25岁便死去，他死的时候，冯皇后只有23岁，正是鲜花正艳、精力充沛、人生最佳的年龄阶段。依照胡人的习俗，像她这样的年纪嫁个皇叔，或者嫁给献文帝拓跋弘，都是无可非议的。可是鲜卑人入主中原日久，耳濡目染，渐渐地从了汉俗，也就没人来提起这事。

烟锁楼台，露清风细，一钩新月是最惹人凄凉情思的。永永寒夜，“人生的价值究竟在何方？”太后的价值就是通过干政体现出来的。所幸，她的干政还有点政治家、改革家的风范。①

献文帝拓跋弘登基之时只有12岁，12岁的孩子要掌握国家的军政大

① 《魏书·皇后列传》：“多智略，猜忍，能行大事，生杀赏罚，决之俄顷。”

事，无疑需要皇太后的扶持。所谓皇太后，听起来挺老，但依照现代人的算法，那才刚刚成年。历朝历代，都会有一些大臣专门窥伺孤儿寡母图谋夺政。那时，太原王、车骑大将军乙浑专横跋扈，不把皇帝、太后放在眼里，不臣之心昭然若揭，朝中群臣既反感又提心吊胆。太后获知消息后迅速令拓跋丕、源贺和牛益等人收捕乙浑，将他夷了三族，安定了政局。

太后以此为由，明确宣布临朝称制，献文帝拓跋弘无法，只好由太后掌握朝政大权。18个月以后，拓跋弘有了儿子拓跋宏，皇帝既已为人父，太后不得不把政权归还给拓跋弘，转而抚养刚刚出世的拓跋宏。

拓跋弘少年有为，很想有一番作为。为避免政权被太后操控，拓跋弘开始排挤太后宠信提拔的部分朝臣，又将一些太后不满的大臣提拔起来。太后隐忍不发，冷眼旁观，她想看看拓跋弘到底想搞出什么名堂。后来，终于因为“李奕被杀案”，太后忍无可忍爆发了。

李弈多才多艺，风流倜傥而且相貌堂堂，是太后后宫中的面首，深得太后宠爱。后来，李弈的朋友李䜣犯罪，李䜣为了自保，在审判官的授意下攀附了李弈。献文帝借此杀了李弈和他的哥哥李敷，以及他的堂兄李显德，又将李䜣提拔起来。太后发火了，认为李䜣犯事，不杀李䜣倒杀李弈，这明明是要给自己好看。她凭借自己的势力与声威，逼献文帝将帝位禅让给了5岁的儿子拓跋宏，是为孝文帝。

年仅16岁的献文帝成了太上皇，几年之后，就莫名其妙地死去，因为没有留下痕迹，当时的人推测是太后害死的。[①] 献文帝之死，引起很多朝臣的不满，兰台御史张求联络忠于献文帝的将士和大臣，准备发动政变，杀死太后。事情败露之后，太后派人拘捕了他们，并因此案又诛杀了数千人。为了稳定政局，太后再次临朝听政。

孝文帝拓跋宏登基，年号“太和”。太后为了独揽朝政，罗织罪名，借谋反罪将孝文帝的外祖父南郡王李惠杀害，同时被处死的还有李惠的弟弟、儿子和妻子，死者数百人。[②]

太后临朝虽害死了不少人，但作为实际执权者她也实行了社会改革，史称“太和（孝文帝年号）改制”。

---

① 《北史》卷一十三：“内宠李弈。显祖因事诛之，太后不得意。显祖暴崩，时言太后为之也。”

② 《北史》卷一十三：“李惠之徒，猜嫌覆灭者十余家，死者数百人，率多枉滥，天下冤之。”

二

万里夕阳垂地，滔滔黄河东去。大臣李安世陪太后微服出巡。薄暮中，马车奔驰在八百里秦川上。关中自“永嘉之乱”后，很多人为避战乱纷纷南下江东，北国的田园变得荒芜，一次次的战乱使良田成了乱坟岗，赤地千里长满荆棘蒿草，方圆百里听不到鸡鸣狗吠，到处一片苍凉、死寂。

“如今不打仗了，为何国家财政反而变得如此拮据？”这是太后最关心的问题。

斜阳中一群野雁飞过，声声凄厉。“北魏自立国以来主要是靠打仗获得财富，以支撑国家的财政。如今北方一统，无仗可打，因此财政紧张。”李安世说。

太后一听大吃一惊，一个国家的财政居然是靠打仗获取财富来维持的，怪不得这拓跋人能统一北国，他们是时时处处在寻找机会打仗的，他们发的是战争财。可这样的国家能安定吗？

“不打仗了，农民的赋税难道不够用？”

“这些年，代北关中人口越来越多，可缴纳赋税的人却愈来愈少。”

“什么道理？”太后柳眉倒竖，眼若寒星，盯着李安世问道。

“太后，这话说起来就长啦。”李安世耐心地向太后解释。自从西晋灭亡以来，北方许多世家豪强聚族而居，设坞壁碉楼自保，生活自给自足。北魏建立后，任命坞主为宗主，代行地方行政权力。一个坞通常居住千百人，可在缴纳赋税上却与那些三五口之家一样，只算一户。[1] 小户人家与千口之家缴纳同样的赋税，当然心情不舒畅，为了逃避赋税，他们纷纷依附到坞主那里，居住到坞堡中。国家人口虽然越来越多，但户数却越来越少。坞主是愈来愈富，国家却越来越穷。

说话间，李安世与太后都感到口渴。马车这一路走，好容易见到前面高粱地中有两个妇女在除草。年长的约七十来岁，年轻的有四十多岁，她们是婆媳俩，身旁还有一个六七岁的小孩。李安世为太后讨得一碗水喝，太后觉得浑身舒服了很多。“老人家，家里的男人呢？”太后关切地问。

“头些年战乱死了。”老太婆说。

---

① 《魏书》卷五十三《李冲传》：“旧无三长，惟立宗主都护，所以民多隐冒，五十、三十家方为一户。”

太后一听心情不觉沉重起来，她换了个话题，问道：“老人家，这周围有几户人家?”

老太婆伸出两个手指说：“这方圆几十里就两户人家，我们三口算一户。”

“另一户呢?”太后又问。

“另一户姓张。”那年轻的一边说，一边拨开高粱秆子，指着远处黑压压城堡似的一个坞，说：“那坞中住着数千人，也算一户。”

“老人家，歇歇吧，别累坏啦。”太后关切地说。

“歇不得，歇不得的，得赶快把这地扒好，过两天，她就得去给官家服二十天劳役。”老太婆指着媳妇说。

太后的心情更沉重了，又问：“老人家，这租税还好办吧?”

“难哪，前些年是每年缴二斛九斗，如今增加到四斛啦，都说国家财政紧，我们这小户人家怎缴得起喔?”老人家说着嘤嘤地哭起来。

“老人家，既然这么艰难，为什么你们不和那些人一起搬到坞中去?”李安世问。

“不是人人都能去的。那张坞主嫌我们孤儿寡母没有劳力。”年轻妇女一说，李安世和太后就明白了。

辞别了这孤儿寡母，当天晚上，太后和李安世就借宿在张家坞中。坞主不知他们的真实身份，热情地为他们安排了食宿。第二天起来，李安世陪着太后在坞中走了一遭，好一座气派的坞楼！太后暗暗吃惊。坞楼分为内外两圈，外圈高四层，每层四十八间。以八卦形式筑造而成。每卦六间，设一楼梯。卦与卦之间以拱门相通。每卦有一厅二井，寓太极分阴阳。每卦又有一大门两偏门，合天地人三才。卦与卦之间有隔火墙，一卦失火，不会殃及全坞。若有盗贼入屋，卦门一关，瓮中捉鳖。内圈高三层，三十间。坞中街道纵横，也有各式商店，简直就是国中之国、城中之城，坞中精壮劳力比比皆是。

离开了张家坞，太后的心里很不平衡。“为什么这孤儿寡母年年都要给国家服劳役，而这坞中的精壮劳力四十年都轮不上一次，太不公平了吧!”李安世一听，频频点头称是。

“如何解决这不公平问题?”太后问。

“只能让那些劳动力从坞主中独立出来，使他们成为国家在编的户口。”李安世说。

“一个坞堡一脉心香，都是同族人。让他们独立出来，谈何容易?”太后又问。

李安世朗朗地笑起来说：“太后，这其实不难。俗话说，朝天一把钱，神仙也下凡。只要朝廷给足利益，他们感觉到从国家这里得到的好处比在坞主那里得到的多，他们就会跟着国家走。”李安世说。

太和九年（公元 485 年），北魏政府颁布了均田令。十五岁以上男子受露田四十亩、桑田二十亩，妇人受露田二十亩。身死或年逾七十者将露田还官。桑田为世业田，不需还官，但要在三年内种上规定的桑、榆、枣树。不宜种桑的地方，则男夫给麻田十亩（相当于桑田），妇人给麻田五亩。贵族官僚地主可以通过奴婢、耕牛受田，另外获得土地。奴婢受田额与良民同。耕牛每头受露田三十亩，一户限四头。凡只有老小病残之户，户主按男夫应受额的半数授给。地方守宰按官职高低授给职分田，刺史十五顷，太守十顷，治中、别驾各八顷，县令、郡丞各六顷，不许买卖，官吏离职时移交于接任官。

此外，还有用来建屋子的园宅田，良民每三口给一亩，奴婢五口给一亩。因犯罪流徙或户绝无人守业的土地，收归国家所有，作均田授受之用。

均田令颁布不久，很快就收到了效果，赤地千里不见了，北国苍翠弄春柔，清溪烟柳万丝垂，豪强世族开始与国家抢夺劳动力了。为了将均田令贯彻到底，太后听从了大臣李冲的建议，不久又实行了“三长制”。

三长制规定：五家为邻，设一邻长；五邻为里，设一里长；五里为党，设一党长。三长的职责是检查户口、征收租税、征发兵役与徭役，三长共同维护本地治安。充任三长的人可以优惠免除一至二人的官役。

北魏自推行均田制与三长制之后，几年间国力大增，人民殷实。百姓不再像从前一样吃鸡犬之食，穿牛马之衣①。太和年间的改革，为冯太后在史书上留下了光彩的一笔，她的变革也由孝文帝继续推行下去。

三

在“子贵母死”的继承法面前，拓跋宏 2 岁时母亲便被赐死。前面已经谈到，孝文帝拓跋宏 5 岁时登基，他的父亲献文帝拓跋弘被冯太后逼迫退位。② 当时拓跋宏是被抱着坐上龙椅的，那时他什么也不懂，太皇太后冯氏是权柄独操。龙椅就是噩梦，拓跋宏刚登基不久，自己的外祖父、舅

① 《洛阳加蓝记》卷四：“当时百姓殷阜，年登谷乐，鳏寡不闻鸡之食，茕独不见牛马衣。”
② 《魏书·天象志》：“上迫于太后，传位太子，是为孝文帝。”

舅就被诬陷而送上了断头台。幼小的孝文帝灾难接踵而来，幸好那时他还不懂事。

小时候的拓跋宏是在太皇太后的抚养下长大的，这使他们之间有一种近于母子之间的感情。儿时的孝文帝读了很多汉人的典籍，[①] 对汉文化情有独钟，他用汉语写了很多诗赋，相传有 40 卷。拓跋宏在汉文化的熏陶下，学会了隐忍。

随着孝文帝的长大，他也日益聪明能干，权力欲极强的太皇太后担心他将来会变得难以掌控，“不利于冯氏”，又打起了废掉皇帝的主意。有一次她找了一点碴儿，将拓跋宏关闭在思过殿内，三天也不让人送饭。

时值寒冬腊月，朔风阵阵，雪花飘飘，拓跋宏仅穿一件单衣。就在孝文帝冷得只好绕殿跑步的时候，太皇太后正在召集大臣，打算另立咸阳王拓跋禧为帝，她的提议遭到元老大臣的反对，就连汉族大臣也不同意。太皇太后只好作罢。此后，她命令内官监视孝文帝的言行举止，有一次，太皇太后又借孝文帝的一点“过错”，将他狠狠地打了数十杖。孝文帝“默然而受，不自申明”，以忍让平息了他与太皇太后之间的矛盾。

太和十四年（公元 490 年），太皇太后冯氏驾崩，孝文帝极其悲伤，他决定为太皇太后守丧三年。朝中大臣都很奇怪，孝文帝韬光养晦十四年，熬到今天太皇太后终于归政了，他不用再提心吊胆地提防太皇太后加害自己，他不报复冯氏就算了，竟还要为她守丧三年，真让人不可思议。

大臣们错会了孝文帝，孝文帝为太皇太后守丧，自有他的用意。帘外雨潺潺，春意阑珊，丝绸的被子怎抵得住早春的寒意，凌晨一觉醒来，孝文帝翻身爬起，案头上摆着的是太皇太后为他而作的《劝诫歌》三百余篇，他的脑海中浮现的是太皇太后当年如何教他背诵这《劝诫歌》的情形，[②] 他从小就很孤独，在他最需要亲情、需要母亲的时候，毕竟有这位祖母照料着他。看到祖母在推行“均田制”和“三长制”时面临的巨大压力，他也曾为祖母担心。小时候，看着别人挑担不吃力，长大以后他才逐渐明白，从前他肩上的压力全是祖母替他顶着。十八九岁时，当他看到改制以后国家变得富足，他内心很佩服祖母。

如今祖母已经仙逝，从前的怨恨犹如春日里的冰块在春风的吹拂下融化了，化作春水随着大河奔流而去。他的内心更多的是对祖母的怀念，没有了祖母，他不知自己能否扛得起这江山社稷。祖母临终的时候留下了遗

---

① 《魏书·高祖纪》：“五经之义，览之便讲，学不师受，探其精奥。史传百家，无不该涉。”

② 《魏书》卷一百八十三载：“养育之恩，诏教之德，寻之旷代，未有匹拟。”

嘱，要求丧事从简，他没有完全遵照祖母的遗嘱，不仅将丧事办得隆重风光，而且要为祖母守丧三年。

绿窗外，梧桐细雨，点点滴滴，从昨夜一直到破晓，雨都没有停过。孝文帝心里很烦，“撤下，撤下！”他要内监将满桌的佳肴与点心全部撤下去。连日来，他一日三餐都是半碗米粥，孝服也不肯脱，衣带宽，人消瘦，他这样做是想借祖母的余威以及汉文化的重孝，将汉族的礼仪文化、以身作则落到实处，借以表达他力图变革与推行汉化的决心。为着这一目的，他所要做的第一件事就是将首都从平城迁到洛阳。

鲜卑拓跋族自从走出山林，来到大草原，先是建都在盛乐（今内蒙古和林格尔北），公元398年迁都平城（今山西大同）。至孝文帝，平城已先后历六位帝王——道武帝、明元帝、太武帝、文成帝、献文帝、孝文帝，如今平城是一座拥有百万人口的重镇，成为了北方政治、经济、军事、文化的中心。

眼下北方的柔然与高昌已经平定，来自草原的威胁业已解除，随着北魏战略目标转向南方的萧齐政权，平城的战略地位已不再像从前那样重要了。平城地处黄土高原东北部，气候寒冷、土地贫瘠、交通不便，更严重的是，平城作为鲜卑拓跋族的发祥地，在历经六位帝王之后，这里聚集着大量的鲜卑贵族，他们思想保守，结成了一股反对改制的顽固势力。

要变革就必须离开古都平城，到新的地方去。孝文帝选中了洛阳。洛阳因地处古洛水的北岸而得名，它北据邙山，南望嵩岳，东据虎牢，西控函谷，山河拱戴，形势甲天下，有“八关都邑”之称；洛阳雄踞“天下之中”，东压江淮，西挟关陇，北通幽燕，南系襄荆，谓之“八方辐辏”、“九州腹地”、“十省通衢”，是中华大地龙脉的集结之所。

洛阳气候宜人，交通方便，是汉文化的中心，[①]“河图洛书”诞生于此，周公在此“制礼作乐”，只要在那里凿通运河，新的事业就可从那里开始。[②]唯有到了洛阳，才能逐渐与汉人望族融合在一起，得到汉人的认可，否则，北魏基业再大，在汉人的观念中永远都是荒外的牧马人。

迁都是震惊朝野的大事情。四年来，孝文帝一提起这事，就立刻遭到众贵族强烈的反对，尤其是来自六镇的压力。他们认为，北魏的天下是以平城为大本营，一点一点从马背上打下来的，如果离开平城就有可能失掉

---

① 《魏书·任城王云传》记载洛阳：“崤函帝宅，河洛王里，因兹大举，光宅中原。”

② 《魏书·李冲传》中孝文帝言：“朕欲从此通渠于洛，南伐之日，何容不从此入洛，从洛入河，从河入汴，从汴入清，以至于淮？下船而战，犹开户而斗，此乃军国之大计。”

根本，亡族亡国。一次次讨论毫无进展，迁都之事就这样一年年拖了下来。

时光犹如东流水，转眼即逝，这些年孝文帝一直闷闷不乐的，心系迁都之事。如今太皇太后已经逝世，即使是守丧期间，他的心也一直不安宁。他匆匆地喝下那半碗米粥，顺手推开窗，抬眼望去，桐荫深处一抹红，那是桃花。忽惊春到小桃枝，冬去春来，又是新的一年开始了。“今年必须将迁都之事落实下来，不能一觉华胥梦，白了少年头。”栏杆拍遍，孝文帝心中有了主意。

四

隔天，孝文帝临朝宣布，七月，他将率兵南下亲征萧齐。朝中大臣见他信心十足，就没人站出来反对。公元493年，孝文帝亲率三十万步兵、骑兵从平城出发。队伍前不见头，后不见尾，浩浩荡荡，好不威风。这一次的辎重队伍特别庞大，平城中的粮食和金银财宝，能搬的几乎都搬走了。

蟋蟀在草丛中鸣叫，惊落了梧桐树上的叶子。大军刚出发不到一个时辰，天就下起雨来。斜风细雨，黄土路泥泞难走。大军一路挣扎，缓缓前行，走了一个多月，好不容易才到达洛阳。队伍在城西扎营，孝文帝宣布，先在这里休整半个月。

洛阳城中菊花怒放，城中香车宝马，人们全都衣冠楚楚，中州闺秀们暗香盈袖，更是教人频频回头销断魂。城内酒家不同于古朴的平城，酒阑有香茶，醉卧瑞脑香。那狮子头肉丸最有嚼头，将士们日来几杯淡酒，倒也舒心，都说不如随分尊前醉，莫负了东篱菊蕊黄。

半个月转眼过去了，队伍集结，又要出发了。突然间，暴雨如注，秋风秋雨愁煞人。拓跋宏披甲上马，挥鞭下令大军继续前进。将士们全都跪在拓跋宏马前，恳求皇上开恩不要再南下。一时间喊声哀求声震天动地。①

“皇上，都说这洛阳牡丹最好看，不如等到来年开春赏完牡丹再南下吧。”一位将军哀求说。

“岂有此理！才歇了半个月就不想走，到了明年就更走不动了。出征之事，是儿戏吗？三十万人开销无度，若是无功而返，丢尽脸面，今后你

---

① 《北史·魏本纪》载：“帝戎服执鞭，御马而出，群臣稽颡于马前，请停南伐。帝乃止，仍议迁都计。”

们怎么在平城立足?”皇上的马鞭挥得啪啪响。

“末将听说连年来皇上计划迁都洛阳。不如我们就算是迁都的先头兵，这样就容易交代了。”将军又恳求说。

皇上沉吟了一会儿说：“也罢，也罢，既来之，则安之。你们若愿意迁都，也就有了可以交代的功劳。士兵每人发银子十两，将军每人五十两。”

没有人知道这是皇上刻意安排的。在拓跋宏看来，只要将北魏的精壮连同他们未来的家属带出来，迁都也就成功了，至于那些顽固派，愿意来洛阳就来，不愿来他也不强求。将士们已有点留恋洛阳的繁华了，如今又见有银子可领，大多表示愿意迁都。拓跋宏见状，正式诏告天下：北魏迁都洛阳!

三十万大军就屯扎在城外，洛阳迅速繁荣起来，不到两个月，酒店、客栈增加了几百家。四方歌舞乐班与百戏纷纷向洛阳涌来。南北商家也都到洛阳来寻找商机。待到一切安顿完毕，在一派欣欣向荣的景象中，孝文帝正式宣布改制。

改制的第一条是语言。从前官员上朝，鲜卑、汉语双语并用，此后上朝，三十岁以下的鲜卑人只准讲汉语，不得讲鲜卑语，如有违反，一律罢官或降职。[①] 一时间洛阳到处都在征招教汉语的教师。

第二条是将鲜卑姓氏改为汉姓，北魏皇室拓跋氏改姓“元”；独孤氏改姓“刘”。从前鲜卑人的姓通常都为复姓，如今全部改为单姓。此后，鲜卑人的姓氏与汉人几乎没有区别。

随着姓氏的改变，籍贯也发生了变化。鲜卑的祖先拓跋珪当年在蒙古草原建立的是代国，都城在盛乐，盛乐在北魏首都平城的北面，因此鲜卑人习惯认为他们来自代北。迁居洛阳后的鲜卑人，今后籍贯不准再称代北人，而改称“河南洛阳人”，他们将逐步成为中原士族，死后葬在洛阳，不得回归北方落地归根，[②] 以绝故土之恋。

随着语言、姓氏与籍贯的改变，鲜卑人不得再穿原有的民族服装，改着汉服。[③] 此外，孝文帝又大力鼓励鲜卑人与汉人通婚，同时还拨款修建孔庙，祭祀孔子。

---

① 《魏书·咸阳王禧传》记载孝文帝言：“今欲断诸北语，一从正音。其年三十已上，习性已久，容不可猝革。三十已下，现在朝廷之人，语音不听仍旧；若有故为，当加降黜。”

② 《魏书·高祖纪下》载：“太和十九年……诏迁都之民，死葬河南，不得还北。于是代人南迁者，悉为河南洛阳人。”

③ 《魏书·高祖纪下》云：“太和十八年……革衣服之制。”

孝文帝太和年间的改制是一次“全盘汉化”的运动，促进了黄河流域不同民族的融合，这是一次由拓跋君主而不是汉人君主推行的改制，性质上属于自然同化。但是，这次汉化，由于孝文帝在推行时动用了君权，这就使得这次运动多少带有强制汉化的成分，不可避免地带来了副作用，最终导致了六镇兵变。

第三节 六镇兵变

太武帝拓跋焘在位期间，为了防御来自草原柔然的侵扰，在首都平城以北、阴山以南设置了六座军镇。最西的是沃野镇（今内蒙古五原东北），往东依次是怀朔镇（今固阳西南）、武川镇（今武川西）、抚冥镇（今四子王旗东南）、柔玄镇（今兴和台基庙东北），最东的是怀荒镇（今河北张北）。

六镇初建之时，朝廷选拔镇将与兵员，都是从中原汉人的望门以及鲜卑的强宗子弟中筛选。无论将领和士兵，他们都有一种崇高的使命感和荣誉感，升迁快，粮饷优厚。“嫁汉就要嫁六镇”，能到六镇当兵就是谋到一份好差事，六镇子弟兵是人们心目中的英雄，也是姑娘们择偶的首选。那时的六镇虽为边关，但车如流水马如龙，生机如春草，东风花月皆得意。

公元493年，孝文帝说是南征萧齐，征发了六镇的全部精壮。炎夏七月出征，转眼已是九月。秋风起，古镇边，衰杨老柳，烟残草低迷。夕阳西下，整个古镇都在传言——迁都啦！新都就在洛阳。六镇战友成了迁都的先头兵，他们已经在洛阳落脚，先富起来啦！一时间，几人欢喜几人忧愁，几人高呼几人叹息。

夜幕降临的时候，古镇沸腾了，汉人最激动，尤其是那些洛阳子弟。古镇简朴的酒店中，他们高声大喊：“我们也回洛阳去！”“我们也到洛阳去！”他们喝着酒，吃着肉，借着酒劲，眉飞色舞地向鲜卑人介绍起洛阳胜景——龙门山色、马寺钟声、金谷春晴 、洛浦秋风、邙山晚眺。

“天上神仙府，人间洛阳城。”鲜卑人听得眼睛发直，他们不知道那些洛阳子弟说的是真的还是在吹嘘，但是，他们都怦然心动了，想去洛阳看看牡丹、美女与卢舍佛。

“洛阳与平城相比如何？”其中有个老兵问。

“没法比，没法比，那简直是天差地别！”一夜之间汉人神气起来，腰杆挺了起来，原先神气活现的鲜卑人似乎矮了半截，他们的内心有点悲凉，也有点窝火。

第二天，晨练一结束，许多人就围着将领李崇请愿，要到洛阳去。李崇见群情激昂，拍了拍胸脯，安慰他们说：“行！洛阳那边一旦来人，我一定将你们的要求上达。”

已是隔年仲春，芳草又长出来，无边无际，通向远方斜阳之外。同袍战友终于回来了，有汉兵也有鲜卑兵，他们是回来接家属搬家的。

士别三日，当刮目相看。昔日的同袍战友，无论是汉人还是鲜卑人全都着了汉装，那是汉人的绸面丝绵褂子，他们穿的不再是从前脏兮兮的皮袍，身上也没了那股馊味。他们的礼节也变了，见了鲜卑人微笑着，点点头表示友好；见了汉人就叽叽咕咕地攀谈起来，亲热得像自家兄弟。

“青青河边草，绵绵思远道。”一个鲜卑士兵说，虽然说得有些生硬和吃力，但语言的文雅却令古镇的洛阳人大吃一惊。“你，你这是在念诗?”一位汉兵问。

旁边有人替他作了解释，“不！他这是在表达思念。思念很苦，离情很苦。那是洛阳的汉语师傅教的。”

“离恨犹如春草，更行更远还生。”那位士兵又说。洛阳子弟全都欢呼起来，笑得眼泪都流出来了，他们激动地拥抱起这位鲜卑士兵。“大野，你很快就会成为会讲汉语的诗人。”

那位鲜卑士兵摆摆手说：“不，我不叫大野啦，我姓李，这是汉姓。”说着又指着身边的独孤兄说，“他也不姓独孤啦，现在姓刘。”

几个古镇的鲜卑士兵看他们亲热得如胶似漆，也过来凑热闹，他们用鲜卑语朝他咋呼起来。那位来自洛阳的鲜卑兵笑了笑，摇了摇头，默默无言。一位古镇兵急了，一巴掌就甩在他的脸上，骂了起来：“大野，你才离开哥儿们几个月，连自家的话都不会讲了?”

一位汉族士兵急忙用鲜卑语解释说：“皇上规定在洛阳，三十岁以下的鲜卑人，不能再讲鲜卑语了。如果在公开场合讲鲜卑语，将军降为校尉，伍长降为士兵。再犯就全部降黜了。”

古镇鲜卑兵吼了起来：“不能讲，不能讲，一家人不能讲同家话。鲜卑话怎么啦，不算话啦?”几个月来他们内心本来就很窝火，如今火更大了，怨更深了。

这次搬家搬得很彻底，很多人连爷爷、父母的坟也迁走了。一问才知道，如今他们都算洛阳人，以后不准回代北为祖先扫墓了，只好将坟墓移到洛阳去。

这一切来得太快太突然，才几个月，鲜卑人衣装改了，语言改了，姓氏改了，连籍贯也改了。六镇将士本是北魏的门面和根基，他们的一言一行代表着国家的荣誉。孝文帝改制才几个月，他们就成了粗鲁愚人、乡巴佬，若不迎头赶上去，就会被潮流所抛弃。于是将领李崇迅速写了一封信，要他们回去以后让人呈给皇上。

信件一去就如泥牛入海，汉兵迫切希望返回洛阳，他们开始酗酒。浊酒一杯家万里，洛阳雁去无消息，千嶂里，长烟落日孤城闭。他们盼望着，盼望着，酒入愁肠愁更愁，从前嘹亮的歌声变成沙哑的吼叫了。不久，粮饷吃紧，士兵花完了他们的积蓄，小镇的酒店在冷清中倒闭了，百戏馆子也关门啦，六镇迅速衰落下去，开始有士兵逃亡了。

消息传到洛阳城，孝文帝也急了。一个国家，两套班子，洛阳新派，平城老派，开销自然比以前大。群臣一商量，一致认为六镇离平城近，粮饷先由平城筹集。平城老派也急了，平城金银都被孝文帝搬到洛阳了，哪来那么多钱发粮饷。

“国库的钱哪去了？”平城老派都认为是孝文帝浪费掉了，其实，孝文帝也在缩减后宫开支用度，节衣缩食。钱全用来为胡人开办汉语班，补贴胡人换汉装。大笔大笔的钱像流水一样花了出去，一时半会哪顾得了边塞的事。

孝文帝不知小镇正在酝酿着一场兵变，这一天，又抓回百十来个逃兵，按以往，逃兵就是杀头的罪，如今李崇不知如何处理，总不能每天都杀人吧。李崇正无计可施时，使者突报圣旨到。全镇将士立刻集中起来接旨，这是一道文辞并茂的圣旨，圣旨说六镇将士此后改为“府户”，国防是国家第一要务，六镇犹如国家的肺腑，希望你们发扬传统，保卫好边疆。

听完圣旨，有人问：“什么叫做‘府户’？”

宣旨官张浩解释说：“你们的户口都由官府登记在册，以后你们将世世代代在这里当兵，能到六镇来当兵是美差，今后这美差就交给你们了。你们和你们的子孙永远不能离开边疆，要为国家保卫好边关！”宣旨官的话音刚落，汉兵号啕大哭起来，他们回不了内地啦。继而，胡兵也哭起来了，一时哭声天崩地裂。

李崇一见这场面，这是大不敬啊，立刻命身边的副将魏兰根带人制止。魏兰根说：“不，让他们哭吧，他们有愤有怨，理应发泄出来。”李崇无法，只好赶快将宣旨官张浩迎到镇衙门，避开那尴尬的场面。偏偏这宣旨官张浩是李崇的老部下，在洛阳支持孝文帝改制有功，如今已经官居三品，而李崇还是一个六品的镇将。李崇一听也急了，忙向张浩请教。

张浩解释说，依据中原“九品中正制”，三品以上的官员属于上品，叫做清流，六品以下官员属下品，叫做浊流。按这种体制，你们在边关为将为官，世代不得离开，这就意味着子孙后代永远只能做到六品的浊流官。李崇不听犹可，一听登时一头栽倒在地，不省人事。

魏兰根好不容易将李崇叫醒，安慰说：“将军，别急，别急！事情总会有转圜的余地。”在张浩赴京之前，魏兰根抓紧时间写了一封信，认为国家改制，边关也要改。“改镇为州，分置郡县，凡是府户，悉免为民。”①这样镇将就有机会升为郡县与州官，士兵也不会永远被绑在边关上。

羌管悠悠，秋霜满地，孝文帝元宏去世了，宣武帝元恪也辞世了，如今已是孝明帝元诩时期了，边关六镇的情形还未好转。营房中，将士夜深不寐，他们从满头青丝等到满头白发，年年月月，月华如练，酒未到，先成泪，愁肠已断无由醉，他们忍无可忍了。

怀荒镇率先兵变，公元526年，沃野镇匈奴族人破落韩拔陵起兵，六镇反了，统统反了。各地也反了。敕勒族、羌族、山胡、群蛮纷纷响应，一时间不是称王就是称侯。北魏政权摇摇欲坠，朝中大臣突然想起了李崇，他曾上表要求边关改制，有先见之明。于是孝明帝强制性地令李崇率兵前往怀荒镇镇压变乱。这时的李崇已是满头斑白的七十岁老人了，虽可勉强带兵，但已不可能平息兵乱了。

各路反兵一面反魏，一面互相攻伐，在六镇中涌现出一位杰出的将领，叫葛荣。他多次打败魏军，部众日益增多，最盛时号称有百万之众，东魏和西魏的许多将士都曾参加过这支军队。葛荣自称天子，建国号齐，改元广安。与此同时，这一时期也产生了几位枭雄，那就是尔朱荣、高欢和宇文泰。

---

① 《北齐书》：“缘边诸镇，控摄长远。昔时初置，地广人稀，或征发中原强宗子弟，或国之肺腑，寄以爪牙。中年以来，有司乖实，号曰府户，役同厮养，官婚班齿，致失清流。而本宗旧类，各各荣显，顾瞻彼此，理当愤怨。更张琴瑟，今也其时，静境宁边，事之大者。宜改镇立州，分置郡县，凡是府户，悉免为民，入仕次叙，一准其旧，文武兼用，威恩并施。此计若行，国家庶无北顾之虑矣。”

第四节 尔朱荣

一

北魏的第一代皇帝是道武帝拓跋珪，第二代是明元帝拓跋嗣，第三代是太武帝拓跋焘，其后有南安王拓跋余，第四代是文成帝拓跋濬，第五代是献文帝拓跋弘，第六代是孝文帝拓跋宏（元宏），接下来是宣武帝元恪。

元恪生下了儿子元诩，元诩的生母是胡氏。元诩被立为太子时，宣武帝元恪认为“杀母立子”太残忍，于是就废除了祖制。宣武帝元恪三十三岁驾崩，元诩六岁即位，是为孝明帝。

孝明帝元诩即位之后，权臣于忠、崔光等奏请胡太后临朝称制。随后胡太后二起二落，一直到元诩19岁，还不想还政。此时胡太后的政治腐败到了难以收拾的地步，孝明帝元诩忍无可忍，密诏尔朱荣入京“清君侧”。

尔朱荣（493—530），北秀容（今山西朔县北）人，契（羯）胡族人，是胡人中的美男子，他皮肤白皙、容貌俊美、自小就聪明能干，早年，袭父爵做契胡部酋长。六镇兵变期间，北方已成燎原之势，他招兵买马，聚起了一支四千人的队伍。北魏笼络他镇压兵变，对他加官晋爵，先后擢升游击将军、冠军将军、平北将军、北道都督，后来加升大都督，统领并、肆、汾、广、恒、云六州诸军事。尔朱荣于乱世中南征北战，势力越来越大。

尔朱荣的父亲叫尔朱新兴，是个安分守己的人。孝文帝时期，朝廷每有战事，尔朱新兴就出钱出粮，提供兵马，孝文帝非常高兴，拜他为右将军、光禄大夫，后来又加封散骑常侍、平北将军、秀容第一领民酋长，南北秀容都归尔朱氏统领。迁都洛阳之后，孝文帝特别准许尔朱新兴冬朝京师，夏归部落。晚年时，尔朱新兴恳请把酋长的位置传给儿子尔朱荣。尔朱新兴终年74岁。因为尔朱新兴是个老实人，孝明帝才把“清君侧”这样的任务交给了他的儿子尔朱荣。

尔朱荣接到孝明帝元诩的密诏时，喜出望外，认为这正是发展自己实力的最好时机，立刻命高欢率部南下直趋洛阳。行军到上党时，又接到元诩的密诏，要他们暂时停止前进。原来这时候的孝明帝元诩已经被胡太后党羽控制，胡太后为了保住自己的权力，不久就将亲生儿子孝明帝鸩杀，又在拓跋家族中找了3岁的元钊继位。

消息传到晋阳，给尔朱荣进军洛阳提供了最好的口实，他召集众人商议：“皇上驾崩的时候已经19岁，可他还被认为是幼主，如今竟把一个3岁刚会说话的小孩弄到宝座上，这怎么能使国家安定呢？我打算率铁骑到皇帝陵园，致哀悼念，然后剪除奸邪，另立新君，诸位意下如何？”众人皆说：“此举是伊尹、霍光再现，为北魏再造社稷！”

他们商量废立之事，并挑选了彭城王的第三子子攸，将他带到尔朱荣军中，军中上下皆高呼万岁，子攸就在军中即了皇位，是为魏敬宗孝庄帝。孝庄帝即位后，封尔朱荣为任使持节、大将军、领军将军、尚书令与太原王等。尔朱荣持节率军，护送孝庄帝子攸前往洛阳，他们在孟津渡过黄河，打败了胡太后的军队，又与洛阳城里的守军里应外合。胡太后见大势已去，立即下令宫中嫔妃全部出家当尼姑，自己也剃光了头发。

武泰元年（公元528年）四月十二日，尔朱荣率军进入洛阳，逮捕了胡太后和3岁的幼主元钊，将他们带到河阴。胡太后见到尔朱荣后，对自己的所作所为百般辩解，尔朱荣听得很不耐烦，拂袖而去，令人将胡太后和幼主元钊沉入黄河中。

同日，尔朱荣以祭天为名，将朝中文武两千多人邀请到河阴的陶渚（今河南省孟津县东），这些人绝大多数是汉化了的鲜卑上层以及中原世家望族，其中元雍、元钦等是北魏亲王。尔朱荣认为这些人骄侈成俗，如不剪除，不仅难以驾驭，还会被他们所伤。

已是晚春时节，晚红花瓣在疏雨中无可奈何地飞落下去，似曾相识的燕子又从南方归来了。当文武百官千辛万苦赶到陶渚，前来参加新皇登基祭天大典的时候，疏雨乍歇，远峰凝碧。群臣聚集在皇帝行宫的西北方，孝庄帝与他的兄弟就在行宫里面，这时候，尔朱荣的铁骑已悄悄地将他们包围起来。

尔朱荣骑马上了一个高台，环望四处，大声叱责说：“天下丧乱，肃宗暴崩，都是尔等不能辅弼造成的。个个该杀！”言毕，随着一声哨响，飞箭如蝗，在一片惨叫声中，血流成河，尸横狼藉。有人掀翻桌子，拿起凳子左右抵挡飞来的箭。这时候，尔朱荣的铁骑冲进来，将还未倒下的统统砍倒在地。一朝文武没人能够逃脱。

尔朱荣的军士大声鼓噪：“元氏既灭，尔朱氏兴！”

孝庄帝与兄弟听到鼓噪声，从行宫中出来，想看看究竟外面发生了什么事。这时候，几个士兵奔过来，抱住了孝庄帝，声称防卫，将他拥入帐中。其余的人已经将几个王爷砍成几段。听见兄弟的惨叫声，孝庄帝大惊失色，忙问原因，士兵竟不回答，还将他软禁于帐篷之中。孝庄帝想不到自己才做了几天皇帝，亲兄弟就倒在尔朱荣的屠刀之下，登时昏了过去。这就是惊心动魄的“河阴之变”。

河阴之变使洛阳陷入了一片恐惧之中。无论富贵、贫穷人家，都纷纷逃亡。富贵人家没有一个留存下来，贫穷人家也只是“十存一二”。一时间，望京国，空断目，惊鸿遍野，寂寞无人烟。经历孝文、宣武、孝明三代皇帝几十年经营起来的洛阳城，昔日的热闹繁华荡然无存。人们一提起尔朱荣，个个恨得咬牙切齿，尔朱荣迫于民愤，不敢留在洛阳，他将孝庄帝留在恐怖凄凉的洛阳城，自己则带着兵马回到晋阳，在那里遥控着洛阳政权。

孝庄帝子攸完全是个儿皇帝，朝中都是尔朱荣的亲信，孝庄帝身边都是尔朱荣的眼线。尔朱荣的女儿本是孝明帝元诩的侧妃，元诩死后，尔朱荣逼孝庄帝娶这位侧妃，并立她为皇后，尔朱皇后仗着父亲的势力极其刁蛮，她常常说：“我在天子面前放肆一些有什么关系？他本来就是我爹所立，我爹把帝位让给他已经很不错了！”

二

那时候，在六镇兵变中，葛荣的势力很大，他的人马已经发展到百万，自立为齐帝。孝庄帝即位当年——建义元年（公元528年）八月，葛荣带着几十万大军围攻邺城，准备攻下邺城之后，一举灭了北魏。九月，尔朱荣率七千骑兵，每人配备正副马，日夜兼程，迅速东进前来救援邺城。

葛荣仗着数量上的绝对优势，不把尔朱荣放在眼里。他对部下说：“多带长绳，抓到就缚。”他在邺城以北，列成几十里的长阵，想一举把尔朱荣军队包围歼灭。

尔朱荣把部队分开来，每组三人，潜伏在山谷中间，他们在马尾绑上树枝，到处扬尘鼓噪，造成声势，使葛荣军队弄不清楚他们有多少人马。尔朱荣又下令：每人带一根棍棒，见敌就打，但不准下马斩首级，以免浪费时间。尔朱荣所带的山西秀容胡人很会打仗，他们在尔朱荣的率领下，犹如风雷一样冲进了葛荣的阵地。葛荣军见对方来势如电闪雷鸣，就纷纷逃避，七千人对抗几十万，与其说这是杀敌，不如说是将对方吓跑，尔朱荣军队的目的达到了。

尔朱荣又令一部分骑兵绕到敌人的后边，前后夹击，一下就突破了对方的长蛇阵。葛荣从中军赶来的时候，还未弄明白怎么回事，就被尔朱荣一棍打下马去，尔朱荣在马上弯下身来，轻轻将葛荣提了起来。葛荣部众见尔朱荣英勇无敌，又见首领被擒，就纷纷投降。

如何处理几十万降兵？这是个不可忽视的问题。一旦葛荣军队的将士知道尔朱荣的军队只有几千人，他们聚合起来反扑，后果不堪设想。尔朱荣命令迅速疏散降兵，他们愿意到哪儿就到哪儿，降兵保得性命，高高兴兴地离开了。因此，尔朱荣又令手下骑兵迅速奔赴各地，在方圆百里的路口等候，降兵走了百里已经聚不成团，因此，尔朱荣军很容易就将他们收编过来，原来的首领都量才录用，再由降将管理降兵，一切都进行得非常顺利，尔朱荣获得了几十万人马，迅速强大起来，葛荣的齐国土崩瓦解了。北魏因这次伐齐胜利，就把年号改为永安。葛荣被押到洛阳，魏孝庄帝下令将其斩首。

不久，各地兵变、反魏武装与叛军在尔朱荣东征西讨中被平息了。尔朱荣俨然是再造社稷的大功臣了。然而，孝庄帝并不以此为喜，消灭了各地的兵变，迎来的却是一个最大的敌人——尔朱荣。尔朱荣的野心已是司马昭之心，路人皆知，孝庄帝和尔朱荣之间的矛盾凸显出来了。

尔朱荣记得，少年时期有一次曾经和父亲尔朱新兴同游祁连池。一夜秋风，桂花松子满地，石泉淙淙如风雨。千里黄云，云霞间隐隐约约响起一阵箫鼓之声。

“是不是附近有人办喜事？爹，咱们去看看。”尔朱荣对父亲说。

尔朱新兴侧耳一听，面有喜色：“听部落老人讲，听见这种声音的人将来能位极人臣，我老了，应该是应验在你的身上。孩子，好好努力吧。不可辜负上天的期望。”长大以后，每当想起少年时期听到的箫鼓之声，尔朱荣的内心就有一种冲动。“箫鼓之声隔彩霞，不知云外是谁家？”

如今，尔朱荣已经位极人臣了，可他没有办法停下手来，河阴之变时，他的部下高欢曾劝他自立为帝，尔朱荣那时就有此意。另一将领贺拨岳则说：“将军首举义兵，志除奸逆。大功未立，马上称帝，这会招惹祸端，不见得是什么好事。”尔朱荣只好忍了下来。

如今的尔朱荣已经不同往日了，挽狂澜于既倒，他已有盖世奇功于社稷，天下的纷乱都是他平定的。更重要的是，河阴之变使他明白，他与中原士族以及北魏皇族之间的矛盾已经无法调和了。与其等到北魏强大起来，再来清算当年的事件，不如现在就将天下夺过来，自己称帝，于是他派人铸金像。

北魏王朝的胡人，凡做重大抉择时，如选皇后等，常常铸金人以卜吉凶。尔朱荣一共铸了四次，都没铸成。尔朱荣纳闷：“是不是当年箫鼓之声不灵了？”一个深得尔朱荣信任的巫师对尔朱荣说：“大王，箫鼓之声已经应验了，你已经位极人臣了。只是这九五之尊，大王目前天时人事都不成熟。”

尔朱荣思前想后决定申请入朝，只有入朝才能进一步控制人事，控制了人事后，再等待天时吧。

三

尔朱荣申请入朝，意在控制朝政，为下一步篡位做准备。孝庄帝明白，这是拓跋氏与尔朱氏最后决斗的时刻了。他开始与一些皇族近臣密谋诛杀尔朱荣。尔朱荣的亲信听闻此消息，都劝尔朱荣先下手为强，尔朱荣自信满满，自以为孝庄帝绝没有这种胆量。

流水急，不知哪个传消息。堂弟尔朱世隆也觉察到孝庄帝的举动有异，于是自己派人在自家门上写个匿名帖子：“天子与杨侃、高道穆密谋，要杀掉太原王！”他假装发现匿名信，揭下帖子令人呈送给尔朱荣。尔朱荣接到匿名信，看了看，却根本不放在眼里，刷刷几下就撕了个粉碎，往地下一扔，又狠狠地吐了口唾沫：“世隆真是胆小鼠辈，谁敢生杀我的念头！”

秋来寒霜遍地，碧天清肃，秋风卷得梧桐沙沙作响。燕子呢喃商量着南下的事。听说丈夫就要南下洛阳，尔朱荣的妻子似有预感，劝他千万不要去，但尔朱荣根本听不进去。

碧云天，染就洛水一江秋色。尔朱荣率领四千随从浩浩荡荡的开到洛阳。入朝那天，尔朱荣当面问起外面的传言，孝庄帝笑了笑说：“传言你也信？外面的人也都说你要杀我，难道是真的？岳父杀女婿，我能信吗？”尔朱荣一时无言以对，又未发现异动，略微放心。以后每次入朝，他所带随从都只有数十人，且都空着手不带兵器。

听说女儿怀孕已近临产，尔朱荣内心有点怅然，千里迢迢来到洛阳，就是来与女婿、外孙争帝位吗？毕竟自己已经是国丈了，这次女儿要是生下个儿子，未来自己就是皇帝的外公啦。尔朱荣正有点怔怔然，忽闻宫中遣使来报：“尔朱皇后刚刚生下男婴。皇上为此特地罢朝三日。”未到半个时辰，文武百官络绎不绝地到府上道贺，祝贺尔朱荣做了外公，一时尔朱荣府邸门口车水马龙，热闹非凡。

尔朱荣并未起疑，准备第二天入宫去看望女儿和外孙。永安三年（公元530年）九月戊戌日一早，尔朱荣带着14岁的儿子尔朱菩提以及随从三十多人兴冲冲入宫来。

依依宫柳拂宫墙，画楼深殿寂无人，更显得内宫的深广。尔朱荣一行来到明光殿东序，随从即被拦下，守卫兵说只准尔朱荣父子进去。尔朱荣未及细想就带着儿子绕到东殿门，刚跨进殿就见孝庄帝坐在那里。尔朱荣正想开口道喜，这时两个武士提刀从殿东门冲了进来，尔朱荣一惊，一丝不祥之感掠上心头，凭着将军的直觉，他拔腿直奔御座孝庄帝而来，只要挟持住孝庄帝就可逃过一劫。尔朱荣几步跃过，眼看就到孝庄帝跟前，这时候他的后背中了一镖，一个趔趄，孝庄帝拿起膝盖上的刀，顺手一捅正中尔朱荣腹部，明光殿伏兵齐出，举刀乱砍，一代枭雄应声毙命。尔朱荣的儿子也倒在乱刀之下，三十多个随从全被伏兵所杀。

消息传出，洛阳城里欢声雷动，人们纷纷跑上街来庆祝。然而，皇帝这一招实在有点轻举妄动，因为尔朱荣的兵权与部队并未收回。十月，尔朱家族中的尔朱兆、尔朱世隆在晋阳立太原太守长广王元晔为皇帝，改元建明，尔朱兆做了大将军。十一月，尔朱兆向洛阳发兵。十二月，尔朱兆兵临洛阳城下，城破之后他们抓住了孝庄帝，把他带回晋阳绞死。这个倒霉皇帝只活到二十四岁，为了北魏的天下，孝庄帝实际上是与尔朱荣同归于尽的。

尔朱荣倒下，孝庄帝死了，但尔朱荣之乱并没有结束，他的兄弟、部下势力强大，依旧横行在中国北部，他们之间不断发生纷争，自此北魏分裂为东魏与西魏。

第五节 高欢与东魏

一

高欢，祖籍渤海蓨县（今河北景县西）人，鲜卑名叫做贺六浑，祖上移居怀朔镇（也有说犯罪充军来到怀朔）。怀朔镇就是边关六镇之一，高欢自小就在那里长大，由于他的行为举止已与鲜卑人无异，学者很难确认他到底是汉人还是鲜卑人。

高欢小时候家里很穷，常常要到城里做苦力挣钱。城中有一娄家，来自代北平城，属鲜卑高门。娄家有个女儿叫娄昭君，是那一带有名的才女，人长得端庄姣好。附近高门望族子弟纷纷前来求婚，皆被她谢绝了。一个偶然的机会，娄昭君和婢女出来游玩，见到城头上正在服役的高欢，娄昭君心头不觉一震，“这个人才是我未来的夫君”。她让婢女去打听，知道他家穷得叮当响，于是几次将自己的私房钱悄悄地赠给他。[①]

“贺六浑，安排好了就来向我家主人求婚。”婢女对高欢说。娄家父母正为女儿的婚事操心，见高欢前来，衣服穿得光鲜，人也长得帅气，额头高高的，两眼炯炯有神，牙齿洁白如玉，[②] 二老再征求女儿的意见，娄昭君二话没说，一口答应下来。[③]

婚后的高欢不再做零工，他在娄家筹了一笔钱，开始养马，几年下来，挣了一些钱，更在养马过程中学会了一套马术，这为他后来的军旅生活打下了良好的基础。

后来，高欢就去做函使，专替官府递送信件和公文，函使不是官，也没品衔，但比养马斯文些。那时候，娄昭君已经为他生了第一个孩子，叫高澄。

这一天，高欢送信回来，有些累，夫妻早早上床歇息。躺了一会儿，昭君突然想起，儿子高澄还没回家，急忙翻身爬起，出门去找。一路走去，水遥山远，天高地阔，突然间霹雳一声，随着一道闪电，空中垂下一条龙，龙尾挂在北斗斗柄上，龙头向昭君伸来，摇头摆尾，张牙舞爪，似是向昭君示好，又好像在向她扬威。昭君吓了一大跳，惊醒过来，原来是个梦。不久，娄昭君就怀孕生下第二个儿子高洋，这儿子就是后来北齐开国者文宣帝。

娄昭君共生了六个儿子两个女儿。后来三个儿子做了皇帝，三个称王，两个女儿都做了东魏皇后。娄昭君每次怀孕总有异梦，梦龙梦月梦鼠，梦得最多的是龙——断龙、大龙、蠕龙，故人称“九龙母”。婚后的娄昭君贤惠、不嫉妒，史上有贤名。

---

① 《北齐书》：“数致私财，使以聘己。”

② 《北齐书》：“目有精光，长头高颧，齿白如玉，有人杰表。”

③ 《北史》卷十四列传：“齐武明皇后娄氏，讳昭君，赠司徒内干之女也。少明悟，强族多娉之，并不肯行。及见神武城上执役，惊曰：‘此真吾夫也。’乃使婢通意，又数致私财，使以娉己，父母不得已而许焉。”

高欢做了函使以后，这一日递送公文来到洛阳。那时，边关六镇作为北魏的军队骨干，随着朝廷的改制，由“升迁有通途”，变成“仕进路难”，由此引发了兵变，受其影响，洛阳也发生了羽林、虎贲的骚乱。

风尘仆仆的高欢刚骑马进了洛阳城，就觉得气氛异常，他一路走过去，只见征西将军张弈的府邸烈火熊熊，无数士兵围在门口，他们一边纵火，一边高喊：“张弈出来！张弈出来！”这时候，张弈与他的儿子张始均匆匆从外面赶来，刚下马，就被围攻的士兵殴伤。高欢目睹这一幕，内心慨叹：“天下要乱了！”

从洛阳归来，高欢又转交一封公文给令史麻祥，又向他谈起了洛阳骚乱的事，麻祥见高欢饿了，就让人给他端来了一些饭食。高欢有个习惯，吃饭时只能坐着吃，不能站着吃。他一见那饭菜，肚子就叽叽咕咕响了起来，于是高欢就大大咧咧坐下狼吞虎咽地吃起来。

那时候官场有许多规矩。令史麻祥虽说没什么流品，但毕竟地位比一个函使高，按理在麻祥面前，高欢只能恭恭敬敬地站着，没有资格坐下来吃东西。麻祥见高欢连声招呼都不打，坐下就吃饭，立时火冒三丈，他认为高欢若不是有意侮慢他，就是一点规矩都不懂，得给他一点教训。

“来人！先给他四十鞭尝尝。”随着麻祥的一声断喝，进来四个差役，麻绳一套，将高欢往杆上一挂，上衣一剥，鞭子就打了下来。[①] 四十鞭打下来之后，高欢浑身鲜血淋漓，后背已无完肤，回到家中，坐也不是，卧也不是。不久伤口就化脓长包，昭君悉心照顾，细心敷药。高欢扑倒在床上，昏睡多日，神志不清。

他的朋友司马子如、刘贵、贾显忠、孙腾、侯景等先后来探望他。九天九夜过去了，好人都得活活饿死，更何况还受了重伤。朋友们一算，差不多了，他们准备来给高欢送行。突然间，床榻上，高欢伸出手狠狠砸在床板上，接着坐了起来，高嚷着：“澄清它，澄清它！”

娄昭君见高欢醒过来，高兴得眼泪噗噗直掉。她过来一看，见高欢大汗淋漓，忙拿来毛巾替他擦汗，一边擦，一边问：“澄清什么？澄清什么？”“澄清这世道！澄——清——这——世——道！”

娄昭君见高欢有志澄清天下，于是拿出所有家财，让高欢去广交朋友，准备起事。

---

① 《北齐书》：“给令史麻祥尝以肉啗神武，神武性不立食，坐而进之，祥以为慢己，笞神武四十。”

二

不久，高欢和他的朋友就投奔了杜洛周，后来又投奔葛荣，接着又从葛荣部队中逃走，投奔了尔朱荣。那时候，高欢旧时的朋友刘贵已在尔朱荣麾下，他竭力向尔朱荣推荐高欢。但此时的高欢四处流亡，形容枯槁憔悴，尔朱荣左看右看，也看不出他有何出类拔萃之处，因此未加重用。

有一次，高欢跟着尔朱荣走到马厩旁，厩中有匹烈马，没有人能制服它，也没人能靠近它。尔朱荣想看高欢有什么能力，就叫他去梳理这匹马的马鬃。高欢养过马，也贩过马，几下就将这匹马驯服了，又替它梳理了鬃毛。一切完毕之后，他对尔朱荣说："驾驭恶人同养马是一样的道理。"尔朱荣听他出言不凡，此后才开始同他谈论时事。

尔朱氏在他的领地——秀容——养了十二个山谷的马，一个山谷的马的毛色独成一色，十二个谷共十二色，高欢问："养这么多马，有何用途?"尔朱荣认为他明知故问，干脆不做正面回答，反而要求高欢谈谈目前的时局，高欢提出清君侧。尔朱荣一听，正合他意。那时候，他刚接到元诩的密诏，元诩要他到洛阳清君侧。尔朱荣和高欢愈谈愈投机，一直从日中谈到半夜。此后高欢便成了尔朱荣的参谋与助手。后来，高欢到晋州（今山西临汾）做刺史。

永安三年（公元530年）九月，尔朱荣到洛阳朝见孝庄帝，被孝庄帝杀死。十月，他的侄儿尔朱兆、堂弟尔朱世隆在晋阳立太原太守长广王元晔为皇帝，改元建明，尔朱兆做了大将军。

沙场秋点兵，吹角连营，箫、瑟、胡笳翻出塞外声。十一月，尔朱兆向洛阳进兵，准备为尔朱荣报仇，他派使者孙腾到晋州邀请高欢。高欢对长史孙腾说："以臣伐君，叛逆已甚。我如果不一同前去，尔朱兆必然恨我。你可代我表明意思，山蜀（汾晋山区中保聚山寨的蜀人）尚未平定，不能丢下山蜀不管，否则会招引后患。”①

孙腾回去如是说，尔朱兆很不高兴，说：“你回去再告诉高兄，我做了一个吉祥的梦，这次兵发洛阳必然大有斩获。”

孙腾好奇地问：“大将军梦见什么了？”

尔朱兆回答说：“我梦见我和死去的父亲一起登上了一个高堆，那里周围都是耕耘好了的土地，草都拔了，只有马蔺草还在。父亲生气地问，为什么不把马蔺草拔掉？周围的人都说，那草坚硬拔不出来。父亲看了看我，叫我拔出来。我的手所到之处，马蔺草都被我拔了出来。这是个好梦啊，这一去斩将拔城犹如拔马蔺草一样。”

孙腾再一次回去转达了尔朱兆的意思，高欢说：“尔朱兆太猖狂了，举兵犯上，如今我不同他去，就会互相猜忌。我若跟他南下，天子若陈兵在黄河沿岸，尔朱兆进不能渡河，退又无法退，到时候是要吃大亏的。”

不久尔朱兆就攻克了洛阳，抓了孝庄帝。都督尉景跟随尔朱兆南征，写信告知了高欢。高欢接信后大惊，赶快找来孙腾，对他说：“你赶快去向尔朱兆表示祝贺，请他别杀死皇上，以免落下千古恶名。”尔朱兆不听，绞杀了皇上。

尔朱兆杀了孝庄帝，出了一口恶气。但这时，河西（今内蒙古磴口一带的黄河两岸）匈奴部纥豆陵步蕃应孝庄帝生前之命，前来袭击秀容，守将王士良抵挡不住，兵败被俘，被押回河西。尔朱兆闻报，慌忙从洛阳策马赶来救援，但被打得节节败退，最后不得不向高欢求救。

高欢接到信，幕僚都劝他不要理睬，他们认为尔朱氏大势已去，尔朱兆更是强弩之末，跟了他染上恶名，只能葬送自己。救还是不救，高欢一时拿不定主意，在府中独坐多贪了几杯，喝完了酒，他刚想起身回家，还

---

① 《魏书》：“兆将向洛也，遣使招齐献武王，欲与同举。王时为晋州刺史，谓长史孙腾曰：‘臣而伐君，其逆已甚。我今不往，彼必致恨。卿可往申吾意，但云山蜀未平，今方攻讨，不可委之而去，致有后忧。定蜀之日，当隔河为掎角之势。如此报之，以观其趣。’腾乃诣兆，及之于并州大谷，具申王言。兆殊不悦，且曰：‘还白高兄，弟有吉梦，今段之行，必有克获。’腾问：‘王梦如何？’兆答曰：‘吾比梦吾亡父登一高堆，堆旁之地悉皆耕熟，唯有马蔺草株往往犹在。吾父问言何故不拔，左右云坚不可去。吾父顾我，令下拔之，吾手所至，无不尽出。以此而言，往必有利。’腾还具报，王曰：‘兆等猖狂，举兵犯上，吾今不同，猜忌成矣，势不可反事尔朱。今也南行，天子列兵河上，兆进不能渡，退不得还。吾乘山东下，出其不意，此徒可以一举而擒。’俄而兆克京师，孝庄幽絷。都督尉景从兆南行，以书报王。王得书大惊，召腾示之曰：‘卿可驰驿诣兆，示以谒贺，密观天子今在何处，为随兆军府，为别送晋阳。脱其送并，卿宜驰报，吾当于路邀迎，唱大义于天下。’腾晨夜驱驰，已遇帝于中路。王时率骑东转，闻帝已渡，于是西还。仍与兆书，陈其福祸，不宜害天子，受恶名。兆怒不纳，帝遂暴崩。”

没迈出几步，就栽倒在院中的榆树边。

他极力想爬起来，这时只见榆树弯下身来扶住他，他心中正有几分感激，突然间榆树摇摇欲坠，他慌忙用肩膀死死地扛住了它。娄昭君赶来的时候，只见高欢肩膀顶着榆树，醉着站在那里，昭君好不容易才将他扶了回去。

晚间酉时高欢酒醒了，回想梦中情景，他翻身坐起，挑灯看剑。娄昭君问起他的心事，高欢实言相告，娄昭君爽快地说："救！哪有见死不救的道理？你不就来自尔朱部吗，没有尔朱部，哪有你今日？"

高欢一想有理，虽说此时的他心中已经另有宏图，可这宏图不能立即就与尔朱部割断关系。尔朱兆是个莽夫，依据尔朱荣当年的判断，他只能带领三千兵。高欢心想这样一个人坏不了我的大事。第二天，他令长子高澄率两千兵马为先锋，自己随后率部赶来。

高欢与尔朱兆配合，三路合围，将纥豆陵部赶进了秀容山谷。那里漫山遍野都是马，步蕃施展不开，不慎跌下马来，竟被横冲直闯的马群踩死了。尔朱兆胜利了，他很感激高欢，拉着高欢与他结为兄弟，并许诺将葛荣旧部交由高欢统率。

三

当年葛荣几十万大军围困邺城，被尔朱荣七千铁骑打败。面对几十万降兵，尔朱荣宣布："诸位愿意到哪儿就到哪儿！"降兵被连夜疏散[①]，其中约有二十万人流入并州（今山西太原西南）和肆州（今山西忻州），他们和契胡杂处，常受胡人欺凌虐待。两三年间，他们与胡人发生过多次大小不等的争斗，虽杀了许多人，仍旧不能解决问题。面对这些降兵尔朱兆管理不来，因此坐卧不宁。

一夜风雨匆匆，园中花已无多。落红纷飞，再有一番风雨，春将归去。牙帐中，尔朱兆举杯邀请高欢，一边饮酒一边向高欢请教如何处置葛荣旧部的问题。高欢见尔朱荣询问，就回答说："不能靠杀，应该挑选合适的将领作统领，有人犯法唯首脑是问，这样就容易管理。"

尔朱兆一听，称赞说："好主意！好主意！谁能担此重担？"贺拔允在座，推荐高欢。高欢心中暗喜，很感谢贺拔允。千古多少兴亡事，黄河不

---

① 见本书"尔朱荣"第二部分。

尽滚滚流。高欢志向高远，心有宏图，最需要的就是兵马，若是有了葛荣旧部的兵马，那时候将是金戈铁马，气吞万里如虎。

高欢怕尔朱兆见疑，佯装发火，一拳朝贺拔允的嘴上打去，只听“啪”的一声，贺拔允的一个门牙被打掉了，贺拔允双手捂着嘴，眼泪直流。高欢大声骂道：“天下事都由大王做主，阿鞠泥（贺拔允的别名），你胆敢胡说，该打!”

尔朱兆胸无城府，当场就决定由高欢来统率葛荣旧部。高欢见尔朱兆有些醉意，怕他清醒后反悔，立即跑出去向部众宣布：“高欢受委托统领州镇兵，所有成员一律到汾水东岸集合听令。”葛荣旧部本是六镇的人，孝明帝时听从李崇、魏兰根的建议，改镇为州，故现在称作“州镇兵”。尔朱兆酒醒后，见高欢已在操练这些州镇兵，只好作罢。

万里长空，乘风好去，向东看山河，人道那里风光更多。不久，高欢又让刘贵向尔朱兆提出就食山东的要求。理由是并州、肆州连年受灾，州镇将士无粮，只好到田里挖田鼠吃，人人面黄肌瘦，因而将士们都希望到山东粮食丰产的地方去，等并州、肆州情况好转以后再回来听候命令。尔朱兆很爽快地同意了，认为这样能解目前之困。

代州与山东相隔几千里，高欢要领兵马到山东，明摆着是要脱离尔朱部。长史慕容绍宗一听，劝尔朱兆不要答应，他说：“现在天下纷乱，高公雄才大略，若让他手握重兵在外，这就如同把云雨借给蛟龙，把海水让给长鲸。一旦他怀有异心，我等将无法制服。”尔朱兆有勇无谋，是个莽夫，竟然说：“我和高欢起过誓，而且已经结为弟兄，没有什么可担忧的?”

慕容绍宗早已看穿高欢的野心，冷冷地说道：“亲兄弟还不相信，何况是结义弟兄!”当时尔朱兆身边的人都拿了高欢的贿赂，得人钱财替人消灾，大家都说慕容绍宗和高欢平时有间隙，因而他故意阻拦。尔朱兆一听大怒，立刻命人把慕容绍宗先关起来，又催高欢早日出发。

高欢立即领着这支州镇之兵走了，还没走出多远，只听见前面一阵马嘶声，仔细一看，黑压压一群马，原来是西域来的良种马，约有三百匹。

“尔等来自何方，要到哪儿去?”高欢问。

“我等来自洛阳，是尔朱兆的家将，来给大将军送马。”来人说。

千古兴亡，百年悲笑。高欢已经走到这一步，于是一不做，二不休，干脆说：“这马，我贺六浑借了。”一声令下，部众不由分说将马抢了。

尔朱兆接报，这才明白高欢确实心怀不轨，马上将慕容绍宗放了出来，向他求计。绍宗说：“高欢他们走得不远，仍在大王掌控之中。”尔朱兆一听，翻身上马亲自去追，在襄垣（今山西襄垣北）追上了高欢的队伍。

尔朱兆与高欢隔了一条漳水，那时候刚好水位上涨，冲坏了桥，渡河有点困难。高欢隔河拜道：“我借马没有其他目的，只是怕到了山东，打起仗来马不够用。大王若听信别人的话，亲自来追，我贺六浑这就过河，死在你面前。但我担心的是若影响这支队伍东进，他们就会立即造反。大将军何苦为了几匹马，伤了兄弟之间的和气！”

尔朱兆是个爽快人，一听高欢的话，倒觉得是自己小气了，他向高欢表明，自己没有加害之心。为了表示诚意，他亲自骑马过河，同高欢一起坐在营帐前面，他把佩刀塞到高欢手里，诚恳地说：“高兄，你若觉得我尔朱兆想害于你，你先把我的头砍下来吧！”

高欢一听号啕大哭，道：“自从天柱（尔朱荣）逝世之后，除了大王，贺六浑我还有谁可以依靠！只希望大王千岁千千岁，把事业越做越大。大王现在受人挑拨，说这等话，贺六浑我如何受得了！”男儿到死心如铁，不知高欢这些眼泪从何而来？竟然装得惟妙惟肖。

尔朱兆虽武功了得，但头脑简单，经高欢这么一说，大为感动，把刀投到地上，又斩了一匹白马，当下就和高欢起誓，当夜就畅畅快快地在高欢营帐里睡下。尉景想趁此机会，把尔朱兆抓起来杀掉。但高欢不许，说：“现在杀了尔朱兆，尔朱氏党羽众多，一定会集结起来对付我们。我军兵饥马瘦，难以抵敌，届时麻烦更大。尔朱兆虽英勇，但勇猛有余而粗鲁无谋，并不可怕，让他回去好了。”

第二天一早，尔朱兆起身告辞，说：“高兄，此一去，我兄弟俩得好长一段时间不能见面，能否再到我营里一聚？”高欢有心同去，孙腾在后面拉拉他的衣服，高欢会意，就当面谢绝了。尔朱兆觉察到了河孙腾的小动作，知道不妙，可孤掌难鸣，只好走了，到了河对岸，隔河朝对面大骂了一通，然后回晋阳去了。

高欢实际上已经和尔朱氏决裂了，他在壶关附近的大王山停留了两个月，清除了队伍中亲尔朱氏的人员。他需要改善他本人和队伍的形象以提高声誉，于是申明纪律，严加约束，要求士兵对民间秋毫无犯。走近了麦地，他便下马，亲自牵着马通过，远近的百姓都夸他的军队纪律好。

四

公元531年，高欢到达冀州州治信都（今河北冀州）附近，高乾、高昂兄弟与封隆之前来相见。高乾、高昂与高欢的祖籍都是渤海蓨县，他们不满尔朱氏，兄弟二人纠集骁勇，率流民造反，占据了信都，在这一带很有点名气，他们推封隆之暂时代理信都刺史。

封隆之与高乾是同乡，他的父亲司空封回死于河阴之变。他对尔朱氏既有国恨，又有家仇。他们听说高欢率兵到来，猜想高欢不是为尔朱氏效力，于是由高乾迎上去探探高欢的意向。高欢、高乾两人谈得非常投机，高欢进入冀州并在城外驻军。

有了兵马又有了驻地，高欢准备大展宏图，他的第一步就是起兵讨伐尔朱氏，为此，他使出了一个绝招来煽动将士。他先是起草了一份文件，声称尔朱兆要把六镇将士分配给契胡人做部曲家奴，部众听了都很着急，死也不愿去。接着他又伪造了并州发来的一份文书，文书中要征发一万士兵前去攻打步六稽。他假装执行着并州的命令，挑选人员，编好队伍，确定出发的日子。

队伍集结完毕，出发在即，这时孙腾、尉景突然出列，叩求说：“高大人，能否让将士们推迟五天再走？”

高欢一听，怔怔然说：“这次你们出征，不知道还有多少人能回来，既然如此，那就推迟五天吧。”五天眨眼就过去了，孙腾、尉景再一次请求延期五天，高欢又答应了，众将士都说高欢是好人，菩萨心肠。

终于到了非走不可的时候，队伍就集结在城外，准备出发了，高欢牵了二十多头牛，出城为诸兵将送行。烟柳万缕随风飘拂，残红片片飘零。目断关河路，此去生死未卜。高欢一见众将士眼泪就哗哗流个不停，众人也都跟着哭了，一时间哭声惊天动地。高欢跳上一块高地，大声说：“我和大伙都是失乡客、一家人，想不到尔朱兆要征发你们去打仗。听从命令到西面去是死路一条；误了军期也是死路一条；分配给尔朱部做家奴也没有生路。都是死，如何是好呢？”大伙义愤填膺，情绪空前高涨起来。

这时候，孙腾在队伍中喊道：“只有反了！”尉景也跟着喊起来；“反了，反了！”队伍齐声吼了起来：“反了，反了！”高欢要的就是这一句，接着便道：“没有路走，只能反了。眼下必须推举一个人做主。”

“高大人就是我们的带头人！”随着孙腾一声高喊，众人齐声附和起来。

高欢还是不罢休，他需要部下死心塌地服从他，于是告诫大家道：“人家都说你们六镇人强悍，这样下去也是死路一条，是不行的。你们没有看见葛荣吗？虽有百万之众，但没有法度，终于还是败了。如今大家要我做主，我要求必须和从前不同，胡人与汉人之间，不得互相歧视，不得违背军令，军队赏罚都得听我的。做不到的话，我就不允，否则将来会被天下人取笑。”众人都跪下来，叩头听命。

高欢让人将牵来的牛都杀了，请将士一醉方休。将士们对高欢既感恩戴德，又佩服得五体投地，都愿意为他效劳。

六月，高欢在信都起兵讨伐尔朱氏。不久，高欢采用孙腾的建议，立渤海太守元朗做皇帝，改元中兴。这个皇帝只是个傀儡，但是在当时，只有拥立了一个皇帝才能名正言顺。

高欢与尔朱氏翻了脸，尔朱氏的实力远在高欢之上，但尔朱氏的致命弱点是军队部众不统一、不团结。那时候，尔朱世隆任尚书令，控制着洛阳朝廷；尔朱兆据有晋阳和秀容，独霸一方；尔朱天光任雍州刺史，据有关陇；尔朱仲远镇守大梁，据有徐、兖二州。这四路人马若能齐心协力，高欢岂是他们的对手？正因他们军心不齐，这才给了高欢讨伐尔朱氏的机会。

高欢出兵之后，尔朱仲远和尔朱兆都出了兵，尔朱仲远屯兵阳平（今山东莘县），尔朱兆出井隆，屯兵广阿（今河北隆尧东）。高欢立刻派人宣扬，说世隆、仲远兄弟要谋害尔朱兆，接着又让人到处宣扬，说尔朱兆和高欢合谋要杀仲远。尔朱仲远和尔朱兆两路人马人心惶惶，互相猜疑，弄不清怎么回事。尔朱仲远一气之下不战而退。两路人马撤去了一路，高欢于是进军广阿，一举击败尔朱兆军，接着移师攻邺，于次年（公元 532 年）正月攻克邺城。

不久，尔朱氏四路人马便兵临邺城城下。大敌当前，尔朱氏不得不联合起来，他们号称二十万大军，而高欢兵马不足二千，步兵不足三万，他们在韩陵（今河南安阳东北）摆开了十里战场。尔朱氏兵马犹如洋洋河水，这是一次稳操胜券的战争。高欢将士除了拼死向前冲外别无出路。高欢将老牛、毛驴也拉上了战场，用来堵塞对方的归路。

万里中原，满目兴亡，马鞭声里绣旗红。高欢军以一当十，以十当百，刀枪声、器械声不绝于耳。双方正杀得惨烈，尔朱氏军中突然发生了倒戈。开战之前，大将斛斯椿和贺拔胜就在私底下议论：“天下人都怨恨尔朱氏，我等却被他所用，这是自取灭亡呀。”当今北国敢与尔朱氏相争的唯有高欢，因此他们决定在阵前向高欢投降。

决战时出现倒戈导致尔朱氏军队兵败如山倒。大将斛斯椿带领人马策马直追，这一追就追到了洛阳，诛杀了尔朱世隆、尔朱彦伯，生擒了尔朱度律、尔朱天光。这些人都被送交给高欢。尔朱仲远向南逃去，投奔了梁朝。不久，西边贺拔岳率宇文泰等人杀了留守长安的尔朱显寿，投降了高欢。

高欢进了洛阳，将尔朱氏所立的节闵帝元恭和自己所立的后废帝元朗都废了，另立平阳王元脩为帝，改元太昌，是为孝武帝。高欢做了大丞相，实际上是北魏朝真正的统治者。

同年（太昌元年，公元532年）七月，高欢进兵并州，尔朱兆放弃晋阳退回秀容。高欢因晋阳地势险要，就在这里建立了大丞相府。这年岁末，高欢命窦泰攻打秀容。隔年（公元533年）正月，秀容破，尔朱兆自缢而亡，尔朱氏彻底灭亡了。

高欢成为北魏的实权人物。不久，随着贺拔岳与宇文泰的崛起，北魏分裂为东魏与西魏。东魏（公元534—550年）的实际掌权者依然是高欢，公元550年，孝静帝元善见禅位于高欢之子高洋，东魏灭亡。高洋建北齐建部，历二十八年。北齐后被宇文政权所灭，北周统一了中国北方。

第六节 宇文泰与西魏

一

宇文泰的祖先是宇文部的酋长。后来，宇文部加入鲜卑部落联盟，逐渐鲜卑化了，游牧在今内蒙古西拉木伦河上游。若论族源，宇文部的先祖是匈奴人。①

汉代，北匈奴被打败以后，匈奴人还有十余万落留在漠北。他们向东部迁徙，与鲜卑人混居，宇文部就是匈奴人与鲜卑人的混血儿，他们自号鲜卑人。宇文部中的一支迭剌部在南北朝时发展成一个在后世颇具影响力的部族——契丹，并在中国北方建立了辽国，那是后话。

再说北魏末年六镇兵变，宇文泰随父亲宇文肱加入了起义队伍，起义被尔朱荣镇压之后，宇文泰成为尔朱荣部将贺拔岳的部下。在上一篇中我们已经谈到，尔朱氏在与高欢的角逐中，贺拔岳与宇文泰倒戈，不久，尔朱氏败亡，高欢位居大丞相，掌握军政大权，炙手可热。

---

① 《魏书》认为宇文部是匈奴种，“出于辽东塞外，其先南单于远属也，世为东部大人。其语与鲜卑颇异”。《后汉书》记载东汉和帝年间，北匈奴被击破以后，“鲜卑因此转徙据其地。匈奴余种留者尚有十余万落，皆自号鲜卑”。

于是北魏孝武帝密诏贺拔岳，许以高官，授以兵权，以此来牵制高欢。足智多谋的高欢使用反间计，利用另一割据势力侯莫、陈悦杀了贺拔岳。贺拔岳死后，军中忽失统帅，导致人心离散，散兵游勇到处打家劫舍，泾河上游的平凉城顿时变得乌烟瘴气、鸡犬不宁。于是高欢派大将侯景率兵马前来招抚这支队伍。杀害贺拔岳的凶手、关中的另一割据势力侯莫、陈悦也陈兵水洛城，伺机而动，水洛城距离平凉城只有百余里，只需一天的路程。

人们都在说，贺拔岳部不是被高欢收编就是被侯莫、陈悦吞并。千钧一发之际，贺拔岳部的将领终于统一了意见，决定让宇文泰来统领这支群龙无首的队伍。

宇文泰又名宇文黑獭，虽然只有29岁，但已经有丰富的军旅经验，他的青少年时代在战争的熔炉中度过，经过锻打锤炼的。在贺拔岳的军队中，宇文泰长期充当着谋士和左右手的角色，深得贺拔岳的信任，“事无巨细，皆委决焉”。而这时候的他，春风得意，正做着统万城的刺史。

斜风细雨，乱愁如织。宇文泰接到接任统帅的消息，刺史衙门炸开了锅。“宇文大人，千万不能去，去只能白白送死。”

“侯莫、陈悦一定会前往攻打平凉城的，到时候大人会措手不及的。”

宇文泰沉默无言，此时的他气吞关洛，胸怀中原。北魏立国以来，先有拓跋氏、尔朱部，后有高欢部、贺拔部，他们都曾权倾一时，难不成我宇文部就默默无闻，无一席之地？军人平生豪气安在，走马为谁雄？合当我宇文部当兴，此时不去，更待何时？祖先的灵魂正看着我呢！他看了看属下，坚定地说：“去，一个时辰以后出发！”

宇文泰告诉众幕僚，侯莫、陈悦若敢占领平凉，在杀害了我军元帅贺拔岳的时候，就会乘势占据并吞并我宇文部。但他们担心高欢部来找他们的麻烦，因此犹豫不决。目前最重要的是争取时间，尽早赶往平凉。若稍有迟疑，人心一涣散那时就难以收拾了。

宇文泰带着若干轻骑风驰电掣地出发了。山不尽，水无涯。断雨残云，别鹤两三声，晚山千万叠。傍晚时分，他们来到一个岔路口，那岔道就是通往平凉的路。这时候，只见前面飞骑雕弓，戈戟云横，一支队伍雄赳赳地向着岔路而来，来者正是想来接管贺拔部的高欢部将侯景。

宇文泰将手中的戟一横，大声吼道：“侯景，我主帅虽然阵亡，但我宇文泰还活着，你就敢来？你能讨到便宜吗？”这一吼，侯景前面的几匹马吓得纷纷后退。

侯景勒定缰绳，定下神来，骂道：“好你个宇文叛贼，先是叛了尔朱部，如今又叛了我家主公高欢，速速下马受死！”

“你家主子高欢才是大叛贼，叛了杜洛周，又叛了葛荣，最后又叛了尔朱部，三姓家奴，三次反叛！”说着弯弓搭箭，随着一声鸣镝，侯景慌忙躲避，他身后一个骑兵应声倒地，侯景一看，那箭从前胸直贯后背。正是这声鸣镝，吓得他所率的战马都踟蹰不敢向前。

宇文泰带着随从，大摇大摆拐进了岔路，朝平凉扬长而去。侯景见宇文泰英姿勃勃，知道占不了便宜，只好无功而返。

宇文泰进入平凉城，很快就将部队聚拢起来，接替了统帅的位置后，他开始整顿军纪，禁止兵将骚扰百姓。他以身作则，不徇私情，不久就形成了令行禁止、秋毫无犯的良好军纪。不久，宇文泰陆续消灭了关内几支割据势力，占有了关陇地区。

二

再说洛阳城中高欢所立的北魏最后一个皇帝元修。元修未做皇帝之前本为北魏镇东将军、侍中、尚书左仆射，也算是高官厚禄了。河阴之变后，政局一片混乱，元修逃亡到民间隐居，假扮为乡农。自从被高欢请出来做皇帝之后，元修娶了高欢的长女。因为权力都掌控在岳丈高欢手中，元修心里有气，因此，他与高欢的长女感情很不好，之后他又娶了自己的堂姐妹，分别将她们封为平原公主、安德公主。

相传元修出世时遍体鳞纹，他好武术，性格强硬大胆，非逆来顺受、甘受摆布之人。公元 534 年，他与高欢决裂，趁高欢带兵从晋阳南下之时率领一部分人马，偕同堂姐妹、情妇元明月以及元明月的哥哥元宝炬等，悄悄入关投奔了宇文泰。因元修弃国出走，高欢另立元善见为帝，是为孝静帝，迁都到邺城，史称东魏。

元修投奔了宇文泰，面临的是同一个问题，关中权力掌控在宇文泰手里。那时军阀需要皇帝，并不是为了与皇帝分享权力，而是借皇帝之名号来加强与理顺自己的权力。元修因为适应不了这些，不久就被宇文泰杀了。公元 535 年，宇文泰拥立元明月的哥哥元宝炬为帝，是为文帝，自己又娶了元明月的妹妹。由于关内有元宝炬皇帝，东面有元善见皇帝，北朝有两个皇帝，北魏自此分裂成东魏与西魏。东魏的实际掌权者是高欢，西魏的实际掌权者则是宇文泰。

三

宇文泰实力的不断壮大引起了高欢的担忧。公元537年，高欢兵分三路，西征宇文泰，他亲率中军，令先锋窦泰攻占潼关，派大将高敖曹驱兵南下，直取洛州（今陕西商县），然后西进，形成南北夹攻长安之势。

在通往长安的国道上，太阳已经偏西，漫天云彩被晚霞染得一片桔黄。胡笳声声，战车辚辚，落日照耀着军旗。高欢几十万大军首尾不相见，行军所至大地都在抖动，大军一路西来，杀气作阵云，寒夜传刁斗。西征大军转眼间将踏平长安城。

宇文泰得到高欢西征的消息，立即召集军中将领商量对策，决定该攻打高欢军的哪一路？众将领都有点不知所措，能抵挡得住就不错了，还想攻打他们。宇文泰分析说："高欢自起兵以来，每次总是派窦泰担任先锋，窦泰手下全都是兵精卒锐，是高欢的王牌军，数次征战屡屡获胜。这一次我们就专打这王牌军，打垮了窦泰，高欢军将不寒而栗，不战自退。这样我们不必花太大力气就能结束这场战争。"

众将领质疑说："高欢逼长安，窦泰袭潼关。高欢离我们近，窦泰距我们远，舍近而击远，若有差池，待高欢主力过了黄河，我们再后顾就来不及了！"

宇文泰说："用兵贵在神出鬼没，出人意料。依照常理，我们充其量只能全力以赴，奋起抵抗。他们根本就想不到我们会远道去攻打他的王牌军，要打就打他们意想不到的地方。从出发到归来，只要五天时间。高欢即使打算渡黄河，五天内也还未全部过河，但那时候我们已经回军拱卫长安了。"

一夜朔风，清晨起来，老天爷握着千万领雪帘在天地间抖动。宇文泰率领着一支轻骑冒着风雪出发了。锋棱瘦骨大宛马，将士大雪满弓刀。这支轻骑兵悄然潜到小关，直扑窦泰的营帐而来。

下雪天也正是饮酒天，窦泰与将士正在饮酒。帐中泥炉炭火正红，鸣笳按鼓，玉箫金鼓喧四筵，一班舞姬婀娜多姿，翩翩起舞，嘹亮歌曲动寒川。窦泰已有几分醉意，"潼关，囊中之物，雪停了，就拿下，误不了事。"

这时宇文泰的轻骑兵已经赶到，他们借助有利地形，万箭齐发，一时流矢犹如飞蝗般铺天盖地而来。窦泰军中惨叫连天，他们慌张地冲出营帐。这时，潼关将士一齐出动，两面夹攻，将半醉的窦泰军包了馅。一个多时辰后，风消云散，西魏军停了手，相看白刃血纷纷，窦泰精兵同日死。

雪停了，旷野天青无战事，宇文泰将打扫战场的事交给了潼关兵，自己率领轻骑兵马不停蹄赶回了长安。高欢军正在搭浮桥过河，先头部队已到了长安城下。长安城头灯火通明，轻骑归来血洗箭，高唱胡歌饮城头。探兵一看城头载歌载舞，对酒狂欢，知道情况不对，慌忙报知高欢，此时高欢得知窦泰全军覆灭，窦泰中箭身亡，一下从马上跌下来。他无法弄清窦泰军是如何被灭的，更不知宇文泰到底有多少兵马。宇文泰仓促翻身上马，直奔黄河边而来，迅速上了浮桥。刚一过桥，高欢就立刻命人拆毁浮桥，他担心浮桥一旦被宇文泰占领，西魏军扑来，自己也会像窦泰一样全军覆没。

高欢折戟沉戈，狼狈而返。宇文泰以弱胜强，作为主帅的威信与形象树立了起来。

宇文泰在潼关击败东魏军之后，八月率军东进，占据东魏弘农（今河南陕县、灵宝一带）。附近的宜阳、邵郡等东魏政权的官员，都来归降西魏。当地原先归附东魏的世家望族，也纷纷依附宇文泰。时值关中遭灾，粮食缺乏，宇文泰就驻军弘农，就地食谷，休养士卒。

高欢见宇文泰抢占了弘农，立即派高昂前来围攻弘农，截断宇文泰的归路，自己亲率二十万大军，自蒲津（今山西永济西）而西，先后渡过黄河、洛水，屯兵许原，准备一举攻陷长安，消灭西魏政权。一时间，嘶骑声声征尘暗，三秦胡虏乱如麻。

杜宇声声，劝人不如归去。宇文泰见高昂来围，很快就甩开高昂的包围，引兵入关，又率轻骑渡过渭水，将大军隐蔽在渭曲沙苑（今陕西大荔南）一带。

在沙苑，宇文泰主持了战前的军事会议。由于敌强我弱，不能同敌人在平原上正面交锋。所以只能因地制宜、扬长避短，于是一个大胆的作战方案诞生了。沙苑东十里有个叫沙曲的地方，是一处芦草茂盛、多沼泽的地方，土地泥泞。将西魏军的主力背水埋伏在那里，宇文泰带少数兵马负责引诱敌人的任务，将敌人引诱进芦荡沼泽地，以鼓声为号进行伏击战。

东魏大军自进入西魏区域后，到处寻找对方军队。这一日，见宇文泰带着为数不多的人马前来，就策马追击，这一追就进入了西魏军的埋伏区域。断鸿声声，一群群水鸟窜出，惊叫着，高欢军队形乱了。宇文泰当即击鼓出击，一时间伏兵骤起，宇文泰军奋力冲杀，怒潮卷霜雪，将东魏军斩为两段。

将士腰下三尺剑，剑光中，高欢摸不着头绪，急带后军撤出，前头七八万军士不是被射杀在芦荡里，就是做了俘虏。高欢二十万大军竟被宇文泰一万西魏兵打败，此役史称“沙苑之战”。战后，宇文泰让参战将士每人在那里植树一棵，以纪念这次胜仗。

四

宇文泰在一年中赢了两次大仗，扭转了西魏弱东魏强的局面，为变革朝政赢得了时间。有朝官周惠达向宇文泰推荐汉人苏绰（498—546），认为苏绰有丞相之才。宇文泰一时兴起，带着一班官员来游上林苑，想顺便考察一下苏绰。

朝中许多大臣对上林苑根本一无所知，只有苏绰如数家珍地说：“上林苑北至甘泉九嵕（音宗），南至长杨五柞，连绵四百余里。”众人一路策马走过去，苏绰一边介绍：“这是长门宫，长门宫是陈阿娇母亲馆陶公主的花园。”众人见长门宫屏山曲曲，燕子轻盈，黄莺娇软。“太乙宫是汉武帝南游终南山的休憩处所。”众人见太乙宫宫侧，一丛萱草，几竿修竹，数叶芭蕉。“这建章宫中宫殿很多，号称‘千门万户’，宫中有高达五十丈的神明台。”神明台上歇着许多大雁，周围搭满了燕子窝。燕雁无心，神明台上随云去。“这是葡萄宫，从前汉武帝伐大宛，采葡萄种植在这里。”

再往前走，只见一个大湖，湖岸高柳垂阴，湖中老鱼吹浪。苏绰介绍说：“这是昆明池，开凿于汉武帝元狩四年（公元前119年），周长40里，池宽325顷，池中有豫章台及石鲸，长3丈。据史书记载，汉武帝当年修昆明池是用来训练水军的。”

宇文泰与苏绰并辔而行，听苏绰侃侃而谈，宇文泰内心一阵阵欣喜，知道这个人知识渊博。于是宇文泰又问了苏绰许多历史上兴亡盛衰的故事。兴亡梦，荣枯泪，苏绰也都对答如流。首次谋面，宇文泰就决定重用苏绰。

东风吹梦到长安，上林苑归来，苏绰心潮澎湃，他有心报国，只是不知这主子如何。想起白天游上林苑的情景，官舍空荡荡已经被秋草淹没，女墙犹在，乌鸦悲切地啼叫。昔日的强盛，今日的落寞，他的内心有点悲凉，不由拿起墙上的洞箫吹了起来，那声音如泣如诉。

苏绰正吹着，忽报宇文泰造访，苏绰忙起身迎接。坐定，宇文泰开口说：“我宇文泰是个粗人、一介武夫，听说先生有治国韬略，先生是否可以教我?”苏绰起身从内室拿出两本簿子，宇文泰一看，一本是《计账法》，另一本是《户籍法》。于是宇文泰开始请教这二法的作用，苏绰拿起《计账法》，上面用朱红、墨黑二色写成。

苏绰解释说：“这红色是支出，黑色是收入。一个国家、一个州、郡、县的财政，如果黑色多于红色，就是有盈余，如果红色多于黑色，就是亏损。胡人自来到关内已经有一百多年，与汉人差别不大，应该学习汉人的计账法，百官都要懂得这种计账法。今后牧守令长，不通计账法者，不得做官。只有懂得这计账法，才会去发展经济。经济强盛了就能改变西魏积贫积弱的局面。若是辖区连年红多于黑，牧守令长就得考虑另换他人了。”

宇文泰默默地听着，觉得很有道理。夜渐渐深了，西窗又吹暗雨，宇文泰并无告辞之意，他又拿起《户籍法》端详着。

苏绰接着解释说：“要使国家富强，就要‘尽地利’。要‘尽地利’就得人人缴纳赋税。穷人要交，豪强大户也要交，这就需要抓好户籍，今后凡有豪强贵族隐匿户籍超出五户的，一律判处死刑。法不阿贵，才能保证人人缴纳赋税，才能保障国家收入。要做到这一点，国家就得对民众施行教诲。”苏绰说着，拿起笔在桌上开列出六条——清心、敦教化、尽地利、擢贤良、恤狱讼、均赋役。

“要敦教化，上至皇上，下至每一个官员，都要加强自身修养，只有皇帝以身作则，下面的官员才会服从。”

金鸡一唱天下白。宇文泰推开窗户，一轮红日挂在窗前。回去以后，宇文泰立即奏请任命苏绰为大行台左丞，后又擢升为大行台度支尚书和司农卿，主管财政与农业，这个职务也就是宇文泰作为丞相之外的最高官职了。不久，苏绰就将他开列的六条草拟成《六条诏书》，宇文泰对此非常重视，将《六条诏书》立为座右铭，下令百官习诵。

苏绰是北朝继崔浩之后的又一政治家。他的《六条诏书》既凝聚了儒学精髓，又结合了西魏的具体情况，既继承了孝文帝的汉化变革运动的可取之处，又纠正了孝文帝汉化变革运动的偏颇，因此很切合西魏的实际。那时的西魏多民族杂居，各族之间有各种各样的矛盾，《六条诏书》明显地体现着“平等”的精神，解决了各种矛盾。

《六条诏书》是西魏的治国大法，由于宇文泰的重视与落实，西魏在几年间渐渐强大起来。接着，宇文泰与苏绰又推行了府兵制，避免了部将拥兵自重。

春未绿，鬓先秋，苏绰一生鞠躬尽瘁，因为过度辛劳，只活到49岁就去世了，他的逝世使宇文泰十分伤心。为了尊重苏绰生前的遗嘱和他俭朴的品德，宇文泰只用一辆布车载着苏绰的遗体送回故乡武功安葬。在灵车启程的时候，宇文泰亲自带着文武百官用酒祭奠苏绰的亡灵，宇文泰失声痛哭，连手里的酒杯都掉在地上了。“尚书平生做事，妻子兄弟不知道的，我都知道。只有你知我的心，我也知你的意。我们本欲一起来安定天下，不幸的是你丢下我先走了，这叫我怎么办?”

宇文泰与苏绰，一胡一汉，二人既是同僚，又是知心朋友。宇文泰善于用人，因此西魏日益强大。宇文泰死后，他的儿子统一了东魏，废西魏恭帝自立，建立了北周，追封宇文泰为北周文王、文帝，庙号太祖。

当年孝文帝风风火火地推行全盘汉化，那是孝文帝作为鲜卑人对于汉文化的热爱，然而他在短期内废除胡文化，也导致了一些副作用，引起了胡人的不满。鲜卑作为一个民族逐步汉化，到隋唐时期已不再作为一个民族实体而存在。宇文泰在治理西魏时，适当地恢复了传统，恢复元姓为拓跋氏，已改复姓为单姓者一律复旧；又令汉族部将资历高者袭三十六姓，次者袭九十九姓，如改李姓为大野，众将士卒也改从主将的胡姓。以汉人来充实胡人，这样，中国历史上既有胡化了的汉人，也有汉化了的胡人。

北周（公元557—581年）历五帝，共二十四年，都城长安。公元581年杨坚立隋朝，统一南北。隋朝在民族关系上，面临着来自草原的突厥政权的威胁。

第九章　突厥[1]

突厥属于中亚民族，也是中国古代少数民族之一。突厥人既有匈奴人的血统，又有高加索人的混血，其蒙昧时代的首领叫做阿谤步，作为一个弱小的族群，阿谤步部落被邻国所灭，只剩下一个被砍去双脚的少年。命悬一线的少年也许是得到一个狼图腾部落的帮助，竟奇迹般地存活了下来，并且繁衍成族。

突厥先民属于穴居民族，以狼为图腾。大约在公元5世纪，突厥中出现了一位英雄叫阿史那，他带领族人走出洞穴，此后，突厥有了自己的历史且日新月异。走出洞穴的突厥人，先是被草原柔然帝国征服，成了柔然人的“锻铁奴”，属草原上的三等公民（那时候的柔然帝国虽然强大，却是鲜卑人的奴仆部落，属于二等公民）。

臣服于柔然帝国的突厥先民，被带到了阿尔泰山（金山）一带。阿尔泰山的形状像一个武士的头盔，在突厥先民的土语中，“头盔”这个词的发音类似“突厥”，中国古代史籍遂以“突厥”来称呼这个民族。

公元6世纪左右，由于世界性气候变冷，草原生存极其艰难，许多部落开始反抗柔然帝国，同时各部落间互相攻伐。突厥人在打败高车族之后，合并了高车族人，迅速强大起来，又与鲜卑人一起，合力击溃了柔然帝国。在短期内，突厥人统一了草原各部落，建立起一个东至大兴安岭，西抵西海（咸海），北越贝加尔湖，南接阿姆河南的大帝国。在此期间突厥族又奇迹般地形成了自己的语言文字，成为草原有史以来第一个有文字的民族，对后起的草原民族产生了深远的影响，突厥人的潜能至此发挥得淋漓尽致。

自南北朝的东魏、西魏，至隋朝与唐初，强大的突厥帝国一直影响着中原政局。中原政体以及各路枭雄为巩固政权或夺取政权，纷纷以财货到突厥请“狼头旗”，以求得突厥人的认可与支持。唐王朝在夺取政权的过程中，也长期与突厥保持联系。随着唐王朝政权的巩固，唐代统治者在先

① 《周书·突厥传》。

后击败了东突厥与西突厥之时，创造了一系列对后世具有深远影响的民族政策与措施。由于这些政策与措施实施得当，“突厥狂风”消失之后，突厥残余再也没有为祸中原。

现代全球约有1.3亿讲突厥语族语言的人，他们大多自称是突厥人或者突厥人的后裔，主要分布在土耳其、阿塞拜疆、塞浦路斯、哈萨克斯坦、乌兹别克斯坦、土库曼斯坦、吉尔吉斯斯坦以及中国的新疆地区，遍布十多个国家和地区。突厥的英文单词为Turkey，与土耳其一词发音相同，故一般认为土耳其人为突厥人的后裔。

第一节　阿史那氏

突厥是匈奴与高加索人的混血变种，他们住在匈奴的北边，首领叫做阿谤步。那时候突厥部落还未真正开化，虽有武力却生性愚钝，头脑简单，邻国总想吞并他们。

已是隆冬时节，大雪接连下了三天三夜，草原白茫茫一片，北风吹来面如刀割。在这酷寒的日子，人们都躲到帐篷中不敢出来。夜半，突然响起一阵刀枪声，刀枪声中还夹着哭喊声，听起来令人毛骨悚然，灾难降临了草原。

大雪掩埋了阿谤步部落族人的尸体，一夜之间族人都死了，尸横遍野，第二天，胜利者在沾满鲜血的草丛中发现了一个尚有气息的少年，众部将见他年少不忍杀死他，于是砍掉他的双脚，将他丢弃在草丛中，任其自生自灭。

失去双脚的少年一连昏迷了好多天。狼群嗅到血腥味，兴奋得碧绿的眼睛发了红，飞蹿着来赴人肉宴。狼藉遍野的阿谤步部落族人的尸体够它们享用一个冬天。它们高兴地嗥叫起来，吃饱之后，一只母狼意满志得晃晃悠悠地来到少年跟前，奄奄一息的少年突然动了一下，母狼得知那少年未死，便用舌头小心地为他舔拭伤口。狼舌犹如灵丹妙药，几天之后，少年的脚竟奇迹般地愈合了。母狼每天找肉来喂这少年，一有空就守卫着他，夜里围在他的身边为他取暖。日子一天天过去了，少年变得狼性十足。后来母狼与少年交合后怀孕了，肚子一天天大起来。

邻国国王得知阿谤步部落有一个少年还活着，又知道他有了狼妻，为了不留下后患，就令人带兵前去将少年杀死，母狼见有人又来杀她就

“呼”的一声逃窜而去。

母狼跑啊跑，到了高昌国的北山上，后面是穷追不舍的兵丁，母狼从山上一个洞穴穿过去，一刻不停地跑着，前面越来越宽广，周围有几百里，到处都是茂密翠绿的青草，四周都是山，母狼就在这山间的草丛中藏匿下来。

后来母狼生下十个狼孩，都是男的。狼孩们长大以后，一代又一代，渐渐形成了十个部落，十个部落的人都从母姓。

那时候他们居住的地方奇寒无比，又多露水。于是众人提议，谁能给族人带来温暖就推举谁为王。十个狼孩中的九个兄弟都将族中所有的皮毛拿出来，让族人穿上，一个个穿得圆滚滚的。

“冷不冷？”

“不冷。”话刚说完，一阵朔风吹来，一个个缩着脖子又喊冷。

九个兄弟见部众都喊冷，一时束手无策，便相约来到大哥讷都六那里，看他有什么高招。找到大哥后，只见族人正在搬运树枝柴草，讷都六在邻族那里学会了击石取火。他用俩石头轻轻一击便产生了火花引燃了柴堆，大火熊熊地燃烧起来，族人坐在篝火前，一边烤火，一边烤肉，那肉香喷喷的，味道好极了。

“冷不冷？”九个兄弟问。

“暖着哩。”众人齐声回答。

于是众人拥戴讷都六为王，讷都六有十个妻子，所生子女也都随母族的姓，阿史那是讷都六最小的妻子所生。

讷都六死了以后，众人认为应该选出一人来继承王位。他们相约来到树下，决定谁跳得最高就推举谁为王。兄弟们拼命腾跃，都无法抓到树上的枝条，轮到阿史那了，兄弟中数他最年轻，相貌堂堂又勇武过人。他站在树下，轻轻松松地跳了几次，跳得最高，每次都能摘下两个水果，分给族人每人一个。于是众人都推举阿史那为王。

第二节 突厥立国

阿史那虽然继承了父亲的王位，但那时候的突厥人命运悲惨，地位很低。族人为柔然人锻铁打造兵器，被柔然人称为“锻奴”。他们的部落臣服于柔然帝国，后来被迫迁到阿尔泰山的南部，阿尔泰山的形状像古代武士的头盔，突厥人将头盔叫做兜鍪，族人俗语将“兜鍪（音谋）”称为“突厥”，因此他们便以突厥作为族名。

5 世纪前后，柔然帝国与北魏发生军事冲突，多次被魏太武帝的军队打败，许多草原部落纷纷脱离柔然的统治，转而投奔北魏，柔然帝国一步步衰落。5 世纪下半期，越来越多部落起来反抗柔然并逃亡。在众多部落中，突厥对柔然怀有几分憨直的忠心。公元 546 年，高车的残部企图攻击柔然，阿史那率众部帮助柔然击败了高车国，合并了高车五万多人，柔然渐渐强大起来。

这时的阿史那认为突厥有功于柔然，为了改变突厥的地位，他派使者赶着牛羊，带着财宝来向柔然国求婚。柔然国主阿那环根本不把阿史那放在眼里，他派使者责骂阿史那，使者当着阿史那的面掷下一句话：“你阿史那不过是我柔然的锻奴，怎敢产生这样的妄想，说出这样狂妄的话？”[①] 一句话说得阿史那无地自容，脸红一阵，白一阵，阿使那一怒之下杀了来使与柔然绝交。

“天下处处有芳草，何不到其他地方求婚？”众臣下劝阿史那。

阿史那一想也对，忙问：“到哪儿去求婚好？”

“到中土去。”

不久，北魏开始与突厥往来，双方关系很友好。北魏太祖拓跋焘将长乐公主嫁到了突厥，突厥人对给足他们面子的北魏很感激，对那个将他们视为“锻奴”的柔然国恨之入骨。

不久，突厥人发动了对柔然的战争，公元 552 年，他们颠覆了柔然国，柔然国国主阿那环被迫自杀。

那时候，在广袤的蒙古草原与中亚草原，部落、族国和城邦国家星罗棋布，各族之间没有共同的语言与文字。阿史那将草原上的各部族统一起来。公元 5 世纪，突厥人又创造了突厥文字，草原民族第一次有了自己的文字，这是前所未有的创举，以前强大的匈奴和柔然都没有自己的文字。自从有了突厥文字，就逐渐形成了一种共同的语言——突厥语。突厥语系也称阿尔泰语系，横贯整个亚洲，覆盖了从东北亚——蒙古大草原——中亚腹地——小亚细亚的广大地区，包括了我国长城以北地区和整个新疆地区。阿史那也由万人长（土门）一跃成为强大汗国的君主，自称“伊利可汗”。

隔年，伊利可汗死，科罗、燕都、佗钵先后做了可汗。科罗在位仅一

① 《周书》卷五十《突厥传》。

年。燕都号木杆可汗，是一个智勇双全的人物，燕都汗时期是突厥的大一统阶段，他们先后灭了柔然国残部，又西破女儿国嚈哒，东向赶走契丹，北并契胡，一时间国威大振，塞外诸国咸服。① 突厥人也因此控制了欧亚草原和绿洲的商路，很快就富强起来。

第三节　皈依佛祖

即使在突厥人最强盛的时候，他们也感觉自己的文化不如华夏文化那样多姿多彩。突厥人敬鬼神，信巫觋，每年五月，他们都杀羊宰马祭天，热闹得不得了。他们见中原的礼俗与他们很不一样，南北朝的时候，有一次，他们在北齐抓了一位高僧，名叫慧琳。

突厥可汗佗钵知道慧琳是位高人，不敢怠慢，言谈之间又见慧琳很有智慧，深不可测，于是他问："这北齐的人个子没有突厥人高，身体没有突厥人壮，为何他们比突厥人富裕？"

慧琳随口答道："北齐富强是因为他们有佛法。"慧琳和佗钵可汗谈起因果报应的佛理，"善有善报，恶有恶报"。佗钵不知不觉听得入了迷，他终于明白，突厥这些年为何越来越强大，柔然为何会灭亡，原来这是有因果报应的。佗钵一时兴起，斥巨资建造了一座伽蓝寺院。

寺院落成之日，慧琳伴着佗钵，款步前来观看，远远望去，牌额上书写着三个大字："普救寺"，只见朱漆的大门、金色的钉子、黄色的墙体、琉璃的瓦，寺院周围全是汉白玉栏杆，左右两边是钟楼和鼓楼，赤红色的旗杆上绣幡飘动。头落是那庄严的天王殿，四大天王分立两边，正中是大肚微笑的弥勒佛，佛像两耳垂肩坠着金环。照壁后面是降魔帅，威震三洲特威严；接引古佛手捧钵盂面向南，哼哈二将列左右，一个个赤发红须蓝靛脸，金盔金甲好威严。

佗钵愈看愈来劲，这是突厥人首次有了寺院，怎能不令人激动。盏茶下肚，慧琳对佗钵说："好景还在后头。"说完二人起身又向前走去。

两人一路走来，举目四望，只见眼帘中是东西二偏殿，东殿是伏魔二郎梓潼像，西殿是达摩火神与伽蓝。藏经楼对面是观音阁，玉皇阁上供奉着昊天大帝。

---

① 《周书·突厥传》、《隋书·突厥传》。

佗钵虎体狼步，慧琳体态轻盈，他们跃上了台阶。抬望眼去，祥云朵朵，一阵清风徐徐吹来。一僧人来报："朝廷送来《净名》、《涅槃》、《十诵律》经卷。"这是佗钵从北齐请来的经文。佗钵、慧琳一听，大喜过望，立刻吩咐僧人小心地将经卷安放到藏经楼。

三日后，突厥首场佛事开始。清早，佗钵亲自带领朝中大臣以及各部落千夫长恭恭敬敬候在普救寺外，在僧人的引领下，众人来到大雄宝殿。僧人慢慢地揭开帘栊，众人双手合十鱼贯而入。只见三位大佛在大殿中间，十八罗汉分列两边，降龙伏虎甚是威严。香火菩萨侍立两旁，幢幡宝盖映烛红。

慧琳法师手持法器，高声念起经来，大殿上，僧人齐声把经颂。佛经念毕，慧琳领着众僧绕殿而行，佗钵领着众臣及千夫长也学着僧人口中念念有词，和众僧侣一起绕殿。

绕完殿后又绕塔。"那是什么塔？"突厥人好奇地问起来。

一僧人小声地告诉他们："那是佛祖舍利塔。"

只见那塔自下而上共十三层，层层密密扣着金环，一阵风吹过金环叮当作响，烛光照在舍利匣中发出耀眼的光。

法事完毕，僧人领着众人用斋。慧琳有意问佗钵可汗："今日首次礼佛，有何感觉？"

佗钵手舞足蹈，眉飞色舞地说："闻所未闻，见所未见，枉生在塞外，恨不生在中原，早早沐浴在佛光中。"佗钵可汗接受了佛教文化，皈依佛祖，推动了佛教在突厥与东北亚的传播。

第四节　突厥与隋

那时候，北魏分裂为北周、北齐。北周和北齐都想吞并对方，但又慑于突厥，于是两国争相与突厥联婚，又倾尽国中财富来结交突厥。

东部突厥在木杆可汗时期迅速强大起来，成为宗主。到了沙钵略继位的时候，西部突厥达头可汗拒绝承认沙钵略的宗主地位，突厥遂于公元583年分裂为东突厥和西突厥。西突厥控制阿尔泰山以西地区，东突厥控制阿尔泰山以东直至兴安岭一带地区。

由于突厥对隋朝构成了潜在的威胁，自突厥分裂为东西两部之后，隋文帝杨坚就在东突厥内部不断分化瓦解，将东突厥的力量分隔开来，让他们互相牵制，以减轻对隋朝的威胁。接着，隋文帝又扶植东突厥沙钵略可汗来对付西突厥的达头可汗。

那时候，东突厥正面临着一场百年不遇的雪灾，牧草不长，牛羊不藩。东突厥族人短衣缺食，数月之间，人畜冻死饿死数千，怨声四起。沙钵略可汗面对五可汗四分五裂的严重局面，心中本就非常烦躁，又逢这场雪灾，一时真是咬崩了皓齿，瞪裂了眼眸。

妻子千金公主见他整天唉声叹气，就问起原因，沙钵略只好实言相告。沙钵略的妻子是原北周千金公主宇文氏，她听了之后说："何不向隋朝求援？"

"求援？求援？怎么个求法？如今亲人都反目成仇，何况隋朝杨坚？"沙钵略可汗冷冷一笑。

"杨坚夺走了我大周江山，难道这点面子也不给我？"于是千金公主向隋文帝上书，请求隋文帝认她为干女儿，改姓杨。

杨坚接到信后正中下怀，立即派遣徐平和出使东突厥，改封千金公主为隋朝"大义公主"，还有浩浩荡荡的十里粮车随同徐平和一起出行。真是大旱逢甘霖，雪天送木炭。突厥可汗沙钵略非常感激杨坚，隋开皇四年（公元584年）九月初十，沙钵略致信隋文帝说："皇帝是我妻子的父亲，这是翁；我是你女儿的丈夫，这是婿。隋朝与突厥的风俗虽然不同，情义却是一样的。多次联婚，新亲叠旧亲，子子孙孙万世不断。上天为证，永不相负！"[①] 他自认是隋文帝的女婿，同隋皇室攀上了亲戚。隋朝又派右仆射虞庆则前往，说服沙钵略向隋称臣。

西突厥达头可汗得知沙钵略准备向隋称臣后，大怒，心想这都是千金公主搞的鬼。隔年（开皇五年）七月，达头可汗带领重兵将沙钵略可汗所部围困起来，沙钵略可汗急忙带兵迎战，双方摆开了战场。

达头可汗摆下了一字长蛇阵，吩咐随从牵马过来。他手提一把虬（音求）龙棍，飞身上马，直奔沙钵略而来。双方刚战了四十来回合，那厢达头可汗的人马已经将大义公主和沙钵略的女儿全掳走，扬长而去，囚禁在阿拔国。

沙钵略无法，不得不再次向隋文帝告急，请求将所辖部落迁至漠南，寄居白道川（今内蒙古自治区呼和浩特市西北，阴山南谷口北）。隋文帝接受了这一请求，又派晋王杨广出兵救援沙钵略，从阿拔国救出沙钵略的妻子儿女，沙钵略非常感激，与隋朝立约，以碛为界，"永为藩附"，此后

---

① 《隋书·突厥传》："皇帝，妇父，乃是翁。此为女夫，乃是儿例。两境虽殊，情义是一。"

“岁时朝贡不绝”。

开皇七年（公元587年）春二月，沙钵略可汗病死。隋文帝为他停朝三日，并派太常吊祭，另赠奠仪五千缎。

在支持东突厥沙钵略可汗的同时，隋朝也大力扶植东突厥的另一位可汗——启民，使启民可汗也纳贡臣附于隋朝。隋仁寿元年（公元601年）农历五月，突厥九万人降隋。启民可汗也二次乞请隋朝服饰礼器，以便早日成就华夏礼俗，但隋文帝没有贸然答应。

大业五年（公元609年）十一月，启民可汗病死，隋炀帝为此“废朝三日”，以示哀悼，立其子咄吉世（又作咄吉），是为始毕可汗。

始毕可汗即位之后的第一项措施就是停止向隋朝纳贡。部下十分不解，始毕可汗说：“隋朝用的是‘以突厥制突厥’的策略，骗得了我父皇，骗不了我。我若不报此仇，就绝不做可汗。”

第五节　兵围雁门

大业十一年（公元615年）八月，隋炀帝巡狩塞北。始毕可汗得知消息后，亲自率领数十万骑兵南下，来势如雷霆万钧，准备袭击前来雁门宣扬国威的隋炀帝。茫茫大漠数十万胡骑绵延数十里，边塞处处响起了胡人的鼓角，胡笳之声震耳欲聋，一派杀气。

雁门郡共辖四十一座城，始毕可汗的骑兵所到之处势如破竹，如入无人之境，转眼间接连攻下三十九座城，仅雁门（今山西省代县西）与崞县（今山西省代县南）两城未被攻破。隋炀帝一时大惊失色，慌忙遁入雁门郡城。始毕可汗令大军将雁门围了个水泄不通、风雨不透，那阵势就是一只鸟儿也飞不出去。

隋炀帝看此形势，知道雁门难守，望着城下遍地狼烟，欲令精骑突围，大臣樊自盖认为突围之计不妥。因为雁门只有军民十五万，城池不大，几十万铁骑围困，无论从哪一城门突围出去，都必须连破敌人七八层重围，那是送肉上砧，死路一条。为今之计只能死守，以挫敌人锐气，等候救兵。于是隋炀帝急令臣下写勤王诏书，传檄天下。

如何将诏书送出雁门关又是个大问题，没有万夫不当之勇的将领是无法冲出重围的。正在无计可施之际，后勤来报，城中粮草仅够十日之用。众人一听，犹如当头挨了一棒，从诏书送出到勤王的军队到来，至少也得半个月，若无粮草为继，孤城实在难守！隋炀帝一时龙体内去了七魄，唇如靛叶，面似槐花，怔怔然说不出话来。好半晌终于缓过气来，他突然大声嚎啕起来：“为今之计，该如何是好？如何是好？”

还是樊自盖有主意，他叫人将诏书连抄几十份，绑上小木板或小木片，抛入汾河中，顺水流出包围圈，先解决了传送诏书的问题。

离雁门不远的屯卫将军云定兴从汾水中捞得诏书，他派出几十名士兵，分头急告各州县。随后又打点人马，他手下只有一万军队，面对几十万铁骑，无疑差距悬殊。他随即竖旗募兵，就是再招得一万八千也好壮大声威。

云定兴是个智勇双全的人物，突然间想到义成公主，“对，要解雁门之围，非她莫属”。于是他收拾军中财宝，写了一封信，连同诏书，派人飞马急送给突厥牙庭义成公主。

义成公主是隋朝皇室宗女，公元599年，隋文帝将这位宗室女封为义成公主，嫁给启民可汗。启民可汗病故之后，她又成了始毕可汗之妻。如今，义成公主接到信，知道哥哥隋炀帝被困雁门，危在旦夕，急忙写了一封信，派人送往始毕可汗军中。

此时的雁门风雨飘摇，城中箭矢已经用完，隋军只好拆民屋，用砖木材料增修防御工事。隋炀帝又下诏犒赏守城将士，规定立功者重赏。全军将士日夜不停抗击，同仇敌忾，虽然死伤无数，但还是保住了城池，各路勤王的军队也正向雁门一步步而来。

十天过去了，这一日，屯卫将军云定兴正在帐中，突报有个年轻人求见。心中纷乱千头万绪，他有点不耐烦，说：“既来投军，给他编队就是，何必要见我？”

“不，那年轻人说有退敌之计，非要面见将军。”

云定兴一听，只好传入。来者凛凛一躯，相貌魁梧，仪表堂堂。一问方知是国戚李渊之子李世民，云定兴不由暗暗称奇。李世民当即献上一策：“始毕可汗倾全国兵力前来，知我一时仓促难以援救，故如此猖獗。如今我们可以制旌旗数千面，派两千士兵布设数十里，夜间则高举火把，鸣钲击鼓，高声呼喊，互相呼应。敌人必认为我援军毕集，自会退兵。”

云定兴一听，拍案叫绝：“好一条疑兵之计！”于是令人将军中所有布帛全部拿出，连同可以拿来制造旗帜的被单都拆了下来。又让人在山后斩来万杆竹子，赶制了数千面旗帜，由李世民带领两千骑兵，在马尾巴上绑一些竹梢，一路遍插旌旗，扬起了漫漫烟尘。

一连两天，始毕可汗疑窦重重，如坠云雾之中，他立在高处，隐隐见那林间骑兵驰动，看那气势，几十里援军，似有百万之众，因而他一时不敢轻举妄动。这时候又接到义成公主的信，说是“北边有急”，始毕可汗嗷嗷大叫：“到嘴边的肥肉变成了难啃的骨头。”只好长叹一声，下令退兵。

始毕可汗退兵不到一个时辰，隋炀帝即带人从城中仓皇出逃，就怕始毕可汗卷土重来。

第六节　北国的狼头旗

始毕可汗虽未能拿下雁门，可他在位期间，突厥如日中天，东起契丹，西尽吐谷浑、高昌诸国，都归附于它。一时间突厥有控弦猛士百余万，盛极一时。作为岳父之国的隋王朝，因为隋炀帝昏庸无道，时下军阀、豪强、英雄、奸雄与枭雄并起，割据一方，中原烽烟遍地，民不聊生。许多汉人为避战乱迁到了突厥所在的地区。

从前，汉人称王称帝叫“受命于天”，如今是唯突厥的“狼头”是瞻。凡举事者都会到突厥去请狼头旗，俯首称臣，以求得突厥人的支持与认可。

这一日，始毕可汗正坐在毡帐中，奏事官来报：“有薛举、窦建德、王世充、刘武周、梁师都、李轨、高开道，来请狼头旗。”始毕可汗一听，眉开眼笑，喜上心头。对突厥来说，批出一支狼头旗，不仅所获珍宝车载斗量，更重要的是，他们来请狼头旗，说明突厥汗国在他们心中有较高的地位。

始毕可汗审阅了他们送来的礼单后，册封刘武周为定扬可汗，授狼头纛，又册封梁师都为大度毗伽可汗，授狼头纛。“可汗”意为天子，同为可汗，突厥是宗主，始毕可汗所封可汗仅为臣属而已。

不久，始毕可汗又封梁师都为“平杨天子”，梁师都觉得这“天子”很合胃口，可这“平杨”二字就是要他去平定与消灭隋朝杨氏，他觉得担子太重，容易招来群雄的攻击，不敢接受这一封号。始毕可汗一见他推辞，就明白了他的能力大小。

不久，始毕可汗骑马微服到中原走了一遭，所过郡、县，城头都有狼头旗，狼头旗在风中猎猎作响，始毕可汗好不得意，心想：中原群雄个个想一统天下，可个个都得仰仗我，没有我的承认，天下人谁都不敢承认，若谁敢得罪我，只要我一声令下，天下群雄必然群起而攻之。

始毕可汗一边走一边得意地想着，猛然间发现眼前的景象不同其他地方。这里一马平川尽是麦浪，风过之处，鸟儿惊飞在碧云天，绿荫深处红杏鲜艳欲滴，好一派美景。令始毕可汗不快的是这里的城头没有插狼旗。“这是谁的辖地?”始毕可汗问。

“李渊，他的四个儿子建成、世民、元霸与元吉，都是绝世英雄。”

“想不到中土竟有如此英雄。”始毕可汗不由地慨叹起来。

微服察访归去，始毕可汗召集群臣商议。“未来中国当归李渊，天命之事，非他莫属，可这李渊为何不来请狼头旗?”始毕可汗问。

“李渊迟早会来的，他是国戚，又是唐国公，老谋深算，未到最后时刻，他是不会出手的。李渊若想一统天下，他肯定晓得狼头旗的重要，可汗尽管放心。”一席话说得始毕可汗转忧为喜。

几天之后，始毕可汗接报，有李渊使者刘文静前来求见。始毕可汗说：“宣他进来。”风尘仆仆的刘文静呈上李渊的信函。始毕可汗拆开一看，李渊在信中说，如今天下大乱，苍生涂炭，为使天下太平，他欲举义兵前往江都迎接皇上，像隋文帝时一样，与突厥和亲友好。李渊还在信中邀请始毕可汗也来参加，征伐所得人口玉帛皆归可汗所有，突厥不必兴师动众，就可坐享其成。

看完了信，始毕可汗既为李渊的谦虚所感动，更被李渊开出的优厚条件所震撼。突厥不必出重兵，只要象征性的出几百骑兵以壮声威，就可获得征伐所得的人口和财宝。

“这真是天上掉下的珍宝。”突厥众臣立即表示支持李渊，但他们也有一个条件，突厥人对隋炀帝印象不佳，更恨他们以“突厥制突厥”的策略。如果李渊是为了迎接隋炀帝来与突厥和好，那他们不赞同李渊此出兵的提议。只有李渊自己做天子，他们才会不避炎热辛劳，听从号召。

刘文静带着始毕可汗的信兴冲冲地回来了，他来不及回家喘口气，就直奔唐国公府而来。李渊反复地读着始毕可汗的信，灵魂早已飘飘然直上苍天，但他的眉头却一直紧锁着。周围的文士将佐传阅了信之后，纷纷表示祝贺，突然间，只听李渊大喊一声：“不，我不能答应突厥人的条件!”语调铿锵有力。众人不知何故，忙问原因。

“突厥人要我做天子，我不能答应，我是隋朝的臣子，我起兵是为了尊隋，诸位明白吗?”

五日之后，太原马市热闹起来，突厥始毕可汗派遣柱国康鞘利等人送来草原战马千匹与李渊交易。那时候，中原缺的正是战马，李渊一听，喜从天降，知道始毕可汗没有失约，立即赶到马市。只见到那里人喧马嘶，马群中还有两匹汗血宝马，李渊立刻以高价买下五百匹，又赊下了另一半。

不久，突厥又派兵五百人驱马二千匹前来，这些马匹解决了李渊缺乏战马的困难，并助李渊大涨声势，李渊对始毕可汗感激涕零，一直到唐朝立国，年年岁时唐王朝都向突厥纳贡，遣使称臣。始毕可汗死后，唐高祖在长乐门为始毕可汗发哀，命群臣至突厥使臣的馆舍吊唁，并遣使者送缎物三万作为给丧仪。

第七节　渭水之盟

转眼间，李渊已经建立了唐王朝。武德九年（公元618年）八月，金秋时节本是一年中收获的季节，可今年的八月却是多事之秋。玄武门之变，李世民杀兄弑弟逼宫。月初，李渊宣布退位，以太上皇的身份居住长乐。八月九日是新皇李世民登基的吉日，这些都是大事，众人忙得头昏脑涨。

突厥颉利可汗（始毕可汗的弟弟）得知唐朝发生了权力变更，朝政未稳，就亲自率领十万精兵，经泾州、武功，直逼长安而来。一时朝野人心惶惶，不少州府逃难的百姓争相避入长安，长安坊区得知突厥兵到，慌忙收拾行李，又准备逃出长安，出也难民，入也难民，一时间长安城一派末日来临的景象。

金銮殿上坐着脸色铁青的李世民，殿下一班大臣正无计可施，探马飞骑来报："突厥连破州城，兵马已驻扎在渭水北岸。"渭水离长安只有四十里，突厥铁骑只需两个时辰功夫便可兵临长安城下。李世民一听，一时间如泥塑木雕。好一会儿，终于缓过一口气，君臣合计：急召三秦、晋阳之兵前来勤王，又令尉迟敬德赴泾阳，拦截突厥后军，组织反攻。这时候又有边关大将军李靖奏本到来，建议务须空府库财物与突厥议和！

众大臣一听，立刻有人反对说："陛下刚刚登基，就议和称臣，这面子失得太大，怎向百姓交代?"

李世民一听，立起身来，坦然说："朕理解李靖，李靖绝非贪生怕死之辈。想我父皇当年晋阳起兵，就向突厥示好。如今突厥得知我政权变更，就怕我李世民不继续履行盟约，每年会少了这份“赏赐”[①] 的财物，故来兴师问罪。只要给他们财物，他们或许有和谈的愿望。只是和谈也要找一个合适的机会，眼下颉利可汗的骑兵在前，突利二汗几十万步兵在后，我们想和谈，他们必定刁难。他们若打下长安，搬空我府库，又到民间剽掠一番，那时才真正无法向百姓交代。”众人一听觉得有理，纷纷点头。

这时候，又有侍卫上殿急报：“颉利可汗的使者执失思力求见。”执失思力是颉利可汗的心腹大将。李世民心中明白，他是来打探虚实的。

执失思力傲慢地走上殿来，李世民抬眼望去，这执失思力一张怪脸，两只蓝眼，须发乍起，一副破锣公鸭嗓子道：“我颉利大汗十万铁骑压境，突利二汗八十万步兵不日即到，尔等犹如花间之露，草上之霜，何不早早归降为好！”众人一听，都默默无语，这颉利可汗确实赫赫威名动天地。如今大兵压境，大唐前进无路，退后无门，叫天天不应，叫地地无声。殿中好多人汗如雨下，心如油煎，纷纷抬头望着李世民。

李世民同样无计可施，内心长叹：“我李世民在刀枪林内、万马营中，南征北讨、东挡西除，想不到今日竟落到这般地步。苍天啊苍天！既然是死，一腔热血定雌雄！”突然间，他扬起右掌向龙案一拍，大吼一声：“贼人竟敢自夸强盛，我先杀了你！看你还夸什么海口。”说着，从壁上拔下尚方宝剑，向阶下一掷：“来人，将他推出斩了！”几个侍卫一拥而上，将他摁在地上绑了。刚刚还不可一世的执失思力立即吓得面如土色，连声求饶。大臣萧瑀、封德彝上前说情：“两军交兵，不斩来使。还是礼送他回去为好。”

李世民厉声说：“我今天若放他回去，突厥人定会认为我怕了他们，他们就会更加肆无忌惮。”于是下令将他押下去，先囚禁起来。

李世民站起身来说：“走，朕想到便桥去会会颉利可汗！”

渭水河边，风乍起，萧萧落叶告诉人们，盛夏繁花似锦的季节已经过去。在秋季，一场惊心动魄的鏖战将在渭河西岸展开。渭河南岸，嗒！嗒！嗒！马蹄声碎，约有二十名骑兵旋风般到来。为首一位龙袍套着戎装，骑一匹汗血宝马，威风凛凛。来者正是李世民，是年 29 岁，壮年英雄，一表人才。身后重臣高士廉、房玄龄等六大臣以及十多名大内侍卫。这队人马一直冲到灞桥（便桥）南面，勒缰停了下来。

众人放眼望去，只见渭水北岸，阳光下铠甲如水头盔似潮，狼头旌旗

---

① 这是唐代史官的曲笔，所谓赏赐实际是纳贡。

飘扬数十里。颉利可汗身边几百侍卫，清一色附离（狼）兵，如狼似虎。

这时候，大唐御林军赶到，迅速在南岸布起阵来，东西两端各有二百战士遍插旌旗。又有几十匹马，马尾绑着竹梢，来回奔跑，一时旌旗蔽日，尘土飞扬。北岸的颉利大汗一时摸不着唐军的底细，只见对岸阵容严整，旌旗遮天，又见那飞扬的尘土，以为是唐朝的大军到来，气焰已低了几分。

趁此机会，李世民口授，房玄龄执笔。此时的李世民一腔愤恨，借着一点酒劲，将心中所思都说了出来。房玄龄在马背上疾书，龙飞凤舞。书毕封好，由李世民弯弓搭箭，轻舒猿臂，将带着书信的箭向对岸射去。

颉利可汗见一支追魂夺命的雕翎朝他疾速飞来，手忙脚乱正欲避开，只听自己的坐骑一声哀鸣，将他掀下马来。那支箭不偏不倚正中马颈，马脖溢血，颉利吓得面如槐花，唇如靛叶，脊梁骨上又失了三魂。

惊魂甫定，随从拔出箭来，打开箭上所系书信，只见信中说，突厥与唐既有和亲，就是亲戚。你突厥虽然不懂礼义，但毕竟也是人，人岂能在亲戚改朝之时，乘虚而入，此乃背信弃义之举。背信之人若敢过河，这里就是你们的坟墓。颉利可汗看到这里，额上已沁出汗珠，接着看下去，见太宗在信中许以丰厚的金帛财物，要求讲和。颉利可汗是个见利眼开、见好就收的人，他见执失思力久久不归，心中已有几分不安，又见河对岸阵容庞大整齐，是个决一死战的阵势。颉利可汗不知太宗葫芦里卖的是什么药，便答应讲和，约李世民在灞桥中间盟约。

李世民接到邀请，欲单骑前往。萧瑀慌忙上前，叩马阻谏："皇上万乘之尊，怎么可以单身匹马前去，万一有个好歹，该如何是好？"

李世民沉着地说："突厥之所以敢倾国而来，直抵郊甸，那是为朕新即位，不能抗御。我今天如果示弱，突厥必然发兵过来，大肆掳掠一番，那时将无法阻拦。如今我们几千人马面对他们十万骑兵，若心中害怕，必然会全军覆没。今我轻骑独出，举重若轻；震曜军容，他们认为我必与他们决一死战，这出乎他们的意料，此举可以打乱他们的进犯意图。有了这样坚定的意志，战才能克敌，谈和才有基础，制服突厥，在此一举。"

傍晚，残阳似血。太宗与颉利可汗来到灞桥中间，斩白马，歃血盟誓，大唐献上金帛财宝。朔风中，突厥引兵退去，这就是历史上的"渭水之盟"。

第八节　不伐突厥

渭水之盟为唐的备战赢得了时间。突厥退兵之后，初登大宝的李世民开始励精图治，不久，国力迅速强盛起来。这时候的突厥形势发生了逆转。草原的白毛风和特大风雪，导致了牲畜大量死亡，突厥人陷入了饥寒交迫之中，人们怨声载道。更严重的是，颉利可汗辖下的薛延佗、回纥等部先后起来反抗，颉利一时众叛亲离，大有土崩瓦解之势。颉利可汗一看形势不妙，怕唐朝军马乘虚而入，便亲率兵马进入朔州，以防唐军来攻。

李世民得知消息，立时派鸿胪卿郑元涛[①]出使突厥，借此机会打探虚实。不久，郑元涛归来，报知突厥必亡的预兆。众人都认为这是消灭突厥的好机会。

李世民虽然频频点头，但他认为此时并不是出兵的最好时机。众人不明白向来不怕用兵的皇上为何此时变得缩手缩脚，忙问缘故。李世民说："突厥，大国也。一时的衰落并不意味着灭亡。出兵贵在有理、有利、有节。此时出兵虽然有利，却无理、无节。诸位卿家想想，'渭水之盟'以来，突厥并没有违背盟约，人家没违背盟约，我们却出兵攻打，这就是我们违背盟约，首先是我们无理。从前突厥强大的时候，父王曾向他们求得狼牙旗，在他们的支持下坐拥天下。如今我们敢去攻打他们，是因为他们国内人民饥寒交迫。他们有灾难，我们不去帮助反而出兵去攻打，这是不讲仁义。更何况他们国内有部属背叛，我们乘人之危出兵，这就是不讲武德。他们国内就是牛羊都死光，部属都背叛了，我们还是不能出兵。一定要等到他们有罪过，我们才能出兵，师出有名，才能成功。"

众人一听，无言以对，诺诺而退。

贞观二年（公元628年），唐太宗上朝，忽报突厥突利可汗的使者求见。李世民召见后使者说明缘故，年初薛延佗、回纥相继背叛，颉利大可汗令侄儿突利率兵讨伐。突利可汗连战连败，最后全军覆没，将领地全部丢失，只身逃了回来。颉利可汗没有只言片语的安慰，反将突利毒打一顿，又囚禁了十多天，突利可汗因此有了怨气。不久，颉利大汗又向突利可汗征兵，这时候的突利哪有兵可征，只好派使者赴唐，请求庇护。

---

① 涛，原文从玉从寿。

太宗听完说："朕与突利可汗情同兄弟，此时他有急难，朕不能不帮他，可朕与颉利可汗也有盟约，应该怎么办？"

众人一听，都觉得可以趁突厥内乱，灭了颉利。兵部尚书杜如晦出班奏曰："戎狄不守信义，终会背叛盟约的，如今他们内部混乱，应该趁此机会出兵。机不可失，时不再来。错失良机，以后会后悔莫及。'取乱侮亡'，历来如此。希望陛下英明果断，火速发兵。"

李世民一听，哈哈笑了起来："如晦，如晦（晦，昏暗不明），你一点都不晦，你这是启明，启明啊！一席话说得朕内心亮堂堂。"

如晦一听太宗的话，惊喜地向前一步，跪倒在地说："皇上过奖，臣愿带兵前往剿灭颉利。"

李世民又说："朕还是不想发兵。"

杜如晦不觉一惊，问："皇上，是何缘故不想发兵？"众人也忙问原因。

李世民立起身来说："突厥内乱，突利可汗有难，朕帮他一把，这是情理之中。可颉利依然没有背叛盟约，这时候出兵不是自卫，而是趁火打劫，理不直则气不壮，气不壮则兵不勇。朕出兵，一定要等到颉利向我大唐挑衅。这叫人若犯我，我必犯人。"李世民顿了顿又说："只是突厥内乱倒是启发了朕，我想请众卿帮帮忙。"

众人一听面面相觑，一时都弄不清皇上的意图。李世民说："突厥落到今日是因为他们以前强盛无人能敌，故骄横自视。颉利以这种态度对待他的人民，因此失去人心、部属背叛。有一天朕要是落到颉利这般地步，那就很可怕了。所以我要你们时时提醒我，直言敢谏，以免朕重蹈颉利的覆辙。"众人一听，深受感动，连声说是。

太宗虽然不急于出兵，但他依然积极地准备，等待时机。为了扫平东突厥，他先出兵平定了北方的割据势力梁师都，为打击突厥扫清了障碍。

第九节　塞外小王朝

贞观二年（公元628年）秋九月，颉利的兵马骚扰了唐朝的边境。人心又惶惶起来。朝中有大臣建议："迅速征集百姓，修筑古代长城，抵御突厥兵锋。"

太宗冷冷一笑说："朕正想与卿等率兵扫荡突厥，哪会去劳动百姓离乡别井修长城。”

为进一步瓦解颉利的势力，太宗派使者出使薛延佗，册封薛延佗首领夷男为“真珠毗伽可汗”，赐给他旗鼓武器，要他南征颉利。

夷男正希望各部首领能推举他即大汗之位，没想到大唐遣使来册封他，有了大唐的册封，众首领必然拥戴他，夷男立即派他的弟弟统特勒随唐朝使者入贡称臣。太宗接见了统特勒，赐给了他一把宝刀和一根鞭子，对他说：“回去以后告诉你的兄长，他所辖部族中犯有大罪者，用这把刀斩首，犯小罪的，就用这根鞭子抽，绝不宽容。”

统特勒回去以后报告了哥哥，夷男高兴得跳了起来，他在郁都军山下建立起牙帐，又用唐朝的旗鼓来号召附近的部落，回纥、同罗、仆骨、拔野古、阿跌等部落都来归附。他们商议共同进攻颉利可汗，为唐朝效力。颉利可汗听到这消息，大吃一惊，脸色铁青，好半天说不出话来。第二天立刻派使者出使唐朝，愿尊唐为岳父之国，行女婿礼，迎娶唐朝公主。

太宗一听使者来意，连连摇手，正色地对使者说：“朕与你主颉利可汗结盟，始终如一，从不背盟。你主却支援朕的叛寇梁师都，这是背盟违约。突利可汗愿意效忠大唐王朝，递表归顺，你主却去攻打突利可汗。更有甚者，你们无缘无故侵犯我大唐边境，你们从未把我大唐放在眼里。朕正想兴师问罪，你主倒好，想来求婚，这不是痴心妄想吗！回去转告你主，若想保住性命，自缚前来归降。”使者一听太宗态度强硬，无回旋余地，只好怏怏而归。

这时候，代州都督张公瑾也上书请求北伐东突厥，太宗看了张公瑾的信，遂下定北伐决心。贞观三年（公元 629 年）十一月，太宗命令兼职并州都督李世勣为通汉道行军总管，兵部尚书李靖为定襄道行军总管，华州刺史柴绍为金河道行军总管，灵州六都都督薛万彻为畅武道行军部管。兵分四路，出击突厥。四路大军共计十多万人马，由李靖调度节制。各路人马接到命令，奋勇争先向着茫茫草原进发。

风吹露宿征人苦，隔年正月，李靖统领骁骑三千人从马邑（今山西朔县）进驻恶阳岭（今内蒙古和林格尔南）。这时候，颉利可汗驻军在定襄（今内蒙古清水河）。探马一日三报，颉利可汗一日数惊，他没想到李靖的部队行军如此神速。

距离定襄不远时，李靖的人马停驻下来。李靖知道，武德三年（公元 620 年）时，东突厥的可汗叫处罗可汗，他是始毕可汗的弟弟、颉利可汗的哥哥。处罗可汗从河北窦建德那里迎接了隋炀帝的妻子萧皇后以及齐王之子杨政道来到定襄，立杨政道为隋王，又将隋末逃入突厥的汉人一万多户拨归杨政道，让其设置百官，行使隋朝正朔。这个小王朝虽然对唐朝构不成威胁，但毕竟一个时代不能有两个正朔的王朝。李靖想顺道先招抚这个小王朝。

李靖让人引路，潜入定襄会见颉利可汗的心腹康苏密。见面之时，李靖先是掷下一包珠宝，对康苏密说："颉利可汗灭亡的日子快到了，今我大唐军队到来，只求你做一件事，引我去见前朝的萧后。你若愿意归顺的话，平定颉利可汗之日，你可以到大唐去做官，若不愿意，这珠宝已够你一辈子的享受了。"

康苏密见那一大包珠宝，眼睛发亮，马上答应下来。于是康苏密悄悄地引着李靖去见杨政道及萧后。

论辈分，唐高祖李渊与隋炀帝是姨表兄弟，故隋炀帝是李世民的表叔，隋炀帝的妻子萧后则是李世民的表婶，依辈分推算下去，李世民又是隋炀帝的孙子杨政道的表叔。李靖也曾在隋朝当过小官吏，有了这些关系，谈话就容易多了。

一见面，李靖行叩拜礼："太后，皇上让我来接您回去。"

作为亡国太后，萧氏显得有点清瘦，但眉眼间的愁容依然掩不住倾城倾国之貌。她一听李靖的话，不觉一怔，问道："谁是当今皇帝？"

"大唐当今皇上是您侄儿，隋唐世代都是亲戚，您就是当今皇帝的表婶。只因颉利可汗灭亡在即，颉利一亡，太后就会失去依托，在这塞外就无依无靠。陛下说，只要太后愿意回去，大唐将以最高规格来迎接太后，请太后以社稷为重，不要有亡国之忧。"

萧氏一听，立时百感交集，叹道："亲戚，亲戚，世代都是亲戚才会灭了亲戚，倒是这豺狼之国突厥，在隋朝覆灭之时收留了我们。如今倒好，当今皇帝又来论亲戚。"

李靖一听，连连磕头，解释说："太后千万不要这么想，故国山河，毕竟血脉相连。隋朝乃逊位之君，理当有优厚待遇。此次来接太后，就是让太后百年之后能够魂归太庙，不致成为塞外的孤魂野鬼。陛下诚心希望太后归来。"几句话触到了萧氏的伤心处，她一时控制不住，竟嘤嘤地哭起来。

李靖见萧氏哭得伤心，只好安慰说："太后若喜欢塞外的生活，可依然居住在这里，大唐会按时派人来看望太后的。只是此次大唐讨伐颉利，太后千万不可与大唐军队为敌，以免玉石俱焚。"

萧氏一听，杏眼一瞪，这一瞪，灵魂不觉激荡起来，只见眼前跪着的这位李靖英气勃勃，相貌堂堂，有这样的臣子，怪不得李家能够得天下，这与隋朝尸位素餐的君臣大不一样。李世民派这位兵部尚书来看望自己，看来是诚心诚意的。她思前想后终于决定回去。

李靖没想到在北伐之时，不经意间就安定了塞外的隋朝小朝廷。后来，李世民真的为萧氏举行了一个特大规模的迎接盛会。

第十节　大破东突厥

再说颉利可汗得知唐军已驻扎在定襄城外，人马不多且按兵不动，一时摸不着头绪，心想："李靖为何敢孤军深入大漠定襄？唐王朝一定是倾国而来，否则这点人马哪有这样的胆子？来了又不攻城，就是在等待大军的会合。"还未等到对阵，颉利可汗已经失了锐气。

几天之后，探马来报，萧氏与杨政道的牙帐已人去帐空，城外的中原人也不知去向。颉利可汗一听，知道情况有变，一时火冒三丈，气得直跳。

大雪已经纷纷扬扬下了两天，地下积雪足有一尺厚，"中原人不擅长在雪地打仗"。颉利可汗拔出腰刀，正要安排出战，忽听一阵马蹄声由远及近。原来这康苏密得了珠宝，做了内应，开城让李靖的骑兵攻了进来。

成千铁骑像发了疯一样，卷起汹涌的雪浪，朝着颉利可汗的狼牙帐冲来，一时如激流狂飙，势不可挡，撞着便倒，踩着遂亡。当马蹄声变得愈来愈激越，轰鸣着传入帐中时，颉利可汗身边的附离侍卫兵不假思索，将颉利可汗护送出帐外，颉利可汗操起狼牙棍，未及细想，就翻身上马，在侍卫兵的护卫下，向着碛口（今内蒙古苏尼特右旗西）的方向逃去。

漠漠秦天淡淡云，新年景象仍初春。出征方二月，定襄大捷的消息便传到长安，太宗李世民欣喜若狂，大声叫好。"汉代李凌以五千铁骑对抗匈奴十万大兵。今日，李靖以三千人马直捣虏庭，威震北方，前无古人也！"长安城内一时龙灯、醒狮搅动起来，到处锣鼓喧天，张灯结彩。

早有探马将定襄大捷的消息报告李世勣，李世勣的人马立刻行动起来。颉利可汗做梦也没想到刚刚开战就是这个局面，他带着残余部众，一路战战兢兢地向着碛口而去。眼看离碛口不远了，天突然变了，狂风怒号，黄沙飞扬，一眼望去，平沙莽莽，天空变成了昏黄色。一川碎石，石大如斗，在怒吼的风中满地乱滚。

白道是通往阴山以北的关隘要道（今内蒙古呼和浩特西北），地形险峻，令人望而生畏，李世勣的人马已经在这里埋伏了一天一夜。风头如刀面如割，将士日夜不解甲。马身上的汗气早已凝成冰，冰化了又凝。每隔一个时辰，就得用马刷将马身上的冰刷去。

沙尘暴中，突厥人叫苦不迭，纷纷咒骂这恶劣的天气。颉利可汗却哈哈大笑起来："好天气呀！哈哈！最恶劣的天气就是最安全的天气！唐军不敢出来，过了前面的白道，咱们就安全了。"

白道关隘鸦雀无声，异常沉寂，突然间，角号声划破长空。随之锣鸣鼓响，一百二十面鼓，七十面金钹一齐击响，三军一声怒吼，地动山摇，但见烟尘似雾，风烟乱舞，霎时间排开一队人马，旌旗影里，骠骑上坐着一位雄赳赳的大将，那就是李世勣。颉利可汗顿时面如白纸，心中忐忑不安，握着狼牙棒勉强迎战。李世勣是唐军中第一大力士，颉利可汗刚刚打了三个回合，手臂便阵阵酸麻，虎口震裂，龇牙咧嘴，哇哇大叫。到第四回合时，颉利可汗手中的狼牙棒已被李世勣挑到半空，还伤了左臂，幸有附离兵死命护驾，方得脱险。

"兄弟们，功名只向马上取！"李世勣一声吼，三军就如决了堤的洪水一样向突厥人卷去。颉利可汗的人马一路上本就如临深渊，如履薄冰，迷迷糊糊，突然间遇到埋伏，一时犹如野鸟扑出笼来，左旋右转，还未辨清南北，就已被唐军冲击得溃不成军，众军士一见主帅败北，也都跟着狼狈而逃。

定襄、碛口大捷，突厥兵死伤无数，投降者五万多人。二月，颉利可汗退到铁山（今阴山北面），一清点人马，只剩数万，颉利可汗自知无法与唐军正面抗衡，只好派执失思力为使者到长安向李世民谢罪，愿意倾国归附，并要亲自入朝负荆请罪。

太宗立刻派鸿胪寺卿唐俭持节前去安抚，又令李靖率兵迎接颉利可汗入朝。这时候，李靖已领兵前来碛口与李世勣的队伍会合。李靖接到命令，心想，颉利可汗虽然败北，可他的兵马还很强大，虽说投降，若他再次逃入大漠，等到草青马肥之时，重整旗鼓，汇合回纥九姓，到时后患无穷。于是他与李世勣商量，颉利可汗一旦得知允许他投降的消息，必定放松警惕，不如挑选精锐骑兵一万人，带二十日粮草，前去偷袭，破其主力，活捉颉利可汗再说。

二人商议已定，告知副将张公瑾，张公瑾反对说："大唐使者已经到了突厥营地，若发兵偷袭，使者唐俭命不保矣。"

李靖说："当年韩信破齐，用的就是此计策，为了大唐的一劳永逸，唐俭等人又何足惜呢？"

李世勣也说："我想皇上也许就是这个意思，我们要领会皇上的意图，派出使者不过是缓兵之计。我们应该迅速出兵，彻底打败突厥。"李靖连夜带兵出发，李世勣为后应。

牙帐中，颉利可汗正兴高采烈地接待唐朝使者唐俭，忽有士兵前来报告："唐军的骑兵来啦，离这里只有七里了。"颉利可汗一听拉下脸来，立即掀翻座位，一把拽住唐俭，大叫起来："怎么回事，不是说大唐天子答应我们归附吗？为何又派兵偷袭我们？言而无信，我先杀了你！"唐俭一听，慌忙说："可汗别急，不必惊疑，我此次是从都城长安直接来这里，李世勣他们还不知道情况，所以率军前来，我这就去告知他们，令他们立刻退兵。"说完翻身上马，快马加鞭而去。这一去，鳌鱼脱却金钩去，摇头摆尾不再来。

颉利可汗正等待着唐军退兵的消息，李靖的骑兵已经风驰电掣般地卷过来，犹如从天而降，所到之处摧枯拉朽，颉利可汗慌忙跨上战马，落荒而逃。这一仗，李靖消灭突厥一万多人，俘虏突厥百姓十多万，牲口数十万头。

颉利可汗的数万人马只剩下一万多，他打算穿越沙漠北去，一路惶惶然如丧家犬，这一日，一行人马正又饥又渴，突然间一阵锣鸣鼓响，李世勣的人马再次出现，李世勣如同一尊天神一样挡在那里，切断了漠北的去路。颉利可汗只好调转马头向西，准备向西逃往吐谷浑。这人马一路走一路散，颉利可汗最终被大同道行军副总管张宝相俘虏，东突厥彻底被平定。大唐自北伐到破东突厥，共历时五个月。

第十一节　顺其土俗

贞观四年（公元630年）三月，春暖花开，长安城中花团锦簇，杨柳依依，人来人往，热闹非常。穿行在道路上有各式各样的人，那头发有黑、有赤、有金、有褐；眼睛有蓝、有绿、有黑；胡须有卷曲的、有飘垂的。匆匆而过的有汉人、鲜卑人、回纥人、突厥人、契丹人、高丽人等，更多的是似汉非汉无法确定的混血儿，这些混血儿有的穿着绸布，有的穿着套皮貂。

一年之计在于春，长安城中一年生意最红火时就是这开春岁月。全国各地举子汇集长安，一时间客店房满，酒店座满，酒肆门口胡姬招客的声音热情而豪放。雄伟的长安城里，优雅的园林以及秦皇陵、汉武陵到处都是游客，算命的、杂耍的、卖食的、卖艺的，应有尽有，天天如过节，日日赛庙会。

正月举行了科举考试，二月放榜。今天是个好日子，太宗李世民将在曲江宴请考中的举子。曲江池畔用红绸绿绦搭起了帐篷，丝绦帐篷里面是皇家歌舞班，乐声悠扬，歌舞激越，一派喜气洋洋的景象。

突然间几声锣响伴随着吆喝声，长安大道上大队人马开过来，队伍中夹着一辆囚车，囚车上插着一面狼头旗，旗上写着“突厥颉利可汗”。人们纷纷过来围观，只见那颉利可汗阔面，褐色皮肤，棕色头发，绿眼睛，一副疲倦的样子。原来是大同道行军副总管张宝相亲自押解颉利可汗来到了长安。

曲江池畔，欢声笑语，池中一个个装满酒的杯子顺水漂流，依照习俗，酒杯漂到谁面前停下来，谁就得饮了杯中酒并作诗一首。太宗坐在主座上，他的左边是第一名举子状元郎，右边是第二名举子榜眼。第三名举子探花已做了“探花使”，在园中采来名贵的花朵三束，分别献给了皇上、状元和榜眼。这时候，一名内监上前禀报：“大同道行军副总管张宝相押解突厥颉利可汗已到长安。”

太宗一听，面有喜色，要内监将这消息公布给举子，又下令：“先将颉利可汗囚禁于门下省！”

今年的曲江流觞，好几次流到太宗跟前，他已接连饮了好几杯，又一个杯子停在他面前，他不得不饮了杯中酒，站起身来作诗。想到东突厥已平定，一时豪情满怀，随口咏出：

绝域降附天下平，
八表无事悦圣情。
云披雾敛天地明，
登封日观禅云亭。

诗毕送与歌舞班谱曲，众举子尽兴方归。

四月，唐太宗在顺天楼召见颉利可汗。颉利可汗战战兢兢伏地请罪，太宗严正地历数了颉利可汗五大罪过——骄奢淫逸、违背盟约、崇武好战、犯我唐境、不思悔改。

颉利可汗叩首服罪，太宗下诏让颉利居住在太仆寺，并提供优厚的生活待遇。接下来的问题是如何安置突厥十五万投降的臣民，这个问题一时间在朝中炸开了锅，诸位大臣意见各不相同，大体分为三派，第一派以秘书监魏征为首，他们认为，突厥人世代都是抢夺的盗贼，如果因为他们归降了就不忍心将他们杀掉，他们主张让突厥臣民归回故土，不可留在大唐境内。因为他们都是人面兽心，力量弱就请求归附，力量一强就叛乱，这是他们的本性。现在投降过来的突厥人有十多万，几年以后不断繁衍，就会加倍增多，那时必然是大唐的心腹大患，北方就会成为戎狄聚居之地。

第二派以温大雅为首，他们认为，应该把他们全部迁徙到河南兖州和豫州一带，散居到各个州县，教他们耕种织布，改变他们的风俗习惯，使胡人转变为汉人，使塞北永远成为空地。

第三派以温彦博为首，他们认为，应该仿照汉武帝的办法，将突厥人安置在河南一带空虚的朔方之地，保全他们的部落，顺应他们的风俗习惯，用来充塞空虚之地，使他们成为大唐的屏障。理由是君王对天地万物就如天覆地载一样，都要有包容，没有君主会遗弃人民。现在突厥人来归附我大唐，为何要抛弃而不接纳呢？如果拯救他们脱离死地，教他们生存之道，使他们懂得仁义礼教，几年之后，他们就会变成我大唐的民众，那时再选出酋长，让他们入朝充当宿卫官兵，他们畏威怀德，还能有什么后患？

退朝以后，太宗思前想后，觉得他们的意见就如水火冰炭，无法相容，一时无法拿定主意。恰好爱妃徐惠在身边，问他有何心事，太宗干脆将奏折拿给徐惠看。徐惠看完，太宗问她意见如何。

徐惠坦言说："平心而论，魏征大人平时高瞻远瞩，可这份折子却是'非我族类，其心必异'，分明容不得突厥人，未免褊狭落后。温大雅大人虽然容得他们，可'分其部落，变其风俗'，强制性使他们汉化，毕竟有违物的灵性。还是温彦博大人的意见可取，'全其部落，不离土俗'，既合于物性，又能体现我大唐的威严与包容，大唐也因此获得了塞北的整片土地。"

徐惠说完，太宗不觉另眼看待，她的见解完全与太宗一样。于是太宗决定采纳温彦博的意见。太宗依照突厥原来的部落，将他们安置在东自幽州（今北京），西到灵州（今宁夏灵武）的广大地区，共划分为六个州，又给突厥首领安排了相应的官职与爵位，一方面"全其部落，顺其土俗"，另一方面又加强了对他们的管理，此后，这些投降归附的突厥人再也没有发生过叛乱。

第十二节　定州之捷

太宗李世民虽然平定了东突厥，边境安定。但东突厥还有一些遗民，他们推举阿史那车鼻为可汗，车鼻不敢接受，率领他们来投靠薛延佗。车鼻文武双全，很有谋略，又深得人心，薛延佗担心无法驾驭车鼻，就想谋杀他。车鼻得知消息后，逃回了自己的领地。车鼻有三万部众，后来又有两个部落来归附他，力量渐渐强大起来。唐高宗期间，平定了车鼻，拜车鼻为左武卫将军，又将他的部众安置在狼山都督府，使东突厥各部首领都成为大唐的封疆大臣。后来，唐朝设置单于都护府，统领狼山、云中、桑乾三都督府以及苏农二十四州。

调露元年（公元679年），单于都护府中的阿史德温傅、奉职二部反叛，一时间，二十四州纷纷响应，声势浩大，聚起了几十万人，大有燎原之势。高宗急忙派单于都护府长史萧嗣业、右领军卫将军花大智、右千牛卫将军李景嘉等率兵讨伐。

萧嗣业连战连胜，这一天他又打了胜仗，光获得的牛羊就有几万头，围了近百个栏，还围不完。傍晚时分，将士们宰牛杀羊，彻夜欢庆。胡天八月即飞雪，三更时分，突然下起雪来，雪花犹如沙子粒，打得人脸直发疼。风愈刮愈猛，雪越下越大，老天憋足气力，掀动着巨大的雪帘，雪帘卷得人睁不开眼睛，呛得人透不过气。

夜阑人静，将士们醉眼惺忪，东倒西歪。右领军卫将军花大智对萧嗣业说："风雪夜，不可大意！"

萧嗣业酒兴正浓，琵琶声中，一班胡姬跳着肚皮舞，扭着扭着就扭到了他的面前，看得他心旌摇荡，他歪歪扭扭地站起身来，说："突厥狼要是敢再来，我就灭了他们。"话刚说完，整个人就倒了下去，醉得站不起来了。花大智见主将烂醉如泥，只好叫人扶他去歇息。

突厥人算好了这大雪天气，就在这一夜，二十万兵马将萧嗣业的部队包了饺子。当萧嗣业酒醒后艰难地爬起来之时，帐外已是尸横遍野，鲜血染红了草地，萧嗣业好不容易抢到一匹马，跨马而逃。这次夜袭，萧氏旗下牛羊全被突厥人抢走，粮草也被劫走，兵员损失十之六七，都护府此后无力再战。高宗闻报，撤了花大智、李景嘉的职务，又将萧嗣业流放到桂州。

突厥人挟一时豪气，乘胜进犯定州。几十万铁骑如海啸一般翻滚而来，前不见头，后不见尾，军前旄头跳跃，一时间胡虏兵气接云天。

胡骑马来疾如鸟，三峡星河影动摇。定州刺史李元轨接报，一声长叹：“定州五里几万家，如今休矣！”定州城中兵马不多，怎抵得住突厥几十万豺狼雄兵。“既然必死，就来得痛快些！”李元轨命令将城头所有旗帜拔下，将城门洞开，当突厥的兵马如飓风般刮到城门口的时候，突然间，万马嘶鸣，冲在前面的马全都撩蹄直立起来，突厥人不知道定州摆的是什么阵势，急忙勒住缰绳。

这时候已是酉时，一轮弯月高挂在城头，照着城楼。城楼上，羌管悠悠霜满地。城门口，几个盛满了油的鼎熊熊燃烧着，照得城门亮如白昼。

突然间，城楼上裂帛一声，刺史李元轨铁腕铜指奏响了琵琶，一人领奏，百人和鸣，一半胡人，一半唐人。琵琶本是胡人的乐器，李元轨竟弹奏得如此精妙，轻拢慢捻，沉吟放拨，嘈嘈切切如急雨，如大珠小珠散落玉盘。猛然间，瀚海阑干百丈冰，愁云惨淡万里凝，铁骑突出刀枪鸣。

胡马听着那乐声，知道不用拼搏了，竟四蹄踏歌，晃晃悠悠，听到动情处，有的闭上眼睛，有的干脆躺坐下来。一曲终了，胡笳又起，城中百姓齐聚城楼边，军民齐声高唱：

三道狼烟过碛（音气，沙漠）来，受降城上探旗开。

歌声中，李元轨举起酒碗，众乐手也举碗畅饮。城下又唱：

狼烟未尽不待晓，恨不立起铭燕然。

一时万人空巷，歌声将一座定州城震得嗡嗡响。歌罢，李元轨哈哈大笑起来，笑得突厥人莫名其妙哇哇大叫。突厥人的马也不断地打着喷嚏，向主人要草料。

突然间，李元轨将手中酒碗狠命向城下摔下，众人也照样砸下。刹那间，城头齐刷刷地立起一排弓箭手，一下就射倒了突厥百来骑。这时候，城中又飙出一支铁骑。城楼下百姓齐声高喊助威，喊声震天动地，俨然如若雄兵百万冲决而出之势。

突厥人见有骑兵冲出来，知道城中有重兵埋伏，急忙调转马头想退兵，松懈了斗志的战马好不容易站立起来，几十万人马撤兵，犹如奔腾直下的江河突然间要逆流回转，谈何容易。一时间相互踩踏，死在马蹄下就有几千人。定州众兵抱定必死之心，大声吼叫着冲进突厥阵中，狠命砍杀起来，一时鬼哭狼嚎，天地动容。定州一仗，突厥人留下一万多尸体狼狈而逃。

高宗闻报，高兴得眼睛都湿润了，夸奖说："没有李元轨，定州失矣！"

第十三节　黑山一战

这一年冬天，高宗召见和宴请了安西都护裴行俭，授予他礼部尚书兼校右卫将军、定襄道行军大总管，统兵十八万，与丰州都督程务挺、幽州都督李文暕[1]合兵三十万讨伐突厥。

隔年春天，裴行俭等人所率兵马来到朔州。裴行俭心想："前一次，萧嗣业在风雪之夜，粮草被劫，导致全军溃败。如今我们前来讨伐，粮草就是生命线，务必给突厥人一个教训。"他命人在每辆粮车中安放了一个大木桶，又派兵在险要之处护粮。

突厥人上次得了甜头，这一次果然又来劫粮草。押送的士兵见到突厥人抢夺粮草，立即一哄而散，各自逃命。突厥人不费吹灰之力就劫得三百辆粮车，好不得意，他们驱车往回走，来到一处水草丰茂的地方，那马一见，便自动停下来吃草，不愿再往前走。

前面不远的坡地，满坡的野生黄花刚刚开放，每一棵都头顶喇叭形花朵，枝杈上斜插着手指般粗大的花蕾。黄花丛中匍匐着几百个黄衣黄甲的唐军，他们严阵以待。草原的太阳升得早，辽阔的苍穹下，太阳离地面显得很近，阳光也特别灼热，不知何时，黄花地的上空罩着一群大头苍蝇，这是由草原上的肉蛆繁殖出来的，它们犹如野蜂一样向埋伏的唐军发起了进攻，想从他们的眼睛、嘴角、鼻孔、脖颈和伤口寻找分泌物，在它们停歇过的地方，将士们的躯体留下了红红的肿块，所有的将士都咬着牙，极力忍着野蜂的叮咬，不敢发出响声。

突厥人想将车上的粮草卸下来搬走。这时候车上木桶中的伏兵一拥而出，弓矢如雨，押车的士兵也回头发箭，两面夹攻，突厥人断没想到车中竟伏有奇兵，这时候黄花丛中的精兵也冲了上来，这一仗，唐军全歼劫粮

---

① 暕，原文从日从柬。

车的突厥兵，此后，突厥人再也不敢抢劫唐军的粮草了。

不久，裴行俭率军来到单于府北面，天渐渐黑了，将士们正挖掘壕堑，安营扎寨，准备休息。裴行俭来了，看了看地形，又望了望天，立刻下令将营寨转移到高处。

“裴大总管，大家已经疲乏了，没力气转移。”将领们抱怨着。

“立刻转移！”裴行俭也不多说。

众将领拗不过他，只好听命转移，一边转移一边骂骂咧咧地说裴行俭没事找事，给自己找麻烦。正说着，几点雨点打下来，不久，倾盆大雨瓢泼如注。第二天早晨，大家起来一看，昨天挖的壕堑早被雨水淹没，水深一丈多。这时候大家才知道，裴大总管行军打仗，粮草安营，样样精通，用兵如神，全军都服了他。

不久，队伍来到黑山，双方在黑山口摆开了阵势。裴行俭亲自出马，他身材瘦削，跃马横枪，三缕须子在风中飘动着，一双眼睛如电，一派儒将风度。突厥的二头领奉职骑马冲了出来，手中抡着两柄铜锤，奉职火眼金睛，光着膀子上阵，胸毛茂密犹如毯子，体壮如熊，足有二百五十斤。

两人战有二十来回合，奉职力大无穷，裴行俭渐渐不支，倒拖着枪向黑山谷中退去。奉职紧追不舍，突厥兵也蜂拥而上，向谷中冲去。奉职骑的是汗血宝马，那马越跑越快，眼看就要追上裴行俭，突然间奉职抛出了套马索，将裴行俭套了个正着，只听“嘭”的一声，裴行俭被掼下地来。裴行俭虽然跌得眼冒金星，但他双手依然握着枪。这时奉职的马已到跟前，他跃身离马，手中两把铜锤自半空向裴行俭砸了下来。裴行俭只觉一股风自上而下向他压下来，慌乱间他的枪一晃，枪尖正触着奉职的肚皮，奉职来势过猛，这轻轻一触，竟被开膛破肚，一下就在肚皮上拉开一道口子，鲜血立时喷涌出来，溅了裴行俭一脸一身。

奉职失了重心，重重地摔在地上，肚肠也流出来了，痛得“哇哇”大叫起来。突厥人急忙上前来抢，此时只听得几声锣鸣，山坳中唐军伏兵齐出，左有丰州都督程务挺，右有幽州都督李文暕。双方开始了血刃肉搏，到处都是器械的撞击声和鬼哭狼嚎的嘶叫声。

裴行俭翻身下马，蹲下身子，将奉职的肚肠往里一塞，脱下战袍，一撕，将奉职的肚子紧紧绑住。几个唐兵过来，将奉职架了下去。

山坳中是你死我活的肉搏，唐军矫健灵活，突厥军高大强壮，枪对枪，刀对刀，刀刃卷了，就用手打，用脚踢，手脚打酸了，双方又抱在一起，翻滚着，唐军人多，突厥人渐渐不支，向谷口涌去，但谷口已被堵住，突厥人犹如风箱里的老鼠，两头受气。

黑山一战，突厥大败。裴行俭令户部尚书崔知梯继续追击余寇，安抚百姓，自己押解着奉职先行班师回朝。

自裴行俭平定了奉职一部，又有阿史那伏念自立为可汗，与阿史德温傅联兵，继续骚扰边境。开耀元年（公元681年），高宗再次任命裴行俭为定襄道行军大总管，出兵讨伐阿史那伏念与阿史德温傅两部，最终平定了这两部，高宗处死了阿史那伏念与阿史德温傅，此后，大唐与东突厥的斗争暂时告一段落。

第十四节　大破西突厥

一

唐朝平息了东突厥，西突厥叶护可汗却日益强大起来，北并铁勒（敕勒），西拒波斯，南接克什米尔，拥有雄兵数十万，阻断了唐朝与西域的交通。叶护可汗死后，西突厥发生内乱，政出多头，内战不断。贞观年间，室点密可汗的五世孙阿史那贺鲁率领部落归附唐朝。唐太宗命他居住在庭州，并授予他左骁卫将军、瑶池都督之职。唐高宗时，又晋升他为左骁卫大将军，仍任瑶池都督。

阿史那贺鲁虽然归附唐朝，但他一心仍想回去当突厥的可汗。他暗中招纳流散的部众，不断加强自己的力量。他企图趁唐太宗驾崩之际，夺取西、庭二州。这一消息传到长安，高宗即命阿史那贺鲁将儿子咥运送到京城来当宿卫，授予他右骁卫中郎将的职位，实际就是将其作为人质。咥运到京城后很后悔，但又无法逃脱。后来，高宗允许咥运回到庭州。咥运返回庭州后劝说父亲西归，夺回故地，控制了西域诸郡。

永徽二年（公元651年），阿史那贺鲁在千泉建立牙帐，自号沙钵罗可汗，统摄十姓，拥兵数十万，突厥再次兴旺起来。永徽五年（公元654年），高宗命程知节为葱山道行军大总管，王文度为副大总管，苏定方为先锋，再次讨伐阿史那贺鲁。

唐军到达恒笃城，就有突厥人前来归降，王文度认为这些人以后还会作乱，打算把他们杀掉后夺了他们的财产。苏定方一听立刻反对说：“我们是来平叛的，如果将归顺的人杀掉，杀人越货，我们就成了盗贼啦！”

苏定方不干。王文度矫旨越权指挥，下令屠城，掠夺财货，程知节无力控制局面。劫掠过后，王文度下令将财货分给众将士，唯独苏定方不肯接受。唐军班师以后，王文度被处死，程知节被免官。

显庆二年（公元657年），高宗设置阴山、大漠二都督府，又命左屯卫将军苏定方为伊利道行军大总管，率领燕然都护任雅相、副都护萧嗣业，以及回纥兵再次讨伐阿史那贺鲁。同行的还有突厥酋长阿史那弥射和他的族兄阿史那步真，此二人作为流沙安抚大使，出南路招抚突厥各部。

正值早春时节，南方已是万紫千红的花季，塞外却依然飘雪。黄河水浑，塞外草白，更加显示出大漠的苦寒。马上的大总管苏定方连年征战，前年金河（大黑河，今内蒙古呼和浩特南），去年玉关，今年金山（阿尔泰山）。朝朝马鞭，日日刀环。边陲军旅生涯十分危险，每一次出征就是向着鬼门关进发。苏定方正想着征战的事，耳边响起了右领军郎将薛仁贵的声音："苏大总管，在想什么？"苏定方身边是右领军郎将薛仁贵，他这么一声喊使苏定方回过神来。

"何事？薛将军。"

"我听说，突厥中的泥孰部历来与阿史那贺鲁不和，后来被阿史那贺鲁攻破，族人妻小皆被掳去。这次，我们一路上如破获阿史那贺鲁部，凡是泥孰部的族人妻小就归还给泥孰部。这样，他们就会觉得阿史那贺鲁是他们的敌人，我们则是他们的朋友，他们就会为我们出力。"薛仁贵说。

"薛将军真乃仁人，你的见解正合我意。"想到上一次出征时发生的那些令人胆战心惊的屠城场面，苏定方的内心就沉甸甸的，这一次，他作为大总管，无论如何他绝不会让这种悲剧重演。

青海湖上空，白云弥漫，横亘着绵延千里的隐隐雪山。越过雪山，就可以看见耸立在荒漠中的一座孤城，城顶上坐着几个戍边的征夫，有人还在吹羌笛，那是一曲"关山月"。

"有人，有人啦！"有人呼喊着。已经几天见不到一个人影了，如今听闻笛声，虽是边愁之声，却也使人振奋起来。孤城越来越近，隐约可以听到琵琶声了，奏的虽然是新曲，但总是关山别离情。

一阵如同吼叫一般的歌声传来，"高高秋月照长城"。在关内，离别时总要折一枝杨柳，既表示送别，又表示挽留。可到了这春风不度的地方，你就是想折杨柳也无柳可折。

出了玉门关，人烟越来越密。这一路走去，秋毫无犯，不少部落主动前来归附，苏定方也大加安抚。泥孰部众感念唐军之德，兴高采烈地请求从军共同讨伐阿史那贺鲁。

二

到了阿尔泰山的北面，山口处犹如一个大喇叭，风起处飞沙走石，苏定方的队伍来到曳咥河西，阿史那贺鲁已率十姓兵马十万人前来迎战。苏定方只以唐军与回纥人万余步兵出战，由薛仁贵带领。他们占据了南原的一个土坡，苏定方则率领着骑兵悄然列阵在北原，静观形势的变化。

阿史那贺鲁见对方兵力薄弱，不以为然，立刻下令包围唐军，铁骑飞驰，阵势纵横，向土坡发起进攻。唐军步兵手握长矛，严阵以待，突厥骑兵一冲上土坡，众人便围上去，先用长矛将马放倒，再来对付骑手。土坡前面已经躺着一匹匹被撂倒的血淋淋的马，形成了一道屏障。

“来人，将马拖走，煮了让将士们吃，吃饱了再战！”薛仁贵一声吩咐，众人七手八脚将马拖走。

“弓箭手，做好准备！”弓箭手拥了上来。“突厥人很快就会发起第二次冲锋，大家要沉住气！三十步以内再放箭，先射倒前面的马，后边冲上来的就会被脚下的绊倒，骑兵离开马，就像人没了脚。注意，千万不可轻敌，因为敌人这次会大规模来冲击我们的阵地。”正说着，长空雁鸣，薛仁贵抬头看了看，弓下身体，随着一声鸣镝，那只雁直愣愣地跌了下来，众人齐声叫好。

“来啦！敌人来啦！”冲在最前面的是阿史那贺鲁，阿史那贺鲁见第一次冲锋没有成功，急红了眼，这一次突厥果然发起大规模进攻冲击唐军阵地。“给我把土坡踏平！踏平！踏——平！”阿史那贺鲁一马当先，突厥骑兵犹如潮水后浪推着前浪，拼命涌了上来。

“步兵，上钩镰！”薛仁贵一声吩咐，众人拔出身上的钩镰，安在长矛上。“敌人一倒，就将他们钩上来！”

薛仁贵见冲在最前面这个人大有来头，弯弓搭箭就要射去，千钧一发之计，几个附离侍卫兵一拥而上，护住了他们的主将。薛仁贵一箭射出，前头一匹马立时栽倒在地。阿史那贺鲁的坐骑刹不住马蹄，一下绊倒在地，阿史那贺鲁被马甩出了几丈远。

“来人，把那个人给我搭上来，赏银五百两，抓活的。”薛仁贵大喊一声。钩镰手蜂拥着冲下土坡，七八支钩镰同时搭在阿史那贺鲁的裘褐上，用力一提，就像提着一只刚刚宰杀的肥猪一样。那钩镰穿透裘褐，刺进了阿史那贺鲁的后背，随着阿史那贺鲁声声惨嚎，鲜血染红了裘褐。阿史那贺鲁体胖，一挣扎，裘褐断裂了，阿史那贺鲁重重地摔倒在地。他顺势一滚，跃起身来，拔出腰刀，迎着钩镰发狂似的冲了上来，钩镰手没料到此人如此顽强，还没缓过神来，阿史那贺鲁早已拨开钩镰，跃上土坡，冲着薛仁贵而来。

薛仁贵刚想拔出插在地上的方天画戟，但已经来不及了，他将手中的弓狠狠地向阿史那贺鲁的面门打下去，一下就打落了阿史那贺鲁的两颗门牙，阿史那贺鲁又是一声惨嚎，本能的用手护住嘴，右手的腰刀落在地上，薛仁贵乘机扑了上去，两人扭打在一起，顺着土坡滚了下去。阿史那贺鲁憋足劲，将口中的门牙向薛仁贵的脸上喷吐出去，落红点点，染红了薛仁贵的白袍。

阿史那贺鲁力大，薛仁贵艺精，两人谁也赢不了谁，双方将士摩拳擦掌，却无从下手，都怕伤了自己的主人。阿史那贺鲁终于占了上风，压在薛仁贵身上，几个附离侍卫兵一看，相继扑了上来，叠床架屋般压在上面，光这几个躯体已经有上千斤，他们想将地上的薛仁贵活活压死。

唐军钩镰手一看情况不妙，迅速挥动钩镰，将那几个附离侍卫兵搭上来，狠狠地扔出去，将他们摔得鼻青脸肿。阿史那贺鲁已经尝过了钩镰的滋味，那玩意要是搭到要害，扯断筋脉，人就废了。这时候他倒巴不得被薛仁贵压在下面，以躲避随时可能砸下来的钩镰。他一边扭打着，一边本能地转过头来看那钩镰。趁着阿史那贺鲁分神，薛仁贵挣脱开来，阿史那贺鲁也放了手，跃上身边一匹马跑了。突厥人为第二次冲锋付出了几百匹马和几百具尸体的代价。

乘着冲锋的空隙，唐军坐下来用餐，刚杀的马，所熬的汤是鲜美的，肉也很有嚼头。薛仁贵检查了一下，发现所剩箭不多了，于是吩咐部下，敌人下一次进攻时，就跟他们短兵相接，步兵对骑兵，最好的办法就是砸马脚。只要马倒下来，骑兵就好对付了。

说话间，只见远处烟尘滚滚，突厥人又发起了攻击。“闪开一条道，让他们冲上来，我们就在两侧，等他们离我们近了，那时再出击。”

突厥已有数百名骑冲上了土坡，唐军右侧八千步兵立刻迂回过来，拦住了后面的骑兵，左侧四千名步兵蜂拥而上，将坡上那百多骑兵包了馅，几十人对付一个骑兵，很快就制服了对方。右侧那八千步兵却拦不住突厥潮水般的铁骑，刀起处，人头纷纷落地，很多人被踏为肉酱，眼看阵势就要崩溃，这时候，突厥的后军乱了起来，原来是苏定方的人马出动了。

阿史那贺鲁一见情形不妙急忙带着人马撤退，刚撤到北原，只听金鼓齐鸣，苏定方已在此列阵恭候。那阵势是一字二龙三才四门五弓六定七星八卦九宫十面埋伏阵，前面是一个出生入死门，后面分正东、正西、正南、正北、东南、东北、西南、西北八门。苏定方居中，两旁分列副、参、遊、守、应、袭等职，那战马红的似血、白的似雪、黑的似铁。将士们金盔金甲，银盔银甲，铜盔铜甲。八门分使刀、枪、剑、戟、斧、钺、钩、叉，出生入死门用的是鞭、锏、锤、抓拐子、流星铛。

阿史那贺鲁从没见过这样的阵势，不知不觉就进入了出生入死门，苏定方亲自迎战，他勒定了电转星飞的乌骓马，停定了神出鬼没的一条枪。阿史那贺鲁在出生入死门中左冲右突，但人马绵绵不绝，愈冲愈多。

秋暮断云伴斜阳，白云明月写凄凉。鏖战一直持续到后半夜，阿史那贺鲁大败，唐军追杀三十里，杀敌数万人。

三

第二天，苏定方领兵继续追击，阿史那贺鲁部人心涣散，纷纷来降。阿史那贺鲁仅带着几百骑兵向西逃去。苏定方命令萧嗣业率领回纥骑兵追赶，自己率大军跟进。时逢大雪，平地雪深二尺，军队行进艰难。萧嗣业请求等雪停再追击，苏定方说："突厥人自恃雪深，认为唐军不擅雪战，必然要等到雪晴才追来，我们可以马不停蹄，一路追下去，打他个措手不及。如果等待的话他们就会愈去愈远，今后就难以找到了。"

唐军踏雪前进，日夜兼程，一路上收编了不少阿史那贺鲁的部众。突厥人见唐军犹如天兵，纷纷归附。距离阿史那贺鲁的牙帐约二百里的地方，苏定方布下了阵势，犹如天罗地网，苏定方自己带领部分人马，长驱直入。阿史那贺鲁的牙帐就在千泉，千泉附近有一座山林，阿史那贺鲁正带领若干随从在那里狩猎。

阿史那贺鲁以十万大军未能挫败唐军，反而败下阵来，他内心不安，有一种雪崩灭顶的预感，儿子咥运劝他出去狩猎，一来可以稳定情绪，二来可以等候部众归拢来以图再战。阿史那贺鲁做梦也没想到自己的牙帐已经被苏定方包围了，苏定方四路人马勇猛奋击，斩获数万，击溃了千泉的主力。

阿史那贺鲁与儿子咥运及女婿阎啜正等候猎物自投罗网，两个侍卫气急败坏地前来报告："不好啦，不好啦！牙帐已被唐军捣毁。"阿史那贺鲁一听，面如死灰，跌坐在地，半天说不出话来。这时候，萧嗣业率领回纥骑兵已经从四面八方包围过来。咥运与阎啜将阿史那贺鲁架上马，咥运扬起鞭子在马屁股上狠狠一抽，那马朝着北面飞奔而去，咥运与阎啜翻身上马，紧跟而来。

斜刺里冲出了萧嗣业，抡刀向阿史那贺鲁追来。突然间，草丛中跳出了一只大狼，贴着萧嗣业的马跑，不一会儿，狼纵身一跃，前爪攀住马镫，一口咬住马腹。那只狼一撕，就将马腹撕开一道口子，马一声哀鸣，前蹄一撅，后腿直立把萧嗣业甩下马来。那只马想用前蹄把狼蹬下去，狼"呼"的一声早已窜到前头，引着阿史那贺鲁几个人避开唐军包围圈向北突围而去。

萧嗣业被摔下马，只好鸣金收兵。唐军大获全胜，苏定方安抚突厥各部，让他们都回到原来居住的地方，掩埋尸骨，恢复生产；归还阿史那贺鲁所掠夺的各部的财产和人口，明确划定各部疆界，开通道路，设置邮驿。没过多久，十姓部落百姓安居如故。苏定方命令萧嗣业率部继续追击残敌，自己带领大军班师回朝。

阿史那贺鲁和儿子、女婿一路亡命地跑，也不知道跑了多久，这一天他们来到了石国西北的苏咄城。阿史那贺鲁的坐骑扑倒在地，再也爬不起来了，马累死了。阿史那贺鲁一行又困又乏，只好让女婿阎啜带着珍宝入城买马，顺便也找些酒食。

城主得知是阿史那贺鲁要买马，不敢怠慢，立刻令人带着酒食出城迎接，阿史那贺鲁一行已经好几天没吃过一顿饱饭，狼吞虎咽地吃起来，没过多久，一个个就扑倒在地，原来那城主在酒食中放了迷药，城主让人将阿史那贺鲁和他的儿子、女婿绑了，押往石国都城。萧嗣业追到石国，石国人便把阿史那贺鲁等人献给了唐军。

西突厥灭亡之后，唐高宗将他们的故地分成濛池、昆凌两个都护府。又将阿史那氏的后人阿史那弥射与阿史那步真分封在这两个地方，分管十姓部落。这两个都护府位于中亚碎叶川东西两岸，下辖许多州府，高宗又把碎叶镇划入安西四镇，成为唐代经营中亚的基地。此后，唐朝与西域的经济文化交流迅速发展，进入了全盛阶段。

阿史那贺鲁被擒之后，有点悔恨和内疚，他对萧嗣业说："我是亡国的俘虏，先帝太宗曾经厚待过我，我却背叛了他。如今老天爷发怒要惩罚我，我还能怎样？依照汉人的律法，杀人必须在都市，我愿意死在昭陵，向先帝谢罪。"萧嗣业将此事上报唐高宗，唐高宗李治思虑再三，让人押着阿史那贺鲁到昭陵行献猷之礼，表示已经以死向先帝谢罪，然后赦免了他的死罪。阿史那贺鲁不久就死去了，唐高宗下令将他葬在颉利可汗墓的旁边，刻石记下他的事迹。

阿史那弥射与阿史那步真受封之后，开始建立起自己的统治，但这两位可汗缺乏驾驭部众的才能，不久，十姓部族人心离散，发生了内乱。海道总管苏海政平定叛乱时，错杀了阿史那弥射及其属下的酋长，阿史那步真不久就死去了。自此，十姓部落无主，十姓部众由阿史那都支和李遮匐统领归附于吐蕃。从此以后，西突厥日益衰落，难以为患。

第十章　唐宗室与唐人

隋唐时期，由于胡汉杂居，胡汉礼俗并用，这就出现许多了“闺门失礼”的事件，尤其以隋唐皇室为甚，历来人们多认为隋唐皇室多风流逸事。所谓“闺门失礼”，那是以华夏礼俗来看问题，事实上，“失礼”正是那个胡汉礼俗并用时代的见证。

今天是一个争夺名人的时代，旅游景点有了名人就能繁荣一方。李世民到底是汉人还是胡人？争夺李世民这位名人，更是涉及李唐王朝是汉人政权还是胡人政权的重大问题。

李世民的母亲和祖母都是胡人，理论上，李世民有四分之三的胡人血统，四分之一的汉人血统，他的胡姓叫做大野氏。从血液优势来说李世民是胡人。李世民学的是汉文化，汉姓李，从文化归属来说，也可属于汉人，“亦汉亦胡”的李世民是胡汉礼俗并用的典型。李世民娶表婶萧妃和弟妹杨妃，依据的就是胡人的礼俗，这不属乱伦。如果硬要咬定李世民非汉人莫属，那就无异于将李世民推向乱伦的尴尬。

李世民的妻子长孙氏又是胡人，到了太子李承乾与皇子李治这一代，身上只有八分之一的汉血统，总体上已经胡化了。古人还无法科学地理解混血的道理，以为基因只是由父系所决定，竟不知母系也在起作用，事实上，血统也好，基因也好，虽然都可以作为亲子鉴定的依据，但在决定族性上却无足轻重。例如，同是黄帝的子孙，有的成为华夏人与后来的汉人，有的却成了北狄与后来的匈奴，而他们都带有黄帝的基因。

决定族性主要看血液的优势，当一个人的发色、肤色已经与汉人大异其趣时，硬要因为祖上是汉人，就说其子孙永远只能是汉人，那是想当然。李承乾因为母系三代都不是汉人，随着他青春发育期的到来，长成一个胡儿，胡儿有胡儿的特点，他本能地有着对胡人文化的向往，他学胡乐、胡语、胡舞，着胡装，做胡人游戏甚至军事游戏。这本是正常的现象，可是，无论是李世民还是太子的老师以及朝中大臣，均以汉人的标准来要求他，将他视为“去华而慕夷”。青春期也就是叛逆期，由于那时候只有“三纲”而无心理学，李世民无法因势利导，父子之间一步步产生了对抗情绪，导致了太子被废。

李世民一世英明，他有十四个皇子，但杀的杀，流放的流放，也有的被贬为庶人，最后只剩下两个，其中一个就是高宗皇帝李治。李治在众大臣的辅佐下，勉为其难地持续了贞观之治，但他的整个思维方式依然是胡人式的，他无法应付汉人式的各种复杂状况，只好依照胡人的习惯，将政权交付给妻子武则天时期。事实上，也只有到了武则天，李唐皇室的血统才逐步转向汉血统。

本章中的萧后先后嫁了六次，这在胡人看说是正常的，在上古时期的汉人中也是正常的，汉代丞相陈平的妻子就嫁了五次，第六次才嫁给了陈平。因此，我们不能以宋明理学的贞节观念去评价宋以前的妇女的婚嫁。

在多民族的国家中有不同的礼俗，因此我们不能简单地认为少数民族的礼俗就是落后野蛮的。比方说，胡人是“父死则妻后母，兄亡则纳其嫂”，也就是说，父亲死了，儿子可以娶后母；兄长死了，弟弟可以娶嫂子。这对于汉人来说是不可思议的，但在胡人习俗中却是正常的。胡人将女子视为第一生产力，她们以生儿育女来体现女子的价值，也保证了其民族后继有人，因此胡妇很少守寡，这是人性的，它可以与宋明理学的“存天理，灭人欲”互补。胡人在改朝换代时，通常将前代后宫的妻妾继承下来，汉人则通常将她们杀掉，或让她们去当奴隶与乐户，两相比较，胡俗就显得更有人性，也更宽容。

第一节　萧后——绝世名花开不败

一

萧后的父亲叫萧岿（音亏），是南北朝时梁朝的国主，才华横溢，有文名，著有《孝经》、《周易义记》、《大小乘幽微》等14部作品；萧后的曾祖父昭明太子——萧统，更是梁朝著名的文学家。

那是一个弱肉强食的年代，那个年代充斥着智巧、冒险、赌命运、暴力与刀枪，这样的年代，文学很不吃香，也不大需要，萧后的父亲与祖上恰恰在不需要的领域中留下了名声；那时候，草原民族来到中国北方，先后在那里建立起十六个国家，历史上叫作“五胡十六国”。当中国北部日益鲜卑化的时候，南方的萧氏王朝则将汉文化推向了新高。在那个时代的污泥浊水中也埋藏着绝世明珠，萧后就是这样一颗明珠。

文人治国往往心慈手软，梁朝的地盘越来越小，犹如覆巢之卵，岌岌可危。公元581年，年幼的北周静帝被迫将皇位“禅让”给外公杨坚。杨坚登基，成了隋朝的开国皇帝。隋朝初年并不缺乏武力，缺乏的恰恰是儒雅。那时候关陇一带以武力名世的高门望族渐渐归到了杨坚的麾下，此时的杨坚最需要的是用儒雅来标榜他的“文治”，他下决心与“有文名”的梁朝联姻，为次子杨广迎娶一位梁国公主。对梁朝来说，这无疑是一件好事，若能傍上这样的大国，梁朝无忧矣！

隋梁双方都忙碌起来，萧家三位公主兴冲冲地做着各种准备，待嫁候选。隋朝这方的“内当家”是独孤皇后，独孤皇后是胡人鲜卑族人，她的一生独占了隋文帝杨坚，创造了君主制下独一无二的帝王“一夫一妻制”。这样强悍的皇后，后宫大小事情当然都由她做主，因而给儿子杨广挑媳妇，她的眼睛就更加挑剔狠辣。

杨广就是后来的隋炀帝，史上名声最坏的皇帝之一，那是后话。少年时期的杨广则是另一番情形。这个胡汉的混血儿，集中了两族的优点，英俊帅气又聪明，他13岁时即被立为晋王，拜柱国、并州总管，他是杨坚夫妇最疼爱的孩子。[①] 替这样出类拔萃的孩子选妃，独孤皇后是过完箩筐再过筛子，严格得很。

萧家三位如花似玉的公主很快就被淘汰，原因是生辰八字不合。萧岿接到消息，立时犹如同霜打的茄子——蔫了，他垂头丧气，一连几天都提不起精神。

“呱，呱！”一阵聒噪声传来，萧岿心里正烦得慌，他挥挥手说：“去，去把那老鸦的窝巢给我端掉。”内侍不敢怠慢，搬梯子拿竹竿，忙了半天，终于把鸦巢打了下来。

内侍中有个老太监深知梁王的心思。隔天，这个老太监找了个机会，小心翼翼地对梁王说：“大王，既然这三位公主都不入选，何不让四公主也试试?”

“宫中就三位公主，哪来的四公主?”梁王好生诧异。“喳，喳！”又一阵鸟声传来。梁王又来了气，说：“昨天不是让你把那老鸦的巢端掉，为何到现在还不办?”

---

① 《隋书》：“上（杨广）美姿仪，少敏慧，高祖及后于诸子中特所钟爱”，“开皇元年，立为晋王，拜柱国、并州总管，时年十三。”

“大王，你听听，这不是老鸦的叫声，这是喜鹊报喜，说不定梁朝的喜事真的来啦！”老太监喜形于色，说：“大王，你可记得，这四公主当年就寄养在她叔父萧岌那里，如今又在舅父张轲家？”梁王一听，如梦初醒，他差点忘了他还有一颗埋在泥土中的明珠。

二

江南风俗，“二月生子者不举”。也就是说，二月出世的孩子不能给家里带来好运，会带来晦气。而这四公主就出生在腊梅刚谢、桃花初绽的二月，金枝玉叶的她一落地便被送出了宫廷，寄养在叔叔萧岌家。[①] 身为皇亲国戚的萧岌，家境好，小时候的四公主生活优裕，萧岌给她请来了江南名师，教她认字读书，弹琴作画。年少的四公主已经成为远近闻名的才女。可惜好景不长，不久，萧岌夫妇过世，四公主只好转而寄养到舅父张轲家。

张轲很贫困，梁宫似乎忘却了苦命的四公主，梁宫从未接济过张轲，很多时候，苦命的四姑娘不得不亲自劳作，奉养舅父、舅母。四姑娘穿布衣，嚼菜根，劳动给了四姑娘健康，也成就了她一个美好结实的身材，淳朴的村野风情又给了她好性情。[②] 人们怎么也弄不明白，为何贫穷的张家竟育出一个江南的芙蓉仙子，而这芙蓉又接上了北国牡丹的富贵气，合成了绝世名花。唯有张轲夫妇明白，那可是帝王家的凤女栖身在棘丛，凤凰终归是要栖身梧桐的，离美好的日子不远啦。

隋朝开皇二年（公元 582 年），梁宫派人来接萧氏四公主。就要离开朝夕相处的舅父、舅母，生性善良的外甥女泪流满面，她跪在地上，说什么不愿离开。年迈的舅舅与舅母见此情形，大为感动，他们扶起这苦命的孩子，强作欢颜说：“走吧，回到宫中就能过上好日子了。”四公主压根也没想到，她这一去，将延长梁朝国祚，改写隋朝历史。

回到宫中后，四公主沐浴更衣，方出浴，就立刻令周围的人大吃一惊，梁宫也随之熠熠生辉，皇家的气质，健美的身材，岂是三个姐姐可比？这一年，四公主 12 岁，杨广 14 岁，二人的生辰八字合成了金童玉

---

① 《隋书·后妃列传》：“江南风俗，二月生子者不举。后以二月生，由是季父岌收而养之。未几，岌夫妻俱死，转养舅张轲家。然轲甚贫窭，后躬亲劳苦……”

② 《隋书》：“性婉顺，有智识，好学解属文，颇知占候。”

女。[1] 杨坚、萧岿大喜。下聘前夕，隋文帝杨坚特意请来闻名遐迩的望气家、隋朝盐官令袁天罡，将他带到梁宫，要他为四姑娘相面。

见面之时，袁天罡并不直视四姑娘。他正与梁王对弈，全神贯注在棋盘上，眼梢却扫视着四姑娘的脸。一局未了，袁天罡推开棋盘说："此女面带桃花，有帝后之贵。"众人一听，又惊又喜，惊的是这"桃花命"，喜的是"帝后之贵。"

"袁天师，这望气到底可不可信?"惊喜中的杨坚夫妇要弄个究竟。

"一个人的骨相气色，是其性情的表现。眼睛、鼻子、嘴巴、耳朵，脸上的神情和气色，气色的深浅浓淡，都能表现这个人的遭遇与成就。这世上没有两个脸型是相同的。这里面的学问很深，一时间说不完。"袁天罡说着在纸上写了一个"五"字，接着又写了"十八子"几个字，众人问其意，袁天罡微微一笑说："天机不可泄露。"

萧岿目光炯炯地瞪着晋王杨广说："这么说，晋王以后是要继承皇位的? 如若这样，江南风俗'二月生子者不举'，这话不准啦，四公主到了北国，能助你未来做皇帝，还将为你生下五个公主十八个男孩。"说着呵呵地笑起来。

这话杨广爱听，他的眼睛灵光四射："有了萧姑娘，我以后定会做皇帝。"说着嘻嘻地笑起来。

婚后，享不尽的柔情蜜意。萧妃谨言慎行、恪守妇道，乡间的生活使她绝不贪慕虚荣浮华。杨广也很尊敬这位能使他最终坐上皇位的妃子，因而二人感情甚笃。

三

杨广与他的哥哥太子杨勇都是多才多艺之人，吹拉弹唱，二人样样精通，他们都有一个乐班，两个乐班水平也不相伯仲。杨勇心想，我是太子，这乐班无论从水准到规模总要比弟弟杨广高一筹才好，他命人在民间寻访，挑选技艺高超、姿容姣美的女子来充实乐班，不久就见了成效。

红褪绿存，盛夏已经过去，眼看秋天就要来临。每年中秋，太子与晋王都会挑选一些好节目来娱乐双亲。节目水准的高下，既显示二位皇子的技艺，也体现着他们的能力，因而兄弟俩都会加紧排练。每年这个时候，

---

① 《隋书》："岿迎后于舅氏，令使者占之，曰：'吉！'于是，遂策为王妃。"

独孤皇后也会到东宫与晋王府看一看，既能欣赏节目，也能探望儿子。

距离东宫还有百步之遥，轿子中的独孤皇后已经能够听到欢快悠扬的乐声，那声势显然不是往年可比的。独孤皇后一脚踏进东宫，但见美姬盈宫，内宠塞庭，胡儿汉女，无所不有。厅上摆着一架特大型的箜篌（竖琴），直达屋顶。这乐器来自西域，一架箜篌，造价加运费已耗资无数。

“太子在哪里？”独孤皇后问。

一个胡女指着箜篌说：“启奏皇后，太子在那弹奏呢。”顺着胡女的手指，独孤皇后一眼望去，太子站在一个特制的架上，挥动双手，摇头晃脑地弹着，看得出他的整个灵魂已融化在那音乐中，连母后到来也忘了迎接。

优美的箜篌声渐渐变得燥热起来，一队舞娘出场了，蝉翼般的丝巾半裹着胸部和臀部，其余部位全部裸露。舞娘们抬臂提气，臂与肩齐，运用臀部的力量扭动肚皮，这是西域的肚皮舞，展尽了肚皮的功夫与魅力。①

乐声愈来愈快，又一队胡儿出场了，这胡儿半蹲着身体，上身挺直，纯用小腿跳舞，煞是滑稽好看。肚皮舞伎慢慢地移动到胡儿跟前，成双配对。胡儿一边跳，一边用手拍打裸露的肚皮，发出一种带着肉味的节奏与乐声，倒也新奇。这时候，洪亮的歌声响起，那旋律是异国的进行曲——

肚皮，肚皮，伟大的肚皮！
肚皮，肚皮，美丽的肚皮！
宇宙是你孕育。
人类是你造缔。
肚皮，肚皮，伟大的肚皮！
肚皮，肚皮，美丽的肚皮！
有了肚皮，大隋人丁兴旺，
有了肚皮，大隋族类繁密！

独孤皇后抿着嘴笑了，说：“太子就会标新立异。”从东宫出来，只见独孤皇后的轿子直奔晋王府而来。皇后心想，太子今年别出心裁，水准是历年之最，不知晋王又会翻出什么新花样？兄弟俩都是百戏的天才，看来今年的戏目，定能令他们的父皇开颜解颐。正想着，不知不觉已到了晋王府。

---

① 《资治通鉴·隋纪》：“（杨勇）自比倡优，进淫声，秽视听。”

独孤皇后从轿中出来，晋王夫妇已跪倒在府门口迎接，他们身旁只有老媪二人，四名侍女，她们都其貌不扬，穿着没有色彩花纹的缦布。独孤皇后好生奇怪，进得府来，只见往日那华丽的彩屏全换成素白的粗布，府中无美姬内宠，更无乐班，① 只有杨广、萧妃小两口出双入对。独孤皇后更奇怪了，“皇儿，今年不与哥哥比赛，认输啦?”

杨广恭恭敬敬地说：“母后，孩儿今年不比啦，比赛就是斗富，一个乐班花费无度。父皇登基才两年，国家方方面面急需用钱，一切还须节俭，方能保我大隋永固。”

独孤皇后一听，很合心意。晋王婚后懂事了，若是太子也像他这样就好了。独孤皇后回到宫中，与隋文帝谈起，隋文帝微微一笑，虽然高兴，却不尽信。

几个月后，隋文帝抽空驾幸晋王府，杨广夫妇恭恭敬敬地跪在门口迎接。如独孤皇后所言，夫妇二人身旁只有老媪丑女数名。进了府，文帝随处走走，府内器具虽然简朴，但窗明几净。踏入西厢，那里堆着往日的乐器，隋文帝用手指一抹，上面落满灰尘，那样子是很久都没有摆弄过了。隋文帝满意地点了点头。“晋王自有了萧妃，性情大变，不沉湎声色啦。”

不好声色是最令独孤皇后高兴的。后宫就怕美姬宠妾过多，争风吃醋，岂能安宁。“广儿君子呀!”独孤皇后看不起的就是太子杨勇，正妃方病故，立时移情别恋云昭仪，她最痛恨的就是这无情无义的行径。国家若交到这种人手里，谁能放心呢?

此后，隋文帝与独孤皇后常常派人前往考察，即使是奴婢侍女，杨广夫妇也都亲自到府门口迎接，毕恭毕敬，绝不怠慢，更不得罪。每次都为他们准备饭食，与他们同桌进餐。菜色虽然简单，馈赠却很丰厚。那些人得了好处，回去都竖起大拇指称赞，说晋王夫妇仁孝。②

杨广不与哥哥赛百戏，实际是在与哥哥斗法，他的目的是登上太子的宝座。上天既赐给他一位皇后，他不能违逆了天意。为此，他韬光养晦十七年，终于在 31 岁那年，成了东宫太子。

十七年的生活虽然非常简朴，却很合萧妃的秉性，这是萧妃人生中一段值得留恋缅怀的爱情生活。寻寻常常方是福。杨广做了太子的那一天，

---

① 《资治通鉴·隋纪》：“弥自矫饰，唯与萧妃居处，后庭有子皆不育，后由是数称广贤……上与后尝幸其第，广悉屏匿美姬于别室，唯留老丑者，衣以缦彩，给事左右；屏帐改用缣素；故绝乐器之弦，不令拂去尘埃。上见之，以为不好声色。还宫，以语侍臣，意甚喜。”

② 《资治通鉴·隋纪》里描绘道：“上及后每遣左右至广所，无贵贱，广必与萧妃迎门接引，为设美馔，申以厚礼；婢仆往来者，无不称其仁孝。”

高兴地对萧妃说：“很快我就会做皇帝了，那时候你就是皇后。”萧妃没有惊喜，她不卑不亢地问：“那时候你会怎么样？”萧妃问。

“执子之手，与子偕老！”杨广答。

四

杨广入主东宫一年后，独孤皇后病故。隋文帝开始纳妃，移步花丛。不久，便觉得精力不济，逐渐将政事交与杨广。杨广35岁那年，隋文帝诡秘地死去（有人说，杨广派人毒死了父皇），宫中顿时忙乱起来。薄暮时分，文帝的妃子宣华夫人接到杨广令人送来的一个锦盒。

宣华夫人是陈后主的妹妹。陈后主的文名比起萧妃的曾祖父萧统、父亲萧岿更上一层楼，宣华夫人与萧妃合而为隋朝“二朵名花”，点缀着隋朝的文雅与华贵。若要说她们之间的不同，萧妃是冰清玉洁的白莲花，宣华夫人则是明艳妖媚的红芙蓉。

此时，宣华夫人捧着杨广的锦盒，心潮如滔滔东流水，依照古制，老皇薨，其妃子或赐死陪葬，或削发入庵，或领点钱财回家养老。若是后者，杨广根本不必送来锦盒，“看来不是赐死就是削发”。宣华夫人久久不愿打开锦盒，她还未下定决心去死。然而，众目睽睽之下，众妃子都想通过这个锦盒来探知自己未来的命运。宣华夫人无法，只好打开，她的手微微发抖，想不到里面竟是一个五彩丝线编成的“同心结”，众人立时惊呼起来。

宣华夫人虽是隋文帝的妃子，但陪伴隋文帝也就几年的事，那萧妃与杨广毕竟共同度过二十二年的时光。论起来，宣华这朵花要鲜丽得多。于是众人聚拢来，纷纷向宣华夫人道贺。

宣华夫人对杨广没有厌恶感，因为宫中都在传说着他的仁孝。令她不解的是，先皇刚刚离世，尸骨未寒，仁孝的杨广怎就打起她的主意。“把我当成什么人？”这显然伤害了宣华夫人的自尊，金枝玉叶的她依然保留着那份高洁，守着那份礼节，她将那锦盒一摔，愤愤地回到了宣华宫。

夜色降临，宣华夫人独坐孤灯，心乱如麻。天上明月依旧，世间人事已非。隋文帝已故，她失去了依托。正自悲伤，这时候，猩红宫灯引导着杨广前来宣华宫。杨广入门之后，也不多言，手臂一夹，像提小鸡一样把宣华夫人夹起，他坐在床沿上，将她放在膝上。宣华夫人顺手给了杨广一掌，她知道这杨广是半个胡人，半个汉人，于是指着他大声问：“杨广，你今晚到这里，行的是汉人之礼，还是胡人之俗？”

杨广捂着脸说：“当然是胡人之俗。”

宣华夫人柳眉倒竖，说：“既是胡人之俗，‘父没则妻后母’，妾身早晚终归是你的。可你也是半个汉人，总得懂点汉人的礼仪，别说三年守丧，也该有个四九之忌吧！如今先皇阴魂尚在，你为何如此迫不及待？”

杨广被她说得恼羞成怒，手臂一压，便将她摁倒在床上，两三下已将她的衣衫撕开，大吼一声：“此事你不懂，你不懂呀！”那是一种歇斯底里的吼叫，接着顺势压上去。杨广装模作样了二十二年，人生能有几个二十二年，这是冒着全盘皆输的风险，拿着青春做赌注的，容易吗？他得把这损失夺回来，他全身三百六十块骨头一齐动了起来。

隔天，杨广就穿上了龙袍，是为隋炀帝，不久萧妃也成了皇后。虽然萧后母仪天下，可杨广却天天驾幸宣华宫。“鸠占鹊巢”，萧后怎咽得下这口气！她找了个机会将宣华夫人贬到隋文帝当年的一座行宫——仙都宫，想断绝她与隋炀帝的来往。

宣华夫人走后，杨广就像失了魂一样，怅然若失，郁郁寡欢，他没有再来找萧后，脾气也越来越暴躁。萧后毫无办法，在那些日子里，青灯红烛之下，陪伴着她的只有父亲萧岿那本《大小乘幽微》。在佛理中她得到了些许慰藉，也许是佛光的普照，有一天，她对隋炀帝说：“臣妾因笃念夫妻之情，才劝陛下遣去宣华夫人，想不到陛下如此眷恋，倒把臣妾看作是不可理喻的妒妇。臣妾欲求亲近反而被疏远，不如传旨，召宣华夫人入宫，朝夕以慰圣怀，臣妾也能分享陛下那欢乐的面孔。”

隋炀帝一听大喜，立马派人前往仙都宫宣召宣华夫人。杨广日也等，夜也等，等来的却是宣华夫人的一阕词——长相思：

红已稀，绿已稀，多谢春风著地吹，残花离上枝。得宠疑，失宠疑，想象为欢能几时，怕添新别离。

隋炀帝看后明白，宣华夫人心中依然顾忌萧皇后，怕再度见疑遭分离。这风流天子也依韵和了一阕词：

雨不稀，露不稀，愿化春风日夕吹，种成千万枝。思何疑，爱何疑，一日为欢十二时，谁能生死离。

这首词感情丰富，恩爱图慕之情跃然纸上，宣华夫人感动了，她难辞隋炀帝的执着之情，只好重施粉黛，再画娥眉，乘坐着派来的七香车再度入宫来。一时里说不尽的男欢女爱，道不完的朝欢暮乐。

自古红颜多薄命，此话不假。半年之后，宣华夫人竟一病不起，隋炀帝伤心欲绝，整天怅然若失，无精打采。萧后劝解道：“宣华虽病，陛下何不再选佳丽，天下之大，难道就没有国色天香了吗？”

于是隋炀帝下诏广征天下美女，又派人营建东都洛阳，先建显仁宫，后修西苑，搜罗海内外奇材异石，佳木珍卉充实其中。

西苑分为十六院：景明院、迎晖院、栖鸾院、晨光院、明霞院、翠华院、文安院、积珍院、影纹院、仪凤院、仁智院、清修院、宝林院、和明院、绮阴院和降阳院。隋炀帝从应征的美女中，选出品貌端妍的十六人，封作四品夫人，分别主持各院，又选出三百二十名美女学习吹弹歌舞，组成乐班，次一等的则分配到各处亭台楼榭充当职役。

此后，隋炀帝是日日新婚、夜夜洞房，把军国大事尽抛脑后。无论萧皇后如何委婉地规劝，没有一点效果。

五

隋朝西苑十六院，一院一院风雨中。繁华的隋王朝就在隋炀帝的醉生梦死中灭亡了。大业十四年（公元 618 年），隋炀帝在江都被他身边的大将宇文化及勒死。这宇文化及本就是北周皇帝宇文氏的族人，杨坚夺取了北周的江山，宇文化及如今也来夺取隋朝的江山。

隋炀帝死时，时年 50 岁。此时的萧后 48 岁，她心如死灰，身如枯井。依照汉制，前王朝灭亡，前朝的后妃可能被杀，也可能沦为官婢——去做乐户或苦工。做乐户，她已过了卖笑的年纪；做苦工，也力不从心了。她唯一能做的就是为自己准备一条白绫。来不及细想多思，她就将白绫往梁上一抛，打了个结，往脖子上一套，双脚一蹬，随大隋王朝去了。她的灵魂悠悠向着地府而去，牛头马面正在路边等着她，一见她，便牵着她上路了。

水迢迢，路遥遥，也不知走了多久，前面是一座桥，桥头上立着一个老媪。“这该是奈何桥吧？”她问。

“没错，的确是奈何桥。”牛头和气地说。

“那老妇是孟婆吧？”萧后又问。

“对，是孟婆。你怎么知道，来过这里吗？”马面问。

“没，没！这地方能随便来的吗?”

“那你为何什么都知道?”牛头马面好奇地问。

萧后见这牛头马面友善，一点不像那凶神恶煞的神差与鬼使，于是说：“当年读过父亲的《大小乘幽微》，那里面有注解。”

说话间她已来到桥头，孟婆端过一碗汤，说：“喝了吧!”

萧后知道这就是孟婆汤，喝了就会忘记生前的一切，了无牵挂地去转世。可这时候她不想喝，她内心有事，怕喝了忘事，她说：“我得先去跟阎君说，下辈子我决不再当皇后，决不再当皇后!”想到做皇后那段时间，她来气了。一把推开那碗汤，汤泼了一地。牛头马面一见，吓得脸发白，不自觉地打起了响鼻。

孟婆来气了，龇牙咧嘴地骂起来，“不喝，不喝也好。想死，想死都不让你死!”说着顺手一推，萧后脚下不稳，一下从奈何桥上跌了下来，她只觉天旋地转，很久都没着地，耳边依然能够听到牛头马面的喷鼻声。

“夫人醒过来啦!”随着一声惊喜的叫喊，萧后睁开了眼睛，大将军宇文化及坐在九龙榻上，她就躺在将军的怀中。面前是一个老媪拿着丝巾拼命地擦着她衣衫上的药汤。“醒过来啦！谢天谢地，夫人一醒，不小心就把药汤推倒了。”老媪解释：“你没醒过来时，将军一直抱着你，已经两天两夜啦，他累啦，刚打一会盹，是呼噜声把你吵醒了吧?”萧后依稀记得，这呼噜声就是牛头马面的喷鼻声。

躺在一个男人的怀中，萧后很不习惯，也不知如何是好，她极力想从宇文化及怀中挣脱出来。宇文化及被她挣醒了，对她说：“夫人，别动，你身子还很虚弱。”说着将她抱得更紧，“夫人，按理我应称您为皇后，可您不想再当皇后，我只能尊重您夫人。”

“将军怎么知道?”萧后好生奇怪。

“您忘啦，送您送到奈何桥的马面就是我，那牛头是我哥哥宇文智及。”

“真的?”萧后更奇怪了，怪不得那牛头马面很和气。

“这还能假？自夫人上吊那一刻，我的魂魄已随您而去，您若是醒不来，我就留在地府保护您，您在那地方也是需要人保护的。”

萧后觉得他的话很有趣，这样的甜言蜜语，她简直欲拒不能，她不再挣扎了，她愿意躺在他怀里再次听他诉说。

“你要尽快好起来，我很快就会称帝。我一登基，你不想当皇后，那你就是淑妃。只有你配这样的封号，虽不是皇后，同样母仪天下。”

萧后只觉心头一热，眼睛湿润了，在她的感觉中，一个亡国的皇后，纵然躲过夺命的一刀，等待着她的命运也就是去做官婢，想不到宇文化及竟能真心相待。淑妃，淑就是善和美，有贤德，这可不是一般人能得到的封号。这个封号对一个亡国的皇后是充分的肯定和最好的慰藉，也是一帖神药，萧后觉得自己的精神恢复了，于是抬起头来看宇文化及。

宇文化及虽是胡人，人倒生得英俊，高高隆起的鼻子，脸盘轮廓分明，棕色的头发，略有胡须。看他的模样，至少比萧后年轻十来岁。萧后的心不由一沉：“将军，妾身已是残花一朵，败柳一枝，上了年纪的人了，蒲柳之姿，又怎配服侍将军。”

“夫人，您可千万不要这样说，您是这天地间最美好的人，只要能见夫人一面，我宇文化及就心满意足了。我即使沦为乞丐，沿街乞讨，也会觉得我是天下最富有的人。我能不能做好这个皇帝，我不知道。可我知道，我对夫人的一片真诚，会给后人留下一些故事的。”宇文化及说着，将萧后放在床上，立起身来，久久地端详着她，动情地说：“夫人，您不老，您这样美丽的人永远不会老。不过，您既然说起老，那也提醒了我，那就让我照顾您多一点吧。”

似幻似真，萧后不知道自己是不是在梦中。宇文化及所说的这些，她在书上没有读过，在生活中没有听过，更没有经历过。小时候嫁人，那是父母说了算，想不到如今冉冉将老的年龄，竟能躺在一个男人的怀里，自由自在地谈情。萧后前半生有过一段简简朴朴的感情生活，后半生竟有这样铭心刻骨的恋爱，作为一个女人，她觉得满足了。

江都四月，窗外春色正浓。春色惹得眼朦胧，她不自觉地伸出双臂，勾住了宇文化及的脖子。宇文化及依照萧后的要求，以天子的规格在江都为隋炀帝举行了葬礼。一切办妥之后，他对萧后说：“夫人，忘记吧，一切不是你的错，要怪就怪那陵墓中人不听夫人的规劝，也不把夫人放在心上。”

繁华隋朝随春去，隋朝名花今后该怎么办？红烛下，萧后眉头深锁，她手捧《大小乘幽微》，想安定一下自己的心，突然间，她的心怦怦跳动起来，书中有一段话跳进了她的眼帘：“婚姻事全在红线，人一降生，红线已经系上，谁也解不开。两家也许天南地北，有着前朝前代世仇；也许是当下血光，将红线染得更加鲜丽。一切由天定，半点不由人。”

萧后起身，点燃了一炷香，朝南跪拜，心中默默祈祷：“父王啊父王，孩儿与宇文化及的事，是孩儿自己坠入情网，与父王无关，与梁朝无关，后世若要怪要骂，那就骂孩儿吧。”萧后不再犹豫，隔天就答应了宇文化及的婚事。

“想通啦?”宇文化及又惊又喜。

萧后自嘲地说：“人穷志短，马瘦毛长。”

隔年，宇文化及在魏县自立为许帝，萧后为淑妃。他们有过一段那个时代帝王少有的恋爱与感情，这段感情萧后一直珍藏在心。“愿此生如此守候，不再异动!”名花在爱情的滋润下更加鲜艳。

宇文化及确实不是当皇帝的料，称帝刚一年，便被窦建德打败身亡。四十九岁的萧后又无可奈何地归属到窦建德的名下。

窦建德是个非常朴实的人，那时候他的军队还处于同甘共苦的阶段,[①]他没有在萧后身上花费太多金银财宝，他已有了妻室曹氏，曹氏依据女人的天性，不让窦建德随意接触萧后。窦建德在攻打宇文化及时打的是忠于大隋的旗号，于是他干脆与萧后行起了君臣之礼。[②] 他派了几个人照顾萧后，不让她吃半点苦。

梅开三度，汉人议论萧后克夫，克死了杨广，又克死了宇文化及。萧后认命，为了不再克夫，她愿意为这支军队，也为窦建德做些事。她仿佛回到了儿时舅父张轲身边，脱下红妆，甩开手脚就干起活来，缝补浆洗，无所不做。没有山珍海味，饥肠辘辘时，她觉得军队中那些简单的饭食就是最好的佳肴。

军旅生活简单枯燥，将士们想不到这样一位美丽的皇后会来到他们身边，为他们做事，他们尊称她为“窦夫人”，陪伴窦夫人的不是窦建德，更多时候是这些粗鲁的士兵，看到他们与她感情不隔，萧后有时候也会感动得眼泪哗哗直流。

生活中虽然不再有宇文化及时期风花雪月的浪漫，萧后却觉得生活得很充实。愁云一旦拂去，柔肠也就不再曲折，该笑的时候她就笑。她的脸变得越来越红润，身体也越来越健康。

六

那时候，西北的突厥族很强大，中原各派政治势力为了得到突厥人的

---

① 《旧唐书》:“建德每平城破阵，所得资财，并散赏诸将，一无所取。又不啖肉，常食唯有菜蔬、脱粟之饭。其妻曹氏不衣纨绮，所使婢妾才十数人。”

② 《旧唐书·窦建德传》:“建德入城，先谒隋萧皇后，与语称臣。”

认可与支持，先后到突厥首都牙庭求得突厥的“五狼纛旗”①。

隋朝宗室义成公主是隋炀帝的妹妹，萧皇后的小姑子，她于开皇十九年（公元599年）和亲嫁到突厥，在那里已生活了二十年，先后成为启民可汗、始毕可汗、处罗可汗三任可汗的后妃②。她听说李渊在长安称帝，又打听到萧皇后的下落，于是派人到河北来迎接她。窦建德显然没有力量与突厥抗衡，只好将萧皇后等交与来使③。

中原战乱频繁，是萧后的伤心地，可是她已逐渐适应了窦建德的军旅生活。走还是留？绝世名花已是五十岁的人了，匆匆春已归去，还能经几番风雨？吸引着她的是塞外的隋朝小王子杨正道、小姑子义成公主。此外，塞北大草原旖旎的风光与不同的礼俗，也许可以使她逃离汉人说三道四的阴影。

该去该留，萧后是无可选择的，她只好出发了，跟随着她的是隋朝的一帮遗老遗少，在他们的思想观念中，只要小王子与萧后在，隋朝就有一丝希望，这丝希望将他们引向了塞北草原。

他们向着草原的纵深走去，晓行夜宿，餐风饮雨，来到了大黑河畔（今内蒙古呼和浩特西9公里处）。时值九月秋凉，遥想此时江南，正是菊花盛开、桂酒飘香的时节。可这里胡天八月即飘雪，草衰花谢，连北风都感到寂寞，哀哀地呼号着。萧后心中正有点悲凉，远远望去竟有一片绿。突厥使者说，那里叫青冢。“这是王昭君之墓，她是好样的！青冢埋香骨，千秋不朽名！”原来这就是昭君墓。“青冢拥黛”包含着多少美丽的故事。薄暮中，萧后就坐在墓的左侧，周围香烟缭绕，随员虔诚地祭拜着昭君。

远处一阵琵琶声隐隐约约传来，声音如泻，萧后的心弦被拨动了。千载琵琶作胡语，分明怨恨曲中论。琵琶声将她带到了遥远的汉代，那时候，匈奴曾统一南北大漠，建立了一个强大的匈奴帝国。匈汉两大帝国搅动着天地风云。王嫱和亲来到匈奴，一个弱女子，在两大帝国的是非曲直中没有被碾碎，竟留下许多千古传颂的美好故事。她想起了《汉书》的记载：“边城晏闭，牛马布野，三世无犬吠之警，黎庶无干戈之役。”想到这里，多年来萧后那凝固冷却的血液似乎流动了起来，一个人到塞外若能有这样的建树，也不枉到人世走一遭，萧后出塞时那忐忑不安的心情似乎平

① 《隋书·列传第四十九》：“隋末乱离，中国人归之者无数，遂大强盛，势陵中夏。迎萧皇后，置于定襄。薛举、窦建德、王世充、刘武周、梁师都、李轨、高开道之徒，虽僭尊号，皆北面称臣，受其可汗之号。使者往来，相望于道也。”

② 义成公主在突厥共生活了三十年，她一生成为四任可汗的妻子，最后一任是颉利可汗。

③ 《隋书》：“突厥处罗可汗遣使迎后于洺州（今河北广平），建德不敢留，遂入于虏庭。”

复了很多。

可转念一想，那书上不也明明记载着：“夷狄野蛮，不知羞耻，不晓人伦，形同禽兽”吗？类似的记载她几乎过目成诵，耳熟能详，她的心又变得紊乱起来。

萧后一时间难辨情，难辨忧，无法判个所以然，所以干脆将这些烦离丢下不管，“土埋半截的人，僵尸一具，爱怎么样就怎么样吧！”横下一条心的萧后渐行渐远，终于来到突厥的牙庭。

迎接他们的是一场规模空前的赛马。突厥人不由分说地将她按在那个只有可汗能坐的尊贵的位置上，左边是小王子杨正道，右边是小姑子义成公主，亲人的环绕，使她觉得不再那么孤独。

“皇后，腾格里！”“腾格里，皇后！”她的面前摆满了鲜花。处罗可汗兴奋得满脸红光，像个年轻小伙子一样也参加了比赛。比赛在一片欢呼声中开始，“嗒嗒嗒嗒！”万马奔腾，山摇地动，扬起的灰尘让天地也为之变色。萧后第一次见识了异域激动人心的赛马活动，不知不觉情绪也被调动起来，加入了呼喊，一直喊到嗓子都哑了。

处罗可汗得了第三名，当天比赛所有的奖品都献到萧后面前，一时堆积如山。见识了突厥人的热情与粗犷，萧后觉得这异域人似乎不像书上所写那样不懂礼仪，也不像传说中那样面目狰狞。她的心有一种莫名的感动。

依据这里的礼俗，尊贵的皇后是不能孤单的，尊贵的皇后也不能下嫁，唯一有资格陪伴她的是处罗可汗，她将成为可汗的后妃，虽然可汗比她年轻很多。得知这一消息，萧后的内心有点战兢，“在汉地已是当祖母的年龄了，麻木的身躯，又怎能服侍好这外域的可汗？”

见萧后因战兢而身躯微微发抖，义成公主走过来坐在她身边，安慰她说：“嫂子，没那么可怕。若真那么可怕，我在这里生活了二十年早被吓死了。再说小姑子我接你来，是为了让嫂子不孤单，不是来吓嫂子的。”说着伸开双臂拥抱着她，又轻轻地拍拍她的后背。萧后捂着脸，良久无语，末了说：“这等事传到中原汉地，不羞死人才怪。”

“嫂子，我来这二十年，如今这处罗可汗是我第三任夫君啦。一任比一任对我好。嫂子，我跟你说，这里的女人可以干政，还可以主政。若在咱们汉地，这就叫‘牝鸡司晨’，国家是要倒霉的。”

“真有这样的事？”萧后觉得不可思议，就像被带到一个镜花水月的世界，这个世界遥不可及。

“嫂子，草原上都在传颂昭君的故事，要是女人没有这权力，能创造那不世的荣业吗?”

萧后一想也对，可汉人都说昭君自尽啦，跳河啦，要多惨有多惨。嗐，柔情曲折处，得有心人一步步去解呀。

夜幕降临了，草原上热闹起来，牙帐前面的开阔地上，篝火熊熊，到处是肉味酒香。歌声一起，天地震动起来。一簇簇人载歌载舞进入了可汗的毡帐，帐篷几乎要被掀翻了。帐中有一副横批：“有缘千里来相会。”字虽写得不十分好，但对萧后来说，在这样的地方见到汉字，格外亲切。

“这是处罗可汗亲自写的。”义成公主说：“这里的汗王都会说汉话，写汉字。”

叽里咕噜的歌唱，萧后一句也没听懂，小王子杨正道在旁边翻译：“美丽的皇后是天上的月亮，月亮的光华照耀着大草原；美丽的皇后是大地芬芳的鲜花，草原从此有了可爱的花园。”

这时候，处罗可汗走过来，向着萧后深深一鞠躬，也唱了起来，义成公主说：“可汗唱的是，来自远方的客人，你是苍穹的太阳，带来了温暖；来自远方的客人，你是天空的月亮，带来了光明！我要在心头筑起一个巢，让你降临到我的心窝窝。”义成公主拉起萧后的手，萧后已经会意，知道这时候她应该做些什么。她礼貌而得体地站起来，也向可汗鞠了一躬，随后伴着他踏歌起舞。气氛活跃起来，他们由帐内跳到了帐外。

外面是节奏欢快、速度疾速的胡旋舞，人们如痴如醉如狂，义成公主告诉萧后说：“这舞来自康居国，康居就是从前的匈奴。”只听弦歌一声，一群胡女双袖一举，立时如转蓬回雪飘摇，左旋右旋不知疲，千匝万周无已时。萧后不知不觉也扭动身躯旋转起来。一曲终了，处罗可汗高喊着将她抱起来，继续踏舞，她的心有点陶醉，仿佛回到了少女的时代。

七

萧后在突厥生活了十年，先后成为处罗可汗和颉利可汗二代可汗的王妃。贞观四年（公元630年），唐朝李靖破突厥，迎回了萧后。

听说萧后就要回来，太宗李世民与他的父亲李渊高兴极了，他们特意为萧后举行了一次盛大的宴会，这是唐朝立国以来最大的盛会。尤其是太上皇李渊，萧后是他的表弟媳，他是从亲戚手中夺得政权的，亲戚自此成了死对头，萧后愿意回来，至少在潜意识中表明了对唐朝的默认，隋唐的恩怨也将逐渐结束。

这一年萧后60岁。当她款款入场时，时年33岁的李世民神采飞扬地迎上去，礼貌地牵着表婶的手，将其引到了他身边的座位上。萧后并不显老，她发髻高耸，云鬓低垂，脸似牡丹，肩上披着一条半透明的丝绢，仪态万方，赢得了一阵阵赞赏的惊呼声。大型乐队奏起了欢迎乐曲，李渊亲自操着琵琶领奏，他激动得摇头晃脑，仿佛年轻了许多。

华灯高照，台上轻歌曼舞，有教坊的国乐舞，也有胡乐胡舞，还有来自民间的百戏杂技。楼前百戏竞争新，唯有长竿妙入神。一个汉子肩顶长竹竿，竿顶上摆着一个假山，假山像蓬莱的方丈仙境，一个小孩和一个妙龄女子在上面钻来钻去，悠然起舞。竿顶上的舞蹈惊心动魄，赢得了一阵阵喝彩声。

桌上堆满山珍海味，天上、水里和陆地上的，应有尽有，有汉人饮食，也有胡人饮食。贞观初年的励治，讲求节俭，这个宴会在当时是超级豪奢，望着那盛大的场面，太宗李世民有一点自豪感，他问身旁的萧后："卿以为眼前场面与隋宫当年相比如何？"

一句话触动了萧后的心思，遥想当年隋宫夜宴，不点灯，廊下悬挂一百二十颗特大的夜明珠，殿前设火焰山数十座，焚烧的是檀香木和香料，将殿中照耀得如同白昼，异香绕梁，如入仙境，一个晚上就要烧掉檀香二百多车，岂是眼下场面可比。萧后不便明说，只是委婉地说："陛下乃新朝的君王，何必要与亡国之君相比呢！"

太宗一听，意味深长地说："表婶，此后可不必再提新朝与亡国之事，那都是过去的事了。表婶此次回来，世民高兴啊！朕准备纳你为昭容。这样，你虽是亡国之后，也是新朝之妃了，人事虽变，山河依旧，自可心情畅快，放眼未来。"

萧后一听，惊得目瞪口呆，自隋炀帝杨广以来，有宇文化及、窦建德、处罗可汗和颉利可汗，她已先经历五任夫君，正应了袁天罡当年那个"五"字，这"十八子"就是李世民了！这就是命吗？让人惶惑的是，萧后后任夫君一任更比一任年轻，李世民也就是三十出头的人，当年他的母亲就是我这年纪。想到这里她对太宗说："陛下，你后宫佳丽无数，妾以老残之躯岂可占有龙体，如果这样，岂不是要落下万世骂名！再说一旦受封，表婶又岂能服侍照顾好陛下呢？"

"表婶，你这就见外啦，以表婶的年纪声望，世民应该安排照顾好表婶，岂有表婶来照顾朕的道理？"

"陛下这样说表婶接受，只是这封号就不必了，不必了。"

太宗见一时说服不了萧后，又怕影响了他人的晚餐，干脆拉起她的手，向着后庭御花园走去。花前月下，乐声若隐若现，似有似无。李世民对着一轮皓月，踌躇满志，他之所以要成就这番婚姻，是因为只要萧后接受了封号，反唐的遗老遗少将作鸟兽散，更何况这又涉及胡汉不同礼俗，事关国体。他对萧后说：“表婶，世民也算是半个汉人，半个胡人，是个胡汉一体的人。自父皇立国以来，朝野多有抱怨‘闺门失礼，辈序紊乱’。以汉人的礼俗，世民我若以甥辈合欢表婶，这就是亵渎伦理的事，这是否是表婶所担忧的?”

萧后点了点头：“陛下知书识礼。”

李世民接着说：“可这汉人有多少少妇一旦失夫再嫁就是失节失贞的事，若终生苦守，这也未免可怜。”一句话正触到萧后的心思，像她这样经历五任丈夫的人，要依汉俗，那就得遭受千人咒万人骂。她在异域已生活了十年，如今若要完全依照汉俗来思考，这残年，岂不是要为从前的“五嫁”受尽心灵的折磨？她的心突然沉重起来，有一种发自灵魂撕心裂肺的痛，她的额上沁出了汗珠。

见萧后摇摇欲坠的样子，李世民伸出了臂膀，揽住了她的肩，语重心长地说：“表婶啊表婶，汉人、胡人说到底都是人，礼俗虽有不同，道理却是一样的。像表婶这样的人，本应是儿孙绕膝，老有所养。可人有悲欢离合，胡俗讲究‘父没则妻后母，兄亡则纳前嫂’，娶也好，纳也好，这就是名分，名分就是责任。表婶要是有了这昭容的名分，那就是一品，世民不在，他们也得照顾好你；要是没这名分，世民在，宫中也会将你发到洗衣房。再说了，你在异域，突厥人都能照顾好你，大唐又岂能委屈了你?”

萧后一听，这确实是非常实际的事，不觉沉吟起来，道；“还是陛下虑事周全。”

太宗一听萧后的语气有所松动，不觉来了劲，“不周全不行呀！世民所以向表婶求这百年好合，表婶想过没有？胡人这礼俗，目的就是为了达到‘国无鳏寡，种类繁炽’。难道汉人就不求‘国无鳏寡，种类繁炽’吗?世民敢冒天下之大不韪，就是要为世人做个榜样，胡俗汉礼皆不可无，也不得互相歧视。”说着携起萧后的手，向着宴会大厅走去。

晚会已是高潮，歌舞班中，垂下两条红绸，一条写着：“萧美娘，萧昭容。”另一条写着：“绝世名花开不败!”欢呼声中，人们见太宗、萧后携手进来，众人纷纷跪下。

“起来，不必拘礼!”太宗一边说，一边携着萧后的手走上台去。他清了清嗓子说：“自今日起，美娘就是昭容。”说着挥手向台下致意，“俗话说，少年夫妻老来伴。朕与昭容已过了少年夫妻之龄，诚为遗憾。未来，朕恐怕也没有太多时间陪伴昭容。但朕有一言在先，百年之后，若昭容先走一步，后事自有朕安排；若朕比昭容先走一步，昭容百年之后，可以隋朝愍皇后，唐朝萧昭容的身份，回到江都炀帝陵寝，陪伴朕的表叔、美娘的先夫。炀帝无道，固已失国，但朕还是不想让他在九泉之下太孤单。”萧后听说，即时下跪，高声呼喊：“皇上英明!”众人也纷纷跪下高喊：“皇上英明，皇上英明!”

李渊笑了，隋唐的宿怨在一片“英明”的欢呼声中消融了。

第二节　李渊的故事

公元566年，长安城中唐国公府门前人来人往，络绎不绝。京师中的达官贵人都到唐国公府来恭贺新生儿李渊诞生的百日之喜。

李渊的母亲孤独氏在唐国公李昞的陪伴下，抱着孩子出来给宾客看，客人欢呼起来。这小孩胸前有三个乳头，与众不同。一位深懂医理的大夫心想：“这小孩有三个乳头，这是返祖的现象。”他正想开言作出解释，身旁一位同僚抢先开了口说：“三个乳头可不是寻常人，古来帝王将相生来都不同寻常人，这孩子将来必有一番大作为!”

“名字也起得好，渊，深渊藏龙，终将跃起，典出《易经》，非同小可。”几杯酒下肚，众人都拣着好听的话说。

相传李渊家是汉代飞将军李广的后裔，依据族谱算起来，李渊是李广的第二十代孙。李家是关陇的世家望族，[①] 李渊的祖父李虎因为帮助宇文泰建立北周有功，被封为柱国，赐姓大野氏，死后追封为唐国公。

李渊作为李广的后裔，这一段历史假假真真、真真假假。那时候西北有个部族叫做黠戛斯，属于古坚昆国。这一族的人赤发、白面、绿眼睛，属于白种人，其中有些黑发黑眼，据说就是李陵的后代。

李陵是汉代飞将军李广的孙子，汉武帝时期，曾以五千精兵深入草原大漠，对抗匈奴十万骑兵，在接连打了几次胜仗之后，终因寡不敌众被捕，归顺了匈奴。到了唐代这一族与李唐王朝认了宗亲，但李陵的后代早

---

① 据陈寅恪先生考证，李唐先世若不是赵郡李氏的“破落户”，就是赵郡李氏之“冒牌货”，直到宇文泰入关后，才改为陇西望族。

已经胡化了。

李渊的外祖父叫独孤信，母亲独孤氏是独孤信的第四个女儿。独孤是匈奴人的姓（一说鲜卑拓跋族），独孤信出生在武川镇（今内蒙古武川西南），原是匈奴的后裔，属于南单于的嫡系后代，生活在浩瀚的草原与大漠的北面。魏晋南北朝时期，独孤信先后在北魏、西魏、北周为官，颇有政绩。李渊的祖父胡姓是大野氏，作为胡化了的李氏家族与独孤氏联姻的后代，李渊身上更多的是胡人的血统。

无论是李氏还是独孤氏，他们都是那个时代的乱世英雄，并成为那个时代的高门大族。在南北朝的九品中正制之下，一条金色的大道铺在李渊的面前。李渊 7 岁的时候，父亲因病去世，幼小的李渊便承袭了唐国公的爵位，承担起李家兴旺发达的担子。

李渊长大后，行了加冠礼，不久也就到了该婚配的年纪。南北朝时期的联姻讲究的是门第，注重的是门当户对，尽量攀高结贵，将权势发挥到极致。李渊得知窦毅有个女儿，不但生得端庄秀丽，而且才智过人，于是亲自前去求亲。

窦毅，汉姓窦，本姓纥豆陵氏，其先祖源于西北少数民族，祖上在北魏、北周均为高官，窦家在当时是一等望族。窦毅娶北周武帝宇文邕的姐姐襄阳长公主为妻，官至上柱国，被封为神武公，隋朝时任定州总管。

窦毅的女儿以一头秀发闻名于世，相传出世时已是秀发垂肩，三岁的时候发与身齐。因为她是北周武帝宇文邕的外甥女，北周武帝很喜欢她，从小将其养在宫里，因而她受到了很好的教育。

窦女聪颖过人，知书达理。那时候，北周武帝宇文邕纳突厥阿史那氏为皇后，但阿史那氏却得不到宠爱，心常戚戚凄凄。窦女认为这样会伤害北周与突厥的关系。有一次她平心静气地对北周武帝说："如今北周与齐、陈三足鼎立，愿舅舅能以天下苍生为念，去疼爱安慰皇后，这样我们就会得到突厥的支持和援助，抵制齐、陈的侵扰。"

北周武帝一听，心头不觉一震："你小小年纪，话说得一针见血，入情入理，又入木三分，长大了一定不简单。"从此以后，他改变了对皇后的态度。

开皇元年（公元 581 年），杨坚废掉北周静帝，自立为皇帝，建立了隋朝。窦女一听，义愤填膺，跪倒在床前哭泣说："恨我不是男儿，以救舅父亡国之难。"窦毅吓得脸都发白了，用手捂住女儿的嘴说："你可不要乱说，说出去会惹来杀身之祸的。"但看见女儿那淡定的神情，窦毅很佩服女儿的胆识，他对妻子说："女儿美貌过人，有胆有识，可不是一般人，一定要为她找到合适的人家。”

于是窦毅让人在大厅的门屏上画上两只孔雀，前来求婚的人发给两支箭，射中孔雀两只眼睛者才能踏进大厅求婚。求婚者络绎不绝，遗憾的是一连三年，竟未有一个人有资格踏入大厅。眼看着女儿已如一朵盛开的鲜花，花开之后就是花谢，窦毅夫妻也有点焦急起来。

秋风送爽，这是一个黄道吉日。李渊来了，管家通报之后，客气地说：“我家老爷有请李公子。”李渊跟着管家走进大厅，说明来意。窦毅捋捋胡子，微微一笑说：“久闻公子是汉代飞将军李广的后裔，当年飞将军的箭法曾使匈奴闻风丧胆，公子能否也让老夫见识一下？”

李渊爽快地说：“小侄愿意献丑，但不知要射何物？”

“就射门屏上孔雀的眼睛吧。”

李渊气沉丹田，轻舒猿臂，连发两箭，一箭中左眼，一箭中右眼，窦毅夫妇连声喝彩，十分满意。这时候，窦女已从厢房走出，但见她修长的身体如风中杨柳，两只眼睛特别有神。当李渊的目光与窦女的目光相遇时，两人都觉得有点晕眩。

婚后，窦氏为李渊先后生了四个儿子一个女儿，长子李建成，次子李世民，三子李元霸，四子李元吉。

第三节　太宗李世民

公元602年十二月二十二，唐国公李渊下朝归来，刚到府门前，步出轿门，一位相面先生拦住他说：“国公的命大贵，府中当有贵子，愿为贵公子相面如何？”李渊抬头一看，面前这先生手握一旗幡，上面写着“半仙”二字，又见他三捋长须飘然，斯斯文文，便让他进府中来。刚步入大厅，四岁的次子雀跃而来，大声说：“爹爹回来啦！”

先生细细一看，惊喜地说：“这位公子龙凤之姿，天日之表，年将二十，定能济世安民。”说着，再三恭喜。

李渊一听，低头一想：“济世安民，也好，那就给他取名‘世民’吧，只是天下纷纷，我倒希望他世世为民，图个太平安乐。”说着让人给了相面先生一锭银子。

先生刚走了有一炷香的时间，李渊一想不妙，若是先生将这话传出去，岂不招来灭族之祸！于是，他将府中家人召来，要他们迅速去把这先生找回来。但是家人分头行动，找遍了长安城，也找不到这算命先生。李渊愈加好奇。

李世民少年的时候，正是隋朝的太平盛世，“天下大同”，“朝野欢娱”，幼年的李世民过着锦衣玉食的生活。

李渊与隋炀帝杨广是姨表兄弟，论辈分，李世民该称隋炀帝为表叔。李世民8岁那年，杨广杀死父亲隋文帝杨坚，自立为帝，是为隋炀帝。隋炀帝昏庸无道，国家陷入深重的灾难之中，政局日益不可收拾。

李世民就在这动乱的岁月中不知不觉到了谈婚论嫁的年龄。他的岳父是长孙晟（音成），妻子是长孙氏，长孙氏的哥哥叫长孙无忌。长孙氏的祖先姓拓跋，鲜卑族人，是北魏王朝的宗室，只因家族功劳最多，又是宗室的长房，故改姓“长孙”。

长孙氏13岁那年，李世民刚好17岁，二人成了婚。婚后，长孙氏成了历史上著名的贤后，长孙无忌也一直是太宗皇帝依靠的重臣。长孙皇后为太宗生了三个儿子，分别是长子李承乾、四子李泰、九子李治。

李家自李虎、李渊到李世民，三代分别与胡人独孤氏、纥豆陵氏和长孙氏通婚，到了李世民这一代，身上胡人的血统已经多于汉人血统。青年时期的李世民一表人才，浓重的眉毛上扬，胡须上翘，头发、须子、鬓毛都呈黄色，有着细绒绒的胸毛，眼睛也呈黄色。人们一看李世民的样子，都认为他相貌魁伟，非等闲之辈，青年时期的李世民的确胸怀大志，潜图义举，他礼贤下士，倾家财养门客，强盗大侠没有不拼死为其效劳的。

随着兄弟建成、元吉的长大，这三人身上的狼血开始涌动起来，新兴的李唐王朝面临着一场血腥的权力争夺。

第四节　玄武门之变

一

公元618年，李渊废隋恭帝，建立唐朝，是为唐高祖。经过七年的统一战争，先后历六大战役，唐朝逐渐巩固了政权。随着全国的统一，李世民成为建唐的最大功臣，被封为秦王，身兼尚书令、右翊大将军，他的地位很特殊，对太子李建成构成了直接的威胁。

李世民先后平定了刘武周、窦建德、王世充，收编了他们的兵将，实力大增。唐武德四年（公元621年）七月，当他返回长安的时候，身后跟随着二十五员大将，有尉迟敬德、秦叔宝、程知节、屈突通、张士贵、薛万彻、张公瑾、李君羡、田留安、戴胄等，铁骑万匹，首尾不相望，前后军乐鼓吹，气势宏大。

李世民位居尚书令，已经无法再加封了，李渊只好给他旌表荣誉衔，“加号天策上将，陕东道大行台，位在王公上”。这天策上将虽是荣誉衔，天策府却可以置属官，计有长史、司马各一人，从事中郎二人、军咨祭酒二人，典签四人，主簿二人，寻事二人，记事参军事二人，功、仓、兵、骑、铠、士六曹军各二人，参军事六人。这就形成了一个军事顾问决策机构。

李世民又设立“文学馆”，收罗四方学士，门下汇聚了著名的“十八学士”——杜如晦、房玄龄、于志宁、苏世长、薛收、褚亮、姚思廉、陆德明、孔颖达、李玄道、李守素、虞世南、蔡允恭、颜相时、许敬宗、薛元敬、苏勗（音绪）、盖文达。这些人构成了李世民政治上的顾问决策机构。

天策府与文学馆这两个军事与政治上的顾问决策机构，都服从李世民一人的指挥，为他效力。李世民的命令很快就能贯彻下去，但唐高祖李渊的圣旨有时候却可以置之不理。李渊曾对臣下发牢骚说：“世民这孩子领兵已久，在外专制，为读书郎所教，现在不是我从前的孩子了。”今非昔比，李世民确实已经不安于原先的地位了，不臣之心已经很明显。大臣封德彝也说：“秦王恃有大功，不愿再屈居太子之下了。”争夺皇位继承权变得白热化了。

太子李建成也积极网罗人才，有东宫洗马魏征、太子中允王珪、左卫率韦挺、庆州都督杨文斡。李元吉也有大将罗艺、“齐王府文学”张胤。这些人都很有才干。高祖武德年间主要执政大臣裴寂也支持太子。太子李建成因为是名正言顺的接班人，后宫嫔妃也多愿意结交他。她们认为，太子建成慈爱，一旦他即位，她们都能活下来；一旦李世民得志，她们全都活不下来。

明争暗斗、互挖墙脚的策反开始了。太子李建成认为，李世民的智略之士中，最可怕是房玄龄、杜如晦，于是他到李渊面前揭发二人，并将房、杜二人逐出了秦王府，让他们各自回归自己的老家，不准私下会见秦王李世民。

在李世民的心腹猛将中，建成、元吉最怕的是尉迟敬德。尉迟敬德力大无穷，善使槊，也善避对方的槊。有一次，李元吉与尉迟敬德比槊。尉迟敬德让元吉拿着一把有刃的槊，自己则将槊头卸下，只剩一支柄。元吉使尽浑身解数，迅速地向尉迟敬德刺来，尉迟敬德敏捷异常，连连闪避。李元吉看准一个破绽，一槊狠狠刺去，尉迟敬德用手接住，用力一扯，把槊夺了过来，又还给元吉，元吉惭愧而退。此后元吉很畏忌尉迟敬德。

为了巩固太子的地位，元吉劝建成交结尉迟敬德。于是建成让人拉了一车金银宝器，赠送给尉迟敬德。尉迟敬德推辞说："敬德出身低微，幸得秦王提拔，若私许殿下，便是对秦王怀有二心，循利弃忠，这样的人，对殿下有什么好处？"建成只好收回赠礼。尉迟敬德将此事告知李世民，世民很感动，说："将军心如山岳，岂是重金所能移动？但此后恐怕要注意安全了。"

不久，尉迟敬德果然发现有刺客在府门口张望。当天夜里，尉迟敬德干脆洞开府门、房门，安卧在床，灯火通明。长槊就放在床前，刺客前来，见此情形，知道自己并非其对手，只好悻悻而去。

这一时期，李世民经过多方活动，收买了东宫太子建成手下的将领常何、王志，为玄武门政变奠定了基础。

二

武德九年（公元 626 年），有突厥兵数万由河套过黄河来犯，太子李建民推荐元吉领兵前往御敌。出发前，元吉向父皇李渊请求，抽调秦王府中尉迟敬德等一批精兵强将，补充军队，李渊一听，立刻应允。

建成高兴地对元吉说："你已经得到了秦王的精兵猛将，我身边有数万兵将，何患事情不成？大军出发之前，我将与秦王在昆明池相见，并在那里设宴，令壮士将秦王毒死在幕下，这样没有外伤，对外就说秦王暴病而死。父皇谅必相信。那时候，我将让人劝说父皇，将国事交给我主管。尉迟敬德已经到了你的手下，应该将他们都坑杀了，看他们谁敢不服？"眼看一场屠杀就要发生了。太子建成手下的率更丞王志前去向秦王告密，原来王志早已被李世民收买，可建成却蒙在鼓里。

这时候，李渊又想把秦王府猛将程知节（程咬金）调到康州去做刺史。程咬金知道这是釜底抽薪之计，抗命不去，又来告诉李世民，说："大王的手脚已经被他们一只只卸下来了，身体也就很快完蛋。我之所以抗旨不去，就是来催大王疾速拿定主意。"

事情紧急，李世民迅速与长孙无忌、高士廉、尉迟敬德、侯君集、张公瑾等商量。大家都觉得，箭在弦上，势在必发，唯有先下手为强，不能犹豫了。若再犹豫，他们宁愿离开秦王府，另谋他就，也不愿坐以待毙。

尉迟敬德也高声大喊："大王如果处事犹豫，那是不智；若临难不决，那是不勇。大王平日蓄养的八百勇士已从各地到来，正披战甲执兵器等候命令，岂可作罢！"

于是李世民令左右占卜此事的凶吉。这时候，张公瑾从外面进来，见此情形，一手抓起龟甲，摔在地下，一手拿过蓍草折断，愤愤然说："事情到了这个地步，还占卜干什么？如果卜出来是不吉，难道就不干啦？"

于是李世民令长孙无忌去召房玄龄、杜如晦共商大计。房玄龄不知李世民是否下定决心，对长孙无忌说："天子已敕令我等不得再替秦王效命，如果私下觐见，依法必诛，不敢从命。"李世民接报，勃然大怒，拔出佩刀，交与尉迟敬德，说："公可持此刀前去，如果二人无来意，带他们的人头回来见我。"

尉迟敬德与长孙无忌来找房、杜二人，告知秦王已下定决心，要二人速入秦王府。于是房、杜二人乔装成道士的模样，绕道前来。当天夜里他们一起商讨。那是一个多雨的夏天，雨如泪，风如梦。既然李渊护着太子，山不就我，我得就山。一不做，二不休，将他们一锅端。这一天是武德九年（公元626年）六月初二。

六月初三，李世民入朝。太史令傅奕向高祖密奏，太白星再次现于秦野，秦王当有天下。正好世民来朝见，李渊将密奏出示给李世民。李世民一看，大惊失色，跌坐在地，汗水汩汩流出来，脸色如死灰一样。望着父亲那张威严而又慈祥的脸，李世民心想，依据父皇春秋，至少还能再做十年天子。我虽有天命，可这天命的迹象出现在现在，不明摆着要夺父皇的位置吗？怎么昨晚商量的事情，老天就显示出来。父皇出示这封密奏，这不明摆着要我自尽吗？李世民跪倒在地不敢起来。

李渊见世民汗流如注，就扶起了他。又问："世民，怎么啦？满头大汗？"世民从父皇的眼神中看出，父皇没有杀他之意，心情略为安定下来。他擦了擦汗，抬起头来说："父皇，孩儿有事密奏。"于是密陈李建成、元吉淫乱后宫，李渊一听大惊，说："有此等事？"

李世民说："儿臣扪心自问，未有丝毫对不起兄弟的事，可是他们二人偏要加害我，说是要为王世充、窦建德报仇。儿臣如果枉死，永远离开了父皇，本就可悲。若魂归地下，也耻见世充、建德诸贼。"说着竟呜呜地哭起来。

李渊听罢，更加愕然，说：“我明日就勘问他们，你应当出来参奏他们。只是这后宫淫乱之事，家丑不可外扬，该怎么说，说到什么程度，你自己把握。”他决定让他们兄弟对质，再让众大臣来判断是非曲直。①

李世民回去以后，立即作了布置。

六月初四拂晓，李建成与元吉已经接到内宫密报，得知了李世民昨日密报的情形。元吉对建成说：“今日入朝，恐怕有变，不如托病不去为好。”

建成说：“我们内有嫔妃，外有甲兵，谅秦王也无计可施。不去，明摆着我们心虚，入朝还可探听到些消息。”

这时候，太祖已经上朝，一应大臣也已入朝，就等着建成、世民与元吉三兄弟前来。

三

李建成与李元吉并辔向玄武门方向走来。让李建成放心的是，玄武门这个重要的地点，守卫的将军是自己人——常何。但他做梦也没有想到，常何已经被秦王收买了。

玄武门前静得出奇，突然间一阵响动，只闻其声，不见人影。二人发现情况异常，勒转马头就跑。这时候，李世民在后面追来，一边追，一边喊：“大哥、四弟，我们一起去上朝吧。”建成、元吉哪敢停下来，他们亡命地飞奔。这时候，李世民的伏兵出现了，他们全副武装一齐扑了过来。建成与元吉虽然也料到兄弟间会有一场生死决斗，但他们没想到来得这么突然，犹如从天而降。按理应该是他们收拾李世民，怎么他们倒成了瓮中之鳖、囊中之物。天潢贵胄在追兵的追赶下，一时竟如丧家之犬。

慌乱中，李元吉摘下弓，弯弓搭箭，向李世民射去，但他太紧张了，一连三箭，都没能把弓拉满，箭到半途就飘落在地。② 人人都说元吉是神箭手，三箭竟没能把李世民射倒，怪天还是怪他自己？平时心狠手辣的李元吉这时候突然意识到，他手中的箭是对着自己的二哥，那是自己的手足兄弟啊，他只想把二哥吓跑，或者射倒他的马。

---

① 《旧唐书·李建成传》：“六月三日，（李世民）密奏建成、元吉淫乱后宫……高祖省之愕然，报曰：‘明日当勘问，汝宜早参。’”

② 《资治通鉴》第一百九十一卷载：“建成、元吉至临湖殿，觉变，即跋马东归宫府。世民从而呼之，元吉张弓射世民，再三不彀，世民射建成，杀之。尉迟敬德将七十骑继至，左右射元吉坠马。世民马逸入林下，为木枝所挂，坠不能起。元吉遽至，夺弓将扼之，敬德跃马叱之。元吉步欲趣武德殿，敬德追射，杀之。”

建成见世民来势凶猛，大限到来的他这时候头脑特别清醒。武德六年（公元623年），元吉就一再告诉他要除去秦王。有一次，李世民和父皇一起到齐王府，元吉已布置了刺客来刺杀李世民，建成因为李世民与父皇一起来，怕惊动了父亲，便制止了元吉。事后，元吉生气地说："你是太子，我这是为兄长着想，对我元吉本人又有什么？"建成想，早知今日当初就应该让元吉把世民杀了。"二弟是个把江山社稷放在第一位的人，为此，他可以六亲不认。"说时迟，那时快，这时候，李世民一支追魂夺命的箭已将他射下马来。他的思路凝定在"六亲不认"四个字上。

李世民的箭不是一般的箭，一尾三羽，箭杆又长又大，特别有劲，曾使战场上的敌人闻风丧胆，如今竟让自己的哥哥来尝这箭的威力。建成倒地不久，瞳孔就散了。

元吉见哥哥倒地，更加心慌意乱，策马狂奔，尉迟敬德率领的人马围了过来，他们张弓射来。元吉只能用弓飞快地将箭拨开，终归无法全部避过，左膀还是中了一箭。元吉翻身落马，还没着地，已跃身站定，他一下就将膀上的箭拔下，搭上弓，大吼一声："谁来送死？"说着一箭就将前面一个士兵射了个穿心透。众人一见，大吃一惊，元吉受了伤，还有如此神力。

趁这机会，元吉拼命逃进附近一片小树林。李世民岂肯放过，亲自纵马冲进树林。马跑得急，李世民的衣服一下被树枝挂住，从马上栽了下来。元吉转回头来与世民厮打，这是一场兄弟间的生死博弈，一场拿生命做赌注的比赛，不管谁赢了，奖品都将是整个江山社稷。元吉挥起手中的弓，向世民打过来，世民用手中的弓一挡。世民的弓大，元吉伤不了他，但世民的战甲被树杈挂住，力量无法施展。元吉干脆将手中的弓扔掉，扑上来抢世民的弓，[①] 很快元吉就占了优势，他两只手各握着弓的一端，用弓弦死死地勒住世民的脖子，将他紧紧地按在树身上。世民的脸变白、变青、变红，马上就会变紫、变黑。这时候的元吉完全占据了优势，只要他牢牢控制住世民，世民的手下就不敢朝他放箭。只要世民一死，那尉迟敬德也不敢杀了他，他必须为李氏江山留下继承人。

透不过气的李世民拼命用脚踢元吉，但力量不够，始终踢不到，元吉将整个身体压在他的身上，那弓弦已经勒得世民脖子流血了。元吉自小喜

---

① 《旧唐书·列传第十八》："建成既死，敬德领七十骑蹑踵继至，元吉走马东奔，左右射之坠马。太宗所乘马又逸于林下，横被所繣，坠不能兴。元吉遽来夺弓，垂欲相扼，敬德跃马叱之，于是步走，欲归武德殿，敬德奔逐射杀之。"

欢树林，那还是山西太原唐国公府，府后面也有这样一片小树林，那时候，他们兄弟几个经常在小树林里玩，他和大哥、二哥，还有三哥李元霸，兄弟间是那样亲密。如今，大哥死在这树林的外头，就为了坐这江山？

世民已经透不过气，脸开始发紫，元吉的内心一震，又一个哥哥死了！他的脸上有一丝狞笑："坐你的江山去吧"。

"元吉小子，休要伤害我主！"一声叱喝犹如惊雷。元吉松开手向树林外面跑去，出了树林，不远处就是东宫和武德殿，武德殿正是李元吉居住的地方。东宫和武德殿前静悄悄的。"人呢？人都到哪去了？"玄武门那边杀声震天动地，他明白人马都到玄武门去了。他转身刚想奔赴玄武门，尉迟敬德已经奔过来，一箭将他射了个正着，他的头被割了下来，血淋淋的挂在马头上。

尉迟敬德的人马冲进了齐王府，昨天是齐王元吉小儿子李承度的生日。太子李建成的五个儿子和李世民的长子李承乾都来了，高祖特许他们在齐王府住一夜。尉迟敬德的人马冲进来的时候，建成的五个儿子和元吉的五个儿子还没起床，被堵个正着。尉迟敬德拔出腰刀，一刀下去就是两个人头，人头装了一箩筐，只有承乾躲得快，才幸免于难，但也被吓傻了。

四

太子东宫的翊（音意）卫将军冯立，得知太子已死，长叹一声："人怎能生受其恩死逃其难？当为太子报仇！"他高声一喊，与副护军薛万彻和谢叔方率领东宫、齐王府精兵二千飞驰玄武门。张公瑾见这情形，立即关闭宫门。冯立、薛万彻久攻不下①，于是冯立领着一队人马朝秦王府飞驰而去。

尉迟敬德取了建成、元吉以及众皇孙的首级，朝大殿疾奔而来，高祖与一班朝臣正在大殿上焦急地等着太子三兄弟前来。不知他们是不愿前来，还是互相回避，正等得有些着急，只见一位皮肤黝黑的大将手持长槊，槊上挂着两个人头，匆匆而来。高祖大喊一声："来者何人？"

黑大将倒身下拜："臣乃秦王府尉迟恭。"

---

① 《旧唐书·列传第十八》："六月四日，公谨与长孙无忌等九人伏于玄武门以俟变。及斩建成、元吉，其党来攻玄武门，兵锋甚盛。公谨有勇力，独闭门以拒之。"

“来此做什么？”高祖问。

“秦王因太子、齐王作乱，起兵诛逆，恐惊动陛下，特派尉迟恭前来护驾。”尉迟敬德答道。

“太子、齐王现在何处？”高祖问。

“已经授首。”尉迟恭说着将槊头上两个首级晃了晃。

众大臣惊叫起来：“人头搬家啦？”

“来人！”高祖一看情形不对，大喊一声，话音刚落，立即昏了过去。侍卫冲了进来，见尉迟敬德手持长槊，不敢贸然上前。尉迟敬德也大喊一声：“来人，护驾，将皇上和众位大人请到临湖殿。”秦王府兵将一拥而入，不由分说，将一班人押往临湖殿。尉迟敬德是个粗中有细的人，他知道在朝殿上，他一个秦王府的家将没位置，没发言权，要想得到皇上的诏书，就必须把他们的威风打下来不可。

来到湖边，他让人抬来那一箩筐首级，丢出一个，就有人报上死者姓命。“安陆王李承道，河东王李承德，武安王李承训，汝南王李承明，钜鹿王李承义，梁郡王李承业，渔阳王李承鸾，普安王李承奖，江夏王李承裕，义阳王李承度。”众人一见那些血淋淋的小皇孙的人头，许多人早已吓得瘫倒在地。

尉迟敬德命人将高祖李渊搀扶上湖中的一只小舟，又让裴寂、萧瑀和陈叔达一起上舟。裴寂是太子的支持者，知道这时候情形对自己很不利，于是默默不语。萧瑀和陈叔达是李世民的支持者，他们说：“建成与元吉本来就没有举兵反隋的谋略，又没有为打天下立下功劳。他们嫉妒秦王功劳大、威望高，便一起策划谋害秦王。现在，秦王已经声讨并诛杀了他们，秦王既已内外归心，陛下如果趁此机会，立他为太子，将国家大事委托于他，就不会再生事端了。”高祖知道世民能够干出杀兄弑弟的事情来，也就能够干出逼父逊位的事件，只好顺水推舟地说：“好吧！好吧！这正是我素来的心愿啊。”

尉迟敬德听说，立时接口说：“陛下既然愿意立秦王为太子，请速降敕令，前面战事还未平靖，令诸军并受秦王节制。”

于是高祖令宇文士及拟诏书，尉迟敬德接诏，飞速赶往前头去了。

玄武门鏖战急，守将敬君弘与吕世衡已经战死。东宫、齐王府将士觉得，杀了这两位将领，多少可以告慰一下太子，于是他们又冲着秦王府而去。

秦王府危在旦夕，李世民的正妃长孙氏亲自督战，鼓励慰问战士。长孙氏的舅舅高士廉也让吏卒释放所有囚犯，让他们统统穿上战甲，与李世民一起抵抗。王府大门已被砸得稀巴烂，尸首狼藉，血流遍地。

正在此时，尉迟敬德飞马而来，圜眼圆睁，大喊一声："众等看看这两个首级是何人?"众人一看，槊头上悬挂的是李建成、李元吉的头颅。尉迟敬德又高声喊："今奉诏除此二人。尔等快快解散，免受死罪，若负隅反抗，与二人同罪!"

众人一听"奉诏"二字，斗志已失，开始散伙。薛万彻禁止不住，带着几十人逃往终南山，冯立也逃到荒野中去了。

李世民奉诏来见高祖，时值炎夏，高祖遭此突变，虚脱晕厥，大汗淋漓不止，侍女用丝巾不断地为他擦汗，但依然止不住汗，高祖干脆将外衣脱了，口中大喊："想不到今日竟有此变!"

李世民见到父亲，立即跪倒在地，号啕大哭，他昂起头来让父亲看脖子上被勒的伤痕，李渊一看，痛骂起来："建成、元吉胆敢作乱，死有余辜！是非公道，自在人心！是非公道，自在人心啊!"世民扑上前去，紧紧抱着父亲，哀哀哭喊："父皇，你失儿子世民失手足啊！父皇，为国节哀吧!"说着用嘴吮着父亲的乳头。[1] 父子二人抱头痛哭。

五

玄武门事变之后，李世民被立为皇太子，八月，高祖李渊下达诏书，宣布退位，传位给太子李世民。此后，李渊便做了一个不管事的太上皇。

甲子日，李世民在东宫显德殿即位，大赦天下，改元贞观。忙了一天，李世民疲劳地归来。薄暮时分，世民刚踏进寝室，就看见一群孩子在里面玩闹。"二叔，恭喜你做了皇帝!""二伯，恭喜你!"

太宗已有两个多月没有见到这群孩子，高高兴兴地来亲近他们，突然间，"嘭"的一声，他的头撞到了柱子上。长孙氏到来，只听里面一阵忙乱，长孙氏踏进寝室一看，只见太宗倒在地上，撞得鼻青脸肿。

当晚，太宗没有用膳就睡了。半夜，长孙氏被一阵叫声惊醒，她睁开眼睛，只见太宗抱着床脚，哀求地叫："四弟啊，四弟，你去吧，放心去吧，二哥以后一定好好善待弟妹杨妃，二哥一定想办法让你不会绝后，二哥我把孩子过继给你就是。你放心去吧!"长孙氏一看，急忙把太宗扶上床，只见他失魂落魄，神色黯然。

---

① 这是胡人的一种礼节习惯，表示亲热。

一连多天，太宗府里总是夜间闹鬼，府门关得好好的，太宗老是抱怨府门没关。长孙氏无法，只好与哥哥长孙无忌商量，他们觉得，李元吉就怕尉迟敬德，于是就让尉迟敬德前来为太宗守卫府门。尉迟敬德一人觉得太孤单，后来又加派了秦琼。一个月后，太宗的情绪渐渐安定下来。秦琼、尉迟恭就这样一年年给太宗守着府门。后来，他俩渐渐老了，长孙氏让人将他们二人的像画在府门上，太宗也册封他们为门神。民间大户人家也效法宫廷的做法，让秦琼、尉迟恭当了千家万户的守门神。

第五节 唐太宗与杨氏妃

一、

玄武门之变中，李世民杀死了自己的弟弟齐王李元吉和他的儿子，只有李元吉的妻子杨氏幸存了下来。

杨氏，中原巩县人，出生于书香门第。杨氏自幼聪明好学，有着一副好嗓子，弹得一手好琵琶，作得诗也画得画。她 14 岁入宫，不久便成了齐王李元吉的正妃。李元吉死的时候，杨氏年方 24 岁，正是桃花初绽、杨柳飘烟的美好时节，在唐室的王妃中，杨氏一直是艳压群芳、出类拔萃的。

自从失去丈夫和爱子之后，杨妃痛不欲生，终日以泪洗面。这一日，杨妃来到李世民的正妃长孙夫人宫中，二人正在闲聊，李世民不期而至。突然间，杨妃对着李世民，双膝跪下，自请说：“我的命苦，如今丈夫与孩子已死，人世间举目无亲，活着已无意义，与其日日受着精神的折磨，不如死了一了百了，请殿下赐我随丈夫和儿子同归冥府吧。”说着涕泪涟涟，泣不成声。

李世民早就听闻齐王妃美艳绝伦，如今见她跪在地上，泪眼婆娑，楚楚动人，慌忙上前说：“王妃不必过分悲伤，齐王谋反，自取灭亡，与你无关。我李世民在世一日，就会保护你一日。生死与共，休戚相关。请你务必相信。你若嫌寂寞惊怕，不如移居东宫，你嫂子也好有个伴。好在你们妯娌之间历来无嫌隙，彼此相安度日，也免了我的担心。”说着上前将杨氏搀起。

杨妃慢慢站起身来，心中揣想，我一个罪妇，能在你的屠刀下偷生已是万幸，你还能与我生死与共，休戚相关？岂不奇哉！但当她的眼睛触到太宗的眼神时，那神情是真诚的，杨氏不觉浑身一震，难以自持。长孙氏平日宽容大度，如今见失势的杨氏犹如折了翅膀的鸟一样，很是可怜。弟妇失夫，兄长、妯娌相帮，这是礼俗与责任，因而便一口答应下来。

不久，李世民就登基做了皇帝，他亲自为杨氏选了一处“别院”，一有空就来陪伴杨氏，开始俩人还讲究一点男女之间的礼节，后来就耳鬓厮磨，两情依依缱绻缠绵起来。

从内心深处，李世民深深地爱着杨氏，同她在一起，他感到一种从未有过的欢悦，“一日不见，如隔三秋”。在他众多的妃子中，像这样刻骨铭心的感情，平生以来还是第一次，就连在贤惠的正妃长孙氏那里也从未感受到。

杨氏对李世民的关爱也已心领神会，平心而论，李元吉虽然神勇，却是一介武夫，而李世民的仪表与韬略，则无与伦比。他那情感犹如脉脉春山，依依秋水。她第一次体会到什么叫做温暖、尊重与情爱，这情感是崭新的，她也特别珍惜。

杨氏重感情但又是理智的。她虽然钟情于李世民，但是愈是爱着他，就愈是设身处地地为他着想，她是李世民的政敌李元吉的正妃，又是他的弟妇。依据唐制，像她这样“夫死子殁”的女人可以再嫁。但她却万万不能嫁给李世民，一旦他娶了她，哥哥娶弟妇，那可是“渎伦”的罪过，他会因此在史籍中留下千古的骂名，一旦他挨骂，首当其冲的就是她杨氏，她也会成为千夫所指。凭着这一点，她时时提醒自己，在她人生低谷之时，有这样一份情感，已是极大的慰藉，她会将此铭刻在心，但是感情却只能到此为止，不能再发展下去。

李世民对于杨氏的情感也特别尊重，他弄不清她为何如此？平心而论，后宫佳丽，哪一个不是将“侍寝承欢”当做女人的头等大事，可她为何欲拒还迎？李世民抑制着自己的情感，心想，只有时间才能见证情感的真实。那时候，北部中国胡汉通婚，胡人讲究实际，女人应该是健康高大，能生儿育女，经得起生育的痛苦与折腾。因此，“美在丰满高大”蔚成风气，也传到唐宫中来。李世民也受这种风气的影响与熏陶。可是，自从见了杨妃，他不得不承认，杨妃身上所焕发的光彩更能让他心神激荡。

平日里，杨妃很少喝牛奶，更不喝马奶，只饮豆浆，她的皮肤细腻不糙，身上没有狐臭膻味，有的只是一种淡淡的五谷的清香。她长腿细腰，亭亭玉立，体态风流，谈吐温馨，直觉告诉李世民，这个女子降生到人世，不仅仅是为了生儿育女，而是作为美的化身来到人间的。

二

早春二月的一天，太宗来到别院，望着后院盛开的春花，激情澎湃的李世民终于忍耐不住，一把将杨氏揽过，杨氏顺从地倒在他的怀中。她能感受到李世民那宽广的胸膛的温暖，这个胸膛犹如一堵可以遮风挡雨的墙。

李世民见她不挣扎，正有点喜出望外。这时候杨氏已伸出双手，坚定地将那堵“墙”推开去。她杏眼圆睁，柳眉倒竖，与那堵“墙”保留着距离，大声地说：“陛下，你难道忘了你我之间有杀夫戮子之仇，不共戴天？你难道不怕有一天我会将你杀死在这龙榻上？我要是从了你，世人就会说我露露（杨氏的乳名）水性杨花，忘了夫仇子恨！”说着嘤嘤地哭起来，伤心之情犹如黄河之水奔泻而出。

李世民一听，不觉朗声笑起来，他拿起一方手帕，替杨氏擦着眼泪，一边擦一边说：“露露，你知道我为什么将你留在身边？像你这样的女子，世间没有几个人能配得上你，与其让你出宫，随意嫁人，生几个孩子来与我李世民四仇五敌，不如将你留在身边，方便照顾。”他的眼睛紧紧地盯着她，语调变得柔和与动情：“露露，天地间有许多缘分不是你我能控制的，有时候血海深仇才是大缘分。事情已经过去了，我李世民不想让大唐永远陷入仇杀中，你难道就不能与我携起手来，心心相印，共同开创大唐的基业吗？”说着从墙上拿下剑，随着一道寒光，剑出鞘。他平静地将剑递给杨氏说：“如果你觉得只有杀了我李世民才能解气，你就动手吧！”说着，干脆脱下上衣，光着膀子，袒露着胸脯。

毛茸茸的胸脯就在眼前晃动，杨氏一下跌坐在床沿上，她的右手紧紧地握着剑，脸变得煞白，要是别人，她手中的剑会毫不犹豫地插入对方的心脏，可他为什么偏偏是大唐天子李世民，一个近来朝野上下都在赞颂的好天子呢？

想到失夫丧子之痛，她有一种不杀李世民不足以解恨之感，可眼前这个男人是大度的，没有他的大度，怎会留下我这样的罪妇，他不仅没有鄙视我这罪妇，还一口一个缘分，说得我的内心有点飘飘然。杨氏再次抬眼望着面前这位潇洒倜傥的天子，心想：“我为什么不能从了他，非要自绝这缘分呢？这可是一位举世无双的英杰啊。”杨氏第一次感到她离不开这份情感。她需要他，离开了他，她的人生会黯然失色。

杨氏的内心在痛苦地煎熬着，她拿起那擦眼泪的丝巾，轻轻地擦着手中的剑。好一会儿，她慢慢地伸出剑，抵着李世民的胸脯，说："陛下，在你面前，我心智已乱，你的事你自己来了断。如果你觉得只有死才能洗刷你玄武门'杀兄弑弟'的罪过，那你就撞剑自裁吧！"她的右手在微微发抖，不得不伸出左手架住那发抖的右手腕。

剑尖抵在李世民的胸前，太宗能感知到这剑尖的冰凉以及它的晃动，这不是一把随时会捅进胸膛的利器，而是一把传递着杨氏情感的剑，杨氏的手在发抖，她怕的是万一有个闪失，会误伤了心中人。李世民微微一笑，伸出两个指头，夹住了晃动的剑尖，安静地说："露露，请你不要老拿玄武门来说事。玄武门是苍天布的一个局。一个你死我活的局，在这个局中，必然有人得死，我李世民差点就死在他们手中。李元吉虽是你的夫君，也是我的胞弟，你的儿子同样是我的侄儿。你我都心痛啊。我俩都是玄武门事件中幸存下来的人，我们没有权利去惊扰死者的魂灵。如今我只问你一句话，如果你心中对我只有仇恨，你就把剑捅过来；如果你对我既有恨又有那么一点爱的话，我知道怎么办。"

杨氏一听，不觉一愣，她手中的剑没有捅进李世民的胸中，倒是李世民的话像剑一样打开了她的心扉，触到了她情感的敏感区，她半天也说不出话来。李世民见此情形，情感再次升腾起来，身子一闪，两个指头一用力，杨氏手中的剑已经飞出，剑尖插在柱子上，剑把不停地晃动着。李世民二话不说，跃上前来，一下就将杨氏从床沿拉起，拥入怀中，口中喃喃："露露，我们做夫妻吧！"

杨氏突然间用力一推，将大唐天子推开去，她站起身来，理了理凌乱的衣服，正色地说："陛下，就算我露露过得了玄武门这道坎，还有一道坎，那是你我都过不去，过不去的！"

李世民见她语气凌厉，知道事态严重，放低了声调说："露露，什么坎让你如此为难？"说着双手搭着杨氏双肩，既是自信，又是安慰地补了一句："我李世民来到这人世间，没有过不去的坎！露露，请你相信我！"

这话杨氏爱听，她喜欢的就是大唐天子这种无畏的气概。不过，她得看看他是如何迈过这道坎的。于是，她拢了拢凌乱的头发，瞪着太宗，庄重地说："陛下，我感激你将我视为知己，在我最艰难的时候，是你给了我信心和希望。可你有没有想过，元吉是你的胞弟，哥哥娶弟妇，算什么事？我要是从了你，世人的唾沫星子会将你我淹没的。朝野上下就会骂你杀弟夺妇，骂我杨露露勾引了你。难道你不怕吗？"

李世民不由跳了起来，"不怕，不怕！他们爱骂就骂去。我倒是想弄明白，这哥哥不能娶弟妇，到底是哪门子规矩？”说着竟朗声笑起来。

杨氏见他说得如此无所谓，不得不加强语气，说：“这可是咱汉人千百年来留下的规矩和礼俗，你是皇上，就可以不顾了吗？”杨氏逼视着他说。

李世民手一挥说：“汉人的规矩和礼俗，让汉人去遵守吧。”

“陛下，难道你不是汉人？”

李世民眯着眼睛，看着杨氏，好久好久，直把个杨氏看得后背发毛，前额发凉。“露露，你到底长没长眼睛，还是揣着明白装糊涂？”太宗说着竟肆无忌惮地笑起来，笑声震得“别院”嗡嗡响。李世民一边笑，一边用右手两个指头捋着鼻子下面两撇胡子说：“露露，你看看，汉人这胡子是往上翘的吗？”杨氏好奇地端详着，太宗这胡子确实与汉人不一样，汉人的胡须都是下垂的，他的胡须却是上翘的。这时候，李世民又拍了拍胸脯，那胸毛就像绵羊毛般密而细，他说：“汉人有这么多胸毛吗？你再看看，我这头发是褐色的，你说说，我这样子是汉人的长相吗？”

太宗的话一下将杨氏问住了，平日里，杨氏虽然觉得李世民的长相有点独特，朝中大臣都说这是“龙凤之姿”，在她的感觉中，那不过是天子的威风凛凛与寻常百姓不一样而已。想不到这相貌体型竟也有这么多学问，而这学问又被李世民用来作为游龙戏凤的依据，她不得不佩服他的睿智。

杨妃敏锐地感觉到天子的每一句话都在撩拨她的情感，她抑制着升腾起来的情感，为了这情感的长久，她不能就这样从了他，她还得讨个说法：“陛下，你再告诉我，你不是汉人，那你是什么人？”

这一回太宗真有点火了，他站起身来，指着她说：“我说露露，你为什么偏偏这时候来跟我讨论人？这可是大学问，一年半载都说不清的。”说着咻咻地踱起步来，杨氏也站起身来，说：“陛下，婚姻岂能儿戏，名不正言不顺嘛。”

“朕不怪你。”李世民让杨氏坐下，对她说：“露露，我李世民到底是什么人，近来我也在思考这问题。”说着一下将木柱上的剑拔出，又狠狠地戳了进去，接着指着自己说：“汉人因为我姓李，就认为我是汉人的皇上。那汉人的《氏族志》已经将我李家列为天下第一大姓，又说我李家是汉代李广的后裔。几百年前的事，谁说得清楚？我先祖已经去世，我也来不及问明白，可他们考证得头头是道，他们说我李世民是汉人，就是要证明我李唐的基业是汉人的天下。这要是真的那就好，要是其中有什么出入，到了后代，他们又会说我李家不过是一个破落户，靠一点武功夺得天下，就来扒拉李广那高门望族，说来说去都是他们的理。我恨的是我生时不自由，死后在史书中也不自在，露露，你说我一个大唐天子这算什么？连我自己是什么人都得受他人管。”

杨氏从太宗起伏的胸脯能感知他胸中的万斛感情，她安慰说：“陛下，别生气，你是什么人，你一个大唐天子，还不是你说了算。”

“大唐天子，正因为朕是这大唐天子，才无法说了算。要依朕的说法，朕就是胡人，胡人的礼俗就是父亲死了儿子可以娶后母，哥哥亡故弟弟可以娶嫂子，[①] 朕就是凭着胡人的习俗才想娶你为妻的，可朕要是在朝堂上说朕是胡人，满朝文武就会极力反对，你说朕气不气？”

“陛下何必跟他们生气，伤了自己的身体。”

“你既然这样说，那朕问你，朕要是承认自己是个胡人，你愿意与朕做夫妻吗？”

“胡人、汉人都是人，胡俗、汉俗都是礼俗。陛下，你要是自己没有办法理直气壮起来，你今后如何去处理这胡人和汉人的关系，露露又怎敢侍奉你？”杨妃说着，推开窗户，皓月当空，花香扑来。她久久地凝视着太宗，李世民觉得她的话包含着深意，一针见血。于是又问：“你既然把话说到这地步，你说我们现在应该怎么办？”

“露露听陛下的。”

“那咱们就做夫妻吧。”

三

婚后不久，李世民便册立长孙夫人为中宫皇后，又将蒋氏、王氏、燕氏、韦氏等晋升为皇妃。但他几乎是夜夜驾临别院，来会杨露露。二人相处，坦诚相见，都感到特别亲切温馨。太宗听从了总管孙安业的主意，在书房中发诏封杨氏为皇妃，既结束了情人式的秘密相会，使两人成为正式的夫妻，又避免了朝中大臣的议论。

贞观十八年（公元644年），长孙皇后离世六年多，太宗想再立皇后，他的心中有两个人选，一个叫徐惠，但徐惠终生未育，依制无法入选。因而太宗更倾向于立杨氏，那时候杨氏已为他生了儿子李明，封为曹王。

为了立继后，太宗赐宴几个近臣。席间，太宗刚把想法提出，魏征立

---

① 《后汉书》卷九十七《西羌传》：“父没则妻后母，兄亡则纳嫂，故国无鳏寡，种类繁炽。不立君臣，无相长一，强则分种为酋豪，弱则为人附落，”

刻起身阻谏："陛下的贤德可比尧舜，怎么以辰嬴自累呢？"

魏征所说的辰嬴是春秋时秦穆公的女儿怀嬴。那时候，晋国的公子圉（音羽）在秦国做人质，秦穆公将掌上明珠怀嬴许配给圉为妻。后来，圉逃回晋国做国君。不久，晋公子重耳逃亡到秦国，重耳有贤名，秦穆公很喜欢他，于是将怀嬴改称辰嬴，又许配给重耳为妻。重耳与圉是叔侄，重耳明知辰嬴曾是他的侄媳妇，却丝毫也不介意。因此，史籍上称："辰嬴嬖（音毕，意为宠幸）于二君"。

太宗一听魏征提到辰嬴的事，立刻明白，这是魏征在讽谏自己不要立杨氏为后，以免引起天下人的嘲笑。太宗口中不说，内心却犯了嘀咕，辰嬴嬖于二君，有什么可指责？汉代再嫁的不仅可以做皇后，还可以做太后呢。魏征怎么就这样死脑筋，不问情由，不分好歹，岂不冤枉人！

一旁的长孙无忌也很不以为然。长孙无忌是个胡人，也是太宗的妻舅。心想，秦穆公时，秦国地处戎狄，戎狄那地方女子是可以再嫁的，那是风俗不同，不同的风俗怎么可以拿来取笑呢？再说，妇节也如臣节一样，魏征从前追随的是隐太子李建成，任过洗马之职，如今又在太宗身边任侍中，此前还在李密、窦建德手下当过差。"魏征嬖于四君"，像这样的人竟好意思来嘲笑辰嬴，这世上有五十步笑一百步，可没见过一百步笑五十步的。

长孙无忌愈想愈气，突然间站起身来。太宗一见，说："长孙大人有何看法？请讲。"

"臣有事先走一步。"长孙无忌拱拱手愤愤然离去。他之所以离去，因为他也不想支持太宗立杨妃为后，他有三个亲外甥，是他妹妹长孙氏所生，他担心一旦立了杨妃，杨妃的儿子曹王就可能顶替他的亲外甥成为太子。因而，他把要对魏征的痛骂隐忍了下来。

太宗见魏征反对，长孙无忌又愤然离去，事情只好暂时作罢，但他内心压抑憋气，心想，朕与杨妃成婚十六年，恩爱无比，感情始终不渝。治世中，杨妃是我的内辅和精神依托，她的功勋仅次于长孙皇后，怎么就不能立为继后？

不久，魏征去世了，太宗心想，没了魏征，这立后的事情看来好办了，他终于将事情摆出来进行公议。太极殿朝会上，太宗说："朕意是在诸妃中选一贤惠者来继立，最贤惠、最体谅朕心的应数曹王之母杨氏，由她莅临中宫，朕无后顾之忧，朕意是立她，望众卿公议。"

冷场，沉默，山雨欲来风满楼。良久，终于有侍中刘洎（音记）打破了难堪的沉默，他抱笏出班奏道："陛下，魏侍中生前对臣说，陛下的德行堪比唐虞，奈何以辰嬴自累呢？”

太宗一听，内心就骂开了：“魏征这老村夫，生前阻谏朕立杨妃，死后还让人来阻拦。”正想着，刑部尚书张亮也出班附议，说：“陛下，请恩准刘侍中的奏请。”

“臣等请皇上恩准！”

“陛下圣明，请恩准！”殿中附议接二连三，一片喧嚷之声。

太宗见群臣众口一词，声势嗷嗷，怀着几分怨恨，无奈地叹了一口气，离开龙椅，说道：“纳刘侍中之谏，朕收回初衷。”说完，示意赞礼官宣布退朝。

赞礼官会意，立刻高声宣谕：“众大人有事启奏，无事退朝。”

这时候，黄门官一手抱着朝笏，一手提着袍角，火急火燎地冲了进来，大声喊起来：“启奏皇上，尉迟敬德将军、李勣将军、张公瑾将军飞马到来，要闯宫见驾。”

太宗一听，心头一震，该来的还是来了，他所担心的事情终于发生了。尉迟敬德、李勣（音绩）、张公瑾都是当年诛灭李建成、李元吉的干将，如今欲立杨妃为继后，他们怎能不耿耿于怀！这几个人自恃功高，什么事都可以做出来。

说时迟，那时快，转眼工夫，三人已冲上殿来，齐声嚷起来：“陛下，陛下，当年隐太子、故齐王两府的人，都是臣等诛杀的，如今齐王之妃留在圣驾身边，臣等日夜惶恐不安啊！”

尉迟敬德满脸杀气，如临大敌地向前一步说：“陛下，昔日齐王是臣所射杀，他的四个儿子也是臣亲手处死的。齐王的身边人如今仍在侍奉陛下的起居，怎不叫臣心惊胆战？”

李勣接过话头说：“十多年来杨氏在陛下左右随侍，臣等夜不能寐，食不甘味呀。”

三人愈说愈凶险，太宗心中焦急起来，有那么严重吗？杨氏是个深明大义的人，朕与她同衾共寝这么多年，还能不知？何须如此胆战心惊，逮住不放呢？正想着，忽听尉迟敬德高声嚷起来：“清君侧，清君侧！”

尉迟敬德这一嚷，众人也跟着嚷起来，殿中一片清君侧之声。尉迟敬德摘下“冲天冠”，吹胡子瞪眼睛地嚷叫：“陛下，请下旨清君侧，不然，臣不惜碎首在这大殿！”李勣、张公瑾、张亮等一班武将也跟着摘冠叫喊起来，大有黑云压城城欲摧的感觉。

在声势浩大的请愿声中，太宗一时气懵了，脑门发涨，心想，朕读史，见汉高祖诛杀功臣，心常不忍，曾告诫自己，悲剧不要重演，朕要与你们共享荣华富贵。想不到你们如此放肆，看来功臣被杀，不是汉高祖一人的过错呀！想到这里，太宗站起身来，大声说："当年玄武门兵戈事件，我是主谋，尔等只是追随者。可你们追随朕，不就是为了建功立业，享荣华富贵吗！如今你们荣华富贵都有了，就为这荣华富贵，朕当年的侄儿侄女都倒在你们的刀下，如今你们竟连一个杨妃也不放过，非要斩尽杀绝吗？"

"陛下，魏大人都说啦，这杨妃名声不好，为什么不能另选皇后呢？"尉迟敬德说。

又是魏征，又是名声不好，"杀了杨妃，你们这帮人名声就好了吗？"太宗只觉胸口堵得慌，一口鲜血喷涌而出，差点喷在尉迟敬德脸上，太宗颓然跌坐在龙椅上。

总管孙安业在一旁急坏了，他是最能理解太宗的人，心想，太宗虽说是性情中人，喜田猎，近女色，肆意近于狂荡，却也处处中规中矩。就说他纳萧妃和杨妃，这可不是一般人能纳、敢纳的，皆神来之笔。这班武将怎么就不能理解皇上的良苦用心呢？罢了，罢了！看那架势，他们很快就会冲进后宫，杀了杨妃，为今只有想个万全之计，既合乎皇上化解仇恨的思想，又能够保全杨妃的性命。

趁着为皇上敬茶，孙安业将一团锦帕放在案桌上，然后若无其事地退下御宝台。太宗悄然端起茶碗，茶一入口，沁人肺腑，发涨的脑门清醒了许多，他摊开锦帕，立刻明白，原来孙安业是在为我解围。一时如释重负，略顿，他精神抖擞地站起来，大声说："中书令萧卿，内侍总监孙卿听旨！"

萧瑀、孙安业出班躬身听旨。

"改封杨妃为巢刺王妃，曹王过继为巢刺王元吉之后。"巢刺王是李元吉生前的封号，这意味着还原杨妃原来的封号，太宗将自己与杨妃所生的曹王过继给元吉，是为了使元吉免于绝后。这倒不失为消解仇恨的一招。

"巢刺王妃三天之内徙出宫廷，迁原齐王府——改曹王府定居，颐养天年。"杨妃迁居齐王府，这样也就无君侧可清，保全了杨妃一命。

太宗宣旨完毕，知道尉迟敬德等人仍会不服，于是站起身来，狠狠地瞪了尉迟敬德一眼，拂袖而去。尉迟敬德见太宗眼露凶光，不好再谏，只好悻悻作罢。

太宗自经历了立继后的风波，此后常常闷闷不乐，身体一天不如一天，为何共事几十年的文武大臣一点都不理解他的心思，政治凶险，武将求得自保固然可以理解，而文臣的讽谏，为什么他们常常以汉人的是非为准，很少顾及夷狄胡人的是非标准与礼俗？想到这一点，他的心不觉沉重起来。就在太宗生命的最后两个月，他驾临翠微宫，对众侍臣说："回顾朕的一生，朕的才能比不上古代帝王，为何所取得的成就反而比他们大，这是什么原因？你们要如实说一说！"

众臣见问，纷纷说："陛下的功比天高，德比地厚，难以用语言来表达。"太宗见众人尽拣一些好听的虚言说，不得不为自己总结了五条，说到最后，他特别强调："从古到今的帝王都心胸狭窄地尊重中原民族，看不起夷狄诸族，朕则一视同仁，因此他们就像依靠父母一样依靠朕，这才是朕获得今日功业的原因。"

不久，太宗逝世了，他是带着对杨妃的遗憾，以及对魏征的几丝怨恨走的。他的灵魂飘飘飞升，眼睛却久久无法合上。那一刻，往事犹如流水在他心头流过。

终太宗一生，他希望建立一个胡汉友好相处的国家，他有这样一个宏图，也一直努力朝着这个目标去做，但他还来不及思考，在胡汉相处中应该建立起一种什么样的具体道德与是非标准。最令他不安的是，他身边诸如魏征这样的大臣，本应协助他来建构这种道德标准，虽然魏征夺尽贞观"第一谏臣"的美誉，但他在处理民族关系上竟毫无见解。当年在安置突厥部众的问题上，他一直将突厥人视为禽兽，见解腐朽顽固，他通常以汉人的是非为评判标准，丝毫不顾及他族的风俗观念，这样看来，胡汉的相处不会一帆风顺。由于未能处理好这一问题，首当其冲的便是太宗，其次就是李家子弟，尤其想到太子李承乾之死，他就更无法咽下这口气。

出殡的时候，高宗发觉先皇的眼角布满泪痕，他好不容易才帮父亲合上眼睛。

第六节　废太子李承乾

一

武德二年（公元619年），一个风和日丽的日子，承乾宫中一声啼哭划破了长空，一个婴儿呱呱坠地，那哭声犹如雄鸡一唱天下白，承乾宫内宫外，产婆、御医顿时忙碌起来。李世民兴冲冲地赶到李渊的寝宫报喜：

“父皇，长孙氏生下一个男孩。”

李渊一听来了劲，问：“在哪儿生的？”

“承乾宫。”李世民答。

窗外，春花正艳，杨柳如烟。李渊高兴地说：“好哇！这孩子在一个美好的日子，诞生在一个美好的地方，那就给他取名承乾吧。”

承乾，承乾，辉煌的名字寄予了李渊的厚望，这孩子未来是要来承乾治坤的。高祖激动之余，拿下架上的琵琶弹奏起来，声声激越，大珠小珠落玉盘似的抡音向着承乾宫飘来，那是来应和他孙子的哭声的。李世民见父皇高兴得返老还童的样子，也呵呵地笑起来，一边笑一边在一旁和着音乐击节。

皇后长孙氏一生共生下三个男孩，即李承乾、李泰和李治。在李世民十四个男孩的排行中，李承乾是长子，李泰老四，李治第九。

武德九年（公元626年），李世民登基。当年即立李承乾为太子。那一年承乾刚刚8岁，小小年纪，聪明伶俐，深得太宗的喜爱。太子长到十多岁，太宗常命他暂摄朝政。在几个重臣的辅助下，承乾件件政务都处理得很有分寸，举止行动也合乎礼法，唐太宗很高兴，此后只要自己一离开京城，就让太子监国[①]，朝中众大臣也都看好承乾。

贞观三年（公元629年），承乾11岁，太宗为承乾找了一位德高望重的老师李纲。那时候李纲脚痛，无法穿鞋，太宗就赐他坐轿，令人抬着李纲到东宫，又下诏太子亲自前来迎接，小心地搀扶老师上殿，行跪拜礼，礼节很隆重。

开课时，李纲给太子讲君臣父子之道，问寝视膳的方法，言辞充沛，头头是道，太子不知不觉听得入了迷。这时候，太宗李世民带着袁天罡前来，袁天罡是隋末唐初最著名的望气家。二人踏进书斋，只见太子正与老师李纲讨论古往今来君臣名教，竭忠尽节之事，李纲说到激动处，站起身来，懔然说：“将个人六尺的身躯，托付给遥远的君王之命，古人认为难，李纲我认为容易。”李纲的谈吐，辞色慷慨，懔然不可侵犯。太子在一旁站着，洗耳恭听[②]，肃然起敬。

---

①《新唐书》：“太宗即位，立为皇太子。甫八岁，特敏惠，帝爱之。在谅暗，使裁决庶政，有大体，后每行幸，则令监国。”

②《贞观政要》：“贞观三年，太子少师李纲有脚疾，不堪践履。太宗赐步舆，令三卫举入东宫，诏皇太子引上殿，亲拜之，大见崇重。纲为太子陈君臣父子之道，问寝视膳之方，理顺辞直，听者忘倦。太子尝商略古来君臣名教，竭忠尽节之事，纲懔然曰：‘托六尺之孤，寄百里之命，古人以为难，纲以为易。’每吐论发言，皆辞色慷慨，有不可夺之志，太子未尝不耸然礼敬。”

太宗见李纲讲得精彩，师生关系又融洽，内心很高兴。走出书斋，太宗问袁天罡的看法。袁天罡掐指一算，摇了摇头，怆然地说："以李纲做太子的老师，太子恐怕会有不测，累及皇上。"

"先生何出此言？"太宗问。

袁天罡说："李纲做过两朝太子的老师，隋朝的杨勇、唐初的李建成，他们都未能登上皇位就死去了。李纲，是太子克星呀。"

太宗见袁天罡说得严重，忙问原因，袁天罡说："天机之事，只待应验。"太宗对望气相面之事，并不全信，但一时又不想辞退了李纲。于是就给太子配备了一个精英班子来辅佐他。①

二

意想不到的事情发生了。那年夏天，太子患了脚疾，步履艰难，瘸脚的太子或多或少生出了一点自卑心。他身边有个侍女，本是宫中女优，叫俳（音排）儿，号称心。日夜辛勤地服侍、鼓励着他。青春期的太子很快就迷上了俳儿。俳儿是他头顶一轮皎皎的明月，是他心底激情澎湃的万千诗篇。只要俳儿在身边，世界是那样美好，俳儿一旦不在身旁，他就有点魂不守舍，觉得天昏地暗，随时可能跌倒下去，爬不起来。

一次，俳儿端着草药汤来为他擦洗，舒筋活络，她一次又一次将手探入汤中，见那药汤不烫了，然后挽起袖子，扶着太子的脚，放在盆中，轻轻地给他擦着。她的手是那样好看，十指纤纤，手臂就像一节莲藕，她的手又是那样温柔，在她的手心中，太子就像回到当年母亲的怀抱中。当天晚上，太子失眠了，他的面前一次又一次出现俳儿的手臂，熬到天快亮的时候，太子终于下定决心，说："今天我一定要抓住俳儿的手，跟她说说心里话。"

午后，俳儿就坐在他旁边，为他擦脚，蝉鸣声声，更显得寝室的静寂。太子一次次伸出了那充满爱慕的手，又一次次缩了回来。他担心俳儿一旦翻脸，他就会失去她。俳儿的脸色绯红，药汤的热气熏得她头上沁出了颗颗汗珠，太子拿起一方丝巾，轻轻地替她擦着，俳儿抬起头，眼中掠过一丝感激。在俳儿的印象中，太子是规矩的。

脚终于擦洗完了，太子涨红着脸豁了出去，他用力一拉，俳儿猝不及

---

① 《新唐书·李承乾传》："宫臣若孔颖达、令狐德棻、于志宁、张玄素、赵弘智、王仁表、崔知机等皆天下选。"

防，一下倒在他的怀中，柳腰款款，脸贴着脸。俳儿没有挣扎，好一会儿，她本能地抱着头，从太子的手臂中缩了出来，安慰说："殿下，这样就好啦。"太子见俳儿温存而不责怪，说话又得体，又高兴又有点不甘心："俳儿，不要怨我。"说着又用力一拉，俳儿再次倒在他的怀中。她的脚触着药汤的盆子，担心一动就会蹬翻了药盆，一时间不敢动，悄悄地偎依在太子的肩膀上。

她给了他一种圣洁与铭心刻骨的爱，当这种情感从他的头顶降到他的脚底，又从脚底升腾而起时，他觉得几个月来僵硬的腿和筋脉开始畅通，他用脚在地上扭了扭，那脚似乎好了很多。

太子擅丹青，怀着一种神圣，他要将她画下来，以便随时能够见到她。他来到案前，铺开一方绢帛，就着水墨，很快就画下了她的脸。俳儿走过来看，就在这时候，四皇子李泰不期而入，见两人抱在一起，赶快闪身退出。

太宗闻知承乾和俳儿的事，将俳儿召来。一看，那俳儿就是长安城外的山丹丹，虽身份低却充满了生命力，绽放得璀璨可人。太宗断定，就是她蛊惑了太子，一阵严厉的训斥之后，俳儿倒在了乱棍之下。当承乾赶来的时候，俳儿一缕香魂已悠悠荡荡飘出了大唐宫外。承乾大喊一声，昏死过去，三天后才幽幽醒了过来。

此后，承乾与四皇子李泰之间便有了积怨，他认为此事是李泰告诉父皇的。太宗与承乾之间也有了隔阂，虽咫尺犹如天涯。太宗想不到大唐的江山，在承乾心中竟不如一个侍女。承乾也不得不重新来审视他的父皇，一个口口声声"水可覆舟"的天子竟如此草菅人命。他托病不上朝，将俳儿的画像供在寝室中，为她立了牌位，又将俳儿的尸体埋在东宫的御苑中，为她立了碑，早晚两祭。那地方的草长得特别翠，花儿开得格外艳。承乾给了俳儿名分和官秩，那是他少年神圣的初恋。①

俳儿的事件在宫廷中引起了轩然大波，太子对俳儿的爱，羡煞了许多宫女侍儿，她们说，俳儿得到了许多生前无法得到的东西。宫中那些"奴

---

① 《新唐书·李承乾列传》："东宫有俳儿，善姿首，承乾嬖爱，帝闻震怒，收儿杀之，坐死者数人。……内念儿不已，筑室图其象，赠官树碑，为起冢苑中，朝夕祭。承乾至其处裴回（徘徊），涕数行下，愈怨怼，称疾不朝，累数月。"《旧唐书》："有太常乐人年十余岁，美姿容，善歌舞，承乾特加宠幸，号曰称心。太宗知而大怒，收称心杀之，坐称心死者又数人。承乾意泰告讦其事，怨心逾甚。痛悼称心不已，于宫中构室，立其形像，列偶人车马于前，令宫人朝暮奠祭。承乾数至其处，徘徊流涕，仍于宫中起冢而葬之，并赠官树碑，以申哀悼。承乾自此托疾不朝参者辄逾数月。"

户”也觉得太子是个可心人，很多人都愿意亲近他。

三

太子很久不去上朝了。这一日，太宗到洛阳故地巡视，要承乾监国，太子无法，只好前来。庭前驾官宣布：“有奏章出班，无事散朝。”

殿中鸦雀无声，气氛出奇凝重，众大臣全都瞪着眼睛看着太子。太子觉得情况有点莫明其妙，抬望眼，见众大臣目光炯炯，那样子简直就像是端详着一头怪物。太子想：“俳儿的事已经过去很长时间，还这样看着我，这事何时才能了结？”一时心中来气，脱口而出：“看，看，看什么？本太子有什么好看的？”

这时候，班中传来魏征洪亮而带有浓重乡音的嗓门：“座上可是太子殿下？”承乾一听，火冒三丈，立起身来，大吼一声：“魏大人，你好无礼！只要父皇一天没废了我，我就是太子！”

话音刚落，左庶子于志宁、右庶子张玄素出班，两位老臣跪倒在地，向前爬行，哭喊着说：“太子千岁，‘身体发肤，受之父母，不可毁矣！’殿下怎能将头发染成褐色？这样子人不人，鬼不鬼的，不吉祥呀！”

承乾一愣，摸了摸头发说：“染发？谁染啦？本太子从没染过发！你俩是不是白日见月亮，夜里见太阳，是非全颠倒啦？”

于志宁、张玄素见太子言之凿凿，一副打死也没染过发的样子，于是站了起来，颤巍巍地走到晋王李治跟前，左看看，右看看，把个李治看得头皮发麻，浑身不自在。看毕，二人又跪倒在地，高声大喊：“太子与晋王一母同胞，为何晋王一头黑发，太子却一头褐发？请太子明示！”

“想必是晋王染了发吧。”承乾顶了回去。二人听说，站起身来瞪着晋王李治问：“晋王，你染发啦？”晋王李治咬着牙点了点头。

说来不奇怪，青春血液如剪刀，什么样的血液，就会剪裁出什么样的相貌。太子已有一年多不上朝，他与弟弟李泰、李治三兄弟全都长成了胡儿的模样。

在三兄弟中，李治注意修边幅，为了与汉人一样，他将褐色的头发染成黑色，平时汉服汉装，只有那双浅绿的眼睛显示了他是一个混血儿。承乾则本于天然，他觉得他那褐色的头发束起来，风吹发乱犹如一堆乱麻，于是，他干脆就依照胡人的习惯，让其自然飘下，显得轻松潇洒。四弟李泰自小长得儒雅，年纪大一点，身体就变了形，体型异常肥胖沉重，为此，太宗特许他可以坐辇轿上朝，不必走路。

贞观年间，长安城内外，到处都是胡人，承乾的长相并不奇怪。当时朝中，至少有三分之一官员是胡人，长孙无忌、尉迟敬德既是胡人，又是朝中举足轻重的人物，谁也不觉得奇怪，可坐在这龙椅上就不一样了。皇家的血统标志着江山的属性，以承乾的长相，不明摆着汉人的江山胡人坐吗？虽然太宗曾说过胡汉一家，大家都叫做唐人，太宗李世民还保留着较多汉人的长相与举止特点，但太子承乾则明显胡化了。如果承乾再找一个胡人为妻子，到了下一代，这江山到底是汉人的还是胡人的呢？

于志宁、张玄素跪在地上，眼泪涟涟，如丧考妣，摇着头悲伤地哭喊着："太子啊太子，你怎么就变成这样，汉人胡相？这不是好兆头啊！李家到了你这代怎么就成了这样子？"

于志宁、张玄素都是饱学之士，他们知道长孙皇后是胡人，承乾是个混血儿，他们也知道李家是汉人的第一大姓，可再深一点他们就不晓得了。那时候的他们根本就不知道一个人只要经历两代混血，族性才会改变。比方说，一个汉人和一个胡人通婚，生出来的孩子就是半个汉人半个胡人，如果下一代又混血，汉人的孩子就会变成胡人，胡人的孩子又会成了汉人。太子承乾自他的曾祖父起，已经经历了三代混血。胡血胡躯，承乾的长相，正是他本来的面目。于志宁、张玄素不仅对此毫无所知，相反，他们固执地认为，承乾为何变成这样，那是他放浪形骸，多吃胡食，厕身在户奴中，而户奴中就有不少胡人。想到这些，二人痛心疾首，再次跪在地上讽谏起来："太子殿下，为了李氏江山永固，还望太子修身养性，注意饮食，远离户奴，早日回归本来面目。"

承乾一听大怒："来人！"一声断喝，几个卫士冲了进来。"拉下去，给我重重地打！"众人慌忙跪倒在地，代为求饶："殿下，念在二位大臣年事已高，手下留情。"

"饶不得，断断饶不得！"武士将于志宁、张玄素拉了下去。殿外撕心裂肺的惨叫传来，众人的心都提到了嗓子眼，他们担心二人会在杖下毙命。好一会儿，二人被拉了上来，倒在地上，身上鲜血淋漓。承乾大喝一声："于志宁、张玄素，可知本太子为何打你们？若还不明白，皮肉还得受苦！"二人一听，浑身发抖，毛骨悚然。

"你二人数落的是我的长相，嘲弄的却是我父皇和母后。"太子说着，拿起案上的茶盏，呷了几口，清了清嗓子，站起身来，高声说："本太子这副长相是父皇和母后给的。父皇说，我身上有汉人的血，也有胡人的血，这就叫做胡汉一体，胡汉一体是可以拿来嘲笑的吗？"太子越说越气，又大喝一声："今天我暂且饶了你们，今后若有人再嘲笑本太子肢体肤色，决不宽恕!"

于志宁、张玄素挨了板子，有两个月无法下床，众大臣此后再也不敢随意议论，他们也知道太子的样貌已经无法改变，但他们需要观察的是，太子的举止到底是汉人的还是胡人的。

四

经历了此事，承乾越来越苦闷，除了与父亲之间产生了隔阂之外，面对那班大臣异样的眼光，他又多了几分压抑。

每当苦闷压抑的时候，太子就会到御花园中跳一阵胡旋舞。那时候，长安城中正在卷起一股"胡旋风"，男女老少官民争着学胡旋舞。民间学胡旋舞，因为它既新潮时髦又好看。"胡音胡骑与胡妆，几十年来竞相泊。"官员学胡旋舞，因为它是外来之舞，太宗喜欢见到胡汉融洽的场面。

可是，太子跳胡旋，他的老师就不看好，还痛心疾首地认为太子"舍华而慕夷"，循的不是正道。一封封劝谏书就会送到太宗手中，十多岁的太子正处在人生的叛逆期，他受不了这样的弹劾，逐渐产生了逆反情绪。一切是那样自然，物以类聚，人以群分，太子身边聚拢的侍女、卫士多是混血儿，也许那本来就是世世代代积淀在他们父系或母系血液里的文化。太子和他们开始玩起了胡人的游戏，这班混血儿哇啦哇啦学起了胡语、胡乐，穿起了胡人的服装。

已是暮春时节，花谢了，落红无数。回暖的天气还夹着丝丝凉气。这一天早朝，太宗需要处理的事似乎特别多，已过了午时，还未退朝。殿外，漠漠秦云淡淡天。突然间，尉迟敬德高声大喊起来："李大人，快，护驾撤退！保护好皇上!"

李勣过来，问："尉迟将军，何事如此惊慌?"

"胡人打进宫啦!"尉迟敬德虬状髯须，脸如棕铜，严肃中有几分惊慌。

"胡人在哪儿?"众人紧张起来。"听听!"尉迟敬德一声喊，众人侧耳细听，后宫鼙鼓动地来，这鼙鼓也叫骑鼓，是鼓中高音，声音紧而严。伴随着鼙鼓之声是雄浑低沉的号角。众人一听那声势不小，都紧张起来，在李勣引领下，向朝房方向撤去，一边走一边气急败坏地嚷起来："胡人是怎么打进宫来的?"

“御林军！”随着尉迟敬德一声喊，皇城内几百御林军向着鼙鼓号角的方向冲去。不久，就将胡人全部俘虏，押解到午门。一清点，鼙鼓八十面，号角六十支，这是一支规模不小的胡乐队。一追问，得知他们的头儿是太子承乾，尉迟敬德只好如实上报。

太宗一听就火了，大喝一声：“胡闹！”他对尉迟敬德说：“尉迟将军，你德高望重，又识胡语，好好给他们一点教训！让他们明白点事理。”

“教训？怎么教训？”尉迟敬德一时懵了，他问身旁的长孙无忌：“长孙大人，皇上说给点教训，到底是给一顿训斥还是给一顿责打？”

长孙无忌是太子承乾的亲舅舅，当然不想尉迟敬德对太子他们处罚太重，于是说：“不是训斥，更不是责打，皇上说的是‘让他们明白点事理’。这样吧，你先盘问一下他们为何要这样做，再给他们讲点道理。”

尉迟敬德还是第一次武职文用，他不敢怠慢，命人搬来桌椅，郑重其事地放在午门，让那帮胡儿面对桌子席地而坐，他拔出腰刀，重重地放在桌子上，耐着性子说：“太子殿下，尔等为何不循正道，胡作非为，作出如此荒唐之举？”

太子见问，说：“尉迟大人，这是误会，以往午时早就散朝，没想到今天还没散朝，我等无知，玩着胡乐，不知不觉入了神，忘乎所以，我们愿意接受惩罚。只是……”太子欲言又止。

“只是什么？”尉迟敬德问。

“只是大人刚才所问，本身就不正道，有违皇上教诲。”太子说。

尉迟敬德一听，胡子不断地翘动着，变了脸：“太子殿下，我尉迟敬德是奉旨来的，尔等胡作非为，现在又想胡搅蛮缠吗？”

太子说：“尉迟大人，父皇历来强调胡汉一家，一视同仁，既是一家，又是同仁，汉人有汉人的文化，胡人也有胡人的文化。你看看！”太子站起身来，指着那班混血儿，说：“他们有的是胡人，有的是半个胡人，为什么学一点父母之邦的音乐和文化，在你们眼中就那么可怕，就叫不循正道，叫做胡作非为？还说什么‘舍华而慕夷’，这不明摆着和我父皇对抗吗？”

尉迟敬德被太子这么一问，一时答不上来，他的脸红一阵，白一阵，拿起桌上的腰刀一拍，刚想站起来，“尉迟大人，坐下，本太子还有话说”。尉迟敬德虽是个粗人，一听那话软中有硬，只好坐下。

太子干脆操着胡语问：“尉迟大人，你是胡人还是汉人？”

“尉迟敬德是胡人！”尉迟敬德也用胡语说。

“你既是胡人，为什么一开口就说‘胡作非为’、‘胡搅蛮缠’？为什么不好的行为都联系着“胡”，胡来、胡闹、胡思乱想，这些词语起于民间，是对是错，另当别论。可你是朝廷命官，为什么也用这些词语来蔑视胡人，亏你还是个胡人，尉迟敬德!”

“臣在。”尉迟敬德本能地答应一声，离开座位，跪倒在地。

“尉迟大人，没让你跪呀。起来，坐下!”太子说。

尉迟敬德跪着不敢站起来，说：“皇上让臣好好教训一下太子殿下，让太子明白点事理。如今是太子的话让臣明白了事理。臣岂敢坐?”说着不断磕头。这时候刚好散朝，众大臣路过午门，见这情形，不觉大吃一惊，都说太子能言善辩，果然如此。你批评他，他很诚恳地承认错误，接着他就有办法，巧言令色，逼得批评者反而认错，磕头不已。[①]

太宗看了午门笔录，觉得太子的话不无道理，可事情已经发生了，总得处理，于是他批示：太子罚俸三月。

五

罚俸三月未能阻止太子对胡文化的兴趣和追求。那时候，在西胡与东胡中，来自西方的突厥是最强大的一族。太子他们选择了学习突厥语，他们那舌头和嘴巴本来就是适合讲胡语的，不久，就学得有七八分像。接着，他们就穿起突厥服，化起突厥妆，操练起突厥人“分戟为阵”的兵法，为了不惊扰宫廷，游戏由宫内走向了宫外。他们越学越像，好不得意，大家都觉得很有趣，旁人看来也神乎其神。

“要是有突厥旗帜就更像样了。”有人提议，众人一听，立即附议。

一句话提醒了太子，他依稀记得，当年他的爷爷李渊起兵反隋，为了得到突厥人的认可和支持，他们在突厥那里请来了“五狼头纛”，虽然李渊已逝，太子依然记得五狼头纛放在哪里。几天后太子悄悄地将那面旗拿了出来，他们依样画葫芦，造出了一面突厥“五狼头纛”旗。

有了五狼头纛，太子将五人分成一组，每一组就是一个部落，他们学着搭毡舍，设穹庐。庐成，太子怀着兴奋的心情，升起了狼头旗。这一日他们玩得很尽兴，猛然间太子觉得饥肠辘辘，他大喊一声：“来人，酒肉侍候!”

这一喊大家都愣了，这不是宫内而是宫外，大家身上都没有带钱，其

---

① 《新唐书·李承乾列传》：“左右或进谏，危坐敛容，痛自咎，饰非辩给，谏者拜答不暇。”

中有个精明的胡儿，人称“猴儿”，小心翼翼地问：“殿下，这会儿上哪去弄酒肉？”

已经玩到走火入魔的太子，突然觉得自己就是突厥可汗，他怒喝一声：“我不管，胡人怎么弄，你们就怎么弄来！”

“猴儿”一听，翻身上马，手一招，一群人跟着他策马而去。太子刚在毡庐中躺了一会儿，“猴儿”就回来了，他们牵来牛羊，抱来了大坛的酒、大鼎和杂物。不一会儿工夫，水煮的牛肉羊肉就端了上来。

没有足够的杯盏，只能公用。他们就着两只大碗，你一口，我一口，轮流喝起来。这时候的太子已完全忘记了自己是太子，而他们是下人。太子与他的“奴户”共同进餐，共用酒器。接着大家掏出了佩刀割起肉来，太子用刀割下了一块牛肉，那肉还带着血，他一张嘴，将肉放在嘴里，连声赞道：“好极了！”众人正吃得满手是油，一听，也跟着大喊：“好极了，好极了！”

太子醉了，累了，他躺在地上起不来了，但他意犹未尽，突发奇想地又喊起来：“咱们再来做个丧礼的游戏！我已经做了可汗，应该有一位阏氏（皇后）。”说着伸手指着旁边一个侍女说：“她就是阏氏。假如我现在死了，你们怎么办？”

“猴儿”会意，领着众人对着“寡妇”阏氏悲泣劝慰。良久，“猴儿”翻身上马，众人也跟着上马，他们依照胡俗，骑马围绕着太子的“尸体”，环跑起来，一边跑一边号哭。众人由有声无泪的号叫渐渐变成了有声有泪的哭喊，夜阑人静，哭号之声惊天动地。最后，他们立马停在太子四周，手中的戟有节奏地撞击着大地，一边撞击一边喊：“可汗，可汗！可汗！”

太子躺在地上，望着苍穹，星星眨着眼睛看着地上这场真真假假的丧礼，月亮急了，急得脸都变成了月牙儿，她想告诉这群孩子“大祸就要来临了。”但孩子们听不到，天地之间实在隔得太远了。

太子见这丧礼如此隆重，好不感动，“嗒嗒”的马蹄声中，他觉得胡人的仪式比汉人的更有气氛。他突然跃起身来，大声说：“倘若有一天我拥有天下，当率几万骑兵去金城打猎，顺便投身到阿史那思摩（突厥可汗）帐下，解发做个胡官，岂不快活！”①

---

①《新唐书·李承乾列传》：“又使户奴数十百人习音声，学胡人椎髻，剪彩为舞衣，寻橦跳剑，鼓鞞声通昼夜不绝。造大铜炉、大熟鼎，招亡奴盗取人牛马，亲视烹燖，召所幸厮养共食之。又好突厥言及所服，选貌类胡者，被以羊裘，辫发，五人建一落，张毡舍，造五狼头纛，分戟为阵，系幡旗，设穹庐自居，使诸部敛羊以烹，抽佩刀割肉相啗。承乾身作可汗死，使众号哭剺面，奔马环临之。忽复起曰：‘使我有天下，将数万骑到金城，然后解发，委身思摩，当一设，顾不快邪！’”

“荒诞无稽！”随着一声怒喝，哭喊声戛然而止，这时候众人才发现，他们被包围了。来的是两班人，一班是太宗皇帝和太子的老师张玄素、于志宁，他们接报微服赶来；另一班是长安县令带着士兵前来，他们也接到报告，说有几个突厥人抢劫了百姓的牛羊和店家的酒。两班人将太子他们堵了个正着，人赃俱获。长安县令大声宣布说：“皇上有旨，将太子拿下！”士兵不敢违抗，围上来将太子拿下。

六

太子失宠了，众大臣对承乾的所作所为彻底失望了，他们认为承乾实在不宜再做太子。讽谏、弹劾的上书一封接一封如雪片般上达天听。太宗皇帝历来是以纳谏而闻名的，他喜欢人们说他能纳谏，因而对那些敢谏的人总是给予赏赐，① 这无形中鼓励了更多人对太子的弹劾，太子的过错在言官激昂弹劾中渐渐变成了严重的罪状，他由少年时期的“特敏惠”、“有大体”变成现在的一无是处了。

对于这个无可救药的不肖子，太宗不得不重新考虑太子的人选问题，皇宫内外都在传言，太子的位置将由四皇子李泰接替。这一下太子身边的那班混血儿急了，他们都觉得自己连累了太子。令他们不可思议的是，太子以尊贵的身份来到他们这些“奴户”身边，与他们亲密无间，共用一个碗喝酒，这也成了太子莫大的罪过。

抵触情绪渐渐发展成对抗报复行动。他们以为给那些激昂的言官一点报复，就能阻止言官们的弹劾，他们选择了两个报复的对象，于志宁与李泰。

于志宁刚好奔丧回到了老家，刺客张师政和纥干承基二人追寻而来，他们打听到了于志宁的住所。半夜，两人潜进了于府。已是盛夏，蛙声阵阵，远处传来几声狗吠。张师政和纥干承基蹑手蹑脚地来到灵堂，灵堂已经关闭。

纥干承基用手指在窗纸上戳了一个洞，顺着窗洞往里看。灵堂上灯烛幽幽，香烟缭绕。忽明忽暗中，只见地上铺着草垫，阵阵鼾声传来，纥干承基定神细看，草垫上睡着于志宁，他素服麻衣，面容枯槁，手里还拿着一本书，看得出他很累，睡得很沉。

---

① 《新唐书》：“宫臣若孔颖达、令狐德棻、于志宁、张玄素、赵弘智、王仁表、崔知机等皆天下选，每规争承乾，帝必厚赐金帛。”

纥干承基让张师政也看了看。看毕，张师政咬了咬牙，奋力拔出刀来，“卸下他一只手，留他一命，怎么样?”说着，正要踹门进去，突然间，纥干承基死死地按着他，说：“走!”张师政不解地瞪着他。二人跃出墙外，纥干承基说：“守丧期间，不宜伤他。”

“那回去怎么交代?”张师政有点焦急。

“我去交代。”回去以后，纥干承基对太子说：“于志宁守灵，不便行刺。”太子说了声“只好缓图”，也不追问。于是他们将报复的对象对准了四皇子李泰。

李泰始封宜都王，先后封为卫王、怀王、越王，历任扬州大都督、雍州牧、左武侯大将军，现为魏王[①]。自从俳儿死后，承乾一直认为是李泰向父皇告的密，他对此事一直耿耿于怀。承乾失宠之后，李泰则步步登高，他的月俸由原来的二千一变成了三千三，比太子还多了三百，众人都说魏王府门庭若市[②]，结党营私。不久前，太宗驾幸延康坊魏王府，高兴地免去了那里的坊人一年的地租，还赦免了长安当年的死囚，并赏赐了魏王府中僚仆布帛等。据说不久李泰将搬到宫中的武德殿，武德殿离皇上居住的太极殿很近，往来参拜很方便。种种迹象表明，太宗正准备以李泰取代太子李承乾。

刺客封师进是左卫副率，他一连到延康坊探察踩点多次，发现进出魏王府盘查不严，往来都是儒冠儒服，看来要得手并不难。

满天星斗，蛩声阵阵，这是黎明前的黑暗。长安城正在梦乡中，封师进身穿紧身武服，怀揣尖刀，翻身跃入延康坊，偶尔的一声狗吠更显出坊区的死寂，唯有魏王府灯火通明。封师进解开腰间包袱，套上儒巾儒服，轻轻推开虚掩的府门，蹑手蹑脚地潜进去。循着灯火人声的方位，上了楼。他用手指戳破窗纸，往里一看，但见书籍堆积如山，叠床架屋。泰王居中，周围是一班儒生，他们正在激烈地争论着。

“今晚无论如何要把南海惠州的地名考证清楚。架上有《百越地理志》。”魏王说着，起身要去拿，但他身躯沉重，行动不便，一个年轻人拉住他说：“魏王，书在哪? 我来拿。”

“这架上右边第三本。”李泰手指着架子。年轻人搬过梯子，顺梯而

---

① 《旧唐书》：“濮王泰，字惠褒，太宗第四子也。少善属文。武德三年，封宜都王。四年，进封卫王，以继卫怀王霸后。贞观二年，改封越王，授扬州大都督。五年，兼领左武侯、大都督，并不之官。八年，除雍州牧、左武侯大将军。七年，转鄜州大都督。十年，徙封魏王。”

② 《旧唐书》：“太宗幸泰延康坊宅，因曲赦雍州及长安大辟罪已下，免延康坊百姓无出今年租赋，又赐泰府官僚帛有差。”

上，右边第三本果然是《百越地理志》。

封师进一眼掠过，座中竟有几张熟悉的面孔，如著作郎萧德言、秘书郎顾胤、记室参军蒋亚卿、功曹参军谢偃都是平时与自己有交情的。凭着以往的了解，封师进想：“这班读书人未必居心叵测。”

“宵夜啦，宵夜啦！”随着一声呼喊，下人踏着楼梯送来了夜宵，封师进一见，干脆推门进去，藏身在书架的暗处。

众人开始了宵夜，唯有李泰一人紧张地翻书查阅。

“魏王，宵夜啦，休息吧。”著作郎萧德言说。

“我先查出来，你们吃完了就可以干。”李泰说。

时已入秋，凉意丝丝，李泰却忙得满头大汗。封师进见他辛苦，于心不忍，又见人多，不便下手，于是从架上摸了一本书，揣在怀中，又潜出府去，交给了承乾。

太子一看，是《括地志》第五百篇，他随手翻了几页后，就两手抱着头，陷入了沉思。《括地志》共五百五十篇，这可是大工程，需要多少人手，怪不得李泰的月俸由二千一变成了三千三，这钱对他来说也还是紧巴巴的。这《括地志》无论对父皇还是我承乾来说，都是对国家有用的宝贵资料，怪不得父皇那样高兴，免去了地租，赦免了死囚。这武德殿离宫廷皇家图书馆近，以后李泰查书也方便。想到这里，承乾拉开抽屉，拿出里面的五百金，说：“封师进，这是你的奖赏。”

“太子殿下，事情没有成功，无功不受禄。”封师进说。

“不，本太子奖赏你，就因你无功而返。”

“此话怎讲？”封师进觉得奇怪。

“因为你没下手，没有误杀了人才。”

“太子仁德，这钱封师进更不能拿。”刚才封师进还提心吊胆，不知太子会如何责罚他，这时他一听太子的话，觉得太子是个仁人。

“你得拿，你有脑子，会思考。来，我再问你，一个忙得连吃宵夜的时间都在看书的人，真有时间处心积虑谋夺太子之位吗？”

“我看魏王不像，那班人也不像。”封师进说。

“那为什么朝中老臣总是说这说那？”

“恕封师进大胆，因为他们谋夺过隐太子李建成的位置，所以他们看别人也以为别人都在谋夺太子之位。”

承乾拉开另一边抽屉，又拿出五百金，说：“封师进，来，本太子再赏你五百金。”封师进匍匐在地，不敢领赏，只是不断地磕头。

七

朝廷有关废立太子之事几经波折，虽然许多大臣已经对承乾失望，但魏征、褚遂良则极力反对废黜承乾，因为“立嫡以长”自周朝以来就已经逐渐成为规则。如果嫡长子以外的皇子可以通过努力成为太子的话，这会使皇子们为了争夺太子之位而处心积虑互相竞争残杀，这样将会后患无穷。

听了魏征、褚遂良的讽谏，太宗的心里很不是滋味。太宗不是嫡长子，他是通过“玄武门之变”登上皇位的。这正触到他的短处，更令他胆战心惊的是，他就怕自己兄弟之间的惨剧在儿子这一辈重演，因此他也不敢贸然废了太子。他决定让魏征来做太子的老师，对太子进行最后一次挽救。

太子为魏征泡了一杯茶，魏征开始为太子讲一个题目——君子和小人。魏征口若悬河，滔滔不绝，越讲越激动。他相信他已经感染了太子，这时候传来一阵呼噜声。魏征抬眼一看，只见太子伏在案上，早已进入了“无何有”之乡。

“太子，太子！”魏征是个急性子，大声喊起来。太子一下醒了过来，“魏大人，出了什么事？这么紧张？”

“我刚才讲的，你听懂了没有？懂了没有？”魏征问。

“也懂，也未懂，魏大人。”

“我讲了什么内容？”

“‘君子和小人’。魏大人，承乾有一问题请教。”太子说。

“殿下，请讲。”魏征说。

“当今天下，我父皇和我爷爷高祖皇帝是不是很有能力的人？”

“当今世上无人能出其右！”魏征抬起头来，生怕答错了会惹来麻烦。

“魏大人，有能力的人是不是也可以真诚地辅助他们的主人？比方说，我父皇当年是不是可以真诚地辅助我伯父李建成，为什么非要做出‘杀兄弑弟’的事？又如我爷爷在隋朝做到了相国，名利职位无可复加，为什么不好好辅助隋恭帝？令承乾最不解的是，我爷爷坐在隋宫的宴会上，却无时无刻不在思考如何颠覆隋朝的江山。他欺负人家幼儿寡母，把隋朝的江山变为大唐江山，这样的人能算是君子吗？”

只听“扑通”一声，魏征跪倒在地，哀求道：“殿下，你作为儿子不可以提这样的问题，这样的问题也不是臣能回答的。”说着磕头如捣蒜。

承乾鄙视地看着魏征，说：“人人都说你魏征嘴巴如铁，文理如炉，原来也是个沽名钓誉之人！魏大人，我明确告诉你，我李承乾不做小人，也绝不做君子，多一个君子，多一份祸乱。听明白了没有？有一天我当了皇上，遇见像你们这样的谏官，我就见一个杀一个，杀他五百个，看你们还进不进谏①。”魏征的脸变得惨白，跪着不敢起来。

“皇上驾到！”太子一听，起身接驾，一见太宗脸色铁青，两眼冒火，他就知道刚才所说的话父皇已经听到，干脆说：“父皇来得正好，儿臣有事禀报。”

“何事？”太宗一边说，一边扶起地上的魏征。听朝中大臣说，太子巧言令色，能折倒谏官、老师，令他们跪地谢罪。耳听为虚，眼见为实，如今太宗可是亲眼见到了。

“儿臣请辞太子之位。”太子一言既出，斩钉截铁。

“何故见辞？”太宗不解地问。

“刚才儿臣与魏大人讨论君子与小人的问题。父皇，当年隋文帝杨坚以北周首辅的身份夺取了北周孤儿寡母的江山，爷爷又以隋朝相国的身份夺取了隋朝的江山。到头来，父皇又逼着爷爷退位，还做出了“杀兄弑弟”的事。是不是到了孩儿这里，又要干出逼宫和兄弟残杀之事？为了天下安宁，孩儿请辞太子之位。”

这些年来，承乾一想到这些问题，内心就无法平静，神经几近崩溃。他问苍天，苍天无语；他问老师，老师无法回答。他清楚地记得，那年他7岁，有一天他到武德殿四叔府中，去找四叔的孩子，东宫的兄弟也来了。十多个孩子玩得很开心。突然间一阵马蹄声传来，府门被撞开，尉迟敬德闯了进来，大刀一挥就是两个人头，鲜血飙了他满脸满身，他的帽子都被削了下来，幸亏他躲得快，藏在桌子底下，他闭着眼睛不敢看，等他睁开眼时，十几个兄弟全都倒在了血泊中。

一刹那，所有的兄弟都死了。承乾吓坏了，此后他落下了病根，血脉不畅，后来又引发了足疾。自从他当上太子，上朝时一见尉迟敬德那凶神恶煞的样子，他就觉得自己的心在抽搐。见到那帮功臣志得意满的样子，他就有一种发自内心的厌恶，他们的簪缨是我李家亲人的鲜血染红的。承乾不想见到他们，只想与那些奴户在一起玩，只有这样他才能忘却这些痛苦的往事。可他和奴户在一起，朝臣就觉得他不成器，中了邪，其实他正

① 《新唐书·李承乾列传》：“我作天子，当肆吾欲；有谏者，我杀之，杀五百人，岂不定？”

是为了避免中邪，才这样做的。想到这里，无法隐忍的承乾终于爆发了："父皇，孩儿不做这太子了，否则这宫中还会爆发新一轮兄弟之间的厮杀。"

"乾儿，你不能这样议论你爷爷，不能以这样的口气来对父皇说话。你难道不知道，这是大逆不道吗?"太宗气得浑身发抖，他知道，承乾是个认理的人，当年从老师李纲那里接受了那套"君臣名教，竭忠尽节"的理论，如今变成批判自己的父皇与爷爷的武器。这样下去那还了得!

猛然间，他想起袁天罡当年说，李纲不宜做太子的老师，因为不利于太子，还会累及皇上，太宗不觉打了个寒战，又见太子固执地要辞去太子之位，这不明摆着离心离德吗?不知今后还会干出什么事情?太宗只觉冷汗直冒，胸口发闷，瘫坐在椅子上，用手捂着胸口。

八

就在废立太子的拉锯战中，朝中对太宗和李泰不满的人都云集到了太子麾下。他们得知太子竟然在魏征面前质询起父皇和爷爷是否是君子的问题，这不等于怀疑高祖与太宗执政的合法性吗?他们知道事情闹大了，太子危矣。

贞观十六年（公元642 年）末，正是腊梅开放的时节。太子宫中，宫门关闭，气氛凝重，室内珠帘高卷，香烟缭绕，香案上放着一只酒瓮，酒瓮旁边是一条雪白的绢帛，绢帛上置着一把匕首。汉王李元昌（李渊第七子）、吏部尚书侯君集、屯卫中郎将李安俨、扬州刺史赵节、驸马都尉杜荷与太子承乾，一行人面色肃然，他们对着香案，一跪三叩。

汉王李元昌是长者，是承乾的叔叔，他一手郑重地拿起案上的匕首，一手拿绢帛，在瓮中蘸了蘸酒，将匕首擦了又擦，接着撸起袖子，咬了咬牙，在左臂上一划，鲜血沁了出来，他拿起绢帛在伤口上一按，鲜血在绢帛上洇开去。众人依次照做，最后，侯君集将绢帛抖开，绢帛早已染成红色，侯君集两手各握绢帛的一角，压低声音说："我等鲜血已融在一起，难分彼此，此后当生死与共，辅助太子，如有异心，天地不容!"说着，将绢帛覆盖在酒瓮上，接着，众人又行一跪三叩礼。

礼毕，太子承乾拿起绢帛，就着香烛点燃起来，绢帛成灰落在酒瓮中，李元昌将酒分成几杯，众人端起，一饮而尽。他们议定，在关键时刻，胁迫太宗放弃废立太子的决定，危急之时则逼其退位。

贞观十七年（公元643年）二月，太宗的第五子、齐王李祐在齐州起兵反叛，这次反叛很快就被平息了。其中有人供出太子也在密谋政变。太宗一听大吃一惊，立时敕令长孙无忌、房玄龄等重臣查明案件。不久，罪证确凿，太子被抓捕归案。

谋反是灭三族（父族、己族、子族）的事，这就意味着不仅承乾该上断头台，连太宗皇帝作为父族也受牵连不能幸免。长孙无忌、房玄龄认为此案不好处理，于理于律都得作出合理的解释。

“找袁天罡，他能化解。”太宗皇帝突然间想起来。“哪怕在长安城内掘地三尺，也要把袁天罡找出来。”

就在长安鸡飞狗跳之时，袁天罡正在通事舍人来济府中闲聊。两个童子在一边备茶，小童子用茶锯从茶饼上锯下一片，放在茶碾上不断地磨着，很快就成了茶粉，然后用茶罗小心地筛着。一个年纪稍大的童子用火钳将泥炉炭火拨得通红。

铜炉里的水开了，“水滚了，滚了。”大童子说。小童子立刻拿起一把长柄浅匙的茶则将茶粉舀到铜壶里，大童子又拿起一把茶刷将浮在上面的茶沫刷净。眼看那茶汤有点糊状，小童子捧来一个茶隔子，隔子中放着葱、姜、橘皮、薄荷和盐等配料。大童子每样拿了一点放进去，用匙子搅匀，很快一股胡辣味飘了出来。[①] 袁天罡长长地吸了一口：“味道出来了，出来了”。

茶几上摆着几碟点心，有饺子、焦圈。袁天罡端起茶杯，喝了几口。来济见袁天罡精神来了，就着承乾一案，问：“大师对此案有何高见？”

“此事源于太子的肤色体型，朝中大臣对此一时难以接受。太宗爱子心殷，求治心切，他为太子配备的老师与辅政大臣都是天下不二的人选，这些人熟读圣贤书，希望太子走圣贤之路，但他们完全忽略了太子的性情与爱好，冲突因此而起，终成对峙。”

“都说太子阳奉阴违，巧舌如簧，大师如何看？”来济问。

“恰恰相反！”袁天罡拿起茶碗，喝了一口，接着说：“太子读书甚多，父辈留给他的创伤甚深，他所思所想，是朝中大臣和老师所不敢思不敢想的，故太子能驳倒他们。可太子不善于掩饰，更不懂得韬光养晦，这就难免出大事。”

来济一听有理，又问：“太子和四皇子又作何解释？”

“那不过是读书人碰上做学问之人，不是生死冲突。”

---

① 这就是唐代的茶道，以开水泡茶叶，那是元代以后的事。

“何以见得?”来济问。

袁天罡站起身来，回答说：“想一想，太子身边那班杀手是什么人?连卸下于志宁一只手臂都于心不忍；那封师进是个武将，进了魏王府，本可以把那帮人全都杀光，可他心有不忍。太子的东宫离皇上的太极殿相去二十步，太子有心谋反，岂非轻而易举。这班人怎能与当年玄武门那班人相比。太子谋反，形同儿戏，更何况只有传言，未付诸行动。”

一件弥天大案经袁天罡一说竟成了儿戏。来济心中有数了，又问：“此案如何处理合适?”袁天罡一招手，来济把耳朵附过去。袁天罡说完就拱手告辞。

“大师何故来也匆匆，去也匆匆?”

“这天下事，既起于肤色体型，这是皇家血统问题。解决皇家血统，唯有后妃。天罡昨晚夜观天象，女星已然升起，就在西南。天罡这次就是要到西南走一遭。”说完拱手离去。

第二天早朝，来济告知袁天罡已去西南。太宗征求如何处理此案时，来济说：“处理此案，当使陛下不失为慈父，太子得尽天年，才是最妥善的办法。”众人一听，如释重负。于是太宗赦免了承乾的死罪，将他贬为庶人，流放到黔州（今四川彭州），赐李元昌自尽，侯君集以下皆伏诛。两年之后，承乾死于流放之地，时年27岁。

承乾的四弟李泰在这场废立中同样没有得益而最终被禁锢在北苑中，登上皇位的是承乾的九弟李治。

第七节　袁天罡与武士彟

一

袁天罡自中书舍人来济府中告辞之后，一路向西南走去，不久就来到利州地面，他依据星象地望，在那里停了下来。这一天他来到一个亭子跟前，看那亭子周围人来人往，风景甚好，放眼皆为怡人美景，举目尽是奇观异趣，袁天罡便在亭子的两根柱子上挂了两面小旗，一边是“姜子牙下马抽签”；另一边是“诸葛亮摇扇问卦”，这亭子便成了他的相面亭。袁天罡测知一代女主就降生在利州，他准备在这里守株待兔。

袁天罡，益州成都（今四川成都）人。隋朝时任盐官令，入唐之后任火山令，管理山川巫术之事。袁一生著有《六壬课》、《五行相书》、《推背图》、《袁天罡称骨歌》等，是当时著名的天文学家、星象学家与预言家。

袁天罡年轻时，在阆（音浪，地名，在四川境内）州蟠龙山前筑庐研习麻衣神相，此人多才多艺，酒胆诗肠，练就一张铁嘴，恃才傲物，成日里半明半醉半胡诌，渐渐地竟也成就了一番事业。那时候李淳风已很有名气，他久慕袁天罡的名气，带着金条远道而来，拜在他门下。袁天罡与他亦师亦友，一同学道。两人艺成出山，想要出来做事，于是相约，如果此去遇到的头三件事，有两件算不准，就回来再学，不可误人。

这一日午后，两人来到一个客店，要来了酒饭，刚刚用罢，就听客店主人——一位五十多岁的大娘——大声嚷嚷："要下雨啦，谁有什么东西放在院里头的，赶紧拾掇拾掇。"两人掐指一算，哪会有雨？又抬头一看，日在中天，稍稍偏西，亮得很哩。袁天罡说："大晴天的，怎么会有雨呀？"大娘头也不抬说："我说有就是有，你俩要是不拾掇，淋湿了可不要埋怨。"

两人干脆就坐在店里的凳子上等，他们想看看真有雨还是大娘瞎咋呼。约莫一刻钟过去了，呼啦啦一个响雷，大雨倾盆而降。两人大吃一惊，急忙问："大娘，你怎么有这么高的本事，从师何人？"

大娘在凳子一坐，拍拍两条腿说："从师？大娘我从的就是这两条腿。左脚后跟一痒，就要刮风；右脚后跟一发酸，就要下雨。"两人大眼瞪小眼说："脚后跟有这么准？"大娘说："准哩，都说袁天罡、李淳风预测最准，不抵大娘我的脚后跟哩！"两人一听，一人捧起大娘一条腿，放在凳子上，低头便拜，口中念念有词："脚后跟师傅，脚后跟师傅。"

拜毕，袁天罡立起身来说："大娘，你这两腿有风湿，我给你开几帖药，很快就好。"

"这敢情好，可大娘我得过几年才来治这腿。"

"为啥不早日治好，大娘？"李淳风问。

"大娘我得等那袁天罡测得比我这腿还准，那时候我才放心来治这腿。"袁天罡与李淳风一听，相视而笑，说声"后会有期"，起身告辞。

这一天，他俩来到彭祖山下，见到一棵千年老榕树，硕大无比，树身卧在地上，树杈分成左右两边。"都说彭祖高寿，这里的树也这么长命。"两人说着，就在离树不远的地方坐了下来，歇歇脚。这时候，远远过来一个人，袁天罡说："咱俩算一算，看这人是从树的哪一边走呀。"李淳风说：“行。”两人掐指一算，袁天罡说这人走的是左面，李淳风说走的是右面。

那人过来，二话不说踏上树身，从两树杈中间穿了过去。袁天罡和李淳风十分惊异，走过去问：“你怎么不走路的两边，却从树杈中间走过？”那人嘿嘿一笑说：“大路朝天，各走一边。没有对头，就走中间！”两人听了，你看我，我看你，两眼瞪得像灯笼一样大，看来天下之大，还有很多事情算不准哩！二人只好回到蟠龙山，又潜心学了三年，看看差不多了，才又出山。

二

再次出山，这一日袁天罡和李淳风行到乌江边，天气晴朗，风平浪静。登上渡船，袁天罡见舟中众人，鼻下都有乌黑晦气，于是他拉起李淳风回到岸上，刚踏上岸，就见一个汉子，神色明朗淡定，挑着担子前来，踏上渡船。袁天罡悄悄对李淳风说：“有贵人到来，我们可以无忧了。”于是与李淳风再次登舟。

渡船行至河中心，突然间，波涛汹涌，风浪迭起，船身颠簸得很厉害，然而，虽然七颠八颠，但是那船始终有惊无险，终于到达彼岸。袁天罡问那汉子姓名，那人说：“娄师德”。那时候娄师德还未富贵，只是个挑夫，袁天罡已能测出他的未来大贵。后来，娄师德果然一路做到监察御史、刑部尚书、中书门下平章事、天兵军副大总管。

不久，袁天罡来到洛阳，在那里摆了个算命摊子。有一天来了三个人要算命，这三个人是杜淹、王珪和韦挺。

“是一起相，还是一个一个来？”袁天罡问。

“一起来吧，便宜些。”韦挺说。

袁天罡一眼望过去，指着杜淹说：“君将以文章显贵而名扬天下。”又指着中间王珪说：“这位不出十年就会官至五品。”最后对韦挺说：“你面相奇特，脸带虎气，未来将出将，做个武官。”

杜淹将一吊钱放在桌上说：“我三人目前还在贫困中，待来日富贵，再来补报。”

袁天罡抬起头来：“来日还会相见的，不过那时候三位都落了难，没钱给我。”

“真有此事？”韦挺惊奇地说。

“后会有期。”袁天罡拱拱手说。

唐高祖武德年间，杜淹以侍御史入选天策学士，有文名；王珪，在太子李建成的举荐下，当了五品太子中允；韦挺出任武官左卫率。三人正当文学、仕途一帆风顺时，没想到受庆州刺史杨文反叛事件的牵连，三人都被贬到嶲州。

在嶲州食为先酒店门口，三个落魄之人又见到了袁天罡，都说：“袁公真乃神机妙算！果然后会有期。”三人摸摸口袋，合起来只有三吊，不觉脸有歉意。袁天罡拿起钱，拉着三位进了酒店。坐定之后，酒过三巡，袁天罡说：“人生就是如此，风声水影，有起有落。往事磊磊，当今纷纷，不说悲，不道愁，未来汝等仍要富贵的。”说着伸出三个指头，“三、三、三”，“品”字还没说出口，人就醉倒在桌上。后来杜淹等三人的前程果然应验，都官至三品。

袁天罡与李淳风都做过李世民的参谋和军师。李世民登基以后，让他们去帮自己勘陵园择龙穴。依据皇上旨意，由李淳风先行勘选。“山陕黄土埋古帝。”李淳风花了六六三十六天踏尽了平原之地，都未找到吉祥宝地，只好来向他的老师袁天罡请教，袁天罡说：“平原找不到，不妨以山为陵。”李淳风一听有理，又花了四十五天，终于找到一个好地方——九嵕（音宗）山。于是李淳风在那龙穴埋下一枚铜钱。

李世民见李淳风共花了八十一天终于找到了地方，又让袁天罡去找。袁天罡花了七七四十九天也找到了这个地方，他从头上拔下一根银钗插了下去，然后回来禀报。

李世民让人去验看。挖开一看，只见袁天罡的银钗正好插在李淳风铜钱的方孔中。李世民见两位术数风水大师见解如此一致，便乘兴来看这山陵龙穴。在袁天罡与李淳风引领下，李世民踏上了一峰独秀的九嵕山之巅，但见浩浩渭水萦带在前，滔滔泾水绕道在后，山拥水抱，左右万山挺立犹如侍卫，虎狼岭、簸箕岭、砖瓦岭、庄河岭、走马岭等九道山梁拱举，层层向上包裹，犹如一朵盛开的莲花。唐太宗一见心中大悦，奖赏了两位大师。

下山之后，李淳风私下问袁天罡：“此陵是否有美中不足之处?”

袁天罡想了想说：“此陵堪称天下第一陵，不过，凡事没有十全十美，若说不足，此陵略显清孤，不过幸好，后面龙脉仍能接上。”

三

袁天罡自从出山，北上中原以来，内心深感震撼。在这里，不同的肤色、发型、眼睛与体型都能看到，与川中大不相同，与南国更是大异其趣。川中虽然也有不同的族类族群，如今已大体叫做“汉人”了。中原却不一样，汉人、胡人、羯人、匈奴人、突厥人、乌孙人、高昌人、铁勒人、鲜卑人、回纥人、吐蕃人、高句丽人、契丹人，什么样的人都有，许多已是混血混到难以辨认人种了，语言也已人声鸟语。刚出川时，他根本就听不懂他们在说什么，仿佛来到一个不同的国度与世界。

这么多不同的人种，这么多不同的文化在一起，难免产生冲突与摩擦。袁天罡何许人呀？在李世民身边做了几年参谋与军师，亲眼见过太宗的相貌体型，明白了李家后宫三代都是胡人。他掐指一算，内心明亮起来，中原这么多胡人、胡种，若论起血统，那都是李世民的七大姑、八大姨和九大舅。李氏的兴起离不开胡人的支持，李世民也很乐意与胡人相处，他那张脸就是一个和合百族的“统战”脸型，他那虎背熊腰纯粹就是一个胡人的躯体。汉人见了他不会觉得他是异族，胡人见了他也不会认为他是另类。他就是这样在与七大姑、八大姨和九大舅的斡旋中建立了一个空前强大的国家，成了胡汉共同尊崇的“天可汗”。行啊，李世民！袁天罡发自内心地赞扬他。可有大昌就有大凶，太子承乾叛乱案发之后，袁天罡离开了长安，千里跋涉来到了利州。

到利州后不久，袁天罡掐指一算，李世民十四个孩子，已有两个被杀，两个自杀，三个早夭，一个被幽闭，两个被贬为庶人，死在流放地。剩下四个都不才。也许再过不久，又会有一两个被杀或被迫自杀，① 看来李家已面临着后继无人的问题。

李世民啊李世民，何等英明的人物，一代天骄的下一代怎么就如此“不肖”呢？是太宗失教吗？不！他也有殷殷爱子之心，他也曾在宫中亲自盘马弯弓教育孩子，在文方面，他也亲自为孩子选择饱学之士作为老师。可悲的是这些孩子小时候都曾是聪明活泼之人，为什么稍长就变得忤逆呢？更可怕的是他们都不是死在异族的屠刀下，而是倒在太宗与朝臣之

---

① 李世民有 14 个儿子，其中 3 个被杀，3 个自杀，3 个早夭。1 个被“幽闭”，两个先被贬为“庶人”后又被流放。三子、五子、十子被杀；七子、八子、十四子自杀；太子承乾和六子被贬为庶人；二子、十一子、十二子早夭。

手。“死于非命啊！”这是一个皇家血统引起的文化归属的问题。

皇家血统自然得由皇家的后妃来解决，袁天罡到利州来，就是要看老天到底要给李氏家族送来一个什么样的后妃。昨天，袁天罡在利州望云，见到利州上空祥云阵阵，知道王气已经降临。昨夜，他仰观天象，见那女星明亮起来。对着满天星斗，望着那一弯月牙，袁天罡不觉感叹起来：“月缺的时候，就盼着月圆，月圆又会月缺啊，人世间就是这样悲欢离合的循环。”

袁天罡正浮想联翩，这时候，相面亭中来了一个人，自报家门是利州都督武士彟（音约），特来迎请袁天罡到府中相面望气。一方地方长官亲自寻到相面亭，袁天罡收拾了挑子，跟随武士彟而去。

武士彟的先祖相传是周平王少子之后，姬姓。但他这一脉在周、秦、汉、魏、晋时期一直默默无闻。到了南北朝时期，才渐渐有人在朝为官。武士彟年轻的时候以贩卖木柴为生，因为经营山林发了财，成了方圆几百里闻名的富翁。后来他来到李渊身边，对李渊起兵反隋多有帮助，从而开始了仕途生涯。唐高祖时，他官至光禄大夫、太原郡公，被封为应国公。太宗的时候，被任命为工部尚书，和州、荆州都督等。

武士彟一生娶过两个妻子，前妻相里氏生有四个孩子，两个早年夭折，剩下的两个，一个叫元庆，一个叫元爽。相里氏早逝，李渊见武士彟中年丧妻，很是可怜，就穿针引线，让他娶了隋朝皇族杨达寡居多年的女儿杨氏为妻。

杨氏徐娘半老，风韵犹存，不仅姿色照人，而且温柔贤惠，不久就生下三个女儿，其中二女儿武元华（即后来的武则天）①，生于公元624年山西文水县。武元华3岁的时候，父亲到利州（今四川广元）任都督，武元华在利州度过了她的童年。

武士彟引领着袁天罡边走边聊，转眼间已来到武府，刚踏进门，袁天罡与武士彟的妻子杨氏打了个照面，立即大吃一惊，说：“夫人命定生贵子！”这杨氏本就是隋朝皇族的人，无论是面相还是仪态举止，都还残留着富贵的迹象。

杨氏见夸，立刻将武家两个男孩武元庆、武元爽领出来让袁天罡看。袁天罡一看，有点失望，见武士彟、杨氏眼巴巴的样子，于是说：“这俩孩子未来攀龙附凤，可以官至三品，但不是大贵，家中还有更贵的。”

这时候，乳娘领着一个小男孩过来，在地上走了几步。袁天罡左看

① 则天，源于《论语》中“唯天为大，唯尧则之。”称作武则天那是后来的事。

看，右看看，越看越惊奇，他对武士彟说："这小郎君日角龙颜，龙睛凤颈，伏羲之相，富贵之极。"说着不无遗憾地补了一句，说："可惜是个男孩，要是女孩，当为天下主！"

武士彟一听又高兴又奇怪，为什么是女孩才能成为天下主？正想再问，袁天罡已飘然而去，不见踪影。这时候，他不由想起他父亲武华给他讲过的一段往事。他的曾祖叫武居常，生着一个猿猴的下巴，一副穷酸乞丐相，人称"猴颊郎"，没有人看得起他。有一次，武居常在伊水边遇到一个乞丐，那乞丐对他说："郎君当有身后名，八十年后有女暴贵。"算来至今已有四十年了，莫非这女儿将暴贵为女主！他告诫乳娘，切莫将此事泄露出去，以免大祸临头。

此后，武士彟对袁天罡所说的话久久不能忘怀。一天，他想起《论语》中的一句话："唯天为大，唯尧则之。"心想，孔子认为，天是最大的，只有尧才能效法天。我的女儿有伏羲之相，未来又将为女主，于是就给她命名则天。

贞观九年（公元 635 年），武士彟病死在荆州任上，武则天从此结束了她少年时代无忧无虑的生活。她的两个哥哥理所当然地继承了父亲的财产，因为她是女孩，母亲在家中又是继母，因而母女二人在家中毫无地位，寄人篱下，母女二人与哥哥的关系一直不融洽。没有人想到她未来会成为女主。

过了几年，武则天就出落得如花一样，后来她又进了唐宫，飞黄腾达，最终做了大周皇帝，并追封其父武士彟为南周太祖无上孝明高皇帝。但玄宗时武士彟的帝位被削去。

第八节　唐太宗、唐高宗与武则天

一

武元华 14 岁那年，经姨母杨氏的介绍，来到了宫廷。这位姨母是武元华母亲杨氏的堂妹，原是李世民的四弟——齐王李元吉的妃子，李元吉死后，又成了李世民的妃子。（有关她的故事，我们已在"唐太宗与杨氏妃"中讲过。）

武元华进宫当天，李世民便召见了她，一见面太宗便被武元华的美貌惊呆了。武元华虽然只有14岁，但她身材修长，面若桃花，带着少女的娇羞，有着蓓蕾初开的青春活力。

武元华轻盈下拜，山呼万岁，一切都很得体。太宗有些震惊，暗忖“这可不是一个简单的女孩。”太宗贪婪地端详着她，武元华一点都不慌张。太宗问：“你叫什么名字？”

“我叫武元华。”

“元华？华者，花也，意思是你长得像花一样美丽？”

武元华摇了摇头。太宗问：“那是什么意思？”

元华反客为主，说：“陛下猜一猜。”

太宗一连说了好几个意思，武元华一直摇头。太宗急了：“什么意思？你说吧！”

“陛下，世人都说这大唐李家皇室胡气很浓，贱妾元华这次来就是来还元（原）李家皇室一个汉人的血统，为陛下生几个皇子。”

“原来如此！”太宗呵呵地笑起来，觉得眼前这女子立意很高，有胆有识，已经有几分喜欢，但他仍想考考她，于是带着她来到御花园。

满园景色，已是傍晚时分，望着天边落霞与倦鸟，太宗说：“残霞又挂双飞燕。”武元华接口说：“秋菊曾经几度风。”

太宗又说：“白云红叶连残照。”武元华对曰：“弃柳长堤入水声。”

太宗见难不倒她，就动了真格，“日月也如笼中鸟。”这一句含义高远，气势宏大。弘文馆一班学士也没有几个对得好，太宗想看看面前这柔弱的女子是如何对的。

武元华略一思考，说：“乾坤更似水上萍。”

太宗不禁拍手叫绝，夸奖说：“山川秀气卿夺尽。”

“蒲柳之姿君过奖。”武元华自谦地说。

太宗想不到武元华竟有如此才气，立即封她为正五品才人。当天晚上太宗就传召她侍寝。太宗见她年纪虽小，感情不隔，已有几分高兴，又见她娇媚，亲昵地称她为“媚娘”。此后，太宗便将她安置在福绥宫，派自己的贴身侍女去服侍，几乎夜夜传召她侍寝。

二

媚娘虽然得宠，但她绝不会满足于一个“才人”的名分，她的目标是

“皇后”，为此，她千方百计地引起太宗的注意。

贞观十三年（公元639年），西突厥送来一匹烈马，这匹马高大健壮，性情暴烈，貌若狮子，故名“狮子骢”，能日行千里，但此马却很难驯服。于是太宗将尉迟敬德、李靖、李勣等一帮武将召来，御苑校场，太宗说：“哪一位能驾驭这马，朕就将此马送给他，并赏黄金千两、彩缎千匹。”众将先后与“狮子骢”作了较量，都在“狮子骢”的咆哮声中跌下马来。

太宗哈哈大笑：“谁还想试试？”话音刚落，只见媚娘走上前来：“陛下，臣妾能制服这马！”

此语一出，众将皆惊。太宗望着媚娘，问：“你怎么制服它？”

“臣妾用三样东西。”媚娘说。

“哪三样？”太宗问。

“铁鞭、铁锤和匕首。”

“怎么驯马？”太宗又问。

媚娘英姿飒爽地说：“臣妾先用铁鞭抽它，不服就用铁锤砸它的头，再不服就用匕首割断它的喉咙，看它服不服？”太宗大吃一惊，他想不到媚娘竟有如此气魄，巾帼不让须眉，真乃武才人呀。太宗虽没让她试，但此后，太宗更加宠爱她。

太宗与媚娘二人虽然情同鱼水，但终太宗一代，媚娘一直是五品才人而没有升迁，俩人也没留下子女，个中有何缘故？

那时候，媚娘的姨妈杨氏和萧后先后病故。不久，长安城中屡有异象，先是连日大雨，白昼能够看到太白金星。民间有歌谣传：“唐三世后，女主武王，代有天下。”李世民历来不信邪，但信天命，一听那歌谣，便将预测家兼史官李淳风找来，要他占验。李淳风占算结果是“女主当昌”！

太宗耿耿于怀，他将朝中与“武”、“女”有关联的统统核算了一下。左武卫将军李君羡是武安人，封武连县公，小名五娘，“五”与“武”同音，五娘又是个女名，正应了“女主武王”，李君羡因此被处死。

在处理了一系列类似的案件之后，太宗又找李淳风验证。李淳风夜观天象后告诉太宗说：“这个人已经在陛下左右。三十年后，此女将称王天下。”太宗蓦然想起武媚娘来，他想到媚娘的不同凡响，尤其是她驯马的见解，要是她篡夺了李唐的江山，以铁鞭、铁锤和匕首来治理天下，那还了得？想着想着，太宗心神不宁，内心沉重起来。他对李淳风说：“既然如此，那现在就除掉武媚娘。”

李淳风说：“不可，天命不可违，三十年后，此女已老，人老心慈，祸害不大。现在要是杀了她，上天派个年轻的，李家子孙就要被斩尽杀绝了。”

“子孙?”太宗一算，李家已没有几个子孙了，此后，他格外小心。从前，他宠幸媚娘是将媚娘放在心窝，如今他的心窝变成了一道回廊，风情从这边吹进，又从另一边出来。

贞观二十三年（公元649年），太宗患了痢疾，病情严重，太子李治日夜守候在父亲的病榻前，媚娘也随侍左右，端汤捧药，日夜相伴。此时的太宗已是风烛残年，媚娘一看太宗时日无多，而太子风华正茂，就开始移情别恋，暗送秋波，李治也被武媚娘倾国倾城之貌迷倒。

太宗垂危之际，开始安排后事，最令他不安的依然是“女主武王，代有天下”之说。他不得不下定决心来处置武才人。这一日，他对媚娘说：“朕的病情越来越严重，不会好了。你服侍朕多年，朕不忍心撇下你。你想想，朕死后你该如何自处?”

媚娘一听，立刻警觉起来，她知道这是决定自己命运的关键时刻。生死攸关之际，媚娘灵机一动说：“妾蒙陛下隆恩，本应以死相随，但陛下龙体未必不能康复，故不敢立即去死。臣妾情愿削发为尼，为皇上祈祝长生，以报隆恩。”

太宗一听立刻答应，“好，好！你既有此心，朕心里高兴，你今日就可出宫，省得朕为你劳心。”

这下可急坏了一旁的太子李治，他不明白父亲为何要让媚娘出宫为尼。媚娘走后，太宗对不解的太子说：“媚娘应着图谶，朕要将她处死，心又不忍，好在她自请为尼，天下没有尼姑可以当皇帝，这下朕死也安心了。”

三

太宗薨，太子李治即位，是为唐高宗。唐高宗继位不久，就经常失眠头疼。这天是太宗过世二周年祭，为了追忆父皇，他去了一趟感业寺，回来就精神不济了，躺在床上，两眼直发呆。太医看着他那病快快的样子，知道皇上病得不轻，可查来查去，又不知病根在哪里。

太监宫女都说这宫中有鬼，太医是信医不信鬼的。他寻遍屋里的每个角落，哪里有鬼，最终在案儿上发现了一条丝巾，上面题着一首诗：

看朱成碧思纷纷，憔悴支离为忆君。

不信比来长下泪，开箱验看石榴裙。

太医瞪着昏花的老眼一连看了三遍，终于弄明白，鬼就出在这丝巾上。“同样是个病得不轻的人啊！”太医叹了一口气，口中喃喃自语说：“都病到将红色看成了绿色，身体瘦得支离破碎不成人样啦。那是为着相思而常常流泪，如果不信，可以开箱验看，石榴裙上是不是落满了泪痕。”

太医跪在高宗床前，小心翼翼地说：“皇上，看在老奴比你虚度几十岁的份上，你能不能告诉老奴，你的病是不是就在这里？”太医小心翼翼地挥了挥手中的丝巾问。

李治的眼角沁出了两滴眼泪，他睁开眼睛，瞪着眼前这位慈眉善目的太医，信任地点了点头。太医见他承认了，微笑着对他说：“皇上，病根找到，这就好治啦。可你这是心病，心病药石无法医呀。”

李治心里明白，又点了点头，他的眼中有三分茫然，四分绝望。

“话说回来，你这病要治也不难，得自己治。”太医又说。

“怎么治？”李治好奇地望着太医。

“率土之滨，莫非王臣。皇上既然为她而病，只要下一道诏书，将她召进宫来为妃，不就好了吗！”太医和蔼地说。望着眼前这位和善而没恶意的老人，高宗的眼里有几分感激，但最终还是摇了摇头，说：“不，这不能！不能！”

“咳，天下只有皇上不想办的事，没有皇上不能办的事！”太医眼里充满了鼓励，说：“皇上，老奴告退啦。”

高宗确实有难言之隐，他心中这位情人就是武媚娘，可媚娘是父亲太宗皇帝的才人。从辈分上是高宗的母辈，儿子又怎能娶庶母呢？想到当年父皇在立继后上引来的一场风波，高宗心中就发怵发毛。父皇在强大的汉俗面前竟如此无能为力，那汹汹的声势，几乎要将父皇吞没。如今娶媚娘的事，比起当年父皇想立杨氏为继后的事，可要严重得多。

“罢了，罢了！这实在是光着身子打老虎，不要脸也不要命的事。只好跟媚娘实话实说，这乱伦的事不能做。”高宗刚有了主意，又不甘心起来，朕跟媚娘早已海誓山盟了，言犹在耳啊！

御花园内蛙声阵阵，声声入耳，高宗又是一夜无眠。

第二天，长孙无忌到，长孙无忌是当朝一品，太子太师、官拜司空、司徒，封赵国君，也是高宗皇帝的亲舅舅。他已从太医那里得知高宗的病因，望着床榻上这既是皇上又是外甥的李治，长孙无忌爽快地说：“皇上，为了一个女子病成这样，不值。你要真的喜欢她，就去把她娶进宫来，这还不容易。”

李治一听，舅舅倒爽快，是个有主意的人。可一想到父子人伦，不觉又为难起来：“舅舅，朝中的大臣会反对的。”

“你是皇上，还怕臣子？”

“舅舅，就算朕不怕，这媚娘终归是父亲的才人，有违人伦啊！”李治忧心忡忡，觉得不好启齿。

一提起人伦，长孙无忌就头疼，面对眼前这个被人伦折磨得死去活来的外甥，长孙无忌想到太宗晚年的郁郁寡欢，太子李承乾之死，四皇子被贬在外，如今身边就剩下这个亲外甥了。他得救救他，不能让他在煎熬中出事，他换了一种语气说：“陛下，舅舅问你，当年你与媚娘相好，有没有想到这是乱伦之事？”

高宗红着脸说：“外甥年少，当年没有想那么多。”

“这样看来，你脑中当年是没有这样的人伦，要有这样的人伦，见到武媚娘，自然会在你和她之间划开一道界限，就不会被她迷住。”长孙无忌目光炯炯地瞪着李治。

高宗嘟囔着说：“舅舅，事情是这样的。当年父皇病重，媚娘随侍在旁，外甥见她凄凄戚戚、哀哀无助的样子，心中就有点可怜和同情，觉得有责任帮助她。”

就凭这点同情和责任，高宗与媚娘有了交往。这种交往在高宗看来是安全的，一来媚娘比他大四岁，二来他得称媚娘为母妃。然而不久，高宗就觉得他离不开媚娘了，每次一谈起天下事，媚娘总是见解高远卓越，引领他神驰在大唐的锦绣江山中，于是高宗内心对她产生了爱慕之情。在高宗看来，自己的能力无法与父亲同日而语，有一天自己做了皇上，他需要媚娘的辅助。就在媚娘去感业寺为尼的那天，高宗与她海誓山盟，二人依依惜别，太子当日就下决心不久就要把她接回来。

“舅舅，在媚娘这件事上，甥儿虽有点胡思乱想，可从来不敢胡作非为。”

长孙无忌是鲜卑人，心想，天下的礼俗伦理不只是汉人一家，虽然胡人的礼俗与汉人不同，但并非就是胡思乱想、胡作非为。为着内心这点不平，他得来撑一撑高宗，于是立起身来说：“陛下，当年你觉得有责任帮助媚娘，把她接回来。今天为什么要丢弃这种责任，不把她接回来呢？”李治本来硬着头皮准备接受舅父的训斥，想不到舅父竟说出这样的话，他立即从床上翻身坐起，问：“舅舅，这样做不会违背伦理吗？”

长孙无忌坦然说：“陛下，那是汉人的伦理，舅舅没有这样的伦理，咱们胡人也没有这样的伦理。陛下大可不必太介意!”

李治第一次听到这样的话，只觉醍醐灌顶，病已好了七八分，他拉着舅舅的手，希望舅舅能帮他进一步解决心中的苦闷。他问：“舅舅，你此话当真?”

“舅舅还能骗你?你要不信，舅舅说给你听，前朝隋文帝驾崩，他的儿子隋炀帝立刻娶了宣华夫人，宣华夫人可是隋文帝的妃子，隋炀帝就是儿子娶后母；当年隋朝灭了，你的父亲太宗皇帝纳了萧妃，萧妃可是隋炀帝的妻子，按辈分是你父亲的表婶。你父亲遵循的是胡人的习俗。你与媚娘之事，等你父皇三年丧期满了之后，再将她接回来，这样，你既遵了胡俗，也遵了汉俗。”

四

森森松柏中藏着一座古刹，感业寺就在半山腰。月光满地，晚风送着钟声来到禅房。房中，武媚娘手托香腮，倚窗望月。

媚娘自入感业寺为尼以来，不知不觉三年已满。空门寂寞，一夜夜孤衾单枕良宵永，一日日暮鼓晨钟佛殿寒。多少次她倚着栏杆默默无语暗伤神，终日里眼泪犹如秋雨连宵，愁深好似长江水。

去年今日，高宗李治来为父亲李世民超度，趁此机会悄悄与媚娘一晤，虽然李治一再告诉媚娘安心修好这庵中功课，不久他就会来接她回宫。媚娘已是个见多识广的人，她知道这宫廷之事瞬息万变，今日言之凿凿，明日就可能是泥牛入海永无消息。

时光对媚娘来说实在漫长，木鱼儿敲残落月、心头儿碎；佛号儿念破舌尖、口齿儿干。媚娘犹如断梗飘蓬魂不守舍，木鱼是愈敲愈烦，佛经是越念越乱，不知什么时候，经文也变了：

泥胎木像真堪厌，
罗汉金刚更可嫌，
立教如来也不端。

夜阑人静，师太秉烛前来查房，走着走着，听媚娘所念经文纯属胡来，不成体统，立即敲开媚娘的房门，将她带到自己的禅房，要她闭门思过。

媚娘与师太面对面打坐，约有半个时辰，媚娘满腹心事地问："师太，徒儿是伺候过先皇的人，你说徒儿与当今皇帝的这段姻缘最终是成还是不成?"

师太眼睛微闭说："明空，赶明儿我那师兄来了就知道了。"明空是媚娘的法号，她当了女皇之后，干脆将明空两字变成一个"曌"字，取义日月普照，作为自己的名字。她死的时候，被追封为则天皇帝，玄宗时，又改为则天皇后。那是后话。

第二天袁天罡到，三面六目，袁天罡替媚娘一算，语重心长地说："你与当今皇上这段姻缘属于皇家后妃的事情。皇家的后妃通常联系着天数、天命。只是，你须记住，天命是有限的，不可滥用。如今，李家儿子寥寥无几，只剩下两个，你此去，将为李家添四个皇孙，黑头发，黑眼睛，你若到此为止，那就是功德圆满，你若不能罢休，大吉就会变成大凶。"袁天罡说着，在一方布帛上写下一个"无"字，说："那时候，你的功德就会变成无，你还会遭世人唾骂，蒙受千年的诅咒，说你篡夺了李唐的江山。"袁天罡将那写着"无"字的布帛卷好，放在一个锦囊中，递给媚娘，说："好好收着!"

媚娘一听，知道事情有望，紧蹙的眉头松了下来。她将那个锦囊收好，又问了一句："大师，这'无'字意思可不是没有，按老子《道德经》的说法，那可是无穷无尽大。大师，我的功德能是无穷无尽大吗?"

"那得看你怎么做。"袁天罡说。

正说着，庵中人声喧哗，都说皇上来了。师太站起身来，笑着对媚娘说："收拾收拾去吧。以后有事再回来。"

媚娘这一去，做出了一番惊天动地的事来，她生了一个女儿四个皇子，长子李弘，次子李贤，三子李哲，四子李旦，几个皇子都是黑头发、黑眼珠，宫中的汉人看了，都觉得顺眼。此后，李唐皇室才逐步又回归了汉人的血统。

结 语

这个结语涉及的是：两个有过共同祖先、共同文化，又有着各种亲戚关系的民族。历史上为何会发生一波又一波惨烈的战争？战争是在什么背景之下，基于什么原因发生的？历史上，无论是汉民族，还是非汉民族，在共同构建中华文明上是否都有着不可否认的贡献？

一

历史上，汉人与匈奴之间的战争是民族与国家在形成与发展过程中难以避免的争端现象。汉代，汉匈之间的矛盾，集中在河套地区。

黄河呈“几”字形，几字的上半部就像一个套子一样，套住的地方及其周边地区就叫河套。河套在古籍中叫做“河南地”，秦汉时期的河南地并不仅仅是今天的河南省。长城以北，阴山以南，贺兰山以东，吕梁山以西，这片地区就叫河套，包括宁夏平原，鄂尔多斯高原和黄土高原的部分地区，河套地区大部分属于今天的内蒙古自治区。“黄河百害，唯富一套。”古时的河套地区土地肥沃，有“塞上江南”之称。如果说农耕民族的龙脉在洛阳与长安的话，河套就是草原民族的动脉与心脏。这个动脉与心脏一旦被扼住，草原人就会有一种近于

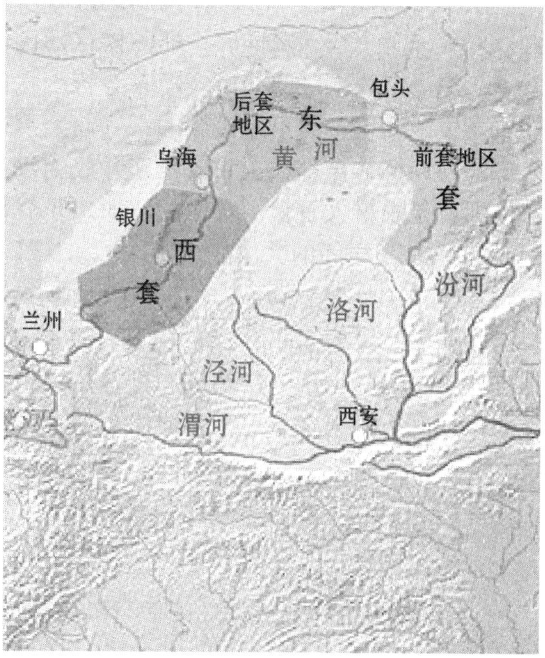

雪崩的恐慌。

最早扼住这个动脉与心脏的是春秋时期的秦穆公。秦人本是东夷伯益的后人，长期居住在当时中原的边缘地带，即今日的陕西西部一带。到了秦穆公时期，秦人在征讨与融合了犬戎之后，迅速强大起来。“益国十二，开地千里，遂霸西戎！”[①] 那时候的秦国至少吞并了十二个戎人的部落，扩张了千里之地，使秦国从默默无闻的边鄙小国变成了大国、强国。

到了秦惠王时期，秦人又一步步蚕食义渠，“遂拔义渠二十五城”，并最终消灭了义渠戎国。[②] 与此类似的还有秦人的同宗赵国，先后灭了华北地区北狄系的代国和中山国。与赵国相连的燕国也“东向击胡，拓地千余里”。[③] 山西南部的晋国也以不同的方式吞并了周边的一个个小戎国。

随着他们的族国被蚕食与吞并，戎狄中的一部分人成了华夏人，一部分则流亡到今日的内蒙古阴山以北。夏朝、商朝没有长城，春秋战国时期，由于上述这种扩张，华夏人不得不筑长城来防御狄人与戎人的报复。秦统一六国之后，将秦、赵、燕三国的长城连接起来。长城挡住了戎狄人的铁骑，但挡不住他们跃过长城的心。在他们的观念中，长城以内有他们的土地。

历史的烽烟已经平息，今天想要在汉匈之间来评判出谁是谁非，其艰难程度就如同要判别黄帝与炎帝之战谁侵略了谁一样。

民族与国家是不断发展的，尤其在古代。春秋时期，当秦、赵、燕、晋兼并着一个个戎狄之国时，那时候这四国在文化上近于戎狄，在华夏人看来，那是游牧人之间的事。随着秦统一六国以及汉王朝的继起，矛盾的性质发生了变化，与草原接壤的秦、赵、燕，这些早已介于草原人与农耕人之间的族群，全都成了农耕民族并成为汉王朝的组成部分，在草原人看来，那就是农耕人蚕食了草原的土地。矛盾便由昔日的地域性纷争变成了两个“民族”之间的大决战。

冒顿单于是个非同寻常的强人，为统一草原各部落，昌顿训练出忠于自己的铁骑，又射杀了自己的父亲头曼单于和自己的阏氏；为统一东胡，他忍辱负重，献出了一位阏氏。可是在领土上，他是个寸土不让的强人[④]。他在位期间，秦人在秦二世时退出了兼并的河套地区，汉初，他又迫使汉

---

① 《史记·秦本纪》。

② 《史记·匈奴列传》。

③ 《史记·匈奴列传》。

④ 《史记·匈奴列传》：“冒顿问群臣，群臣或曰：‘此弃地，予之亦可，勿予亦可。’于是冒顿大怒曰：‘地者，国之本也，奈何予之！’诸言予之者，皆斩之。”

高祖以长城为界，各自为治。

汉武帝年间，随着国力的恢复与强盛，争夺河套地区成为当务之急。河套地区离关中平原与都城长安只隔着一座秦长城，它像一把尖刀悬在长安人的心头，又像一块打地基的巨石——“夯”一声落下来就会将首都长安和关中平原一带砸得粉碎。河套地区有匈奴的两个富庶的属国——楼烦与白羊，只要他们发兵，只需一天一夜即可到达关中平原，直接威胁长安。当年刘敬就曾多次向刘邦提醒这个问题。汉文帝时期，刘敬的担忧被验证了，匈奴十四万骑兵直入关中平原，抢夺人口财物无数，还放火烧了汉朝的宫殿。汉武帝怕文帝时期的悲剧再现，下决心争夺河套。

这样看来，汉匈的关系之所以如此紧张，除了现实原因之外，还有着更为久远的历史原因，即领土的问题。汉武帝所面对的是汉朝，他不想为历史的原因买单，只想对得起他所处的汉朝，他不肯继续忍受汉朝对匈奴采取和亲与纳贡的称臣措施。同样，立国不久，处于上升阶段的匈奴，除了固有的领土纠纷之外，也不想臣服在汉政权之下。这就是特定的年代，发生在东北亚的两个“大国”之间的争霸问题。

战争历来就如水火。随着汉武帝的开战，汉匈八十年的邦交关系中断了。卫青的第一仗就直捣匈奴的老巢龙城，斩了匈奴七百多人，废了他们的灵山祖茔；元朔五年（公元前 124 年），汉军捕获“右贤裨王十余人，众男女万五千余人，畜数千百万”①。捕获如此众多的牲畜，这就意味着拔除了匈奴人的畜牧生产基地，使他们失去了生存条件，甚至也因此失去了战斗能力。少年将军霍去病在杀敌的数量上更要远远超出卫青，我们无法统计有多少汉公主生下的小王子死在霍去病的刀下。战争一旦爆发，就很难有“仁义之师”。

胜利之后，汉武帝在河套设立朔方郡、五原郡，计几十个县，又在河西走廊设立了武威、酒泉两郡，后来又增设了张掖、敦煌二郡。此后，北匈奴逃出漠北，南匈奴归附汉朝。值得注意的是，汉武帝虽然设立了上述数郡，但是这些地方在很长的时期内，一直成为安置内附的南匈奴的地方。这是汉政府在特定年代处理民族矛盾的最好措施，它使匈奴人能继续保留他们原有的生活习俗与生产方式。

然而，由于视角不同，对于南匈奴人来说，他们本就是从中原被挤兑到草原的居民，如今草原的土地又成了农耕的汉民族的土地，并用来圈养草原人，他们这口气不是一朝一夕能咽下去的。于是他们将那片土地当做

---

① 《史记·卫将军骠骑列传》。

疗养战争创伤的地方，一旦恢复了元气，就出现了呼韩邪率众离去的事件，由此又加深了汉人对匈奴人的偏见，认为他们是一些不可教诲、“反复无常”的族类。

二

“离离原上草，一岁一枯荣。野火烧不尽，春风吹又生。”匈奴帝国消散不久，草原上又掀起三股飓风——鲜卑、柔然与突厥。

如前所述，匈奴是一个多血缘的部落联盟之国。继匈奴之后，汉末，大兴安岭一带的鲜卑人走出山林，来到草原，不久就统一了草原各部落，占有了匈奴人原来的地盘，又形成了一个强大的草原帝国。

在这个帝国中，鲜卑拓跋贵族中的一个奴仆部落——柔然，在漠北外蒙地区迅速发展起来，建立了同样强大的柔然帝国。更有意思的是，柔然帝国中的一个专替柔然人打造兵器的“锻铁奴”部落——突厥阿史那部，又奇迹般地壮大起来，缔造了草原第一个有文字的帝国——突厥帝国。

鲜卑、柔然与突厥就是草原上的三股飓风，对于内陆农耕民族构成极大的威胁。几乎是同时，中原地区又发生了“五胡乱华”的特大历史事件。

“五胡”指的是匈奴、羯、氐、羌、鲜卑五个少数民族。在这五个少数民族中，氐、羌二族属于原住民。羌就是“导读”中谈到的炎帝系的后人。今天，中华大地上的五十六个民族，包括汉藏在内的不少民族，他们的血脉都与古羌人相连。具体到“五胡十六国”这个特定背景，羌人的代表人物姚弋仲这一支叫做烧当羌，据史籍记载，烧当羌属于舜的子孙后代。①

氐族同样是中国最古老的种族之一，氐常与羌连称，叫做氐羌。氐属于东夷鸟崇拜族群中的一支。② 五帝时期，经历了炎黄之战以及“黄帝战蚩尤”之后，东夷少昊部曾有部分族人被强制迁到西部，安康宁陕县城关镇有“白帝天街走廊”、“白帝洞”与“白神洞沟”。少昊在“五行帝系”中是白帝，这些遗迹正是当年少昊部来到西部，并在那里对后世产生了影响的印证。氐族可能就是盛行鸟崇拜的少昊部与羌族通婚衍生出来的一个

① 《晋书·姚弋仲载记》：“姚弋仲，南安赤亭羌人也。其先有虞氏之苗裔。禹封舜少子于西戎世为羌酋。其后烧当雄于洮、罕之间。”

② 《逸周书·王会篇》：“氐羌以鸾鸟。”

次生民族。

接下来是匈奴与羯族，古代，先后来到中原的匈奴人共有十九个种姓部落，羯人是匈奴中的一支，属于其中的羌渠部。羌渠是“康居”的变音，也就是说，羯人是中亚康居的游牧人。两汉时期，康居隶属匈奴，随匈奴东来，转战于蒙古草原，后又南迁进入中原。[①] 康居人大多居住在山西上党乡羯室，故称为羯人，因其不是纯正的匈奴人而在匈奴族中属于二等公民，因此也叫“杂胡”、“羯胡”。[②] “五胡”中的匈奴人指的是本书“导言”中所说的呼韩邪单于的孙子日逐王比率领部众归附东汉的那部分南匈奴人。

一个值得注意的问题是，在五胡十六国这一特定背景下，无论是匈奴还是羯胡，他们都是一批在中国西北地区生活了近两百年的族群。这些族群是经过东汉政府的审批，通过合法的手续在中国定居的，虽然他们不是汉人，但在理论上，他们已经属于“华籍匈奴裔”了。既是华籍，他们也就是中国人，他们与汉人的区别仅在于籍贯不同，汉人在籍贯上可以是洛阳、长安等，而羯胡人的籍贯只能是康居而已。

同一国家的不同民族，尽管他们的族性不同，但不能简单地将他们视为异族。异族一词通常是用来指称敌对民族，尽管匈奴、羯、氐、羌四族不是汉人，但他们与汉人是“亦此亦彼”的关系，也就是说，他们可以是羯人、氐人、匈奴人与羯人，但他们与汉人同是这个国家的国民。基于此，不管是原住民还是移民都有他们的合法权利，在五胡十六国这一背景下，匈奴、羯、氐、羌四族与汉人一样，具有在这块土地上建立王朝的平等权利。只要他们建立的王朝有可取之处，我们就应给予肯定。基于此，“五胡乱华”作为历史上的一个特定概念相沿成习，在今天看来并不合适。

三

随之而来的问题是，草原三股飓风为何先后降临中原，匈奴、羯、氐、羌为何同样在此时举兵起事？

有时候，自然气候的变化是引发民族矛盾的重要原因。20 世纪 30 年代，科学家竺可桢、蒙文通、王树民曾经提示我们，历史上曾三次发生宏观的气候变化，这种气候变化会影响民族之间的关系。主流的西方现代气

---

① 童超：《关于五胡内迁的几个考证》，《山西大学学报》，1978 年 4 期。

② 《晋书·石勒载记》：“石勒字世龙，初名，上党武乡羯人也。其先匈奴别部羌渠之胄。”

象学研究者更提出，当地球年平均气温比现在升高六度时，人类就会灭绝。

现实生活中，气温升高六度似乎不是什么大不了的事情，由此而导致人类灭绝看似匪夷所思。但值得注意的是，地球以及地球生物也和人一样，当一个人的体温升高或降低二至三度，就会进入严重的高烧或低烧的状态，升高六度，脑细胞就会被烧死。千万年来适应着一定温度的生物，一旦气温发生明显的变化，它就无法生存。

农耕民族靠天吃饭，游牧民族对天气的依赖程度比农耕民族更甚。基于此，“一旦气候变冷，游牧民族的放牧业出现危机，为了不被饿死就必须南迁，与中原政权争夺南方的草场，战乱也由此而来。每次气候变冷，北方游牧民族政权南部疆域的版图都必须扩大，如果不能扩大，这些游牧政权就会灭亡。”[1] 鲜卑、柔然与突厥三股飓风，以及“五胡”的崛起，刚好处在历史上第二次宏观的寒冷期。这次寒冷期自西汉中后期一直持续到“五胡十六国”，时间跨度约四百年，历时之久史无前例，至今也未有第二例，当时的年平均气温比现在低 2 ~4℃。[2] 长时间的天气变冷，草木凋零，河西走廊与草原的植被荒漠化，人畜两伤，粮食锐减，饥饿、死亡与瘟疫威胁着人畜的生存，所有这些对于生活在这片土地上的农耕汉民族尤其是草原游牧民族都是极其严峻的考验。

奇冷的天气一时搅起千堆雪，将草原不同角落的族群全都惊动起来。基于此，我们便不难理解，为何这一时期鲜卑人会走出白雪皑皑的大兴安岭来到草原，又从草原逐渐进入中原，那是受天气的苦寒所迫。而这一时期，居住在今日外蒙地区的柔然帝国，基于同样的原因，也不得不向南方较温暖的内蒙古地区迁徙，这就与先到此地的鲜卑民族产生了矛盾，也与同样处于生死线上的突厥人发生了剧烈的冲突。在鲜卑与突厥的共同夹击下，庞大的柔然帝国被击溃了。

不久，北魏鲜卑政权孝文帝拓跋宏明确宣布全盘汉化，鲜卑人改汉姓，讲汉语，着汉装，从汉俗，悄然地消融在汉人中，三股飓风只剩下突厥一股。汉化了的鲜卑人与汉人结成了同盟，共同抗击突厥。

基于上文，草原三股飓风的降临，是有着以往我们所未能注意到的“苦情”的。古史虽然不绝对这段时间草原民族雪灾的记载，古代史官也通晓天文，但他们还不懂得这种宏观的气候变化是足以灭绝一个民族的。

---

① 王力主编：《中国古代文化常识》，北京：世界图书出版公司，2009 年版。
② 王力主编：《中国古代文化常识》，北京：世界图书出版公司，2009 年版。

这样的灾难发生在今日世界，会有世界性与地区性组织来救助与协调，古代由于没有这样的组织，草原民族既不懂得发出求救的讯号，汉人政权也不懂得在这种特殊情况下应该如何去尽一个强国与宗主国的职责。由于古代民族之间的关系，防范多于关照，加之历史的积怨与现实的灾难，草原民族与汉人政权双边的关系难免雪上加霜。

这一时期，居住在中国的有匈奴、羯、氐、羌四族。匈奴居住在河套，即今日的内蒙古，羯人居住在山西，氐、羌居住在甘肃青海一带。这些地区同属草原或草原的接壤地带，由于苦寒地带，畜牧难以发展，有部分人不得不到中原一带的城市谋生，这就与中原人产生了矛盾。晋代的江统在其《徙戎论》中谈到，这些人来到城市后，常常受到那些奸猾小吏的侵夺，到郡县乡间也饱受吏人、土豪的徭役①。在胡汉贸易中，胡人常被渔利侵吞，管理胡人的汉人官吏素质又差，动不动就妄加杀戮。② 有时候他们给汉人办事，就如奴仆、编户一样③，稍不注意还会被抓去卖为佃农或奴隶。司马氏“八王之乱”期间，因为军饷问题，官军常常以贩卖匈奴胡人来解决军饷问题，顺带中饱私囊。“太原诸部，亦以匈奴胡人为佃客，多者数千”，因此，胡人对汉人积怨已久。④

江统作为一名汉官，写出了匈奴后裔的艰难处境与悲惨遭遇，展示了胡汉之间随时可能爆发的矛盾。面对这种矛盾，江统只能以“非我族类，其心必异”的传统观念，建议晋政府将他们驱逐出去。一个族群在一个地方生活了二百年，他们的根也就扎在那里，是不能轻易用武力兵威来将其逐走的，在此期间，由于晋朝司马氏的内乱与流亡江南，“徙戎”最终没有发生。

不久，匈奴与羯人先后举事，建立了前赵与后赵政权。羯人后赵政权所做的一件好事就是将居于苦寒地带的羌、氐二族，分别迁徙到河南枋头（今河南汲县东北）与河北滠头（今河北枣强东北）一带，将此二族从险恶的生存环境中解救了出来。但不幸的是，羌、氐二族千里迢迢来到中原后不久，后赵政权就覆灭了。中原无主，于是二族与江南的东晋政权联系，承认东晋政权，接受东晋当权者的封号。这二族之民本性质朴，诚如羌族首领姚弋仲告诫他的孩子所言：“今石氏已灭，中原无主，自古以来

① 《后汉书·西羌传》：“数为小吏、黠人所侵夺；布在郡县，皆为吏人、豪右所徭役。”

② 《晋书·阮种传》：“受方任者又非其材，或以狙诈侵侮边夷，或干赏陷利，妄加杀戮。”

③ 《徙戎论》：“服事供职，同于编户。”

④ 江统《徙戎论》：“以匈奴胡人为佃客，多者数千。”；“其怨恨之气，毒于骨髓。与关中之人，尸皆为雠。”

未有戎狄作天子者。我死，汝便归晋，当竭尽臣节，无为不义之事。”①

但可悲的是，这一时期发生了冉闵的“诛胡”事件。冉闵诛胡范围过广，不分青红皂白，不分男女老少，见胡人就杀，许多胡汉混血儿也惨遭杀害，《资治通鉴》载：邺城内，“胡羯无贵贱，男女少长皆斩之，死者二十余万，尸诸城外，悉为野犬豺狼所食”。居住在河南、河北的羌、氐二族，正处于诛胡的风口浪尖，自然难以幸免。他们本来期望东晋政府能出手相救，然而这时候的冉闵已经称帝，成了东晋的对头，东晋自然不会出兵帮助冉闵去诛胡做皇帝，但也不想帮助胡人抵抗冉闵的“诛胡”暴政，只想让他们在自相残杀中两败俱伤。

面对这场浩劫，羌、氐二族在绝望中只好举族西迁，期间加入了“抗冉联军”，他们的起兵举事在某种意义上是基于中原无主，力求自保。一个多民族的国家，或多民族杂居的某一地域，发生了包含着民族矛盾在内的战争是可以理解的。由此看来，“五胡”的起事同样有着特定年代的原因。

四

五族基于不同的目的，或出于反抗司马氏，或在“司马氏自弃中华”之后，出于“自保”而建立起地域性政权。在先后创造出可圈可点的政绩之后，一切复归于平静。隋唐时期，匈奴、羯、鲜卑、氐、羌五族全都消失了。此后，这五族仅作为历史名词供研究所用，不再作为民族实体而存在。今天，在56个民族中，虽然有羌族，但今日的羌族已不再是“五胡十六国”时期建立后秦政权的烧当羌这一支了。

“五胡”政权消歇之后，“五胡”到哪里去了？是被逐出国境，还是被斩尽杀绝？都不是，战争虽然损耗了大量的人口，但五族人口数量依然可观。他们依然生活在这片土地上，他们是在民族互相融合中消失的。

五族虽然消失了，却有迹可寻。举个例子，其时匈奴后裔刘渊建立的汉国被羯胡所灭，40万匈奴部众融合在鲜卑族中，形成了“鲜卑父、匈奴母”的通婚关系，后来鲜卑人在汉化中又与汉人互相消融。范文澜在其《中国通史》中认为，魏孝文帝的那次迁都与汉化运动，所率人马和家属，总数不下一百万人，因此他得出：“隋唐时期居住在黄河流域的汉族，实

---

① 《晋书·姚弋仲载记》。

际是十六国以来北方和西北方许多落后族与汉族融化而成的汉族。"

如此大规模的混血，会是什么结果？皇室通常是一个民族的象征，让我们先来看看唐太宗李世民吧。李世民的祖父李昞娶妻独孤氏，独孤是匈奴的大姓，婚后生下了李渊，李渊娶妻纥豆陵氏，纥豆陵氏是鲜卑人的姓。史书记载，鲜卑人是"黄毛碧眼白奴"，属于亚洲蒙古种与通古斯白色人种的混血。

李世民因为父祖两代人的混血，到了他这一辈，是什么样的长相？李世民生着两撇上翘的胡子，密密的胸毛，虎背熊腰，黄发碧眼白皮肤，大异于传统的汉人，用《新唐书》含糊其辞的话叫"龙凤之姿"。

龙凤之姿的李世民是汉人还是胡人？李世民姓李，这是汉人的姓氏，李世民接受的教育是汉文化，依据汉人的观念，李世民是汉人。这可成一家之言，若以胡人母系观念来看，李世民的母系是胡人，又在胡人中获得胡姓"大野氏"，他的肤色体型又发生了重大的变化，若说他是胡人也未尝不可。这就出现了"汉人说汉、胡人说胡"的现象。

现代科学是以血液的优势来定族性的。一个汉人与胡人结婚，生下的孩子身上一半是汉血统，一半胡血统，这孩子可以算作胡人，也可以算作汉人；如果这孩子长大后又和胡人结婚，他所生下的孩子就只有四分之一的汉血统，胡血统则占四分之三，这孩子就是胡人了。从血液优势来说，李世民是胡人。

随之而来的问题是，李世民应该是胡人中的匈奴人还是鲜卑人？要算清楚这笔账，那就很费功夫了。那时候的中国北部，尤其是长安街头，就生活着大量像李世民这样的人，"亦汉亦胡"而又"非汉非胡"，即汉化了的胡人和胡化了的汉人。随着"衣冠南渡"，中国北部的汉人又与中国南方土族发生了混血，历史上，这又是一个"族性紊乱"很难算清的阶段。这些人应该算做什么人？外国人依据朝代，将那时候的中国人叫做唐人。

历史学家都认为李世民是千古一帝，是历史上最卓越的帝王之一。李世民之所以卓越，是因为他是胡人与汉人的后代。唐代版图之所以辽阔，是因为李世民的脸是和合百族的脸型，汉人不会觉得他是异族。胡人也不会认为他是另类，因而胡汉共尊。由于李世民身上有着不同胡人的血统，活动在中国北部的胡人，几乎就是李世民的姑姨舅，李世民正是在与这些亲缘关系的斡旋中，奠定了一个版图辽阔的唐王朝。

概言之，唐朝之所以国力强盛，是因为它是东北亚两大民族——农耕民族与草原民族融合的结果，如同炎黄、蚩尤之战，带来了新的联盟，农耕的汉民族与草原民族之战，带来了胡汉的融合，合成了唐人。从这个意义上来说，古代的民族战争是民族与国家发展的动力之一。

四

“五胡”不仅与汉人融合，在推动中华文化的发展过程中也有不可否认的贡献。历史上，晋朝是一个畸形的王朝。三国曹魏末年，司马氏的势力大增，成为中原最具实力的第一望族，司马昭死后三个月，司马炎便逼魏元帝曹奂“禅让”而登上皇帝的宝座，是为晋武帝。司马炎为了替自己的逼宫篡位找到理论依据，即位之后，干脆将“禅让”作为一种制度确立下来，此后的所谓禅让，也就是在和平的形式之下行“逼宫”之实。

司马炎可以逼曹魏作出“禅让”，他就不得不考虑未来有一天，其他人同样可以逼司马氏作出禅让。鉴于曹魏宗室衰微，帝室孤弱，不得不“禅让”的教训，为了增强皇室的力量，司马炎大封皇族宗亲为藩王，自他爷爷司马懿的兄弟那一辈起，一共封了27个同姓王，随后又封了一批异姓王侯。在司马炎看来，同姓宗亲藩王拱卫京师，异姓王侯拱卫亲王，少数民族与外来移民填补四塞，在层层的拱卫与保护下，司马政权可保“千秋万代”。

晋朝在司马炎时期，还算有点王朝气象。然而好景不长，司马炎之后，他的儿子晋惠帝司马衷是个先天的残疾人，司马炎临终的时候，不得不请自己的岳丈杨骏出来辅政。司马炎的皇后叫杨芷，司马衷的皇后叫贾南风，司马炎死后不久，后宫即发生了皇后贾南风与太后杨芷的争权斗争，为了铲除太后党，贾南风联结藩王宗亲对抗太后势力。藩王趁机窥视中央的最高权力——帝位。由此导致了长达16年的“八王之乱”，将国家引向了灾难的深渊。

晋代在官员的选拔上实行的是“九品中正制”，“九品中正制”是两汉时期“察举制”的延续和发展。所谓察举就是考察与选举，一个乡里一旦有人做了官，做官者就渐渐变成了贵族，操控着选举的舆论，选出的都是他的亲人，这样就形成了一个世代做官的所谓“世族门户”。东汉末年，“察举制”已被门阀世族操纵和利用，滋生了种种腐败的现象，“九品中正制”就是在这种背景下产生的。

“九品中正制”始于曹操“唯才是举”的主张，并由魏文帝曹丕时的吏部尚书陈群所创议。“九品中正制”保证了中央对选举的直接管理和控制。但到了晋代，“唯才是举”的初衷已经完全被“家世出身”所取代。

原有定品的原则是依据人的能力与行状，家世只作参考，但晋以后完全以家世来定品级，出身寒门者行状能力的评语再高也只能定在下品；出身豪门者行状不佳亦能位列上品。这就形成了“上品无寒门，下品无士族”的局面。

自两汉的“察举制”与魏晋的“九品中正制”以来，中原逐渐形成一种可怕的“士族政治”。士族贵胄垄断行政，垄断教育，垄断做官的渠道，他们是一个与皇权既有依附关系，又常常凌驾于政权之上的特殊阶层。他们以门第自夸，以血统的高贵自诩，造就了一个“贫富不能越，贵贱不相逾”的等级森严的社会，又形成了士庶之间“老死不相往来”的奇怪现象。

士族政治的可怕之处还体现在经济上。世家豪族通常聚族而居，在战乱时筑坞堡自保，坞堡中人口成百累千，却只算一户，与寻常百姓四五口之家交纳同样的赋税，服同等的徭役。普通百姓为逃避徭役，只好依附到这些坞堡中，这不仅造成国家课税的困难，也造成了贫者极贫、富者极富的畸形社会现象。举个例子，当时的望族何曾每天吃饭要花费一万钱，但他仍抱怨没有下筷子的东西可以吃；他的儿子何劭每日三餐花费二万钱，到他的孙子就花费得更多了。

在穷奢极欲的基础上形成了望族间的斗富，在斗富中又以杀人来显示士族风度。富豪石崇在宴席上通常安排美女在座上劝酒，宾客有饮酒不尽兴者，当即命令侍卫杀掉劝酒的美女！琅琊望族王导（东晋宰相）和王敦（东晋大将军）两兄弟曾共赴石崇的宴会。王导酒力浅但有仁心，怕劝酒的美女被杀只好强饮。弟弟王敦酒量大却不饮，石崇已连续杀了三个劝酒侍女，第四个美女流着眼泪乞求他喝，王敦依然不肯喝，侍女又被拉出去砍了头。王导责备兄弟无恻隐之心，王敦回答说：“他杀的是他家的人，关我什么事?”

石崇不把杀人当一回事，这是风度；王敦面对杀人坦然自若，面不改色，这也是望族风度。名士望族风度在那个社会是极受崇拜的。谢安出身望族，有一次，他有个熟人想回家而无路费，只有五万把卖不出去的蒲扇。谢安来到这个扇摊，买了一把蒲扇，消息传开，都城建康（今南京）士庶竞相模仿，五万把蒲扇很快便以高价卖光了。[1]

士族政治之下，有的人还在娘胎就已经是未来的政治明星，有的人终

① 《晋书·谢安传》：“安少有盛名，时多爱慕。乡人有罢中宿县者，还诣安。安问其归资，答曰：‘有蒲葵扇五万。’安乃取其中者捉之，京师士庶竞市，价增数倍。”

生努力却报国无门；有的人任意杀人却不必受法律管束，有的人生下来就将是被杀的对象。这样的文化显然不是中华的优秀文化，而是君主贵族政治结出的肿瘤，这肿瘤不是依靠“士族政治”本身所能切除的。胡人的“铁骑踏尽公卿骨”便在这样的背景下出现了。

四

五胡政权在强力冲击士族政治的同时，也为中华文化留下了一笔遗产。五胡虽然属于非汉民族，也没有自己的文字，但他们在中原地区建立政权之后，都能注重教育，开设学校，实行人才的选拔。尤为值得注意的是石勒，石勒立国之后，在官员的选拔上虽然还无法完全撇开“九品中正制”这一套，但他所举办的教育大大加强了考试的分量。他在州郡中也派出学官，开办学校，每郡招收一百五十人，“三考”而后成，即可“显升台府”[①]，其中的优秀者还可去做著作郎。石勒所设的“三考修成，显升台府”实际已为隋唐科举制的“三试”作了铺垫，是为隋唐科举制的先声。

石勒重视教育是可以理解的，作为移民的后裔，他自小家贫，不得不替汉人做佃农，从未受过教育，目不识丁。像他这样的人，在“九品中正制”之下，除了做工行贩之外是没有其他出路的。起兵之后，随着事业的做大，他重用汉人汉官，成立了以张宾为首的智囊团。立国之后，在官员的选拔上，石勒不想以世族来装点国家的门面，他痛恨世族政治，需要的是真正有才干的人。因而，石勒通过教育与考试来为国家选拔官员，打破了世族对政治的垄断，为寒门百姓提供了一个竞争的平台，使出身卑贱的优秀人才也能脱颖而出。

前秦的苻坚与后秦的姚兴也很重视教育，当时集中在长安求学的儒生有一万数千人，苻坚重国学，姚兴重律学，姚兴在长安设立司法学校，招收各郡县官吏就学，学业优秀者派遣回去任狱讼官。所有这些都为唐代教育走向专业化准备了条件。

唐代的府兵制也是继承西魏府兵制而来的。府兵制由西魏权臣宇文泰建于大统年间（公元 535—551 年），历北周、隋，至唐初期而日趋完备，

---

① 《晋书·石勒载记》：“勒增置宣文、宣教、崇儒、崇训十余小学于襄国四门，简将佐豪右子弟百余人以教之。”“以牙门将王波为记室参军，典定九流，始立秀、孝试经之制。”又“命郡国立学官，每郡置博士祭酒二人，弟子百五十人，三考修成，显升台府。于是擢拜太学生五人为佐著作郎，录述时事”。

唐太宗时期达到鼎盛，唐玄宗天宝年间（公元742—755年）停废，历时约二百年。

府兵制的特点是：府兵平时为民，战时为兵。亦兵亦民的特色正是草原民族的传统。府兵的户籍由军府（称为折冲府，有不战而胜之意）掌握。和平时期府兵耕田种地，并在折冲将军领导下进行日常训练；战争发生时，由朝廷另派将领召集各地府兵出征，战事结束后各地府兵仍归本镇，重新纳入当地折冲将军的管辖下。①

府兵制下，将不知兵，兵不识将。折冲将军没有朝廷的命令，不能调动一兵一卒。“防微渐，绝祸乱之萌也。”这样就有效地防止了将领将士兵作为私家军队，势力坐大之后出现兵变。府兵制既解决了兵源的问题，也保证了正常耕作的劳动力，使国家的赋税有了保障。府兵无论在训练时还是战时皆自备兵器与军饷，这样大大地减轻了国家的军费开支。

唐代的均田制同样是继承鲜卑北魏的均田制而来。均田制历经东魏、西魏、北齐、北周、隋到唐，唐德宗建中元年（公元780年）实行新的两税法才告废弛。

太和九年（公元485年），北魏孝文帝颁布均田令，均田制是由鲜卑代北实行的计口授田演变而来的（主要内容详见脚注）②。均田制规定了每户占有土地的数量，并规定不准私自买卖田地，这些规定在一定的时间内和一定程度上，限制了豪强大族兼并土地。国家公开授田，可以招徕流民和豪强大族控制下的依附农民，将流民和依附农民转变为国家编户，这样耕农户口的增多，就保证了国家赋役的来源。此外，均田制有助于开垦荒地，发展生产，促使游牧、畜牧经济向农业经济转变，加速了草原民族与汉族的融合。

科举制、府兵制与均田制是唐初重要的三种制度，保证了唐王朝官员、兵员与赋税的来源。这三种制度发端于“胡人”所建立政权采用的制

---

① 《新唐书·兵志》说：“府兵之置，居无事时耕于野，其番上者，宿卫京师而已。若四方有事，则命将以出，事解辄罢，兵散于府，将归于朝。故士不失业，而将帅无握兵之重，所以防微渐、绝祸乱之萌也。”

② 一、男子十五岁以上，受露田四十亩，桑田二十亩；妇人受露田二十亩，分露田时会加倍授给，以备休耕；身死或年满七十岁，须还露田于官，桑田则为世业田，不须还官；按照规定，桑田内要种植一定数量的桑、榆、枣树等，不宜蚕桑的地区，则改受麻田，男子十亩，妇人五亩。此外，还有一的数目的宅基田。二、露田、桑田均不得买卖，但“盈者得卖其盈，不足者得买所不足”。三、奴婢受田数量和办法与农民类同，田三十亩，但不再给桑田。四、地方官吏各随在职地区给予公田，刺史十五顷，太守十顷，治中、别驾各八顷，县令、郡丞六顷。新旧任相交接，不许出卖。

度，完善于唐代。科举制在分数面前“人人平等”，取代了传统的“九品中正制”，打破了士族豪门“高踞要路津”的一统格局；府兵制使草原民族与汉族都可以也必须平等服兵役与耕种缴纳赋税；均田制在某种意义上有“平均地权”的性质，使豪族的坞堡走向衰落，在瓦解士族政治上发挥了重要的作用。

科举制、府兵制与均田制三者都带有朴素的“平等”观念，它们是以佛教的“众生平等”为理论基础的。“胡人政权”虽然在汉化的道路上快跑，但他们并没有全盘汉化，这体现在佛、道之争上。那个时代，几乎南北的大儒、朝士都力图抵制来自外藩的佛教文化。在汉儒看来，“佛，方国之神，非诸华所应祠奉”[①]。然而，几乎所有“胡”民族政权在宗教上都选择佛教而抵制道教。

南北朝时期，在北朝虽然也发生北魏太武帝与北周武帝基于国家财政拮据而采取的灭佛之举，但在波澜壮阔的佛道之争中，灭佛的运动最终以失败告终，大乘佛教的信徒越来越多，原因是，在“九品中正制”所造就的畸形的等级社会中，佛教的“众生平等”无形中成了抵制贵族政治的思想武器。在现实残酷的战争、民不聊生、朝不保夕的悲惨状况中，大乘佛教的“庄严”、“清净”、“平等”以及“不杀生”等戒条满足了人们心灵的需要。

同样重要的是，“胡人政权”在民族关系上也为华夏文化留下一笔宝贵的财富。鲜卑太武帝拓跋焘是北魏史上伟大的君主之一，他统一了中国北方，其在位期间，关中成为多元民族文化交融的地方。拓跋焘根据统治区内民族众多、各族生产方式不一等情况，坚持实行不改变各族人民传统生产方式、生活方式和风俗习惯的政策，既重视汉族的农业生产，又重视少数民族的畜牧射猎习惯。通过发展农牧业生产，征收人民租调增加物质财富，保证军国费用。[②] 这些政策对唐代的民族关系有着良好的影响。

在残酷征战的同时，拓跋焘也很注意实行友好的通婚政策。公元428年，拓跋焘在攻下大夏国统万城之后，将自己的妹妹始平公主嫁给了夏国国王赫连昌。公元433年，拓跋焘又将妹妹威武公主嫁给北凉国主沮渠牧犍。在将柔然帝国打得一蹶不振之时，拓跋焘又将海西公主嫁给柔然新可汗吴提。拓跋焘在将北魏公主嫁与他族首领的同时，也让自己的孙子向南

① 《晋书·佛图澄传》。

② 《魏书》：“世祖继位，开拓四海，以五方之民各有其性，故倍其教不改其俗，齐其政不易其宜，纳其方贡以充仓廪，收其货物以实库藏，又于岁时取鸟兽之登于俎用者以牣膳府。”

朝的宋政权求婚。古代，民族间的联姻都带有政治联姻的性质。联姻不仅换来了民族地区间短期的和平，从长远来看，也换来了民族与民族之间的融洽相处。

唐代继承了前代的联姻政策。太宗李世民认为："北狄风俗，多由内政，亦既生子，则我外孙，不侵中国，断可知矣。以此而言，边境足得三十年来无事。"[①] 在李世民看来，每嫁一个公主，在名分上就有翁婿外孙的关系，因为这种关系，可保边境三十年无战事。唐代，皇室至少有二十三次与少数民族首领联姻。

在处理民族关系上，唐朝统治者也采取了慎重的政策。例如，在处理当时东突厥的十五万降众问题上，便采用了"全其部落，不离土俗"，即不拆散他们的部落，让他们保留自己的风俗习惯的做法。这种做法与上述拓跋焘所用方法大体相同，但比拓跋焘更温和也更实惠。唐代对被征服或主动来降的少数民族，都让他们的政体"自给自足"。对于他们的纳贡，也采取了大体相等的回报。此后，这些投降归附的突厥人，再也没有发生叛乱。

在国家关系上，李世民也认为应该做到有理、有利、有节。即使是敌对关系，对方国中有难，也应该去帮助对方，即使做不到，也不能乘敌之危去进攻；对方若未背盟，出兵攻打，就意味着自己背盟，失了武德。只有对方有明显的挑衅与侵犯的行为，"敌若犯我，我必犯人"。这就叫做师出有名，才能成功。在与东突厥的战争中，李世民就是这样来处理与他们的关系的。所有这些都为后世处理民族关系留下了参照与准则，具有深远的影响。

基于上述，唐代之所以有较好的兵制、土地制与科举制，以及开明的民族政策，实际上是与"胡人政权"有密切的关系的，据此，是否可以这样说，在共建中华文明的过程中，草原族群也有不可忽略的作用。

余 论

《从汉人到唐人》这本书告诉读者，草原人纵然不是黄帝的嫡系子孙，也应是炎帝、黄帝的从族兄弟，他们与炎、黄二系都是从古羌人中分离出来的子支，又融合了部分东夷、南蛮的血统。这种亲缘关系，愈是古远就

① 《贞观政要》卷九《征伐三十五》。

愈亲密。草原人作为一个与汉人有颇多历史恩怨的民族，在历史的进程中，有部分已经融合到汉人中来，有部分则与阿尔泰人结盟融合而被视为异族。现今的DNA调查结果显示，草原人实际就是半个汉人半个胡人，是地理环境与生产方式决定了他们成为游牧民族。

《从汉人到唐人》这本书中屹立着草原一个个传奇人物，匈奴的冒顿、突厥的阿史那，他们在草原上充满苦难之时，曾是草原人所企盼的“耶稣基督”，冒顿首次统一了草原民族，建立了草原上第一个横跨欧亚的大帝国。阿史那使突厥人从一个下等的“锻铁奴”部落跃而成为一个强大的民族，又使草原民族首次拥有了自己的文字，这些历史故事使塞北大漠充满传奇色彩，显示了草原民族丰富的创造力。

匈奴后裔刘渊、石勒，氐族的苻坚，鲜卑的拓跋珪，在那个世界性气候灾变的大悲大恸的年代，曾在中国北部建立过地域性政权，刘渊不建匈奴汗式政权而建汉式政权，他们所建立的政权皆有可圈可点之处。没有资料显示他们所建立的是企图奴役与压迫汉人的政权，这些历史人物的奋斗，仅仅是在特定环境下，为了改善本民族的窘境，取得一个与汉人相对平等的地位而已。正是本着这样一种基本要求，北魏鲜卑孝文帝拓跋宏不得不以牺牲本民族族性的重大代价来实行“全盘汉化”，而无论是鲜卑、匈奴、羯人还是氐族，历史上这些少数民族皆在隋唐时消失得无影无踪。作为主流的汉农耕民族，我们没有能够使这些民族与我们共存到今天，这总是使人内心沉重的。幸好，今日的DNA研究表明，这些民族在历史进程中不是被斩尽杀绝，他们的基因存活在汉人的血管中，胡人的汉化以及汉人的胡化是相辅相成的，他们共同构成了一个特定年代的新的国民——唐人。

中国人最乐道汉唐两朝，即使在这两个最强大的王朝时期，刘邦与李世民也都曾有过向草原民族纳贡称臣以及以财货买和平之举，汉唐的“屈辱”显示，一个民族再强大，也有“弱势”的时候。天道为何选取两个最强大的王朝来行屈辱之举？因为一个强大的民族如果没有经历过屈辱，永远也无法理解周边那些世世代代向中原汉政权纳贡称臣的民族的心理。如果我们今天还在为历史上曾经有过的“屈辱”而痛心疾首的话，周边那些民族岂不要羞愧到无地自容？汉唐两朝立国之初因为经历过屈辱，也因此多了一点理解，少了一点歧视，汉唐统治者处理民族关系的措施一直成为后代的参照与准则。

人类社会是从氏族、部落、部落联盟，到国家（民族），再到多民族国家一步步发展起来的，这个过程也就是由蒙昧时代到野蛮时代，再到有史的文明时代一步步过渡而来。所谓上古竞以气力，也就是说，人类社会的早期不可避免地充满丛林法则，强者为王。基于此，在国家与民族形成的过程中，会有相当部分族群与种姓受到伤害而成为牺牲品，由此而埋下并引发了各种因果。

历史是回不去的也无法重来的，但历史却可以审视与自省的，该自豪时自豪，该检点时检点，自省与检点的目的就是尽可能去减少历史的恩恩怨怨，以实现民族团结。

胡汉的联姻在很长一段历史时期内被视为屈辱之举，有人认为将国家的安全寄托在女性身上是软弱之举，更有人认为汉族女子嫁到草原就会遭到蹂躏。

尽管唐代的史官可以将这种纳贡写作“赏赐”，但李渊、李世民是如何用“以下对上”的口吻请来突厥人狼头旗，又是如何在“渭水之盟”中以财帛求和平，都是史上有载的。由于史官的曲笔，我们姑且将此作为类似于纳贡称臣之举。

从汉人到唐人，唐人并不固执于“华夏中心”，华夏礼俗也不再是唯一的主宰，朱熹在《朱子语类》中说：“唐源流出于夷狄，故闺门失礼之事不以为异。”这说明唐人是胡汉礼俗并用的。

从汉人到唐人，唐人有着较为开明的民族观，杜佑在《通典·礼典》中认为“古之人朴质，中华与夷狄同”。在杜佑看来，人类之初，中华与夷狄并没有多大差别。唐初名将李靖也说：“天之生人，本无番汉之别，然地远荒漠，必以射猎为生，故常习战斗。若我恩信抚之，衣食周之，则皆汉人矣。”在李靖看来，民族性不是一成不变的，基于一定条件是可以转化的。

基于开明的民族观，唐人虽然也有族群与族性观念，但除了战争的特殊时刻，日常生活中已不再耿耿于胡汉之辨。唐代文人沈亚之在其《沈下贤文集》中称：“自翰海以东，神鸟、敦煌、张掖、酒泉，东至于金城、会宁，东西至于上郢、清水，凡五十郡、六镇、十五军，皆唐人子孙”。文中提到的这些地方都是民族杂居的地区，在沈亚之笔下都叫做“唐人”。刘元鼎出使吐蕃经过兰州时也说：“兰州地皆粳稻、桃李榆柳岑蔚，户皆唐人。”[1] 传统的所谓戎狄聚居地之民，也都称为唐人。

汉人虽是唐人的主流，但唐人并不专指汉人，李世民晚年在回顾自己的一生时也说：“自古皆贵中华，贱夷狄，朕独爱之如一，故其种落依朕

① 《新唐书·吐蕃传》。

如父母。”意思是，从古到今的帝王都心胸狭窄地尊重中原民族，看不起夷狄诸族，朕则一视同仁，因此他们就像对父母一样依靠朕。

开明的民族观带来了一系列良性的反应。唐代，周边藩附，胡汉共遵李世民为“天可汗”，自长安到河西走廊，直至中西亚，造就了一段治理西域的经典时期，其影响辐射欧亚。贞观时期是一个完全开放的时代，来到唐朝的各国人，大多数以成为“唐人”为荣，仅广州一地的西洋侨民就有二十万人以上。

从汉人到唐人，战乱纷纷，其中隐含的却是“恶缘善了”的往事，它体现了不同民族在灾难与战争中已逐步学会如何相处。